国家出版基金项目
NATIONAL PUBLICATION FOUNDATION

欧亚历史文化文库

总策划 张余胜

兰州大学出版社

北方民族史与蒙古史译文集

（修订版）下册

丛书主编 余太山

余大钧 译

图书在版编目(CIP)数据

北方民族史与蒙古史译文集:修订版/余大钧译.—兰州:兰州大学出版社,2012.3

(欧亚历史文化文库/余太山主编)

ISBN 978-7-311-03871-7

Ⅰ.①北… Ⅱ.①余… Ⅲ.①古代民族—民族历史—中国—文集②蒙古族—民族历史—中国—文集 Ⅳ.①K289-53②K281.2-53

中国版本图书馆 CIP 数据核字(2012)第 040579 号

总 策 划　张余胜

书　　名　北方民族史与蒙古史译文集(修订版)(下册)
丛书主编　余太山
作　　者　余大钧 译
出版发行　兰州大学出版社　(地址:兰州市天水南路 222 号　730000)
电　　话　0931-8912613(总编办公室)　0931-8617156(营销中心)
　　　　　0931-8914298(读者服务部)
网　　址　http://www.onbook.com.cn
电子信箱　press@lzu.edu.cn
印　　刷　兰州人民印刷厂
开　　本　700mm×1000mm　1/16
总 印 张　53.75
总 字 数　718 千
版　　次　2012 年 5 月第 1 版
印　　次　2012 年 5 月第 1 次印刷
书　　号　ISBN 978-7-311-03871-7
定　　价　160.00 元(上、下册)

(图书若有破损、缺页、掉页可随时与本社联系)

目录

下　册

明清蒙古史编

29　阿母河等处行尚书省考

——蒙古人在伊朗的早期行政机关

〔日〕本田实信

《元史》卷3《宪宗本纪》元年辛亥（公元1251年）夏六月条有改更庶政的记事。元宪宗蒙哥在其即位后一开始就宣示大蒙古国的统治大纲，这是颇被珍重的事。其中有如下一段：

> 以牙剌瓦赤、不只儿、斡鲁不、睹答儿等充燕京等处行尚书省事，赛典赤、匿昝马丁佐之；以讷怀、塔剌海、麻速忽等充别失八里等处行尚书省事，暗都剌、兀尊、阿合马、也的沙佐之；以阿儿浑充阿母河等处行尚书省事，法合鲁丁、匿只马丁佐之。

这段记载包含有证明蒙哥时代在大蒙古版图内被区划为燕京等处、别失八里（Bishbaliq）等处、阿母河（Amu－Darya）等处3个地区，即中国北部、突厥斯坦和伊朗三方面加以统治的记事。

志费尼于1252—1260年间写成的《世界征服者史》关于蒙哥可汗任命新官吏有如下记载：[1]

> [蒙哥可汗]为征收赋税、登记户口，任命了一批知事、军政长官（舍黑捏）和书记。从阿母河畔第五大洲起，直到相当于第一大洲的契丹（中国北方）的最远处为止的东方诸国，他如从前一样委托给大宰相马合木·牙剌瓦赤及其真正的继承人麻速忽伯。契丹地区（中国北方）交给了宰相马合木·牙剌瓦赤。他的以往的忠勤与今后的忠心相联结。他是在[蒙哥]吉祥登极之前到来的。

〔1〕卡兹维尼校订本志费尼：《世界征服者史》第3册，第12～75页；波伊勒英译本第2册，第596～598页。[汉泽文参照波伊勒英译本译出，对日译文有所修正。]

河中、突厥斯坦、讹答剌、畏吾儿诸国，斡端、可失哈耳、毡的、花剌子模、拔汗那（费尔干纳），则交给了麻速忽伯。由于对至尊皇帝的忠诚和支持，他经历了［蒙哥反对派所加予的］恐怖和危险，终于逃脱危难，福运昌盛。他们［俩］在忽里勒台（最高国事大会）召开之前抵达宫廷，［蒙哥可汗］将他们最先遣返，他们的全部随行人员都受到种种恩宠。

他们［出发］后，大异密阿儿浑经历恐怖与危险跋涉万里，于回历650年2月20日（1252年5月2日）抵达宫廷，这时忽里勒台已散，诸王已各自返回。因他永远受到恩宠又有无穷的才能，同时在献身于王朝和效忠于宫廷时通过他那精确的计算和明敏的方法，过去他已出类拔萃。因为“在早晨人们称颂夜间的旅行”，所以［他受到宠荣］他的愿望得到满足，他的目的达到。［蒙哥可汗把］统辖呼罗珊、祃拶答而、忻都、伊拉克、法儿思、起儿漫、罗耳、阿儿兰、阿塞拜疆、谷儿只、毛夕里、阿勒颇诸州的大权交到了他的手中。随从他的篾力、异密、书记们都因他的主张和好意，而受到［可汗的］优遇，获得恩赐。

其次，拉施特丁《史集》之《蒙哥可汗纪》有如下记载：[1]

［蒙哥可汗把］东方各国给了宰相（撒希卜）马合木·牙剌瓦赤。这个人不但过去忠勤效劳，今后也忠心耿耿，他在［蒙哥］吉祥登极之前就已来到宫廷效劳；而突厥斯坦诸城、河中、畏吾儿诸城、费尔干纳和花剌子模，则给了麻速忽伯。麻速忽伯由于对皇帝［指蒙哥］友善和忠诚. 经历了许多恐怖和危险，他和他的父亲一样，在其他人之前，较早抵达宫廷叩见［蒙哥］，由于这样一些旧谊，［蒙哥可汗］让他们［两人］最先返回，而从各地随同他们一起来到的人们，则获得了各种特别的恩赐。

然后，异密阿儿浑—阿合来到了。这个人由于路途遥远，在忽里勒台［闭幕］和众人走散之后［才到达］，他过去就在对皇帝的忠

［1］伯劳舍校订本拉施特丁：《史集》，第309页；维尔霍夫斯基俄译本第140～141页。［汉译文参照维氏俄译本译出，对日译文有所修正。］

诚和效劳方面出类拔萃。他的愿望实现、目的达到是显而易见的事。他被授予了统辖呼罗珊、祃拶答而、伊拉克、法儿思、阿塞拜疆、谷儿只、罗耳、阿儿兰、亚美尼亚、鲁木、迪牙别克儿、毛夕里、阿勒颇等伊朗各州的大权。在他下面效力的篾力、异密和书记们均按其裁夺获得恩赐。

拉施特丁的这段记载是以志费尼的记载为根据的,只不过稍稍简略一些。至于包含有若干异文,那是算不了什么的。

把上述三段记载加以比较,《元史》的牙剌瓦赤、麻速忽、阿儿浑,相当于志费尼史、拉施特丁《史集》上的马合木·牙剌瓦赤、麻速忽伯父子和阿儿浑,这是无需说明的。又,燕京等处、别失八里等处、阿母河等处也已查明各意味着契丹(北中国)、突厥斯坦、伊朗3方面。阿母河即Amu Darya或Oxus河。蒙古统治时代文献上的"从阿母河畔以迄密昔儿边境",乃是对伊利汗国领土(伊朗地区)的称呼。对牙剌瓦赤、麻速忽伯父子俩的任命,是蒙哥可汗即位元年(1251年)之事。而阿儿浑抵达[蒙哥]宫廷,据志费尼所记,为1252年5月2日之事,因此他被任命为伊朗总督必须是在此之后之事。《元史》的记载将3人任命都集中于元年条下是不对的。

大蒙古国的占领地区以这样被划为三方面来进行统治的方式,实际上并不是从蒙哥时代才开始的,而是从窝阔台统治时代的初年即已有了。从中国直到伊朗的广大地区都置于贝加尔湖以南哈剌和林的中央政府的直辖之下,这是大蒙古国时代以外的任何时代也没有过的事,这件事本身就是个有兴趣的问题,但本稿只能限于考虑蒙古对伊朗方面的统治政策。从1223年成吉思汗北渡阿母河归国时起,直到1256年1月1日他的孙子旭烈兀统率西征军南渡阿母河进入伊朗地区的三十余年间,蒙古人在伊朗干了些什么呢?汉文史料,除前引《元史》所载"以阿儿浑充阿母河等处行尚书省事,法合鲁丁、匿只马丁佐之"这条记载,就没有显示蒙古人的统治政策的其他记载了,而波斯文史料中却有相当丰富的记载。尤其是《世界征服者史》的作者志费尼差不多就是13世纪40—50年代这个问题的目击者。1252年阿儿浑被蒙哥可汗任命为伊朗总督时,志费尼作为阿儿浑的随员之一到过蒙古宫廷。汉文名称所谓"阿母河等处行尚书省"的伊朗方面的统治机关的具体情形,笔者将以志费尼史书的记载为中心,主要根据波斯文史料来进行考察。[1]

成吉思汗大军撤退后,《元史》卷1《太祖本纪》上记载说:

> 十八年癸未(公元1223年),遂定西域诸城,置达鲁花赤监治之。

在占领地区设置了军政长官(达鲁花赤=八思哈=舍黑捏Shahna)。[2] 对阿母河以北河中乃至突厥斯坦方面的统治,由于牙剌瓦赤、麻速忽父子的努力采用了放松的及早复兴政策。[3] 而对阿母河以南地区,蒙古人的占领政策当初却什么也没有。[4] 一切都弃之任之,连维持治安也难办。这就使成吉思汗在阿母河以南的作战的结果是不成功的,而呼罗珊州等地蒙受很大祸害,蒙古人方面也没有余力收拾。果真如此,在印度河东岸被追逐的花剌子模国王札兰丁,当蒙古军返回后,潜入印度东南部,后来到西北方面活跃地开展恢复势力活动。当大蒙古国第二代皇帝窝阔台可汗再次派遣西征军时,授予绰儿马浑3万人的军队出征。札兰丁于1231年死去。绰儿马浑驻留于阿塞拜疆方面,在那里设置了司令部,他率领探马赤军防御大蒙古国西南最前线并开拓疆土。为援助、增补绰儿马浑的远征军,派出了成帖木儿。成帖木儿被任命为第一任伊朗总督。

---

〔1〕卡兹维尼校订本志费尼书第2册,第218~262页(波伊勒英译本第482~525页有关伊朗总督的记载乃是最基本的资料)。

此外可参照:阿里咱德校订本拉施特丁:《史集》,第1卷,第314~320页;伯劳舍校勘本:《史集》,第37~40,56~60,257~258,340~342页;布朗刊本Tarikh-i Guzida第575页;多桑:《蒙古史》第3册,第103~129页;霍渥斯:《蒙古史》,第1册,第133~134,169~170,792页;斯普勒:《伊朗的蒙古人》,第38~41,47~48页;格鲁塞:《草原帝国》,第424~426页;阿里咱德刊本《史集》,阿塞拜疆出版,第112~122页;洪钧:《元史译文证补》,《国学基本丛书》下册,第295~301页;前田直典:《元朝行省的成立过程》,第21页。

〔2〕参照那珂通世:《成吉思汗实录》,第464~468页。

〔3〕关于马合木·牙剌瓦赤、麻速忽伯父子的活动,将另外论述。

〔4〕据瓦撒夫书(孟买版第12页),成吉思汗命其四子各将千人长派遣到忻都斯坦、昔牙不儿罕、台罕、阿里牙亦里、合兀唆黑、范延、哥疾宁,由此可见蒙古军好像曾残留于今天阿富汗方面。

据志费尼记载，成帖木儿为哈剌契丹（西辽）人，而据拉施特丁的记载，成帖木儿却是汪古惕部人。[1] 1219年他曾随从术赤作战于锡尔河下游，劝说毡的城民投降，其后被任命为花剌子模州军政官（八思哈），驻守在旧花剌子模王国的京城玉龙杰赤。他受命援助绰儿马浑的西征军后，大概在1230年左右从花剌子模经过沙黑里斯坦进驻呼罗珊州。他与花剌子模出身的行政官们同行。代表窝阔台、拔都、察合台、拖雷四家权益的四个蒙古将军曲勒·孛罗、那撒勒、乞即勒·不花、也可归他指挥。但呼罗珊州的治安很坏，札兰丁方面的哈剌察、牙罕宋忽儿在你沙不儿附近经常发动袭击，绰儿马浑设置的军政官们被杀害。人们把呼罗珊州的这种混乱状况奏告于窝阔台，大汗命令驻扎在也里北面八忒吉思地方的塔亦儿·把阿秃儿前去镇压。在这项命令执行之前，成帖木儿已派遣曲勒·孛罗到你沙不儿击败了哈剌察的军队，将他驱逐到昔思田方面。塔亦儿·把阿秃儿追击哈剌察到昔思田城，经过两年时间才把这个重要的城攻占。在此期间成帖木儿对呼罗珊、祃拶答而两州的经营有进展。塔亦儿·把阿秃儿从昔思田派遣使者去对成帖木儿声称："按照大汗的诏敕，呼罗珊的行政已委任予我，因此请你离任吧！"成帖木儿对此拒绝了。绰儿马浑也迫令他把呼罗珊、祃拶答而两州交给塔亦儿·把阿秃儿。成帖木儿方面商议了对策，派遣获得窝阔台信任的曲勒·孛罗到朝廷去奏告呼罗珊的实际情况。这时，新降附成帖木儿的一些当地诸侯也随同入朝。他们有呼罗珊州的亦思法剌因北面速鲁克堡的堡主巴合丁，祃拶答而州可不忒札蔑的亦思法黑巴忒奴思剌塔丁。这是回历630年（1232—1233年）的事。窝阔台对曲勒·孛罗等人的来朝很高兴，他说：

> 自从绰儿马浑出征以来，征服了许多国家，却从未遣送一个国王来朝见朕。成帖木儿尽管辖地狭小、资源不多，却如此尽忠，朕甚为赞赏。可将呼罗珊与祃拶答而长官之职授予他。绰马儿浑

〔1〕关于成帖木儿可参阅下列文献记载：卡兹维尼校勘本志费尼史第1册，第68～69页，第2册，第214～224页；阿里咱德校订本拉施特丁：《史集》，第1卷，第314～316页；伯劳舍校勘本：《史集》，第37～40页；《也里史记》第92～93页；巴托尔德：《到蒙古入侵为止的突厥斯坦》，第415页注1。

及其他长官均应交出那二个州的权。[1]

巴合丁、奴思剌丁各按其本领授职位。所有的人都授予金牌一面、朱印敕书一面。按照窝阔台可汗的敕命,成帖木儿在此被任命为呼罗珊、祃拶答而两州的总督。伊朗地区从此置于哈剌和林中央政府的直辖下,对伊朗人来说蒙古风暴一下子过去了,伊朗与蒙古地区直接紧密地结合了起来。

成帖木儿接到曲勒·孛罗的报告后,马上整顿总督府的阵容,开设官衙。他任命舍列甫丁·花剌子迷为代表拔都家的大臣(维即儿)以及大书记,又任命史学家志费尼的父亲巴合丁·马合谋·志费尼为财政大臣。代表拔都、窝阔台、察合台、拖雷四家的长官各派遣一名书记进入底万[总督府中枢机构]以代表4家。所谓底万即设置于成帖木儿家中。成帖木儿的官衙人员由随从他从花剌子模进驻呼罗珊的人以及在呼罗珊降附他的人两大群构成。舍列甫丁与巴合丁·志费尼在此后的伊朗总督府历史上扮演着重要角色,前者为花剌子模官僚的典型,后者为呼罗珊官僚的代表人物。

史学家志费尼专门为舍列甫丁·花剌子迷写了一章,详细叙述他的行动。[2] 志费尼对他的记述几乎是对他的笔诛,志费尼对他的行为、性格加以辛辣的描述。据志费尼说,舍列甫丁是花剌子模的一个村子的挑担夫的儿子,少年时代受花剌子模诸侯(篾力)宠爱,不久,当成帖木儿进驻呼罗珊时,他被迫同行。他学习突厥语并精通了突厥语,成了最优秀的译员。当时掌握蒙古语以及畏吾儿文的知识成为为蒙古政权效劳的行政官不可缺少的条件。

巴合丁·马合谋·志费尼,出身于呼罗珊州志费因郡阿咱忒瓦耳的贵显家族。[3] 他的祖先曾担任塞尔柱王朝和花剌子模沙王朝的宰相,撒希卜—底万[财政大臣兼宰相]竟成了志费尼家族当家人的称号。巴合丁的父亲沙木思丁·马合谋为花剌子模沙王朝马合谋、札兰

[1]卡兹维尼校勘本志费尼史第2册,第222~223页。

[2]卡兹维尼校勘本志费尼史第2册,第262~282页;米尔洪德书第5卷,第184~190页。

[3]巴托尔德与波伊勒撰:《志费尼》,载《伊斯兰百科辞典》新版第2卷,第606~607页;《世界征服者史》,波伊勒英译本第1册,英译者序第xv~Xxv页。

丁父子的大臣,1229—1230年病死于凡湖畔的阿赫拉特。当时巴合丁住在你沙不儿,在那里获悉了父亲的死讯。恰好曲勒·孛罗奉成帖木儿之命追击哈剌察、宋忽儿等人,包围了你沙不儿。巴合丁从你沙不儿向东逃到徒思。曲勒·孛罗向徒思城主塔札丁·法里咱尼要求将巴合丁引渡给他。法里咱尼以为曲勒·孛罗要处死巴合丁,便把巴合丁交了出去。曲勒·孛罗在处刑之处却对巴合丁加以厚遇。于是巴合丁·志费尼登上了总督府官衙的重要地位。

成帖木儿与窝阔台、拔都、察合台、拖雷四家族的代表曲勒·孛罗、那撒勒、乞即勒·不花、也可之间的统属关系不是完全明确的。拉施特丁在《汪古惕部》条中关于成贴木儿的事记述道:[1]

> 在旭烈兀汗来到伊朗之前,窝阔台可汗为统治[伊朗],派遣克烈部的分支土别燕氏的一个异密作为军司令官[到伊朗来]。这个人名叫那撒勒(此处波斯文写作BYSL)。现今他的后裔之中留下有秃黑鲁·忽失赤及其诸兄弟、亲族。上述成帖木儿是作为那可儿(僚属)随同他[那撒勒]前来的。一起来的还有乃蛮部人曲勒·孛罗断事官(也速儿宝儿赤和也速之父),以及畏吾儿人阔儿吉思书记(必阇赤)。

据拉施特丁所记,进驻呼罗珊时,成帖木儿乃是那撒勒的僚属。然而由于窝阔台家族的代表曲勒·孛罗积极活动的结果,成帖木儿得以确立了总督的地位。曲勒·孛罗本人也从窝阔台处取得成帖木儿僚友的地位。

成帖木儿担任了呼罗珊、祃拶答而两州长官后,并没能把两州全部区域置于自己的直接支配之下。与他的行动相关,在史料上所见的地名有:沙黑里斯坦(尼撒以北三英里)、牙即儿(阿舍哈巴德与基集尔·阿尔巴德之间的都伦遗址)、尼撒、苦克鲁甫(阿富汗西北部的库儿甫?)、哲里斯坦(古兹干南部的地名?)、乌思屯答儿(祃拶答而州的鲁思塔木答儿),从这些地方直到阔必忒·答黑的南北(阔必忒·答黑乃是阿特列克河注入里海的分水岭)以至合流入赫拉特河的克泽甫

[1]阿里咱德校订本拉施特丁:《史集》第1卷,第314~315页。

河、鲁德河流域一带,可认为都是他的直接管辖区域。呼罗珊州西北部的亦思法来因、志费因、札者儿木、朱儿巴忒(在亦思法来因地区内)、阿儿吉阳地区,根据窝阔台的旨意,交给速鲁克堡的阿里克·巴合丁管辖,从祃拶答而州的合不忒·札篾到阿思塔剌巴忒的地区则归亦思法黑巴忒·奴思剌塔丁管辖。对于那些地区的土地纷争,成帖木儿有裁判权,一切由中央政府掌握。

奇怪的是,如呼罗珊州,巴里黑、马鲁、也里、你沙不儿4个城市是该州的中心都市,而成帖木儿的管辖领域除你沙不儿外,其他3城都不在内。然而呼罗珊的四大城市在成吉思汗西征时再三被攻占、遭到破坏。巴里黑、马鲁两城此后再也没有恢复往时的繁荣。你沙不儿也已不如其东面的徒思城繁荣。只有也里城的复兴,是进入总督府管辖下不久的事。[1] 由此可见,伊朗总督府开创时的规模较小,与华北、突厥斯坦两总管府无法相比。然而正如志费尼所说:

> 当初蒙古人对于黄金宝石并不关心。成帖木儿掌权后,这位贵人为显示才能,就使金钱在他们心中变成了甜美的东西。[2]

于是在伊朗地区开始为蒙古人征税。征索赋税是苛酷之举。那不是用军事占领手段所能达到的,于是开始有民政。这是蒙古对伊朗经营中的一个转变。

还有,由于大蒙古国[成吉思汗家族的]财产共有观念,王族对被占领地区有要求权,如前已所述,成吉思汗的4个儿子在这个呼罗珊总督府中各自有代表他们权利的人。其中,术赤的儿子拔都在呼罗珊方面拥有特别的发言权。本来,花剌子模已被当做拔都家的领土,成帖木儿由于跟从术赤的军队而成了花剌子模的军政长官(八思哈),第二任总督那撒勒是拔都家的代表者,第三任总督阔儿吉思如后文所述也曾侍奉过拔都家,舍列甫丁曾为拔都家的大臣[维即儿](甚至还担任过必阇赤长)。拔都家这样的特别权利,对于此后伊朗总督府的沿革具有重大意义。而蒙古中央政府排除从拔都家开始的诸王家的介入的

〔1〕本田实信:《也里的库尔特政权的成立》,第50页。

〔2〕阿里咱德校订本拉施特丁:《史集》第1卷,第314~315页。

倾向也加强了起来。

如上所述,成帖木儿的伊朗总督府的规模还不大,他的地位根据窝阔台可汗而被任命,这对于呼罗珊、祃拶答而地区开始进入蒙古中央政府[管辖]下具有重要意义。只是在这个总督府里,拔都家的权利被微妙地包含进来,官衙的构成也可被识别为花剌子模官僚群和呼罗珊官僚群。

成帖木儿就任后,派遣畏吾儿族书记阔儿吉思到大汗处去,并让巴合丁·志费尼随行。这大概可认为派遣他们去参加窝阔台于回历632年(1235年)召开的第二次最高国事大会(忽里勒台)。阔儿吉思以雄辩的口才向大汗报告时博得了大汗的欢心,获得了恩赐。他曾受到中央政府畏吾儿族宰相镇海的推荐。巴合丁获得了牌子和朱印敕书,被改授以撒希卜—底万[财政大臣]之职。窝阔台对呼罗珊的官僚给予了优遇。在这个使节团回来之前,成帖木儿死去了(回历633年=1235—1236年)。

成帖木儿之死由使者报告了后,窝阔台任命那撒勒为第二任伊朗总督。那撒勒出身于克烈部土别燕氏(或董合亦惕氏),他与成帖木儿一起以将军身份从花剌子模进驻呼罗珊,在伊朗总督府里他是拔都家权利的代表者。[1] 根据大汗的命令,底万长官及书记等官吏从成帖木儿的家中迁移到那撒勒的帐幕里执行职务。舍列甫丁到拔都宫廷去请求再次任命他为书记长[必阇赤长]。那撒勒当时为接近百岁的老人,实权转移到了阔儿吉思手中。

阔儿吉思是出生于距离天山山脉东端的别失八里约四程之地的巴儿里黑小村的畏吾儿族人,[2]幼年丧失了父亲。他自幼努力学习畏吾儿文,年岁稍长就到遥远的术赤家谋求官职。不久,他的才学受到术赤赏识,他受命教育蒙古子弟。当成帖木儿作为军政长官(八思哈)到

〔1〕关于那撒勒,参照卡兹维尼校订本志费尼:《世界征服者史》第2册,第224～225,228～229页;阿里咱德校订本:《史集》第1卷,第258,314～319页;伯劳舍校订本:《史集》,第56页。

〔2〕关于阔儿吉思,参照卡兹维尼校订本:《世界征服者史》第2册,第225～242页;阿里咱德校订本:《史集》第1卷,第314～320页;伯劳舍校订本:《史集》,第56～60、80页;《也里史记》第125、128、131、137页。

玉龙杰赤赴任时,阔儿吉思作为他的书记随行。由于他的才能和智力,他获得了成帖木儿的信任,后来他就被作为使者派遣到哈剌和林宫廷去。窝阔台喜爱他的能言善辩。如前所述,他还得到了中央政府宰相镇海的庇护。

那撒勒就任总督后,速鲁克堡主灭里·巴合丁为了诉讼事件奔赴大汗宫廷。巴合丁回来时带来了中央政府催促阔儿吉思出使的命令。那撒勒与曲勒·孛罗都不高兴让阔儿吉思再次出使哈剌和林,但最后还是同意了。阔儿吉思与蔑力巴合丁、撒不沙瓦儿的马合木沙以及呼罗珊的若干名贵人一起奔赴蒙古宫廷。中央政府方面照旧有镇海支持他,而答失蛮·合只卜却推荐了成帖木儿的儿子额忒古·帖木儿。镇海利用见到窝阔台的机会,对窝阔台说:“呼罗珊的贵人们想要阔儿吉思[掌权]。”大汗答允说:

> 那就授予他一份敕书,试着派他阔儿吉思去查实历年的产量以及每人所获得的数字,还派他去清查该国[伊朗]户籍,不许任何人干扰他办理这些事。他再次回[到宫廷]来时,如果事情办得好,就确认他[担任总督]吧。[1]

这样,阔儿吉思得到由于这个缘故临时颁发的敕书急速回来,他宣读了敕书,夺取了那撒勒的实权,抑制了曲勒·孛罗,开始经营呼罗珊。据志费尼记载说:

> 阔儿吉思使呼罗珊和祃拶答而的政事恢复秩序,并保护当地财产。他从各方面收集献给皇帝的合适的贡物。他完成了新的户籍调查和征收赋税。他设立店铺(kārkhāna),对百姓普施仁政……各城出现了复兴的希望。[2]

另一方面,成帖木儿的旧部下们,那些等于事实上被罢免的官吏们,都聚集在成帖木儿的儿子额忒古·帖木儿的周围。从拔都宫廷回来的舍列甫丁也暗中加入了阔儿吉思的反对派。额忒古·帖木儿派遣名叫屯忽思的使者到宫廷里去告发阔儿吉思。想陷害镇海的一派

[1]卡兹维尼校订本:《世界征服者史》第2册,第229页。

[2]卡兹维尼校订本:《世界征服者史》第2册,第229~230页。

向窝阔台奏告了这一告发。于是,异密阿儿浑、忽儿巴合、苫思丁·合马合儿 3 人被任命为监察使,动身到呼罗珊去进行实况调查。

这时,阔儿吉思已得知了反对派的活动,他留下巴合丁·志费尼作为自己的代理人,亲自启程到哈剌和林去。当他到达费尔干纳的费纳客忒时,遇到了监察使等一行,遂派遣名叫帖木儿·额勒赤的人到宫廷去,自己则返回了任地。那撒勒、曲勒·孛罗、额忒古·帖木儿用棍棒将书记等官吏们从阔儿吉思家中赶出来,并将他们带到自己的帐幕里,接着阔儿吉思的支持者们又将他们夺回去,这样的混乱情况连续不断。帖木儿·额勒赤从哈剌和林回来,带来了停止就地审讯,有关的人都到宫廷里去的命令。额忒古·帖木儿派与阔儿吉思派各自在证人、支持者的伴同下,带着赠献的财宝奔赴宫廷。窝阔台命令镇海、台纳勒裁判此案。经历了几个月也不能解决,窝阔台的调停也以不成功而告终。最后在窝阔台作出的判决中,额忒古·帖木儿那方面败诉。他们本应追究诬告罪,特予宽恕。他们被交给阔儿吉思,随阔儿吉思一起返回呼罗珊。窝阔台可汗对阔儿吉思"授予绰儿马浑军队所征服的阿母河以西全部地区,并授予他敕书(yarligh)和牌子"。[1]

据此可知,阔儿吉思从大汗处取得了被改任命为总督的敕书。除对呼罗珊、祃拶答而两州的统治权外,对绰儿马浑军政下的所有地区的征税权也授予了他。他在归途中,经过花剌子模拜访了拔都之弟唐兀惕,然后返回任地,受到以巴合丁·志费尼为首的呼罗珊贵人们的欢迎。这是回历 637 年 5 月(1239 年 11—12 月)的事。在此前后那撒勒病死了(回历 637 年 =1239—1240 年),曲勒·孛罗则早已在去哈剌和林途中在不花剌被暗杀掉,阔儿吉思的掣肘者都不在了。他重建了徒思城,并把官衙从阿思塔剌巴忒附近的算端朵云迁到了徒思。他整顿了驿站,禁止使者胡作非为,并抑制了蒙古军人对百姓的压迫。

阔儿吉思再次出发到哈剌和林宫廷去时,在途中遇到了来报窝阔台可汗死讯的使者,便折回到徒思去。当时,阔儿吉思与察合台的王妃的一个名叫撒儿塔黑的侍仆(也兀—兀黑兰)发生了争吵。撒儿塔黑

[1]卡兹维尼校订本:《世界征服者史》第 2 册,第 236 页。

受到阔儿吉思的侮蔑后,告诉了察合台的王妃。这个王妃将这件事向宫廷提出控诉。这一次阿儿浑、忽儿八哈再次被派遣到呼罗珊去逮捕阔儿吉思。这时舍列甫丁被[阔儿吉思]逮捕后由阿沙忒瓦儿的马合木沙加以监禁,他的妻子悄悄地向蒙古诸王家派去使者们,告发阔儿吉思。其中有一个使者到了察合台家。这也成了传讯阔儿吉思的一个理由。阔儿吉思进入徒思城的一座堡寨里抵抗了3天,他被蒙古军包围,被那撒勒的儿子脱巴带擒获,转送到阿儿浑等人处。他被送到察合台家的斡耳朵里进行审判,在这里没有取得最后的处置,又被押送到中央宫廷。蒙古中央朝廷在窝阔台死后由其寡后脱列哥那监国。阔儿吉思的保护者镇海害怕脱列哥那的恼怒逃到了贵由那里。而舍列甫丁是脱列哥那所宠爱的法迪马哈敦所提拔的人。因此,[阔儿吉思反对者的]计谋得以成功,阔儿吉思再次被转交到察合台家,并被用石头堵住嘴后处死了。[1]

以上概述了阔儿吉思获得伊朗总督职位及其垮台的情况,从对反对派、支持派的分析以及中央政府的意向、各王家以至蒙古军人的反应方面还可进一步加以思考。

反对派主要是与第一任总督成帖木儿一起从花剌子模进驻呼罗珊的官僚、军人。兹将其中知道名字的人列举如下:

额忒古·帖木儿[2]——成帖木儿的儿子。他就像是摆在祭典上的傀儡,被中央政府视为拔都的旧臣。

曲勤·孛罗[3]——他是乃蛮部出身的将军,与成帖木儿一起前征呼罗珊,是为成帖木儿被任命为伊朗总督尽力的人,对畏吾儿人阔儿吉思保持反感。他是反对派的"旗帜和依赖的命脉"。他在去哈剌和林的途中,在不花剌被暗杀团杀害,使反对派遭到严重损失。暗杀他的

---

〔1〕阔儿吉思处死之年为回历645年(1247—1248年),见布朗刊本 Tarikh - i Guzida,第575页。

〔2〕卡兹维尼校订本:《世界征服者史》第2册,第230~236,243,270页;阿里咱德校订本:《史集》第1卷,第317页;伯劳舍本:《史集》,第57~59页。

〔3〕卡兹维尼校订本:《世界征服者》第2册,第218,220~224,228~235页;阿里咱德校订本:《史集》第1卷,第315页;伯劳舍本:《史集》,第57~60页。

人与阔儿吉思并无关系。

那撒勒——克烈部人。由于年老,对阔儿吉思几乎没有什么实际行动。

舍列甫丁·花剌子迷——在阔儿吉思、额忒古·帖木儿被审判时,“他们的全部不祥之事都是由于这个大食人,他给像他那样的人指点办法”,是极受窝阔台注意的人物。尽管他身为拔都的必阇赤长,却受到窝阔台如此非难之辞。

祃拶答而人[1]——具体指什么人不清楚,但从对祃拶答而人的形容词语“无智、浅虑”,“俗物们”看来,似是不随从呼罗珊官僚的意向的一些人。好像也有宗教上的争论。

另一方面,当地的支持者有呼罗珊州的贵人们。

巴合丁·马合谋·志费尼——他同阔儿吉思个人关系很亲密,他曾随同阔儿吉思第一次去哈剌和林,后来又作为阔儿吉思的代理者留守在当地。阔儿吉思被授予对伊朗全部地区的统治权而返回时,巴合丁为欢迎他,努力准备粮食,并献上豪华的帐幕作为宣读敕书的场所。在历史学家志费尼的笔下,对阔儿吉思非常有好感,他于回历 651 年(1253—1254 年)从蒙哥的宫廷中归来的途中曾访问过阔儿吉思的出生地。

篾力尼咱马丁[2]——亦思法来因的君主。

篾力亦黑提牙剌丁[3]——阿必瓦儿忒的君主。

阿米忒·木勒克·舍列甫丁[4]——必思塔木的君主。

以上 3 位篾力(诸侯)在窝阔台的宫廷中时对阔儿吉思大力支援。阔儿吉思的诉讼经费想来是由他们负担的。由此他们后来遭到了舍列甫丁给予的酷遇。

尼咱马丁沙[5]——作为巴合丁·志费尼的代理者统辖底万,是很

[1]卡兹维尼校订本:《世界征服者史》第 2 册,第 231, 234 页。

[2]卡兹维尼本:《世界征服者史》第 2 册,第 233、278 页。

[3]卡兹维尼本:《世界征服者史》第 2 册,第 233、240、278 页。

[4]卡兹维尼本:《世界征服者史》第 2 册,第 233 页。

[5]卡兹维尼校订本:《世界征服者史》第 2 册,第 233、237、244、248 ~ 250 页。

有能力的一个书记。

由于这些呼罗珊贵人的支持才感动了窝阔台。他们为什么要推举这个畏吾儿人阔儿吉思呢,那是醉心于他的复兴政策。至于他是从花剌子模进驻的一个畏吾儿人,那倒是无所谓的。取消蒙古人的暴虐,实际行动上转向开始重建城市,阔儿吉思所实施的这一政策,不外乎窝阔台的复兴政策所实行的东西。镇海对阔儿吉思的庇护除了同为畏吾儿人的理由外,似也由于他们在政策上抱有共同的想法吧。

可是这样的政策引起把占领地区看作[成吉思汗子孙]共有财产、要求分得一份的蒙古王族的反对,也引起把屯驻地区视为自己的领土的蒙古军人的反对。阔儿吉思到处分派租税引起了绰儿马浑部将们之间的纷争。他与察合台家臣发生争吵也成了与他被逮捕有关系的事。

还有,阔儿吉思对额忒古·帖木儿胜诉时,由于他表示与镇海配合,呼罗珊的贵人们好像哪一个也没有被授予敕书、牌子。这是与他们的期待相反的事。此外,他重用名叫阿昔勒[1]的下层出身者来代替舍列甫丁担任大臣(维即尔),这件事也使呼罗珊官僚感到不满。

这样看来,由于阔儿吉思的雄才大略和他的坚强性格,他受到呼罗珊贵人、官僚的支持和大汗的信任,这就使他的地位有了保证。而当中央朝廷里窝阔台死去、镇海逃走、在当地呼罗珊人的支持转弱时,这就有了反对派施展阴谋的余地,使他不得不走上垮台的道路。

有关阔儿吉思的记事中,涉及他与反对派之间的斗争的事记叙得很详细,而对于他作为伊朗总督做了哪些事却记叙得很少。关于官衙的组织也不明确。只有以下两件事受人注目。第一,考虑到成帖木儿及那撒勒都沿着阿忒列黑河作季节性的游牧迁移,阔儿吉思从算端朵云迁移到徒思城,以该城为自己的驻地。到那时为止,名为城镇的徒思只分布着不到50所房屋。阔儿吉思建设仓库,建筑庭园。撒忒儿、篾力及其他贵人们也竞相购置府邸。重建了市场,开掘了地下水道。据

[1]卡兹维尼校订本:《世界征服者史》第2册,第238~240、242页;伯劳舍本:《史集》第59页。

说,价值2.5第纳儿的房屋,一周之后竟上涨到250第纳儿。徒思城的重建,表明了蒙古政府的复兴政策,该城被选作重要地方,形成了政治中心地,受到注意的是:季节性的迁移趋向于定居化方向。第二,管辖领域的扩大。成帖木儿时,只有从呼罗珊西北部到里海东南岸的祃拶答而州的很狭小的地区在他的管辖下,1239年[阔儿吉思担任伊朗总督]以后,统治权扩大到阿母河以西被绰儿马浑征服的全部地区。据拉施特丁说,授予阔儿吉思管辖的地区为"从呼罗珊起,直到鲁木(小亚细亚)、迪牙儿别克儿为止"的地区。阔儿吉思将自己的儿子派遣到伊拉克(以哈马丹为中心的伊朗中部地区)、阿儿兰、阿塞拜疆去。以也里为中心的阿富汗方面也进入他的管辖之下。应当注意到:在总督府管辖领域扩大、伊朗总督府通晓各种文字的同时,哈剌和林中央政府的命令得以达到阿塞拜疆方面。

在阔儿吉思之后被任命为伊朗总督的是出身于斡亦剌惕部的阿儿浑。[1] 据志费尼说,他的父亲名叫太出,是个千户长。然而据拉施特丁说,他的父亲由于贫穷把他卖给札剌亦儿部的亦鲁格·合丹,换了一些牛肉,照这样说,他的出身绝不会尊贵。他学习了畏吾儿字,青年时曾担任窝阔台宫廷里的一名书记,还曾出使中国北方。为了调查阔儿吉思与额忒古·帖木儿之间的纷争,他与忽儿巴合、苫思丁·合马合儿一起担任监察使前往呼罗珊,这就使他与伊朗地区发生了关系。阿儿浑在宫廷中进行审判时支持了阔儿吉思。阔儿吉思胜诉,他的伊朗总督的职位再次被确认时,阿儿浑被委任为军政长官(八思哈),作为阔儿吉思的僚友(那可儿),他得以参与对伊朗的统治。可是阔儿吉思回到呼罗珊后独裁专行,阿儿浑便回到蒙古去了。当发出了逮捕阔儿吉思的命令,阿儿浑便与忽儿巴合等人再次来到呼罗珊,将阔儿吉思逮捕,并将舍列甫丁从监禁中释放。阿儿浑把阔儿吉思押送到宫廷后,监国脱列哥那哈敦任命阿儿浑为阔儿吉思的继任者。[志

---

[1]关于阿儿浑,参照:卡兹维尼本:《世界征服者史》,第1册,第199,242~262,274,280页;第3册,第101页;阿里咱德本:《史集》,第1卷,第229~231页;第3卷,第17页起;伯劳舍本:《史集》,第258,340~342;勃拉克与弗赖伊,阿康的格里戈尔书,第325页;《也里史记》,第128,130~134,137,170~175,187~188,196页;洪答迷儿书,第3册,第50、59页。

费尼记载说:]

脱列哥那哈敦把阔儿吉思管辖下的从阿母河到法儿思、谷儿只、鲁木、毛夕里诸州的统治权都交给了长官(异密)阿儿浑,并委任舍列甫丁为必阇赤长(书记长)随他同行。其他行政厅官吏各留任原职。[1]

阿儿浑就这样相当突然地被任命为伊朗总督,其背景不清楚。

阿儿浑于回历641年(1243—1244年)到达呼罗珊,宣读了敕书,努力平定阔儿吉思被逮捕之后的混乱,恢复原有秩序。他在呼罗珊、祃拶答而留下代理人,亲自奔赴帖必力思,继续努力扩大曾处于绰儿马浑、拜住的军政下的阿塞拜疆地区的民政。鲁木、叙利亚、阿勒颇的算端们向他请求保护,他便派遣使者(额勒赤)到这些地区去以确保贡赋收入。当使臣来通知参加贵由的即位大典时,阿儿浑诱使当地各方面诸侯去参加,奔赴东方。到达徒思时,知道舍列甫丁已病故,便废除了舍列甫丁的苛酷征税法。他同伊朗各地贵人、书记、当地诸侯们一起进向蒙古。在贵由即位大典(1246年8月)参加者中,有以长官阿儿浑为首的呼罗珊、伊拉克、罗耳、阿塞拜疆、设里汪的贵人、有势力者,此外被记下名字的有鲁木的算端鲁克纳丁、塔合斡儿的算端、谷儿只的两个大卫、阿勒颇君主的弟弟、毛夕里的算端巴忒剌丁、罗耳的使者、报达大法官法黑剌丁、额儿哲鲁木的算端、富浪人的使者们(指普兰·迦儿宾等一行)、阿剌模忒城主阿剌丁的代理者失合不丁与苫思丁。[2] 这些人并非全都应阿儿浑的招请而来的,从伊朗及伊朗以西各国来了这么多的人参加蒙古皇帝的即位大典,这是空前的事,一定使贵由大为高兴,这就引起他对西方的关心,有人把这一点归功于阿儿浑。

此外,窝阔台可汗死后,乘着中央局势不稳定之机,蒙古各王家滥发敕书、牌子,阿儿浑将这些敕书、牌子集中起来带到宫廷里去。他在最高国事大会(忽里勒台)上把这些东西摆出来。[志费尼记载说:]“这是最切合时宜的尽忠效劳,产生了极大的影响。”据记载,这样一

[1]卡兹维尼本:《世界征服者史》,第2册,第243页。

[2]卡兹维尼本:《世界征服者史》,第1册,205页;伯劳舍本:《史集》,第242~243页。

来,贵由示以恩赐,将阿儿浑管辖下的诸州的统治权[再次]授予了他,并赐给他虎头牌和敕书。

但贵由抱有亲征西方的意图,他首先派遣野里知吉带到西方去,特地把鲁木、谷儿只、阿勒颇、毛夕里、塔合斡儿的统治权授予他。[1]并"把伊拉克、阿塞拜疆、设里汪、罗耳、起儿漫、法儿思和印度方面委付给异密(长官)阿儿浑"。野里知吉带的任务主要是为进入地中海作准备,阿儿浑的任务想来是为野里知吉带提供增补、给养。野里知吉带向法国国王路易九世派遣使者的事是有名的,而其在伊朗的行动不清楚的地方很多。

阿儿浑在归途中,在马鲁附近的阿儿赞合巴忒受到人们欢迎(1247 年春)。他进入徒思后,驻留在剌忒罕草原。接着,他经过祃捞答而前往帖必力思。途中,他在阿模里州受到巴合丁·志费尼的迎接。当时关于帖必力思的情势送来了如下报告。有个出身于乃蛮部的名叫忙哥孛罗的人,由于与贵由的朝廷重臣合答那颜同为乃蛮部人,就投靠合答,到贵由的宫廷揭发阿儿浑的行动。合答为忙哥孛罗取得了一份任命为军政长官(八思哈)的敕书,还取得了任命阿答毕奴思剌答丁为帖必力思和阿塞拜疆万夫长的朱印敕书。奴思剌答丁为阿儿浑身边的蔑力撒都鲁丁的政敌。阿儿浑认为事情重大,便出发到蒙古地区宫廷去。走到塔剌思时他得知贵由已死(贵由死于 1248 年 4 月)。恰好野里知吉带同时到达了那里。阿儿浑派遣代理者到宫廷去,自己则按照野里知吉带的要求返回伊朗了。此后短时期内,阿儿浑驻留于八忒吉思专心为野里知吉带准备粮草。另一方面,在贵由死后,蒙古王族们重新向四方派出使者,让他们携带着征税证书,造成了提前征收数年税那样的混乱情况。

回历 647 年 5 月(1249 年 8—9 月),阿儿浑再次前往哈剌和林。忙哥孛罗也从帖必力思出发到宫廷里去。在宫廷中进行审判时,忙哥孛罗的谎言被揭穿了,阿儿浑取得胜诉。这次审判想来大概是在贵由死后摄政的斡兀立海迷失可敦的宫廷里举行的。阿儿浑未到拖雷寡

[1]卡兹维尼木:《世界征服者史》,第 1 册,第 212 页;又,参照伯希和:《蒙古人与教廷》。

妃唆鲁禾帖尼别吉和他的儿子蒙哥的斡耳朵里去,因为怕他们俩不痛快;他派代理者送去礼物解释了原因。阿儿浑在归途中拜访了阿力麻里也速蒙哥的斡耳朵后,回到了马鲁。在这里,他接到参加蒙哥可汗即位大典的通知。回历 649 年 6 月(1251 年 8—9 月),他又出发前往哈剌和林。在塔剌思附近,他得到了蒙哥即位(1251 年 7 月 1 日)的消息。在别失八里,他与参加即位大典后返回的突厥斯坦总督麻速忽伯相会,互相招待欢宴。他到达宫廷是回历 650 年 2 月 20 日(1252 年 5 月 2 日)的事。伊朗的实际状况被[蒙哥及其大臣们]听取后,对政策重新进行了研究,决定[在伊朗]行施牙剌瓦赤在河中地区所实施的所谓忽卜出儿的税法。阿儿浑取得了敕书和虎头牌,他的伊朗总督的地位受到确认。

阿儿浑在蒙哥可汗的宫廷里逗留了一年以上,回历 651 年 7 月(1253 年 8—9 月)他启程返回。一到达呼罗珊,他就宣读敕书,向全体官员每人索取一份誓词,要他们立誓严正效忠,并开始实施忽卜出儿税法。伊朗地区被分成三个征税区,向各地区派出了官吏。阿儿浑亲自前往拔都宫廷。接着,他经过打耳班到谷儿只、阿儿兰、阿塞拜疆去,完成了户口调查和实施忽卜出儿税的工作。

在此期间,一些对阿儿浑抱有敌意的人们在宫廷里开展活动,并取得了一份任命札马鲁丁·哈思·合只卜为监察使的敕书。哈思·合只卜到达阿儿浑没有在的呼罗珊作了调查。阿儿浑办完阿塞拜疆、伊拉克的征税工作,就准备同这个哈思·合只卜到宫廷去对质,听从裁判,此外也为了迎接正在西征途中的旭烈兀,他便向东行进。在碣石,他同呼罗珊贵人们一起迎接了旭烈兀,陪同旭烈兀南渡阿母河(1256 年 1 月 1 日),直至到达沙不儿罕为止。在这里,阿儿浑向旭烈兀献上一座豪华的大幕帐后,将呼罗珊、祃拶答而、伊拉克的政事托付给儿子客来、阿合马书记、历史学家志费尼,他自己经过马鲁(1256 年 3—4 月)奔赴蒙哥可汗的宫廷。在宫廷中,阿儿浑胜诉,哈思·合只卜等告发者都被交给了他。不久,蒙哥可汗专心从事中国的事,阿儿浑便启程返回。到达呼罗珊(1258 年 9 月),整顿了底万后,他谒见占领报达后驻留在阿儿兰的旭烈兀，作了报告。接着，他进入谷儿只地区，施行忽卜出儿税法，并于1259年9月初谒见从帖必力思回来正准备远征叙利亚的旭烈兀。阿儿浑回到梯弗里斯继续进行征税工作。这以后，他曾侍奉旭烈兀的儿子阿八哈，当察合台后裔八剌入侵呼罗珊时，他曾积极地协助呼罗珊州太守，1275年5—6月他死于剌忒罕。

以上所述阿儿浑的活动较详细，似可理解伊朗总督的地位如何为中央的倾向所左右。中央每发生一次政变，必须从新的皇帝处取得重新确认其地位的敕书。尤其是当拖雷家族的蒙哥即位时，由于阿儿浑本人与窝阔台家族有密切关系，他被罢免的可能性是很大的。他也会像野里知吉带那样在蒙哥即位后被从八忒吉思送到拔都的斡耳朵里处死。这并非因为他晚到蒙哥即位的最高国事大会（忽里勒台）才得以幸免，也绝非因为注意到告发者，他必然携带了巨额礼物到宫廷里去解释明白。对待古史上的事有必要仔细考虑。他基本上做到了可汗政策忠实执行者的要求，并没有发现在中央政府中或蒙古王族中有专门庇护他的人，在一切方面他只考虑如何着手伊朗总督府的经营。

阔儿吉思的垮台与他本人的行动有直接关系。阔儿吉思的垮台并不影响到伊朗总督府的内部改组。阿儿浑到任时的总督府，除舍列甫丁复职外并无其他变化。因而各项政策大致依循阔儿吉思的政策。只在阿儿浑就任总督之初的短时期内，总督府曾处在舍列甫丁的影响下。由于舍列甫丁与在脱列哥那可敦宫廷里掌握不寻常的权力的法迪马可敦亲近，他的书记长的职位重新得到确认。经过阿儿浑的求情，他向宫廷请准由他负责征收4000巴里失黄金的呼罗珊和祃拶答而的赋税欠额。他与阿儿浑一起回到呼罗珊后，掌握了全部财政大权。一旦他前往拔都宫廷时，就从那里进入阿塞拜疆，根据他所负责征收的税额，开始没收财产。志费尼《世界征服者史》详细记载了他征收赋税苛酷的情形。[1] 从帖必力思开始征收，他亲自巡行可疾云、剌夷、答木罕、阿模里、阿思塔剌巴忒、可不忒·札篾、阿必瓦耳忒、兀思忒瓦等地收税。还有马合木沙、札马鲁丁、阿里·塔甫里失等像他那样的助手。

〔1〕卡兹维尼校订本:《世界征服者史》,第2册,第276~280页。

还有像亦黑提牙鲁丁那样被捕后成为逃亡者的人。征税范围包括亦思法杭、忽木、柯伤、哈马丹等所谓伊拉克州，以及亦思法来因、志费因、札者儿木、哲儿巴忒等呼罗珊州西北部。他病死于徒思成了阿儿浑统治伊拉克的转机。舍列甫丁留下遗言：不得对他的税法加以丝毫变更，阿儿浑干脆下令废除他的税法。舍列甫丁之死意味着花剌子模官僚势力的低落。在他之后，担任书记长职位的是出生于花剌子模的火者·法合鲁丁·必希失提，后来法合鲁丁又推荐他的精通畏吾儿文字和蒙古语的儿子忽撒木丁·额迷儿·忽辛继任书记长的职位。法合鲁丁是个善良的人，阿儿浑到蒙古宫廷时，他或参与留守，或随从阿儿浑同行，还管理呼罗珊、祃拶答而州的税收。他与阿儿浑之间起初并不融洽，他们之间结下友情是1256年3—4月的事，此后不久他在蒙哥的斡耳朵里死了。他的儿子忽辛是阿儿浑的忠实部下。代表拔都家族利益的书记长火者·匿只马丁·阿里·只剌巴迪想必也是花剌子模一系的人，他忠实地侍奉阿儿浑。《元史·宪宗本纪》上所记载的辅佐阿儿浑的法合鲁丁和匿只马丁，似可各比定为上述书记长火者·法合鲁丁·必希失提[1]和拔都家的书记长匿只马丁·阿里·只剌巴迪。[2]

阿儿浑对呼罗珊官僚，甚至对当地诸侯的亲近感，在贵由即位大典以后加强了。他将复兴徒思的工作委托给阿必瓦耳忒的亦黑提牙鲁丁去办，他同忙哥孛罗诉讼时对箧力撒都鲁丁的支持，就是那样的例子。与他一起到宫廷里去的除呼罗珊官僚外，还有伊朗的贵人们。

阿儿浑将脱列哥那摄政时代由于蒙古王族而滥发的敕书、牌子全部收回，这件事博得了贵由的嘉奖，后来他又将贵由死后斡兀立海迷失摄政时代愈益滥发的敕书、牌子收交给蒙哥。为了禁止滥发分摊赋税的证书和使者的横暴，他推行了新的税法，即所谓忽卜出儿税。[3]按照贫富不同，以不同比例规定了每个人每年的缴纳额，在应缴纳额之外不得再行征收，以这种方式确保的收入用于征募军队、驿站、接待

〔1〕卡兹维尼校订本：《世界征服者史》，第2册，第244，246，248，250，253，256，259～260页。

〔2〕卡兹维尼校订本：《世界征服者史》，第2册，第250～251，258，260页；伯劳舍校订本：《史集》，第241～242页。

〔3〕彼特鲁舍夫斯：《……农业》，第360～369页。

使者的费用。为此首先必须做好户口调查。从蒙哥即位以后时期起，伊朗的地区划分使用了所谓的“土绵”（万）这个术语想必与此是有关系的吧。[1] 这户口调查另一方面为了蒙古王族的收益分配也是有必要的。[2] 忽卜出儿税后来被作为恶税的典型加以非难，而当时在被称为“蒙哥的改革”的情形下，志费尼的《世界征服者史》中并未出现对忽卜出儿税的非难之辞。然而新的征税原理的导入，并未给以伊朗内部社会很大的影响。阿儿浑成为了这种忽卜出儿税法的实施者。

阿儿浑被授予对呼罗珊、祃拶答而、忻都斯坦、伊拉克、法儿思、起儿漫、罗耳、阿儿兰、阿塞拜疆、谷儿只、毛夕里、阿勒颇诸州的统治权后，作为通晓文字的伊朗总督回到呼罗珊就任时马上规定忽卜出儿税的每年数额为每10人70第纳儿（据拉施特丁说，规定了富者7个第纳儿、贫者1个第纳儿的比例）。而且随着户口调查整顿了忽卜出儿税分摊体制。在呼罗珊、祃拶答而州，有作为王族代表来到的脑忽及蒙古族长官二三名，火者·法合鲁丁、亦咱丁·塔希儿被任命为必阇赤长（书记长）。在伊拉克和也思忒，派遣了蒙古族长官乃蛮台以及巴合丁·志费尼。巴合丁当时已60岁，他以年老为理由申请引退没有被批准，死于亦思法杭。在阿塞拜疆，派遣去了蒙古族长官脱鲁木台以及撒里黑·不花、篾力撒都鲁丁，与火者·马哲都丁·帖必力昔一起从事户口调查、划分千户区、分派忽卜出儿。阿儿浑自己也到谷儿只、阿儿兰、阿塞拜疆以及伊拉克进行户口调查、分派新税。这样一来，除呼罗珊州户口调查被拖延外，忽卜出儿税的实施好像确实被推进了。无论是呼罗珊出身者还是花剌子模官僚，凡是阿儿浑属下的官员们都努力担负工作。在蒙哥的宫廷里计划着导入忽卜出儿税法时，伊朗当地诸侯、总督府官员曾参与商议，其他官僚们也不止一次地访问宫廷，因此对哈剌和林中央政府的意向得以明确把握。这种情况就使忽卜出儿

[1]巴托尔德：《中亚研究论著四种》，第2册，第8～9页；德费：《新波斯语中的突厥语与蒙古语成分》，第2册，注983。

[2]志费尼所记载的“这时，诸州的人口调查完成后，世界皇帝[蒙哥]把它们都分封给全体亲族和兄弟们”（卡兹维尼校订本，第2册，第260页）这项记事，与《元史·宪宗本纪》“六年丙辰”条所载“阿木河回回降民分赐诸王百官”正相对应。

税法容易推行。

还要考虑到，阿儿浑离开蒙哥可汗宫廷是1253年8—9月的事，1255年末到碣石迎接旭烈兀，第二年3—4月再次奔赴宫廷，而返回呼罗珊乃是1258年9月的事。旭烈兀进攻亦思马因派的根据地、占领阿拔思王朝的京都时，阿儿浑不在伊朗。〔1〕应理解为这件事表明随着花剌子模官僚的势力衰落，阿儿浑本人作为伊朗总督的作用结束了，而呼罗珊官僚的优势地位得以确立。1256年初，在沙不儿罕地方献上有1000根黄金桩子的大帐幕，让旭烈兀坐上他的王座时，似可以说伊朗总督府就已解散。总督府的官员进入旭烈兀的直接指挥下。

以上对《元史·宪宗本纪》所见"阿母河等处行尚书省"的沿革，根据波斯文史料中有关伊朗总督的记事进行了考察。兹以如下4点代替结束语。

第一，从所谓蒙古对被占领地区的统治政策的观点来考虑伊朗总督的性质，可见哪一个伊朗总督也不是伊朗人，被选用的人物都是些出身卑微，精通畏吾儿文字，刚直、严正而有野心的人。这也是大蒙古国时代一般见到的蒙古人录用人才的方针。尤其是在伊朗总督的场合，以汪古惕、畏吾儿、斡亦剌惕部族出身的文官为长官，置于花剌子模行政官、呼罗珊官僚之上，统辖总督府。一旦被起用为总督，在履行其职务时不受其他人干涉，根据敕书授予很大的权力。从所谓"行尚书省事"的中国式的称号也可知总督的权限有对可汗表明与中央宰相同等品级的程度。不过，中央的监察很严，被告发的机会也多，既要留守于任地又必须经常留居于宫廷。蒙古皇帝希望总督成为自己政策的忠实执行者。可汗在伊朗方面也从对占领地区的军政转换为民政，要求总督重新开垦荒废的土地，确保赋税收入和分配，以供给作战的给养，以及维持治安。

第二，伊朗总督府是按照当地统治机关的申述而设置的，是具有当地人方面与哈剌和林直接结合的明确意志的。尽管成帖木儿等会

〔1〕据《史集》记载，在攻打报达的蒙古大军中有阿儿浑—阿合的名字出现（阿里咱德本《史集》，第3卷，第52页）；似为误植。

有其个人的野心,但是在他们的背后还是有以早就归顺蒙古的巴合丁·志费尼为代表的呼罗珊官僚的意向。然而当地统治机关原来是从花剌子模进驻呼罗珊的,在花剌子模官僚与呼罗珊官僚之间有基本态度的对立。花剌子模人是在受花剌子模沙王国以来的传统约束的潮流中成长起来的,他们的统治才能得以自由发挥。如牙剌瓦赤、麻速忽父子就是他们的典型人物。而另一方面,呼罗珊人见到他们所夸耀的"只知根在麦加,而果实却在呼罗珊结出"的故土目前的荒废状态,便站在维护伊朗文化传统的立场上特意接近蒙古人。此外,花剌子模地区为术赤领地,在拔都的版图内。花剌子模官僚背后有拔都家的权力为其撑腰。而蒙古可汗希望排除包括拔都家在内的蒙古各王族对被征服地区的恣意介入。

第三,哈剌和林宫廷与呼罗珊官僚互相结合是一种必然的结果。从它的背景说来,以呼罗珊人为首的伊朗政治家、商人早已出入蒙古宫廷,双方想必已经达到相互理解。阅读了志费尼《世界征服者史》的人会想到他对蒙古人的看法的深刻在当时是无与伦比的。阔儿吉思以这些呼罗珊官僚为僚友,做出了大胆的行动。志费尼曾对现状感叹道:"畏吾儿文字、语言是最高的知识、学问。"在此他也寄托了对于畏吾儿人阔儿吉思的爱惜之念,阔儿吉思的任命者窝阔台对伊朗的政策想必有其前提条件吧。阿儿浑最初曾处于花剌子模的一个典型官僚舍列甫丁的影响下,不久他得到巴合丁·志费尼等呼罗珊官僚的积极协助,应付了中央政局的转变,并在把新租税原理引入伊朗上取得了成功。这时,花剌子模官僚的势力显著衰落,但并未脱离拔都家的支持,有关伊朗问题方面哈剌和林与萨莱互相对立,帖必力思与萨莱互相对立,这些情况在伊利汗国时代继续存在,难以解决。

第四,关于旭烈兀西征与伊利汗国的成立。关于旭烈兀西征应当感到惊奇的是除了征讨忽希斯坦方面的亦思马因派、攻打阿剌模忒山城和占领报达外,在伊朗几乎再没有战斗了。阿剌模忒与报达既已被孤立,旭烈兀的军队不过在极短时期内就予以解决。换言之,这是旭烈兀西征以前蒙古对伊朗内部统治的进一步扩展。这件事实际上说来乃是伊朗总督府的管辖领域逐渐扩大的过程。这似乎应当归功于伊朗总督府。如果旭烈兀的西征军也像成吉思汗对待呼罗珊州那样地在伊朗各地进行破坏,伊朗人就不会有余暇把报达被蒙古人占领这件事看作他们从阿拉伯文化的重压下获得解放吧。伊朗文化的根子没有被绝灭。在动荡的时代里呼罗珊官僚所产生的希望可以说得到满足了。伊利汗国一成立,志费尼家的兄弟苫思丁·马合谋和阿剌丁·阿塔·灭里便分别担任了宰相和报达州副长官。阿儿浑获得阿合(长老)的称号,仍很活跃,但他毕竟已比不上他以往的官属志费尼兄弟那样的华贵。[1]

(译自《北方文化研究》第2号,1967年,第89~109页。)

---

〔1〕关于伊朗总督府,关于它的机构、机能等制度史的考察,以及征税实际情况,还有许多方面应当论述。关于它与伊朗的当地政权消长的关系以及它与往返、逗留于蒙古地区的伊朗人的活动的关系本稿也不能论述了。此外,它与阿塞拜疆军政府之间的交涉也包含有问题。尤其是蒙古的伊朗经营,本稿未能与蒙古的中国、突厥斯坦经营互相对比。本稿只限于以伊朗总督的活动为中心,考察了蒙古人对伊朗统治的初期形态的一个侧面。

30　从哈剌和林“跑出来”的石龟

〔前苏联〕谢·符·吉谢列夫

在位于鄂尔浑河右岸额尔德尼召寺附近的古代蒙古京城哈剌和林的遗址中间,旅行家的注意力常被一些石龟像所吸引。正如在中世纪的中国,这些石龟像在这里充当着刻在花岗石碑上的圣旨碑文的台座,为了加固下半截碑的题铭,做了一个四面体的凸出部分,紧紧地插到龟背上的很深的立方形切口里。

哈剌和林最大的石龟迄今位于窝阔台宫遗址上,在主要建筑物所在的小山与宫墙南门之间。另一座石龟位于京城东“关厢”入口处,在曾经构成通往哈剌和林东门的一条街道的一排房子的边缘。

第三座石龟位于哈剌和林南面两公里处的高岗上,在这座高岗顶上有壁垒的残迹。

这三座石龟都是很好的作品。在革命前的过去年代里,它们成为祭祀的地方,因此在它们的背上堆有特殊的旅客带来的鄂博(堆,石堆,土堆)。

但是额尔德尼召还有第四座石龟。当地的老人们讲到有关它的传说,在传说中生动地回忆到蒙古帝国灭亡和京城毁灭的艰难时日。根据传说,哈剌和林的第四个石龟,没有留在废墟中。它想躲避,它沿着鄂尔浑河谷往山里爬。

1948 年对哈剌和林进行发掘时,着手寻找这只传说中的石龟。它在额尔德尼召南面 12 公里处被找到了,那是在鄂尔浑德利地方的上边,在鄂尔浑河流近它那高高的右岸、陡山坡的地方。山岭的南坡在这个地方很陡。山的上部由赤裸的灰花岗岩构成,花岗岩风化得很厉害,分裂为碎块、有时为很大的石块。花岗岩石块散布在覆有草土的山坡下部。有些不小的碎块落在多沼泽的河谷里。到处是石块,以致难以通行。哈剌和林的第四只石龟就“躲藏”在这些花岗岩堵塞物中间。

它躺在南山坡上,大致就在整个花岗岩暴露层的下边和山麓之间的中部。离它 200 米,有条路从东向西在石头间穿过,向北急转,沿着鄂尔浑河右岸较缓斜的坡奔向鄂尔浑德利地方,然后奔向额尔德尼召。

石龟沿着山坡躺着,稍稍向左边倾侧,头向东。它的左边(北边)几乎被土盖住,但尾部和头完全露着。面向鄂尔浑河谷的右边(南边)也露着,只被土盖住一部分。

对石龟进行察看后,可对它的位置远离哈剌和林的原因作出一定结论。问题在于:这绝不是完成的雕塑品,而只是件毛坯。事实上,石龟的任何一个细节也没作出。既无嘴脸,又无龟甲和脚掌。只凿出了全身的轮廓,并加工了方木状的横着凸出部分的背,在背部仔细地凿出了安放碑的方形沟。用来做毛坯的材料,无疑是当地出的。它与这座山坡上数百块别的花岗岩石块没什么区别。

所有这些情况使我们可以作出结论:摆在我们面前的是一件很值得注意的遗物,它记录了哈剌和林古代工匠的当地凿石技术。他们在鄂尔浑河岸的山坡上挑选了大小合适、甚或轮廓也合适的花岗岩石块,赋予它们以石龟的总的轮廓,凿出安碑的沟,然后用三尖刀和凿子仔细地将表面弄平,工作的痕迹从鄂尔浑石龟上可看到。接着开始了艰难的运输途程。需要克服很陡的上坡道和斜坡,需将二百普特重的石头渡过沟壑和很深的水洼,绕过多沼泽的低地和凿出我们所找到的毛坯那样的许多碎石块。最后,在离哈剌和林 5 公里处,需在相当高的山隘上将石头推滚下去,然后在山坡下将它运送到城里。

显然只有在规定好的地方才开始对雕刻物进行最后的艺术加工,把它制成最后的形式。

传说为真实的历史事件涂上了民间创造性的想像的色彩。哈剌和林的鄂尔浑石龟当然不能“躲避”落到城市身上的不幸,它留在深山里、自己的出生地上是由于 14 世纪后半期的事变使它失去了最后完成的可能。

(译自《蒙古考古学论文集》,莫斯科,前苏联科学院出版社,1962 年版,第 65 ~ 67 页。)

31 哈剌和林出土的铁器

〔蒙〕德·纳旺

1948—1949 年苏蒙历史—民族学调查团发掘了 13 世纪的蒙古京城哈剌和林。

在谢·符·吉谢列夫教授领导下,在城的中心街区与窝阔台宫廷所在地进行的发掘,为描述蒙古京城的城市生活以及居民的经济生活提供了丰富和重要的材料。

在城的南门地区由赫·培尔列主持下的发掘,也发现了许多令人感兴趣的东西。

稍后,1950 年时,在南门旁发掘地点附近,发现了埋藏着下列古代铁器:铁犁铧 18 件,各种大小的大车轴承 52 个,铁矛头若干个,青铜钟 2 个,用途不明的金属轴 2 根,桶上的铁箍若干个。上列这些铁器都是额尔德尼召寺的管理员巴雅尔同志在一个地方发现的,他把这些东西交给了蒙古人民共和国科学委员会。

如今,这些铁器收藏在蒙古人民共和国科学院历史研究所考古室,编号为 NO964。在这篇短小的札记中,我们来描述一下其中的几件。

1. 铁铧(第 16 图—6)。发现到的各件铁铧,外形和大小一样。它们长 30 厘米,底宽 20 厘米,套筒宽 12 厘米. 在这套筒中部及铧刃两侧有小孔。

2. 大车铁轴承(第 16 图—2,4,7)。最大者直径 21 厘米,最小者 8 厘米。每个轴承有 6 个齿,有了这 6 个齿它就可被安装得紧紧的。

3. 铜钟(第 16 图—1,3)。其中一只肩部有环带。高 17.5 厘米,直径 16 厘米。顶上的环儿由于长期使用而磨损。

另一只的形状略有不同。它的肩部的角度较大,边缘较厚。在它的外壁上有长圆形的凸出部。在肩部的环带周围有许多记号或图案。迄今尚未搞清:覆在钟上的紧密的铜锈到底是怎么一回事。两只钟都有小悬锤,悬锤上有锈痕。

阿·尤·雅库博夫斯基所公布的金帐汗国京城萨莱的发掘物中有与这些铁器相近的东西。[1]

4. 铁矛头(第16图—5)。长15.5厘米。刺击部分有3个面棱。套筒上有两个孔,以便把矛头安到矛杆上。

这些出土的铁器再一次证实了谢·符·吉谢列夫著作中所指出的哈剌和林的多样的经济活动,[2]证实了哈剌和林具有手工业和制造铁的武器和工具的作坊,证实了农业在古代蒙古京城的居民经济中占有重要地位。

(译自《蒙古考古学论文集》,莫斯科,前苏联科学院出版社,1962年,第63~64页。)

---

〔1〕格列科夫与雅库博夫斯基:《金帐汗国兴衰史》,莫斯科—列宁格勒,1950年,第31图。

〔2〕谢·符·吉谢列夫:《蒙古的古代城市》,载《苏联考古学》,1957年,第2期,自第97页起。

32 蒙古人民共和国的考古研究

〔蒙〕谢尔-奥札布

蒙古地区自古以来就是联系着东西方最重要的文化中心，它是建立不同游牧部落的庞大联盟及在这里留下无数文化古迹的最早的国家的地方。因此，从石器时代直到封建割据时期的文物古迹特别丰富。[1]

蒙古考古遗物的研究开始于19世纪末，并很快地引起了整个学术界的注意。1889年，H. M.雅德林采夫发现鄂尔浑—叶尼塞河文化古迹和古代国家的首都哈剌和林，奠定了蒙古考古研究的基础。

1891年，俄国科学院组织了由拉德洛夫领导的在鄂尔浑、土拉河流域进行考古调查的专门调查团，发现了蒙古古代国家遗留下的许多古迹(城市、村落的废墟等等)。工作成果后来都公布在有重大价值的文集《鄂尔浑调查团集刊》[2]里了。

在拉德洛夫之后，外国学者主要是俄国学者，也进行了考古调查。

1921年人民革命胜利，组织了科学委员会后，开始了蒙古考古文物古迹研究的新时期。考古工作的进行委托给了在蒙古人民共和国科学委员会下面所设立的历史研究室。从此蒙古人民共和国科学委员会便和苏联科学院协力进行古墓、城墟的调查、发掘，结果收集到了大量考古材料。

在第一时期工作中最出色的事是1924—1925年科兹洛夫蒙藏调查团发现和发掘了诺音乌拉山的匈奴贵族巨墓。调查团的研究成果

〔1〕扎姆察拉诺-策旺：《蒙古考古研究的若干问题》，载《新鉴》杂志，1936年第2期，第74页(蒙文)；吉谢列夫：《古代蒙古》，载《苏联科学院通报(历史、哲学部分)》，第4卷第4期，莫斯科，1947年；佩尔列：《蒙古人民共和国考古工作简述》，乌兰巴托，1957年(蒙文)；谢尔-奥札布：《蒙古的考古研究》，载《科学与技术》杂志，1958年第2期(蒙文)。

〔2〕拉德洛夫：《鄂尔浑考古调查团集刊》，第1、2、3、4卷，圣彼得堡，1882—1889年。

曾屡次公布于世。[1]

这里还必须提到博罗科夫、大蒙古学家符拉基米尔佐夫以及科学委员会委员卡扎客维奇、利索夫斯基、阿姆斯帖尔达姆斯卡雅、巴姆巴耶夫、康德拉齐耶夫、西穆科夫和布基尼奇在20世纪20—30年代所进行的考古研究。

从1923年起，卡扎客维奇在蒙古人民共和国各地进行了几次学术旅行，在哈勒欣河、克鲁伦河和土拉河流城，以及蒙古人民共和国沙漠地带找到了许多考古古迹，头一次记述了位于肯特省南部的赫谢格板升废墟，拓下了赫谢格板升的石碑铭题拓片。[2] 他还头一次发现并记述了学术上十分有价值的达里干加地方的突厥时代的石俑。[3]

1927年西穆科夫发掘了诺音乌拉山的匈奴墓。在发掘到的古物中有：毡毯块、取火的木器、饰有植物图案的金片、镀金的平面马雕像，有汉文题字的漆碗、丝织物残片，等等。[4]

辨认了汉文题字后可知：漆碗是公元1世纪时中国四川省制造的。

阿姆斯帖尔达姆斯卡雅于1827年[原文如此，似为1927年之讹——译者]来到了肯特省及翁都尔罕城以西地区，发现了巴隆、祖温赫列姆废墟、古墓以及类似于卡扎客维奇在达里干加所发现的石俑。[5]

1925年符拉基米尔佐夫院士与巴拉廷在克鲁伦河流域的若干地区及土拉河下游进行了调查。在巴因—达巴内—阿姆地方，他们发现

---

[1]П·К·科兹洛夫：《北蒙古·诺音乌拉古迹·科兹洛夫蒙藏考古调查团北蒙古调查简报》，列宁格勒，1925年；伯恩施坦：《诺音乌拉匈奴墓及其历史考古意义》，载《苏联科学院通报·社会科学部分》，1947年第4分册；捷普洛乌霍夫：《诺音乌拉山古墓的发掘》，载同上通报同一册中；特列维尔：《1924—1925年间在蒙古发掘到的文物》，载《国家物质文化史学院通报》，1931年，第9~10分册。

[2]卡扎客维奇：《考古调查报告》，蒙古人民共和国科学院历史研究所所藏抄本第26,57号。

[3]卡扎客维奇：《达里干加旅行记·达里干加的石雕像》，莫斯科，1930年。

[4]西穆科夫：《祖鲁姆特和苏只克特山沟里的两个古墓的发掘报告》，蒙古人民共和国科学院历史研究所所藏抄本第27,453号。

[5]阿姆斯帖尔达姆斯卡雅：《肯特省旅行报告》，蒙古人民共和国科学院历史研究所所藏抄本第99号。

和发掘了突厥贵族的墓。[1]

1927年巴姆巴耶夫来到了色楞格河流域,记述了帖尔欣河流域的考古古迹。他就在这里发现了突厥时代的许多坟墓和岩壁上的若干古突厥题铭。[2]

1947—1949年之间在苏联科学院通讯院士吉谢列夫领导下的蒙古历史—民族学调查团所进行的工作,规模最大。[3] 该调查团特别注意了哈剌和林废墟的研究。调查团的研究成果对研究13—14世纪的蒙古城市史具有巨大意义。

除了对哈剌和林进行的发掘外,调查团还调查了鄂尔浑河、土拉河和克鲁伦河流域的若干城市废墟以及属于不同古代蒙古部的古墓。[4]

该调查团在共和国东部和西部各省进行工作的民族学工作队也收集到了重要的考古材料,其中应予特别指出的是在肯特省发现的古突厥碑。

在调查团内还包括了一支由奥克拉德尼科夫领导下的研究蒙古石器时代的专业队。在南杭爱省、肯特省、南戈壁省及乔巴山省进行调查;在哈勒廷河上、塔木察格布拉格地方发现了前所不知的新石器时代村落遗址,并再次调查了巴颜咱格村落遗址。[5]

1950年以前在蒙古人民共和国进行的考古研究的主要情况便是如此。

从1950年起,考古工作的进行以蒙古专家为基本力量,并完全放在收集编写3卷本蒙古人民共和国通史的材料上。给予特别注意的是

---

〔1〕符拉基米尔佐夫:《报告》,蒙古人民共和国科学院历史研究所所藏妙本第17号。

〔2〕巴姆巴耶夫:《1927年考古旅行报告》,蒙古人民共和国科学院历史研究所所藏抄本第88/204号。

〔3〕吉谢列夫:《蒙古古代城市》,载《苏联考古学》,1957年第2期;吉谢列夫:《蒙古考古调查团工作纪要》,载《蒙古文集》,莫斯科,1959年,第200页;叶甫丘霍娃:《哈剌和林的古代中国陶器》,载《苏联考古学》,1959年第3期;吉谢列夫:《中国瓦当史略述》,载《苏联考古学》,1959年第3期;谢尔-奥札布:《蒙古的考古研究》,载《科学与技术》,1958年第2期。

〔4〕叶甫丘霍娃:《关于9世纪时蒙古中部诸部落》,载《苏联考古学》,1957年2期。

〔5〕维雅特庚娜:《蒙古人民共和国的考古古迹》,载《苏联民族学》,1960年第1期;奥克拉德尼科夫:《内蒙古远古史方面的新资料》,载《古代史通报》,1951年第4期,第174页。

人类最初在蒙古境内活动问题、蒙古境内古代居民氏族制瓦解问题以及蒙古人民共和国境内阶级社会及最初国家的形成问题。

如果在1954年出版的1卷本《蒙古人民共和国通史》及某些考古学家的著作里指出:蒙古境内的古人类遗迹仅发现于旧石器时代前期,那么最近几年来已发现了可归于旧石器时代中期的若干值得注意的工具。[1]

1960年夏天,由奥克拉德尼科夫与谢尔-奥扎布领导下,在奥特佐夫—迈恩特地方(南戈壁省)进行工作的考古队发掘得到的旧石器时代中期的遗物,证实了在这一遥远的时期,在蒙古人民共和国境内已有人类的活动。

经过近年来的调查,还在色楞格河、鄂尔浑河流域、乌兰巴托郊区、北杭爱省、布尔干省及南戈壁省发现了旧石器时代前期的值得注意的材料。

1960年完成了莫伊勒吞阿木山谷附近的鄂尔浑河沿岸旧石器时代前期村落遗址的头一批发掘,为描述蒙古旧石器时代居民的各方面生活提供了丰富和有价值的材料。但在近年来收集到的材料中特别多的是新石器时代的。

1948年以前,新石器时代的古迹仅在共和国的若干省被获知。现在,我们所知的新石器时代古迹几乎国内所有各省都有。1948年的奥克拉德尼科夫工作队(蒙古历史—民族学调查团)和1960年的奥克拉德尼科夫与谢尔-奥札布的考古队在研究蒙古新石器时代古迹方面所作出的工作特别多。

巴颜咱格地方的新石器时代古迹最值得注意。[2] 这里在远古村落遗址上不仅发现了许多石头工具,而且还发现了炉灶的遗迹,在它的四周分布着鸟兽的骨头。这里还发现了新石器时代的陶器——带有网状、花边状装饰图案的半卵状容器。在较大的工具中可以指出石

---

〔1〕道尔济苏伦:《关于蒙古人民共和国石器时代的研究》,科学委员会出版社,乌兰巴托,1957年,第4页(蒙文)。

〔2〕谢尔-奥札布:《论蒙古的新石器时代》,载《蒙古人民共和国学术著作集》第1辑,乌兰巴托,1956年,第4页(蒙文)。

杵、石臼、磨损和磨光的斧子。有很多刀状的薄片、燧长石刮刀、侧石刀、底边平的或凹的箭头、带有延长的窄柄的箭头。有一个小钩子垂下来的不对称的箭头也很常见。这些石器由各种颜色的燧石、碧石和玉髓制成。[1]

这些发掘物全部与西伯利亚和华北的石器相似,但它们也具有自己的特点。

属于石器时代以后时期的发现物收集得很多,但它照例是高层的材料,这就降低了它的科学价值,但它毕竟对研究蒙古人民共和国的青铜时代很重要。

从这种偶尔发现的遗物中,应该提及战斧和卡拉苏克型大刀。特别引人注目的是柄端有山羊头雕像的青铜大刀(长 52 公分),[2]还应该指出蒙古较流行的、在形式上与南西伯利亚卡拉苏克柄托和殷、周初时期(公元前 14—10 世纪)华北柄托很接近的三端和两端的柄托。[3]

苏赫巴托尔省发现的青铜刀值得注意;其中有一把青铜刀的柄上饰有 3 匹马的像;在另一把的刀柄上——有 7 只张开翅膀的鸟,这些鸟与哈楚尔特的岩壁画上的鸟很相似。[4]

在蒙古人民共和国东部地区多次遇到与卡拉苏克陶器相近的薄壁陶器。

在蒙古人民共和国博物馆的全部收藏品和陈列物中有大批公元前 7—前 3 世纪斯基泰时代的收集品。即:3 面、有套及有柄的箭头,青铜马勒,青铜锅,与南西伯利亚塔加尔型相似的石器。

还必须提到方形墓的发掘,1952 年,佩尔列在克鲁伦河上游(中央省蒙古莫尔特苏木苏只因布拉格地方)发掘了好几处这样的墓。在发

[1]谢尔－奥札布:《论蒙古的新石器时代》,载《蒙古人民共和国学术著作集》第 1 辑,乌兰巴托,1956 年,第 6 页。

[2]沃勒科夫:《南戈壁的青铜刀》,载《科学与技术》,1959 年第 4 期。

[3]沃勒科夫与诺夫戈罗多娃:《蒙古出土的卡拉苏克刀柄托》,载《苏联考古学》,1960 年第 4 期,第 155 页。

[4]谢尔－奥札布:《苏赫巴托尔省出土的两把青铜刀》,载《科学》,1960 年第 6 期(蒙文)。

掘时获得了半球状的牌子、各种项链和青铜箭头。[1] 本文作者在呼只尔帖疗养地对面的松哈来山附近发掘了几个方形墓。在墓内发现了项链、陶片等物,有时在死者的头下有垫着的小块长方石。由于蒙古人也有类似的风俗习惯,故这一事实特别引人注目。[2]

目前还难以明确地确定蒙古人民共和国境内铁器时代开始于何时。我们仅知道可证明古代生产上出现了新材料的带有铁柄的青铜箭。向新的材料的过渡大约应在蒙古游牧部落史上的斯基泰时代与匈奴时代之交。

在匈奴人的古迹中,最引人注意的是诺音乌拉山的陵墓。

1954 年起,道尔济苏伦重新开始在这个地区进行工作。如果 1924—1925 年的发掘首先是匈奴单于的巨大陵墓,那么近年来主要注意力是放在普通的坟墓上。1955—1957 年,在另一地区——北杭爱省呼尼河上进行了普通的匈奴坟墓的发掘。[3] 还发掘了克鲁伦河流域的若干匈奴古城遗址:“帖列勒真—德尔维勒仁”、“布尔欣—德尔维勒仁”和“古阿多夫”。这里发现了房屋遗址、各种建筑材料和普通的匈奴陶器。[4]

在最近几年的考古研究中,对 6—8 世纪突厥古迹很注意。

1957 年,科学委员会的同志们发掘了著名的纳来赫的突厥宰相暾欲谷墓。在这里发现了各种颜色的灰泥残迹、建筑物碎片等。十分引人注目的是:发现了一块在灰泥还未干时刻画上的突厥文题铭。[5]

1958 年在另一处巨大的古迹——突厥宗王阙特勤的陵墓上进行了工作。发掘由蒙古与捷克学者协力完成。拆除了陵墓建筑周围的几

---

[1]佩尔列:《氏族割瓦解时期的若干古墓遗址》,载《科学》(蒙文)。

[2]谢尔 - 奥札布:《松哈来的古墓》,载《科学》,1958 年第 3 期(蒙文)。

[3]道尔济苏伦:《关于 1957 年在诺颜乌拉进行的考古工作》,载《科学》,1957 年第 4 期,第 4 页;道尔济苏伦:《关于中部和西部各省的考古调查和发掘的结果》,载《科学委员会著作集》1957 年第 2 期(蒙文)。

[4]佩尔列:《三座匈奴古城遗址》,载《科学》,1957 年第 4 期(蒙文)。

[5]谢尔 - 奥札布:《关于 1957 年的考古工作》,载《科杂学志》1957 年第 2 期(蒙文);谢尔 - 奥札布:《关于一块重新发现的突厥题铭》,乌兰巴托,1958 年(蒙文);谢尔 - 奥扎布:《关于蒙捷合作的考古工作》,载《科学》杂志 1958 年第 5 ~ 6 期(蒙文)。

段墙。完全发掘了祭祀建筑所在的地段。在发掘物中最引人注目的是一座毕肖的大理石雕像的头部。显然,古代雕刻匠在此刻画出了突厥宗王的本来面貌。[1]

此外,1951—1958 年打开了若干座突厥时期的普通坟墓,收集到了清晰地说明公元 6—8 世纪游牧于蒙古人民共和国境内的突厥部落物质文化性质的丰富材料。

1950—1959 年,特别广泛地进行了研究 10—11 世纪契丹时期古迹的工作。经过调查,发现了将近十座城镇。佩尔列研究了哈尔·布欣·巴勒噶斯(在布尔干省答胜奇林苏木)、宗赫列木、巴隆赫列木以及肯特省的巴尔斯浩特第一等契丹古城遗址。[2]

发掘时遇到了许多陶器的碎片、铁器、木制品和骨制品。在工作过程中查明:这些物件全部是就地在契丹城市里的专门作坊里制成的。还必须提及契丹文字遗迹——即成托勒戈伊废墟中瓦片上的象形文字题铭以及肯特省一块岩壁上的题铭。这些题铭还未辨认出,有待研究者们研究。[3]

古代蒙古国家时期及清朝统治时期的遗迹近年来研究得不多。在调查时仅发现了满洲人在征服西蒙古时期所建造的若干筑有壁垒的营垒。建于 18 世纪前半期的这样的营垒之一即是“拜达尔根浩特”废墟。这是一座长方形结构的营垒,四周围有土墙和壕沟。留下了营房式的建筑物遗迹。城的北面与一片耕地相连。[4]

此外,佩尔列还对巴尔斯浩特第三遗址(脱懽帖睦尔汗城的遗址)完成了小规模的发掘,收集到了少量与哈剌和林接近的材料[5]。

近年来在蒙古人民共和国进行的考古调查的成果简略地说来便

---

[1]谢尔-奥札布:《阙特勤墓出土的石像头部》,载《考古文物画册》第 1 卷第 6 分册,乌兰巴托,1959 年;L. 吉斯勒:《蒙古人民共和国的考古遗物》,载 Arch. rozhledy, XIII,(第 13 卷第 1 分册),第 49~83 页。

[2]佩尔列:《蒙古古代城镇遗址史略述》,乌兰巴托,1956 年。

[3]佩尔列:《成托勒戈伊废墟城上发现的器皿上的题铭》,乌兰巴托,1959 年(蒙文)。

[4]谢尔-奥札布:《清代的设有壁垒的军营》,乌兰巴托,1957 年。

[5]佩尔列:《关于赫尔连巴尔遗址的发掘》,载《科学委员会著作集》第 2 期,1957 年(蒙文)。

是如此。

我们期望，我们年轻的考古科学在苏联学者和其他友好国家学者的帮助下，随着时间的推移将会成长起来，在研究我们民族的远古时代上取得巨大的成就，这就提供了最完全地恢复蒙古历史的可能性。

（译自《蒙古考古集》，莫斯科，1962 年，第 5～10 页。）

33 《元史·释老传》笺注

〔日〕野上俊静

33.1

释、老之教，行乎中国也，千数百年，而其盛衰，每系乎时君之好恶。是故，佛于晋、宋、梁、陈，黄、老于汉、魏、唐、宋，而其效可睹矣。

元兴，崇尚释氏，而帝师[1]之盛，尤不可与古昔同语。维道家方士之流，假祷祠之说，乘时以起，曾不及其什一焉。

宋旧史[2]尝志老、释，厥有旨哉。乃本其意，作《释老传》。

33.2

帝师八思巴[3]者，土番萨斯迦[4]人，族款氏[5]也。相传自其祖朵栗赤，[6]以其法佐国主霸西海者十余世。

---

〔1〕帝师——元朝授予喇嘛教高僧的尊称。被称为帝师的喇嘛僧，享有极高的尊敬、信任。帝师为皇帝、皇后以下皇室成员举行佛戒，并掌管元朝支配下的佛教。帝师的地位由喇嘛教中有势力的萨斯迦派领导者继承，元朝一代间，帝师先后达 12 名。元朝的喇嘛教崇拜具有突出地位。参阅稻叶正就：《关于元代帝师的研究》，载《大谷大学研究年报》第 17 集，昭和四十年（1965 年）版。

〔2〕宋旧史——《宋会要稿》第 200 册有《道释》项，而现在的《宋史》并无《释老志》或《释老传》。此处之“宋旧史”不知何所指。但《宋会要稿》中有道释部分，有关宋朝法律、经济的基本资料《庆元条法事类》中也有道释部分。

〔3〕八思巴——又译巴思八、八合思八、八合斯巴、八哈思巴，藏文 Hphags pa 之音写，意谓圣者。第一代帝师 Blo gros rgyal mtshan dpal bzan po 之通常用名。

〔4〕土番——又作王蕃、吐蕃、西番，指西藏；萨斯迦——藏文 Sa skya 之音写，西藏中部之地名，又为西藏佛教之一教派名。

〔5〕款氏——藏文 Hkhon 之音写，出自萨斯迦派始祖 Jo bo Hkhon par shyes 之 Hkhon。

〔6〕朵栗赤——藏文 Rdo rje 之音写，即 Rdo rje rin po che。参阅前揭稻叶氏论文，第 85 页。

八思巴生七岁，诵经数十万言，能约通其大义，国人号之圣童，故名曰八思巴。少长，学富五明，[1]故又称曰班弥怛。[2]

33.3

岁癸丑，年十有五，[3]谒世祖于潜邸，[4]与语大悦，日见亲礼。

中统元年，世祖即位，尊为国师，[5]授以玉印。

命制蒙古新字，[6]字成上之。其字仅千余，其母凡四十有一。其相关纽而成字者，则有韵关之法；其以二合三合四合而成字者，则有语韵之法；而大要则以谐声[7]为宗也。

33.4

至元六年，诏颁行于天下。[8]

诏曰："朕惟字以书言，言以纪事，此古今之通制。我国家肇基朔方，俗尚简古，未遑制作，凡施用文字，因用汉楷[9]及畏吾字，[10]以达

---

〔1〕五明——即声明、工巧明、医方明、因明、内明。印度将学问分为五类。明者，阐明之意，明其理而有识。参阅《西域记》卷2。

〔2〕班弥怛——藏文 Paṇḍita 之音写，意为智者、贤者、有学识者。

〔3〕岁癸丑，年十有五——岁癸丑为元宪宗三年，公元1253年，当时八思巴15岁，因此他出生于1239年。《佛祖历代通载》卷32"至元十七年"条所载八思巴传略云："癸丑，师年十五……"也说他出生于1239年。但据藏文资料，八思巴出生于1235年。参阅稻叶氏论文，第102页。

〔4〕潜邸——天子未即位时所居府邸。

〔5〕国师——高僧之尊称，在元代为次于帝师者。《元史》卷4《世祖纪》"中统元年"条有云："十二月乙巳……以梵僧八合思八为帝师，授以玉印，统释教。"此条之"帝师"为"国师"之误，八思巴创制蒙古新字后才成为帝师。

〔6〕蒙古新字——即八思巴字。参阅：村田治郎编：《居庸关》（一）；鸳渊一：《关于〈中原音韵〉中之八思文字写的汉字音》，载《小川博士还历纪念史学地理学论丛》。

〔7〕谐声——汉字六书之一。为构造上的名称，由偏旁相合组织成一字，偏表示字义，旁代表字音。

〔8〕《元史》卷6《世祖纪》曰："至元六年二月己丑，诏以新制蒙古字颁行天下。"《元典章》卷1也记颁发"行蒙古字"诏敕于至元六年（1269年）二月十三日，与《释老传》之文相一致。又，《元史》卷6《世祖纪》"至元六年七月"条有云："己巳，立诸路蒙古字学"，此为普及蒙古新字之举。

〔9〕汉楷——汉字楷书。

〔10〕畏吾字——畏吾，一译回鹘、畏兀儿、畏吾儿，Uighur之音译，为古代活跃于蒙古、突厥斯坦方面的突厥系部族，该族中行用之文字，称为畏吾字。

本朝之言。考诸辽、金，以及遐方诸国，例各有字，今文治寖兴，而字书有阙，于一代制度，实为未备。故特命国师八思巴创为蒙古新字，译写一切文字，期于顺言达事而已。自今以往，凡有玺书颁降者，并用蒙古新字，仍各以其国字副之。”

遂升号八思巴曰大宝法王，更赐玉印。〔1〕

33.5

十一年，请告西还。留之不可，乃以其弟亦怜真〔2〕嗣焉。

十六年，八思巴卒。〔3〕讣闻，赙赠有加，赐号皇天之下一人之上宣文辅治大圣至德普觉真智佑国如意大宝法王、西天佛子、大元帝师。

---

〔1〕《佛祖历代通载》卷32“己巳岁”条曰：“帝师八思巴制蒙古字成，二月颁行天下。”所记八思巴字制成于己巳岁即至元六年（1269年）颁行天下，与《释老传》记载一致。当时八思巴为国师，以制作蒙古新字之功升为帝师为第二年至元七年之事。《佛祖历代通载》卷32“庚午岁”条八思巴传略曰：“庚午，师年三十一岁，时至元七年，诏制大元国字……称旨即颁行，朝省郡县遵用，迄为一代典章。升号帝师大宝法王，更赐玉印，统领诸国释教。”又《百丈清规》卷2有云：“至元七年……有旨制大元国字……升号帝师大宝法王，更赐玉印。”唯所记制成蒙古新字于至元七年实误，应理解为六年制成新字，七年八思巴以制作新字之功升为帝师大宝法王。

〔2〕亦怜真——Rin chen rgyal mtshan前半部分之音写，八思巴的异母弟。《元史》卷8《世祖纪》也说：“至元十一年（1274年）三月癸巳……帝师八合思八归土番国，以其弟亦邻真袭位。”

〔3〕八思巴之死于至元十六年（1279年），《元史》本纪无相应记载。《佛祖历代通载》卷32：“庚辰，师年四十一岁，时至元十七年十一月二十二日示寂。”记其卒于至元十七年。藏文资料也记其死于至元十七年（参阅稻叶氏论文）。又，《元史》卷11《世祖纪》“至元十七年”条末尾曰：“镂板印造帝师八合思八新译《戒本》五百部，颁降诸路僧人。”据此可理解为此年八思巴死，敕供奉之，并颁行其所译佛典。接着，第三年至元十九年（1282年）时又为之建舍利塔。《元史》卷12有云：“至元十九年十二月……造帝师八合思八舍利塔。”

至治间，特诏郡县建庙通祀。[1] 泰定元年，又以绘像十一，颁各行省，为之塑像云。[2]

33.6

亦怜真嗣为帝师，凡六岁，至元十九年卒。[3]

答儿麻八剌乞列[4]嗣，二十三年卒。

亦摄思连真[5]嗣，三十一年卒。

乞剌斯八斡节儿[6]嗣，成宗特造宝玉五方佛冠赐之。元贞元年，又更赐双龙盘纽白玉印，文曰"大元帝师统领诸国僧尼中兴释教之印"。大德七年卒。

---

〔1〕元仁宗时即已设置帝师殿祭祀八思巴。《元史》卷26有曰："延祐五年（1318年）十月壬辰，建帝师八思巴殿于大兴教寺，给钞万锭"，当时建帝师殿于帝都名刹大兴教寺。其后二年英宗时又于地方各郡设置帝师殿。《元史》卷27《英宗纪》有云："延祐七年（1320年）十一月丁酉，诏各郡建帝师八思巴殿，其制视孔子庙有加。"与此相应，《元典章》新集《工部》有《帝师殿如文庙大》一文。又，著名儒学者柳贯有《温州新建帝师殿碑铭并序》（《柳待制文集》卷9）一文。

除建立帝师殿外，还可知有专门建立帝师寺之事。《元史》卷27《英宗纪》有云："至治元年三月丙子，建帝师八思巴寺于京师。"在帝都大都进行八思巴寺的建设。此项建设工程于第二年停止。《元史》卷28《英宗纪》有云："至治二年二月庚子……罢上都歇山殿及帝师寺役。"此项记事不应理解为上都之帝师寺，与前文相联系，当是停止大都帝师寺建设工程。上都也曾建有帝师寺。《元史》卷28《英宗纪》有云："至治三年二月癸亥朔，作上都华严寺、八思巴帝师寺及拜住第，役军六千二百人。"详情可参阅拙稿：《元代上都的佛教》。

〔2〕《元史》卷29《泰定帝纪》也说："泰定元年八月辛未，绘帝师八思巴像十一，颁各行省，俾塑祀之。"

〔3〕《元史》卷10《世祖纪》有云："至元十六年（1279年）十二月……帝师亦怜吉卒。"此处亦怜吉当然就是亦怜真，此项记载与《释老传》之十九年说不一致。藏文资料也不能确定十六年卒与十九年卒二说何者为是。参阅稻叶氏论文第114页以下。

〔4〕藏文作Dharma－Pāla－rakṣita（答儿麻八剌剌吉塔）。《元史》卷12《世祖纪》有云："至元十九年十二月……诏立帝师答耳麻八剌剌吉塔，掌玉印，统领诸国释教。"又据藏文资料，此帝师之卒年在下一年二十四年。参阅稻叶氏论文第116页以下。

〔5〕藏文作Ye çes rin chen。《元史》卷14《世祖纪》有云："至元二十三年十二月……是岁，以亦摄思怜为帝师。"

〔6〕藏文作Grags pa ḥod zer。《元史》本纪上之相应记事如下。《元史》卷16《世祖纪》："至元二十八年十二月……授吃剌思八斡节儿为帝师，统领诸国僧尼释教事。"又，《元史》卷18《成宗纪》："至元三十一年六月戊申……以合剌思八斡节而为帝师，赐玉印。"除非吃剌思八斡节儿、合剌思八思斡节而并非同一人，否则本纪的记载自相矛盾。稻叶氏认为应作二十八年。参阅稻叶氏论文第125页以下。

明年，以辇真监藏[1]嗣，又明年卒。

都家班[2]嗣，皇庆二年卒。相儿加思嗣，延祐元年卒。

二年，以公哥罗古罗思监藏班藏卜[3]嗣，至治三年卒。

旺出儿监藏[4]嗣，泰定二年卒。

公哥列思八冲纳思监藏班藏卜[5]嗣，赐玉印，降玺书谕天下，其年卒。

---

[1]藏文作 Rin chen rgyal mtshan。《元史》卷21《成宗纪》"大德八年"条有云："正月庚午，以辇真监藏为帝师。"同纪"大德九年"条有云："正月戊午，帝师辇真监藏卒，赙金五百两、银千两、币帛万匹，钞三千锭，仍建塔寺。"与《释老传》的记载一致。

[2]藏文 Rdo rje dpal 之音写。《元史》卷21《成宗纪》"大德九年三月庚戌"条有云："以吃剌八思斡节儿侄相加班为帝师。"《释老传》称都家班，本纪却作相加班。此人皇庆二年卒，相儿加思(Saṅs rgyas dpal)嗣。关于此事，《元史》卷24《仁宗纪》有云："皇庆二年九月，以相儿加思巴为帝师。"《释老传》及本纪的记载全然一致。但稻叶氏根据藏文资料，推定都家班与相儿加思为同一人。参阅稻叶氏论文第130页以下。

[3]藏文 Kun dgaḥ blo gros rgyal mtshan dpal bzaṅ po。《元史》卷25《仁宗纪》也说："延祐二年二月庚子，诏以公哥罗古罗思监藏班藏卜为帝师，赐玉印，仍诏天下。"但其卒年至治三年(1323年)可疑，以卒于泰定四年(1327年)的说法为可靠。参阅稻叶氏论文第136页以下。

[4]藏文 Dbaṅ phyug rgyal mtshan。此人除《释老传》外，别无其他资料记载。

[5]藏文 Kun dgaḥ legs paḥi ḥbyuṅ gnas rgyal mtshan dpal bzaṅ po。《元史》卷30《泰定纪》有云："泰定四年四月甲午，以西僧公哥列思巴冲纳思监藏班藏卜为帝师。"此帝师就任之年，纪传相差二年。据稻叶氏的研究，以本纪四年说为正确，而其卒年不明。参阅稻叶氏论文第141页以下。

天历二年,以辇真吃剌失思〔1〕嗣。

〔1〕藏文 Rin chen bkra Çis。《元史》卷33《文宗纪》有云:“天历二年十二月甲申,以西僧辇真吃剌思为帝师。”应当指出:《释老传》缺载元代两位帝师。参阅稻叶氏论文第145页以下。

根据稻叶氏的研究,兹将元朝历代帝师之名及在职年代列表如下:

帝师名及在职年代表

[释老传名]	[藏文本名]	[生年]	[就任年月]	[退任年月]	[死去年月]	[死地]
1.八思巴	Hphags pa,本名为 Blo gros rgyal mtshan	乙未(?)(1235)	至元七年?(1270)	至元十一年三月?(1274)	至元十七年十一月(1280)	萨斯迦
2.亦怜真	Rin chen rgyal mtshan	戊戌(1238)	至元十一年三月(1274)	至元十六年(1279)	同左	临洮
3.答儿麻八剌乞列	Dharma-pāla-rakṣita	戊辰(1268)	至元十九年十二月(1282)	至元二十三年(1286)	丁亥(1287)	Mdo khams 之 Tremaṇḍala
4.亦摄思连真	Ye çes rin chen	戊申?(1248)	至元二十三年十二月(1286)	至元二十八年(1291)	至元三十一年?(1294)	五台山
5.乞剌斯八斡节儿	Grags pa ḥod zer	丙午(1246)	至元二十八年十二月(1291)	大德七年(1303)	同左	元廷
6.辇真监藏	Hjam dbyaṅs rin chen rgyal mtshan	戊午?(1258)	大德八年一月(1304)	大德九年一月(1305)	同左	元廷
7.相儿加思	Saṅs rgyas dpal	丁卯(1267)	大德九年三月(1305)	延祐元年(1314)	同左	元廷
8.公哥罗古罗思监藏班藏卜	Kun dgaḥ blo gros rgyal mtshan dpal bzaṅ po	己亥(1299)	延祐二年二月(1315)	泰定四年二月(1327)	同左	
9.公哥列思八冲纳思监藏班藏卜	Kun dgaḥ legs pahi ḥbyuṅ gnas rgyal mtshan dpal bzaṅ po		泰定四年四月(1327)			大都
10.辇真吃剌失思	Rin chen bkra		天历二年十二月(1329)			
	çis(正确写法应作 Rin chen grags)					

[以下在《释老传》之外补加]

11.公哥儿监藏班藏卜	Kun dgaḥ rgyal mtshan dpal bzaṅ po	庚戌(1310)	至顺三年三月(1332)		戊戌?(1358)	大都
12.	Bsod nams blo gros rgyal mtshan dpal bzaṅ po	壬申(1332)	辛丑(1362)	壬寅十月(1362)	同左	大都
[摄帝师]喃迦巴藏卜	Rnam rgyal dpal bzaṅ po					

留空白处为不清楚。公元年数为大致数,严格而言,阴历十二月应在公元第二年。

33.7

八思巴时,又有国师胆巴者,一名功嘉葛剌思,[1]西番突甘斯旦麻[2]人。

幼从西天竺古达麻失利[3]传习梵秘,得其法要。

中统间,帝师八思巴荐之。时怀孟大旱,世祖命祷之,立雨。又尝咒食投龙湫,[4]顷之奇花、异果、上尊[5]涌出波面,取以上进,世祖大悦。

至元末,以不容于时相桑哥,[6]力请西归。既复召还,谪之潮州。时枢密副使月的迷失[7]镇潮,而妻得奇疾,胆巴以所持数珠加其身,即愈。又尝为月的迷失言异梦及己还朝期,后皆验。

33.8

元贞间,海都[8]犯西番界,成宗命祷于摩诃葛剌神,[9]已而捷书

---

〔1〕藏文 Dam pa kun dgaḥ grags。《佛祖历代通载》卷 35、《释氏稽古略续集》卷 1 有传。又,杜齐《西藏画卷》第 2 卷第 627 页也提及此名。

〔2〕西番即西藏,突甘斯旦麻为 Mdo Khams ḥdam ma 之音写,西藏北部地名。

〔3〕原名不明。

〔4〕龙湫,上有悬瀑之深潭。

〔5〕上尊——通"上樽",上等酒之意。

〔6〕桑哥(Sanga),色目人,一度掌握元朝财政。见《元史》卷 205《奸臣传》。据《佛祖历代通载》卷 35 胆巴传载,胆巴请西归在壬午岁即至元十九年(1282 年),为桑哥所召还,在己丑岁即至元二十六年(1289 年),其间诸事记载颇详。参阅拙稿:《桑哥与杨琏真伽》(原载《大谷大学研究年报》第 11 集,今收录入本书)。

〔7〕月的迷失——在《元史》中,其名散见于本纪、志、列传,而无专传。《元史》卷 62《地理志》五"潮州路"条有云:"[至元]二十一年,广东道宣慰使月的迷失以兵来招谕。二十三年,复为江西等处行枢密院副使兼广东道宣慰使以镇之,始定。"可知月的迷失曾镇守潮州。又胆巴为其妻治病之事,《佛祖历代通载》胆巴传记载甚详。

〔8〕海都——蒙古窝阔台汗国之王,元太宗之孙。他是元宪宗、世祖、成宗三代五十多年间,反叛元朝,坚决对抗的人物。《元史》无传,《新元史》第 111 卷有传。参阅箭内亘:《海都叛乱的年份》(收载于箭内论文集《蒙古史研究》)、爱宕松男:《关于海都叛乱的年份》(收载于《纪元 2600 年纪念史学论文集》)、田村实造:《论阿里不哥之乱与海都叛乱及其历史意义》(收载于田村实造:《中国征服王朝研究》中册)。

〔9〕Mahākāla,大黑神,军神。胆巴祈祷大黑神击退海都的军队为元贞元年(1295 年)之事,有关详情见《佛祖历代通载》胆巴传。

果至。

又为成宗祷疾,遄愈,[1]赐予甚厚,且诏分御前校尉10人为之导从。

成宗北巡,[2]命胆巴以象舆前导。过云州,[3]语诸弟子曰:“此地有灵怪,恐惊乘舆,当密持神咒以厌之。”未几,风雨大至,众咸震惧,惟幄殿无虞,复赐碧钿杯一。

大德七年夏,卒。[4]皇庆间,追号大觉普惠广照无上胆巴帝师。

33.9

其后,又有必兰纳识里[5]者,初名只剌瓦弥的理,北庭感木鲁[6]国人。幼熟畏兀儿及西天书,长能贯通三藏暨诸国语。

大德六年,奉旨从帝师受戒于广寒殿,[7]代帝出家,更赐今名。皇庆中,命翻译诸梵经典。延祐间,特赐银印,授光禄大夫。

33.10

是时诸番朝贡,表笺文字无能识者,皆令必兰纳识理译进。尝有以

---

[1]《佛祖历代通载》胆巴传关于此事记载如下:“壬寅(大德六年,1302年)春二月,帝幸柳林遘疾。遣使召云:师如想朕,愿师一来。师至幸所,就行殿修观法七昼夜,圣体乃瘳。”关于成宗之病,《元史》卷20《成宗纪》有云:“大德六年二月癸巳,帝有疾,释京师重囚三十八人。”记载是一致的。

[2]成宗北巡——即每年行幸上都之惯例。据《佛祖历代通载》,大德六年二月二十四日成宗从大都出发,胆巴从行,途中至云州遇灵怪。抵达上都则在四月。《元史》卷20《成宗纪》曰:“大德六年四月戊子,车驾幸上都。”

[3]云州在河北省赤城县北。《佛祖历代通载》胆巴传:“道过云州龙门……”其地据《元史》卷58《地理志》(一)载:“[至元]二十八年,复升宣德之龙门镇为望云县,隶云州。”

[4]据《佛祖历代通载》,胆巴于大德七年(1303年)五月十八日死于上都,享年七十四,为僧六十二载。

[5]原名不明。《新续高僧传》卷2有传,但所记不出《释老传》所记。又,《元史》中有关记载也集中见于《释老传》,他处仅有简略记载。

[6]不详。

[7]广寒殿——《辍耕录》卷1“万岁山”条有云:“万岁山,在大内西北太液池之阳,金人名琼花岛。中统三年,修缮之……山上有广寒殿七间。”可知广寒殿在大内万岁山上。

金刻字为表进者，帝遣视之，廷中愕眙，观所以对。必兰纳识理随取案上墨汁涂金叶，审其字，命左右执笔，口授表中语及使人名氏，与贡物之数，书而上之。明日，有司阅其物色，[1]与所赍重译之书无少差者。众无不服其博识，而竟莫测其何所从授，或者以为神悟云。

授开府仪同三司，[2]仍赐三台[3]银印，兼领功德使司事，[4]厚其廪饩，俾得以养母焉。

33.11

至治三年，改赐金印，特授沙律爱护持，[5]且命为诸国引进使。[6]

至顺二年，又赐玉印，[7]加号普觉圆明广照弘辩三藏国师。

三年，与安西王子月鲁帖木儿等谋为不轨，坐诛。[8]

其所译经，汉字则有《楞严经》，西天字则有《大乘庄严宝度经》、

---

〔1〕物色——各种各样事物。

〔2〕开府仪同三司——有仪制同于三公意味的官衔，宋元时代之文散官。

〔3〕三台——中台、宪台、外台。

〔4〕功德使，执行修功德任务之官员，唐朝中期开始出现。皇帝、朝廷希望获得善报，举行修功德之佛事、法事，任用专门的官员执行之。唐朝时以宦官担任这种官员为多，并且将此种权限授予佛教教团之统领。冢本善隆：《唐朝中期以来长安的功德使》（收载于《东方学报》京都版第四册及昭和八年刊行的《冢本善隆著作集》第3卷《中国中世佛教史论考》中）论述甚详。

元代时，朝廷热烈崇拜喇嘛教，频频举行修功德之佛事、法事，任命功德使为此种专任官员，并设置功德使司之官署，并常由中央显官掌管功德使司。关于这些，可参阅拙稿：《关于元代功德使司》（原载于《支那佛教史学》第17卷2号，收录入本书）。

〔5〕沙律爱护持——想必是授予僧人的称号，详情不明。中华书局本《元史》卷202《释老传》第4531～4532页上说："沙律（津）爱护持，汉译总统。"

〔6〕引进使——掌管外国进奉礼物的官员。宋金时始设置，元时也设有此种官员。《元史》卷85《百官志》一"侍仪司"条有云："至元八年始置。引进使知侍仪事一员。"

〔7〕《元史》卷35《文宗纪》也说："至顺二年三月壬午……特命沙津爱护持必剌忒纳失里为三藏国师，赐玉印。"纪传记载一致。

〔8〕《元史》卷36《文宗纪》"至顺三年"条书："四月乙丑，安西王阿难答之子月鲁帖木儿，坐与畏兀僧玉你达八的剌板的、国师必剌忒纳失里沙津爱护持谋不轨，命宗王、大臣杂鞫之，狱成，三人皆伏诛，仍籍其家。以必剌忒失里沙津爱护持妻丑丑赐通政副使伯蓝，玉鞍赐撒敦，余人畜、土田及七宝奁具、金珠、宝玉、钞币，并没入大承天护圣寺。"对必兰纳识理等谋叛事，记载颇详。谋叛之中心人物月鲁帖木儿为安西王阿难答之子，他被封为安西王之事，《元史》卷108有记载。钧按：该卷"安西王"栏有云："月鲁帖木儿，至治三年封。"见中华书局点校本《元史》第2736页。又，《元史》卷144有月鲁帖木儿传，系同名异人。

《乾陀般若经》、《大涅槃经》、《称赞大乘功德经》,西番字则有《不思议禅观经》,通若干卷。[1]

33.12

元起朔方,固已崇尚释教。及得西域,世祖以其地广而险远,民犷而好斗,思有以因其俗而柔其人,乃郡县土番之地,设官分职,而领之于帝师。乃立宣政院,[2]其为使位居第二者,必以僧为之,出帝师所辟举,而总其政于内外者,帅臣以下,亦必僧俗并用,而军民通摄。于是帝师之命,与诏敕并行于西土。百年之间,朝廷所以敬礼而尊信之者,无所不用其至。

33.13

虽帝后妃主,皆因受戒而为之膜拜。正衙朝会,百官班列,而帝师抑或专席于坐隅。且每帝即位之始,降诏褒护,必敕章佩监[3]络珠为字以赐,盖其重之如此。

其未至而迎之,则中书大臣驰驿累百骑以往,所过供亿[4]送迎。

---

[1]所记必兰纳识理译出佛经之事,系从汉文、梵文、藏文译为蒙古文。《楞严经》即《首楞严经》,详细名称为《大佛顶如来密因修正了义诸菩萨万行首楞严经》,唐朝般剌密帝译,共10卷,收载入《大正藏经》第19卷。《大乘庄严宝度经》、《乾陀般若经》无汉译木。《大涅槃经》各种译本收入《大正藏经》第12卷。《称赞大乘功德经》,收入《大正藏经》第17卷。《不思议禅观经》,不详。总而言之,必兰纳识里所译佛经,现在均不知所在。

[2]宣政院为元朝独有之官署,有处理佛教及吐蕃关系之任务。为独立存在的中央官署,直属于帝师。宣政院的长官为宣政院使,其第二席必以僧人担任。《元史》卷87《百官志》(三)有同样事情的记载:"宣政院,秩从一品,掌释教僧徒及吐蕃之境而隶治之。遇吐蕃有事,则为分院往镇,亦别有印。如大征伐,则会枢府议。其用人则自为选。其为选,则军民通摄,僧俗并用。至元初,立总制院,而领以国师。二十五年,因唐制吐蕃来朝见于宣政殿之故,更名宣政院,置院使二员……"浙江杭州设有行宣政院,此事见于《元史》卷92《百官志》八:"行宣政院。元统二年正月,革罢广教总管府一十六处,置行宣政院于杭州……"参阅拙稿:《关于元代的宣政院》(原载《羽田博士颂寿纪念〈东洋史论丛〉》,昭和二十五年版,现收录入本书)。

[3]关于章佩监,《元史》卷90《百官志》六曰:"章佩监,秩正三品,掌宦者速古儿赤所收御服宝带。监卿五员,正三品。……至元二十二年置。至大元年,升为院,秩从二品。四年,复为监。"

[4]供亿——提供东西以慰问之。慰问之意。

比至京师，则敕大府[1]假法驾半仗，以为前导，诏省、台、院官以及百司庶府，并服银鼠质孙，[2]用每岁二月八日[3]迎佛，威仪往迓，且命礼部尚书、郎中专督迎接。及其卒而归葬舍利，又命百官出郭祭饯。

33.14

大德九年，专遣平章政事铁木儿[4]乘传护送，赙金五百两、银千两、币帛万匹、钞三千锭。皇庆二年，加至赙金五千两、银一万五千两、锦绮杂彩共一万七千匹。虽其昆弟子姓之往来，有司亦供亿无乏。

33.15

泰定间，以帝师弟公哥亦思监[5]将至，诏中书持羊酒郊劳；而其兄琐南藏卜[6]遂尚公主，封白兰王，赐金印，给圆符。其弟子之号司空、

---

[1]大府——宫廷与政府的器物的藏库。

[2]省、台、院——中书省，御史台、枢密院。关于质孙，《元史》卷78《舆服志》一曰："质孙，汉言一色服也，内庭大宴则服之。冬夏之服不同，然无定制。凡勋戚大臣近侍，赐则服之。下至于乐工卫士，皆有其服。精粗之制，上下之别，虽不同，总谓之质孙云。"又，银鼠，据《辍耕录》云，其皮作暖帽防寒，甚贵重。《元史》卷78《舆服志》一："服银鼠则冠银鼠暖帽，其上并加银鼠比肩。"

[3]佛诞生日一般为四月八日，自古于是日举行祝事，但也有于二月八日举行佛诞生日祝事者。《辽史》卷53《礼志》有云："二月八日，为悉达太子生辰，京府及诸州雕木为像，仪仗百戏导从，循城为乐……"。《金史·海陵纪》曰："正隆元年十一月癸巳，禁二月八日迎佛。"大概在辽金时代，有部分地于二月八日举行佛诞生日祝事之事实。参阅拙稿：《辽代社会之佛教》（载《史学研究》五之三《辽金之佛教》）

[4]平章政事——在元代为职位在右丞相、左丞相以下之宰相，定员四人。铁木儿无专传，但据《元史》卷14《世祖纪》，可知他于至元二十四年（1287年）时任平章政事。

[5]公哥亦思监一第八代帝师公哥罗古罗思监藏班藏卜之弟，藏文原名为 Kun dgah rgyal mt-shan dpal bzan po，若即此人，此人后为第十一代帝师。无专传。

[6]琐南藏卜无专传。《元史》卷27《英宗纪》曰："至治元年十二月己未，封唆南藏卜为白兰王，赐金印。"又，《元史》卷30《泰定帝纪》"泰定三年五月"条有云："乙卯，以帝师兄锁南藏卜领西番三道宣慰司事，尚公主，锡王爵。给寿宁公主印，仍赐田百顷、钞三万锭。"关于唆南藏卜、锁南藏卜或琐南藏卜，本纪与《释老传》记载一致。又，《元史》卷108表3曰："白兰王。琐南藏卜，至治元年封，后出家，泰定四年还俗，复封。"琐南藏卜，在藏文资料上作 Bsod nams bzañ po，为第八代帝师异母兄，其尚公主、封王之事与汉文资料记载一致。参阅稻叶正就、佐藤长译《红史》（昭和39年，1964年版）第121页。

司徒、国公，佩金玉印章者，前后相望。为其徒者，怙势恣睢，日新月盛，气焰熏灼，延于四方，为害不可胜言。

33.16

有杨琏真加[1]者，世祖用为江南释教总统，发掘故宋赵氏诸陵之在钱唐、绍兴者及其大臣冢墓凡一百一所；[2]戕杀平民四人；受人献美女宝物无算；且攘夺盗取财物，计金一千七百两、银六千八百两、玉带九、玉器大小百一十有一、杂宝贝百五十有二、大珠五十两、钞一十一万六千二百锭、田二万三千亩；私庇平民不输公赋者二万三千户。他所藏匿未露者不论也。

33.17

又至大元年，上都开元寺[3]西僧强市民薪，民诉诸留守李璧。[4]璧方询问其由，僧已率其党持白梃[5]突入公府，隔案引璧发，捽诸地，捶扑交下，拽之以归，闭诸空室，久乃得脱，奔诉于朝，遇赦以免。

---

〔1〕杨琏真加，一译杨琏真伽，也是西藏喇嘛僧，其原名不明。除《释老传》外，别无其专传。《元史类编》卷41有关杨琏真加，仅收录《元史·释老传》之记载。《新元史》卷243《释老传》也同。《元史类编》明确记载杨琏真加任江南释教总统在至元十四年（1277年）。是年，元军占领南宋国都临安，置释教总统所于临安，委任杨琏真加为总统，统领江南佛教。又，可推定杨琏真加死于至元二十九年（1292年）初。详见拙稿：《桑哥与杨琏真加》（原载《大谷大学研究年报》第11集，现收入本书）。

〔2〕杨琏真加恶行严重，他发掘宋诸帝陵墓之事，遭到当时及后来中国人之非议。关于掘陵之事之始，《元史》卷13《世祖纪》记于本纪至元二十一年（1284年）"九月"条下："丙申，以江南总摄扬琏真加发宋陵冢所收金银宝器修天衣寺。"关于掘陵事实之详情见于周密：《癸辛杂识》。《辍耕录》卷4《发宋陵寝》条引用《癸辛杂识》所记，记述掘陵之事。参阅前述拙稿：《桑哥与杨琏真加》。

〔3〕上都——在内蒙古多伦诺尔，为元世祖忽必烈的根据地，作为陪都在整个元代始终很重要。参阅石田干之助：《关于元代上都》（载《考古学杂志》第28卷第2、8、12期，昭和十三年刊行）。

关于上都之开元寺，参阅拙稿：《元代上都的佛教》（原载《佛教史学》第1卷第2号，昭和二十五年刊行；现收录入本书）。

〔4〕李璧——其生平事迹不详。

〔5〕白梃——白色大棒。

二年，复有僧龚柯[1]等十八人，与诸王合儿八剌[2]妃忽秃赤的斤争道，拉妃堕车殴之，且有犯上等语，事闻，诏释不问。而宣政院臣方奏取旨：凡民殴西僧者，截其手；詈之者，断其舌。[3] 时仁宗居东宫，闻之，亟奏寝其令。

33.18

泰定二年，西台御史李昌[4]言："尝经平凉府、静、会、定西等州，见西番僧佩金字圆符，[5]络绎道途，驰骑累百，传舍至不能容，则假馆民舍，因迫逐男子，奸污女妇。奉元一路，[6]自正月至七月，往返者百八十五次，用马至八百四十余匹，较之诸王、行省之使，十多六七。驿户无所控诉，台察莫得谁何。且国家之制圆符，本为边防警报之虞，僧人何事而辄佩之？乞更正僧人给驿法，且令台宪得以纠察。"不报。

33.19

必兰纳识里[7]之诛也，有司籍之，得其人畜土田、金银货贝钱币、邸舍、书画器玩，以及妇人七宝装具，价值巨万万云。

---

[1]龚柯——其生平事迹不详。

[2]合儿八剌及其妃忽秃赤的斤——事迹不详。

[3]《元史》卷23《武宗纪》"至大二年六月甲戌"条有云："皇太子言：'宣政院先奉旨，殴西番僧者截其手，詈之者断其舌。此法昔所未闻，有乖国典，且于僧无益。僧俗相犯，已有明宪，乞更其令。'又言：'宣政院文案不检覈，于宪章有碍；遵旧制为宜。'并从之。"除此而外，有关汉文法令未能发现，因此有待藏文的翻译。参阅稻叶正就、佐藤长译：《红史》第194页以下。

[4]西台——陕西行御史台。

李昌——《元史》无专传。关于他纠察恶事．尚有如下记载。《元史》卷30《泰定帝纪》有云：泰定四年八月壬辰，御史李昌言："河南行省平章政事童童，世官河南，大为奸利，请徙他镇。"

[5]关于金字圆符，《元史》卷101《兵志》四"站赤"条有云："遇军务之急，则又以金字圆符为信，银字者次之。"

[6]路为元代行政区划单位，奉元路在今陕西省关中中部、东部地区。参阅《元史》卷60《地理志》。

[7]必兰纳识里之事已见于前面第九、十、十一段，此段又突如其来地记出其有关之事，不免有文体不统一之讥，大概此处是为突出喇嘛之恶行。

33.20

若岁时祝釐祷祠之常,号称好事者,其目尤不一。有曰镇雷阿蓝纳四,[1]华言庆赞也。有曰亦思满蓝,[2]华言药师坛也。有曰搠思串卜,[3]华言护城也。有曰朵儿禅,[4]华言大施食也。有曰朵儿只列朵四,[5]华言美妙金刚迴遮施食也。有曰察儿哥朵四,[6]华言迴遮也。有曰笼哥儿,[7]华言风轮也。有曰喒朵四,[8]华言作施食也。有曰出朵儿,[9]华言出水济六道也。有曰党剌朵四,[10]华言迴遮施食也。有

---

〔1〕镇雷阿蓝纳四——藏文 Byin rlabs rab[tu] gnas [pa]之音写,加持安住之意。新佛像(包括绘像)制成、新寺院落成之庆赞法事。

〔2〕亦思满蓝——藏文 Sman bla,药师之意。供奉药师佛以求免病。

〔3〕搠思串卜——藏文 Chon Skyoñs chen Po,大护法之意。供奉大黑神以使佛教繁荣。

〔4〕朵儿禅——藏文 Gtor [ma]chen [Po],大供物之意。面对大黑神,制作圆锥形食物(直径达二米),供在曼荼罗(坛场)之中,在作了免除恶魔与战争的祈祷后,在恶魔及敌人的方向点火,将供在坛场中的食物投入火中。

〔5〕朵儿只列朵四——藏文 Rdo rje mdos,金刚朵四(尊奉金刚)之意。所谓"朵四"为:通常以小木作成一屋,在其上面悬卦一伞,施以彩色,将此物置于病人家的屋上或山冈上祈祷驱除病魔。详见 S. Chadra Das:《藏英辞典》第676页。又,其华言或系 Dpal rdo rje nag po Chen poḥi gtor ma之略。若系此语之略,则大致与注④相同,唯供物不投入火中。

〔6〕察儿哥朵四——藏文 Ḥchar kaḥi mdos,节衣缩食以供奉察儿哥守护神,祈求息灾延命。

〔7〕笼哥儿,——藏文 Rlun hkhor,风轮之意。在大体上为圆筒形之物上书以经文或唵嘛叭呢咪吽六字真言,安上轴旋转,加上羽毛杆作成风车。装置于屋顶上或山上等高处在风中旋转。所书经文或咒文每转一回,同于诵念一遍之功德。

〔8〕喒朵四——藏文 Bẓahi mdos,供献食物之意。此处,Zas gtor [ma]或 Zan gtor [ma]为供献、施舍之食物。供给食物有施六道[即地狱、饿鬼、畜生、人、天、阿修罗——译者注]的意味。以供献于观音为多。

〔9〕出朵儿——藏文 Chu gtor [ma],意为施舍之水。施舍之水不饮,有施舍饿鬼之意味。以向文殊师利供献祈求为多。

〔10〕党剌朵四——藏文 Than lha mdos之音写。供奉草原神之意。此处"朵四"与 gtor ma(供物)同义。慰问地方之神,供献食物祈愿。

曰典朵儿,[1]华言常川施食也。有曰坐静,[2]有曰鲁朝,华言狮子吼道场也。有曰黑牙蛮答哥,[3]华言黑狱帝主也。有曰搠思江朵儿麻,[4]华言护江神[5]施食也。有曰赤思古林搠,[6]华言自受主戒也。有曰镇雷坐静,[7]有曰吃剌察坐静,华言秘密坐静也。有曰斟惹,[8]华言文殊菩萨也。有曰古林朵四,[9]华言至尊大黑神迴遮施食也。有曰歇白咱剌,[10]华言大喜乐也。有曰必思禅,[11]华言无量寿也。有曰睹思哥儿,[12]华言白伞盖咒也。有曰收札沙剌,[13]华言《五护陀罗尼经》也。有曰阿昔答撒答昔里,[14]华言《八十颂般若经》也。有曰撒思

---

[1]典朵儿——藏文 Gtan gtot[ma]意为常供物、经常供献之物。平常供献的供物,一年不只一次。

[2]坐静——藏文 Gtso chen 之音写,意为大主尊。此处从华言思之,当为 Gtso chen Sen ge sgrahi dkyil hkkor(以狮子吼菩萨为大主尊之道场)之略语。

鲁朝——藏文 Klu bcos(癞病痊愈)之音写。

"坐静"、"鲁朝"二语相连,意为对于以狮子吼菩萨为大主尊的道场供献食物,以祈求癞病痊愈。

[3]黑牙蛮答哥——藏文 Krisna - yarmān taka,即黑阎曼德迦。在密教中,对黑阎曼德迦祈愿觉悟。为息灾招福,极常举行。

[4]搠思江朵儿麻——藏文 chos skyon gtor ma,意为护法供物。对众多护法神中之一供献食物祈求息灾招福。

[5]护江神——清刊本作护法神,是。

[6]赤思古林搠——藏文 phyihi sku rim chos,意为供奉密教以外经典。诵读密教以外经典除障。华言自受主戒,不详。

[7]镇留坐静——藏文 Byin rlabs gtso chen 之音写,加持大主尊之意,吃剌察坐静——不详。对以密教守护神为主尊之坛场祈愿。

[8]斟惹——藏文 Hjam dbyans,文殊瞿沙之意。对文殊所行仪式有许多种类。

[9]古林朵四——藏文 Sku rim mdos,意为供养之供物。从华言思之,当为 Mgon po sku rim mdos(供养救主之供物)之略语。对救主大黑神祈求病治愈。

[10]歇白咱剌——Hevajra,呼金刚。对呼金刚所行仪式有许多种。

[11]必思禅——藏文 Punya gzuns chen 之简略音写,意即福德大陀罗尼经。无量寿陀罗尼经系对阿弥陀佛诵读。

[12]覩思哥儿——藏文 Gdugs dkar,意为白伞盖[咒]。参阅影印北京版藏文大藏经 Nos·202、203、204。对白伞盖菩萨诵读白伞盖咒,以祈求祛除恶魔、平息种种灾难。

[13]收札沙剌——Bsrun bya([lnahi tsakra),tsakra 为梵语 Cakra 之音写,藏语 hkhor lo,[五]守护轮之意。守护自己、喇嘛、父母、友五者之咒,诵读之以祈求守护五者。

[14]阿昔答撒答昔里——Astasāhasrikā,八千[般若波罗密多经]之意。影印北京版藏文大藏经 No·734 之经。华言八十颂系颂千八之误。诵读此经以祈求种种目的。

纳屯,[1]华言《大理天神咒》也。有曰阔儿鲁弗卜屯,[2]华言《大轮金刚咒》也。有曰且八迷屯,[3]华言《无量寿经》也。有曰亦思罗八,[4]华言《最胜王经》也。有曰撒思纳屯,[5]华言《护神咒》也。有曰南占屯,[6]华言《怀相金刚》也。有曰卜鲁八,[7]华言咒法也。

33.21

又有作擦擦[8]者,以泥作小浮屠也。又有作答儿刚[9]者。其作答儿刚者,或一所二所以至七所;作擦擦者,或十万二十万以至三十万。又尝造浮屠二百一十有六,实以七宝珠玉,半置海畔,半置水中,以镇海灾。

---

[1]撒思纳屯——藏文 Lha sruṅ gzuns,守护神陀罗尼之意,对众多守护神祈求守护所念之咒语。在祈求守护时专门诵念此咒。

[2]阔儿鲁弗卜屯——藏文 Hkhor lo chen po gzuṅs,大轮陀罗尼之意,对金刚手菩萨诵念之陀罗尼,尤其是祛除恶魔时诵念之。

[3]且八迷屯——藏文 Tshe dpag med gzuns,无量寿陀罗尼之意,对无量寿佛念诵之陀罗尼,尤其是祈求长寿时念诵之。

[4]亦思罗八——藏文 Ḥod zer pa,大应概作 Ḥod zer can ma。对摩利支天诵念之经。摩利支天陀罗尼收录于影印北京版藏文大藏经 Nos · 182 = 613。祈求息灾招福时诵之。华言《最胜王经》,藏文名 Gser ḥod dam pa mdo sdeḥi dban poḥi rgyal po,即金光明最胜王经,收录于影印北京版藏文大藏经 Nos · 174,175,176。若华言正确,金光明经为祈愿时所诵之经。

[5]见前注撒思纳屯。

[6]南占屯——藏文[Rdo rje]rnam[par]ḥjoms[paḥi]gzuṅs,坏相[金刚]陀罗尼之意,对坏相金刚菩萨诵念之陀罗尼,收录于影印北京版藏文大藏经 No. 406。求息灾招福时诵之。

[7]卜鲁八——藏文[Rdo rje]phur pa,金刚橛之意,对金刚橛守护神诵念之咒,尤其在祈求息灾时诵之。

[8]擦擦——Tsha Tsha,先祈祷土,以泥作佛、菩萨小型像,再祈祷,将许多像纳入塔内,再祈祷。主要在于将骨粉混入,为死者祈求冥福。

[9]答儿刚——藏文 Star khaṅ 或 Gtor khaṅ 之音写。又作 Tsha khaṅ。即陈列擦擦祭祀之家。陈列擦擦之家,多不混入骨粉。人们巡回于礼拜之屋周围祈祷。

33.22

延祐四年,宣徽使[1]会每岁内廷佛事所供,其费以斤数者,用面四十三万九千五百、油七万九千、酥二万一千八百七十、蜜二万七千三百。自至元三十年间,醮祠佛事之目,仅百有二。大德七年,再立功德司,[2]逐增至五百有余。僧徒贪利无已,营结近侍,欺昧奏请,布施莽斋,所需非一,岁费千万,较之大德,不知几倍。

33.23

又每岁必因好事奏释轻重囚徒,[3]以为福利,虽大臣如阿里,阃帅如别沙儿[4]等,莫不假是以逭其诛。宣政院参议李良弼,[5]受赇鬻官,直以帝师之言纵之。其余杀人之盗,作奸之徒,夤缘幸免者多。至或取空名宣敕以为布施,而任其人,可谓滥矣。凡此皆有关乎一代之治体者,故今备著焉。

若夫天下寺院之领于内外宣政院,曰禅,曰教,曰律,[6]则固各守

〔1〕宣徽使为宣徽院之长官。宣徽院掌管朝廷需要之食品。《元史》卷87《百官志》三曰:“宣徽院,秩正三品。掌供玉食。凡稻粱牲牢酒醴蔬果庶品之物,燕享宗戚宾客之事,及诸王宿卫、怯怜口粮食、蒙古万户、千户合纳差发,系官抽分,牧养孳畜,岁支刍草粟菽,羊马价值,收受阑遗等事,与尚食、尚药、尚酝三局,皆隶焉。所辖内外司属,用人则自为选。”

〔2〕关于功德司,参阅第十段注“功德使”。

〔3〕元代因举行佛事,喇嘛僧奏请赦免囚徒,法纪荡然,喇嘛僧日益专恣。详见拙稿:《元代佛徒的释免囚犯运动》,原载《大谷学报》第38卷4期,昭和34年(1959年)刊行,现收入本书。

〔4〕阿里、别沙儿均无专传。

〔5〕李良弼无传。

〔6〕禅、教、律之中,教指天台宗、唯识宗,又指寺院

其业,惟所谓白云宗、[1]白莲宗[2]者,抑或颇通奸利云。

33.24

丘处机,[3]登州栖霞人,自号长春子。儿时,有相者谓其异日当为神仙宗伯。年十九,为全真学于宁海之昆仑山,与马钰、谭处端、刘处玄、王处一、郝大通、孙不二同师重阳王真人。[4] 重阳一见处机,大器之。金、宋之季,俱遣使来召,不赴。

33.25

岁已卯,太祖自乃蛮[5]命近臣札八儿、[6]刘仲禄[7]持诏求之。处机一日忽语其徒,使促装,曰:“天使来召我,我当往。”翌日,二人者至,

---

〔1〕白云宗——宋代白云清觉创始之佛教宗派,上要流行于江南。元代当其活跃时,大藏经开版印行,由于其教说被视为异端之教徒之专横,遂受到元朝之禁断。参阅小笠原宣秀:《元代白云宗教团的消长》,载《龙谷大学论丛》344,昭和27年(1952年)刊行、小川贯弌:《元代白云宗教团的活跃》,《佛教史学》第3卷,1期,昭和27年(1952年)刊行。

〔2〕白莲宗——宋代茅子元创始的佛教净土教系的一个宗派,元代时势力逐渐扩大。普度复兴运动时,进行肃正邪教化,它作为民众佛教有强大势力。元末由于白莲宗流行,产生教匪,其与大动乱关系毋庸多言。有关白莲教的论文不少,如小川贯弌:《元代白莲教的刻藏事迹》,载《支那佛教史学》第7卷1期,昭和18年(1943年)刊行、小笠原宣秀:《元代白莲宗普度复兴运动》,载《佛教史学》第1卷4期,昭和24年刊行(1949年)等。铃水中正的《中国史上的革命与宗教》,昭和49年版(1974年),涉及元明清白莲教造反甚多。此外还有相田洋的《白莲教的成立及其发展》,收载于《中国民众反乱的世界》,昭和49年版(1974年)。

〔3〕丘处机——在金元过渡时期掌管成立于金代的全真教,使全真教团获得大发展者。其事迹除此《释老传》外,见于道教资料《甘水仙源录》卷2、《金莲正宗记》卷4、《七真人年谱》。清代陈教友的《长春道教源流》详细收录有关全真教资料。又,陈垣:《南宋初河北新道教考》也详细论及全真教。

〔4〕马钰以下六人加上丘处机,为王喆(重阳)门下之七真人。马钰(丹阳真人)、谭处端(长真真人)、刘处玄(长生真人)、丘处机(长春真人),为四哲。王处一(玉阳莫人),郝大通(广宁真人)、孙不二(清净真人)为三大士。又,窪德忠:《中国的宗教改革》,昭和42年版(1967年)于论述中国的宗派改革时,述及大致同时产生的道教新宗派全真教、真大教、太一教的基本情况。

〔5〕乃蛮——突厥系游牧民族之一,10—13世纪称雄于西部蒙古。为成吉思汗所征服。

〔6〕札八儿——札八儿火者之略称。《元史》卷120有传。曾奉命招请丘处机。

〔7〕刘仲禄——无专传。曾陪同丘处机西行。丘处机西行时,其随行门徒李志常记有《长春真人西游记》,为了解在此期间中央亚细亚的重要资料。王国维:《长春真人西游记校注》为此书之精细注本。此书之英译,见于布列什奈德:《中世纪研究》第1卷。

处机乃与弟子十有八人同往见焉。明年，宿留山北，[1]先驰表谢，拳拳以止杀为劝。又明年，趣使再至，乃发抚州，经数十国，为地万有余里。盖喋血战场，避寇叛域，绝粮沙漠，自昆仑历四载而始达雪山。[2] 常马行深雪中，马上举策试之，未及积雪之半。

33.26

既见，太祖大悦，赐食、设庐帐甚饬。

太祖时方西征，日事攻战，处机每言欲一天下者，必在乎不嗜杀人。及问为治之方，则对"以敬天爱民[3]为本"。问长生久视[4]之道，则告以清心寡欲[5]为要。太祖深契其言，曰："天赐仙翁，以寤朕志。"命左右书之，且以训诸子焉。于是赐之虎符，副以玺书，不斥其名，惟曰"神仙"。一日雷震，太祖以问，处机对曰："雷，天威也。人罪莫大于不孝。[6] 不孝则不顺乎天，故天威震动以警之。似闻境内不孝者多，陛下宜明天威，以导有众。"太祖从之。

33.27

岁癸未，太祖大猎于东山，马踣，处机请曰："天道好生，陛下春秋高，数畋猎，非宜。"太祖为罢猎者久之。时国兵践蹂中原，河南、北尤甚，民罹俘戮，无所逃命。处机还燕，使其徒持牒招求于战伐之余，由是为人奴者得复为良，与滨死而得更生者，毋虑二三万人。中州人至今称道之。

---

[1]据《西游记》载，此年丘处机等停留于德兴（河北宣化）。

[2]雪山——兴都库什山脉。

[3]敬天——《诗经·大雅》《生民之什》篇曰："敬天之怒，无敢戏豫，敬天之渝，无敢驰驱。"爱民——《左传》"襄公十四年"条曰："天之爱民甚矣，岂其使一人肆于民上。"

[4]长生久视——《老子》第五十九章曰："有国之母，可以长久，是谓深根固柢、长生久视。"

[5]清心——《后汉书·西域传》论曰："详其清心释累之训，空有兼遣之宗。"寡欲——《孟子》《尽心》下篇曰："养心莫善于寡欲。"

[6]《孝经》《五刑》章曰："子曰：'五刑之属三千，而罪莫大于不孝。'"

33.28

岁乙酉,荧惑犯尾,[1]其占在燕,处机祷之,果退舍。丁亥,又为旱祷,期以三日雨,当名瑞应,已而亦验。有旨改赐宫名曰长春,且遣使劳问,制若曰:"朕常念神仙,[2]神仙毋忘朕也。"六月,浴于东溪,越二日天大雷雨,太液池[3]岸北水入东湖,声闻数里,鱼鳖尽去,池遂涸,而北口高岸亦崩。处机叹曰:"山其摧乎,池其涸乎,吾将与之俱乎!"遂卒,年八十。

33.29

其徒尹志平[4]等世奉玺书袭掌其教,至大间加赐金印。

33.30

处机之四传有曰祁志诚[5]者,居云州金阁山,[6]道誉甚著。丞相安童[7]尝过而问之,志诚告以修身治世之要。安童感其言,故其相世

〔1〕荧惑,即火星,显示兵乱之兆。尾宿为星座名,二十八宿之一。

〔2〕此处所说之神仙指丘处机。因前文有"不斥其名,惟曰神仙。"

〔3〕太液池——在北京西苑,元代时又名西华潭。

〔4〕尹志平(金大定九年(1169 年)生,元宪宗元年(1251 年卒),字太和,东莱(在今山东省)人。《秋涧集》卷 56 所收之《大元故清和妙道广化真人玄门掌教大宗师尹公道行碑铭》述其生平事迹甚详。参阅《长春道教源流》卷 4、《南宋初河北新道教考》卷 1。

〔5〕据《南宋初河北新道教考》中《全真教历任掌教表》所记,在丘处机至祁志诚之间,有尹志平、李志常、张志敬、王志坦四人为掌教者,"四传"应理解为中间有四人,《释老传》与之相一致。

又,《南宋初河北新道故考》将祈志诚改正为祁志诚。该书曰:"祁志诚,全真杰出之士,尤有高行",该书根据《白云观记》(《道园学古录》卷 46)、《跋祁真人画像》(《秋涧集》卷 23)、《洞明祁真人像》(《雪楼集》卷 28)、《赠祁真人制》(《养蒙集》卷 1)详论祁志诚及其周围之事,并据《祁真人道行碑》(《寰宇访碑录》卷 11)指出其去世年月为至元三十年(1293 年)十一月,享年七十有五。

〔6〕在河北赤城县北、云洲堡西南十五里。

〔7〕安童(1245—1293 年)——成吉思汗时代功臣木华黎之后裔,元世祖时名相。《元史》卷 126,《新元史》卷 119、《元史类编》卷 12 等有传。

祖也，以清静忠厚为主。及罢还第，退然若无与于世者，人以为有得于志诚之言。其后安童复被召入相，辞，不可，遂往决于志诚。志诚曰："昔与子同列者何人？今同列者何人？"安童悟，入见世祖，辞曰："臣昔为宰相，年尚少，幸不失陛下事者，丞佐皆臣所师友。今事臣者，皆进与臣俱，则臣之为政能有加于前乎！"世祖曰："谁为卿言是？"对曰："祈真人。"世祖叹异者久之。

33.31

正一天师者，始自汉张道陵，[1]其后四代曰盛，[2]来居信之龙虎山。[3] 相传至三十六代宗演[4]，当至元十三年，世祖已平江南，遣使召之。至则命廷臣郊劳，待以客礼。及见，语之曰："昔岁己未，朕次鄂渚，[5]尝令王一清往访卿父，[6]卿父使报朕曰：后二十年天下当混一。神仙之言验于今矣。"因命坐，赐宴，特赐玉芙蓉冠、组金无缝服，命主领江南道教，仍赐银印。

十八年、二十五年再入觐。世祖尝命取其祖天师所传玉印、宝剑观之，语侍臣曰："朝代更易已不知其几，而天师剑印传子若孙尚至今日，其果有神明之相矣乎！"嗟叹久之。二十九年卒。

---

[1]张道陵——后汉末年道士，道教之源五斗米道之创始者。本名张陵，通称张道陵。参阅《三国志》《魏志》卷8《张鲁传》及《神仙传》卷4。

[2]张盛——《汉天师世家》(《续道藏》所收)卷2有传，字元宗，元至正元年(1341年)赠清微显教弘德真君之称号。

[3]信州路之龙虎山之意。信州路治所在今江西省上饶县，龙虎山在江西贵溪县西南。

[4]张宗演——《汉天师世家》卷3有传。字世传，号简齐，年19袭教，被赠予演道灵应冲和玄静真君之称号。《新元史》卷243、《元史类编》卷41也有传，基本上根据《元史》写成。

[5]鄂渚——在湖北武昌县西面长江中。

[6]即正一教第三十五代天师张可大，《汉天师世家》卷3有传，字子贤。据所载南宋绍定三年(1230年)12岁，应生于宁宗嘉定十二年(1219年)。受赠通玄应化观妙真君之号。

33.32

子与棣[1]嗣，为三十七代，袭掌江南道教。三十一年入觐，卒于京师。

33.33

元贞元年，弟与材[2]嗣，为三十八代，袭掌道教。

时潮啮盐官、海盐两州，为患特甚，与材以术治之。一夕大雷电以震，明日见有物鱼首龟形者磔于水裔，潮患遂息。[3]

大德五年，召见于上都幄殿。八年，授正一教主，主领三山符箓。武宗即位，来觐，特授金紫光禄大夫，封留国公，锡金印。仁宗即位，特赐宝冠、组织文金之服。延祐三年卒。

---

〔1〕张与棣——字国华，号希微子。关于其嗣教之年，《元史》卷17《世祖纪》"至元二十九年正月癸卯"条云："以汉天师张宗演男与棣嗣其教。""同月壬戌"条有云："召嗣汉天师张与棣赴阙。"《汉天师世家》记其事于至元辛卯年（二十八年），相差一年。又，与棣死于帝都大都（今北京）当在元贞元年（1295年）。《元史》卷18《成宗纪》"元贞元年二月癸卯"条有云："以醮延春阁，赐天师张与棣、宗师张留孙、真人张志迁等十三人玉圭各一。"可见元贞元年初，张与棣尚在世，而《释老传》记其弟与材嗣教于元贞元年。

〔2〕张与材——字国梁，号广微子。其嗣教之年，《释老传》作元贞元年（1295年），《汉天师世家》卷3作至元三十一年（1294年）。又，《元史》卷19《成宗纪》记其正式袭掌道教于元贞二年（1296年）正月甲午："正月甲午，授嗣汉三十八代天师张与材太素凝神广道真人，管领江南诸路道教。"《汉天师世家》所记相同。

〔3〕《汉天师世家》记与材治灾之事于大德二年（1298年）。

四年，子嗣成嗣，[1]为三十九代，袭领江南道教，主领三山符录如故。

33.34

其徒张留孙者，字师汉，信州贵溪人。少时入龙虎山为道士，有道人相之曰："神仙宰相也。"[2]

至元十三年，从天师张宗演入朝，[3]世祖与语，称旨，遂留侍阙下。

---

〔1〕张嗣成——字次望，号太玄子，元顺帝至正二十四年(1364年)卒。

又，其嗣教之年，《释老传》作延祐四年，《元史》卷25《仁宗纪》却记于"延祐三年十二月壬午"条下：十二月壬午，授嗣汉三十九代天师张嗣成太玄辅化体仁应道大真人，主领三山符箓，掌江南道教事。"相差一年，有矛盾。但若理解为任正一教教主为延祐三年之事，主领三符箓、掌江南道教为第二年之事，则不复有矛盾。此即《汉天师世家》卷3所记："延祐三年丙辰，留国(张与材)仙逝，以印、剑授之，命袭教。开府张宗师(张留孙)闻于朝。仁宗遣使至山，命主教事，且召之。十月入觐。……明年正月，告归。制授太玄辅化体仁应道大真人、主领三山符箓、掌江南道教事。"

史载：英宗、泰定帝均授予张嗣成同样真人名号，此事颇费解。

《释老传》有关张嗣成之记载甚简略。张嗣成之父与材以方术治水著名，张嗣成之事迹也不少。《汉天师世家》曰：延祐七年(1320年)"盐官州海潮复作，诏即行省建大醮祷之。投铁符岸圮处，雷电大作，水息复故。"《元史》卷30《泰定帝纪》"泰定四年(1327年)五月癸卯"条曰："以盐官州海溢，命天师张嗣成修醮禳之。"此年四月潮水泛滥，遂有五月治水之举。泰定年间，盐官州海水常泛滥。据《元史》卷50《五行志一》载：泰定元年十二月、三年八月、四年正月，盐官州均遭受海水灾害。因此请道士、佛僧举行祈祷以消除海水灾害。《元史》卷30《泰定纪》"致和元年三月丙戌"条曰："诏帝师命僧修佛事于盐官州，仍造浮屠二百一十六，以厌海溢。"与此相应，《元史》《五行志一》有云："盐官州海堤崩，遣使祷祀，造浮屠二百十六，用西僧法厌之。"造浮屠二百十六以镇海灾之事已见于《释老传》前文。又，《明高僧传》卷3《弘济传》也记有佛僧祈祷消弭盐官州海灾之事。

〔2〕张留孙师事张宗演，在张宗演及其子与棣、与材，与材之子嗣成，四代天师时代出仕，在此期间，为作为正一教支柱的活跃人物。这些事在《有元开府仪同三司上卿辅成赞化保运玄教大宗师张公家传》(《清容居士集》卷34所收)中有清晰记载。又，《张宗师墓志铭》(《道园学古录》卷50所收)载明留孙于英宗至治元年(1321年)十二月七十四岁时死于京师。据《张公家传》留孙皈依正一教之契机为其兄入龙虎山学道教一事。至元十三年(1279年)，被选从张宗演去京师时，留孙三十岁。在江淮地方推行教化时，留孙名声颇著。《释老传》所记相者称之为"神仙宰相"出自《张宗师墓志铭》，《张公家传》则誉之为胜于陶弘景。张留孙的有关资料此外还有《上卿大宗师辅成赞化保运神德真君张公道行碑》，《草庐吴文正公全集》卷32所收。又，孙克宽：《宋元道教之发展》下册上编第四有《张留孙与玄教之建立》一节。

〔3〕关于张留孙至元十三年入朝，《元史》卷9《世祖纪》"至元十三年四月壬午"条有云："召嗣汉天师张宗演赴阙"。同纪"至元十四年正月己未"条曰："宗演还江南，以其弟子张留孙留京师。"

世祖尝亲祠幄殿，皇太子侍。忽风雨暴至，众骇惧，留孙祷之立止。

又尝次日月山，昭睿顺圣皇后[1]得疾危甚，亟召留孙请祷。既而后梦有朱衣长髯，从甲士，导朱辇白兽行草间者。觉而异之，以问留孙，对曰："甲士导辇兽者，臣所佩法箓中将吏也；朱衣长髯者，汉祖天师也；行草间者，春时也。殿下之疾，其及春而瘳乎！"后命取所事画像以进，视之果梦中所见者。帝后大悦，即命留孙为天师，留孙固辞不敢当，乃号之上卿，命尚方[2]铸宝剑以赐，建崇真宫于两京，[3]俾留孙居之，专掌祠事。

33.35

十五年，授玄教宗师，锡银印。又特任其父信州路治中，寻复升江东道同知宣慰司事。[4] 是时天下大定，世祖思与民休息，留孙待诏尚方，因论黄老治道贵清净、圣人在宥天下之旨，深契主衷。[5]

及将以完泽[6]为相，命留孙筮之，得《同人》之《豫》，留孙进曰："《同人》，柔得位而进乎乾'，[7]君臣之合也；'《豫》，利[建]侯'，[8]命相之事也。何吉如之，愿陛下勿疑。"及拜完泽，天下果以为得贤相。

---

〔1〕昭睿顺圣皇后——世祖之皇后，裕宗真金之母，《元史》卷114有传。关于皇后之梦，《有元开府仪同三司玄教大宗师张公家传》有简略记载："后疾甚，召至，命愈其疾。若有神人献梦于后，遂愈。"

〔2〕《元史》卷85《百官志一》：尚方库，提领一员，大使、副使各一员，掌出纳丝金、颜料等物。

〔3〕两京——大都和上都。

〔4〕宣慰司——元代地方行政官署之一，应作宣慰使司。在行省内之重要地区，以行省的分支官署般形式为处理行政而设置。每司设宣慰使三员，同知、副使各一员。参阅《元史》卷91《百官志七》。

〔5〕尧舜之时有所谓无为自然之政治，即听其自然，宥恕、不加拘束。《庄子·在宥》篇有云："闻在宥天下，不闻治天下也。在之也者，恐天下之淫其性也。宥之也者，恐天下之迁其德也。天下不淫其性、不迁其德，有治天下者哉。"

〔6〕完泽——《元史》卷130有传。大德七年（1303年）卒，享年五十有八。其拜相事，本传曰："至元二十八年，桑哥伏诛，世祖咨问廷臣，特拜中书右丞相。"

他也受元成宗信任，世称贤相。关于其事迹，《丞相兴元忠宪王碑》（《静轩集》所收）记述最详。

〔7〕彖曰：同人。柔得位得中而应乎乾，曰同人，（《易》上，离上乾下）。

〔8〕豫，利建侯师（《易》上，坤下震上）。

33.36

大德中，加号玄教大宗师，同知集贤院道教事，[1]且追封其三代皆魏国公，官阶品俱第一。

武宗立，召见，赐坐，升大真人，知集贤院，位大学士上。寻又加特进。进讲老子推明谦让之道。

及仁宗即位，犹恒诵其言，且谕近臣曰："累朝旧德，仅余张上卿尔。"进开府仪同三司，加号辅成赞化保运玄教大宗师，刻玉为玄教大宗师印以赐。

至治元年十二月卒，年七十四。

天历元年，追赠道祖神德真君。

33.37

其徒吴全节[2]嗣。全节字成季，饶州安仁人。年十三学道于龙虎山。至元二十四年，至京师，从留孙见世祖。三十一年，成宗至自朔方，召见，赐古琱玉蟠螭环一，敕每岁侍从行幸，所司给庐帐、车马、衣服、廪饩，著为令。大德十一年，授玄教嗣师，锡银印，视二品。至大元年，赐七宝金冠、织金文之服。三年，赠其祖昭文馆大学士，封其父司徒、饶国

〔1〕《元史》卷87《百官志三》曰：集贤院，秩从二品，掌提调学校、征求隐逸、召集贤良，凡国子监、玄门道教、阴阳、祭祀、占卜、祭遁之事悉隶焉。国初，集贤与翰林国史院同一官署。至元二十二年，分置两院。

究其本源，集贤院出自唐代文学三馆之一集贤殿书院，宋代称为集贤院。元代时，集贤院的性质有相当大变化。此由张留孙建议所致。《玄教大宗师张公家传》（《清容居士集》卷34）曰："是岁（至元十八年）分翰林集贤院为两。道教专掌集贤，始自公议。"《张宗师墓志铭》（《道园学古录》卷50）曰："分集贤、翰林为两院，以道教隶集贤。郡置道官，用五品印。宫观各置主掌。"集贤院独立出后，成为专掌道教之官署，各地方之郡置道官，宫观各置主掌，掌管道教之行政机构遂确立。从集贤院及掌管佛教的机构宣政院，可看到元朝宗教政策的具体表现。参阅藤岛建树：《元代的集贤院与正一教》（《东方宗教》第38号）。

〔2〕吴全节（1266—1346年）——其事迹详见《河图仙坛之碑》（《道园学古录》卷25）、《荣禄大夫司徒特进饶国吴公饶国夫人舒氏墓志录》（清容居士集）卷29）、《荣禄大夫大司徒特进饶国公吴公行述》（同上，卷32）。又，孙克宽编：《元代道教之发展》下册有《元道士吴全节事迹考》。

公,母饶国太夫人,名其所居之乡曰荣禄,里曰具庆。至治元年,留孙卒。二年制授特进、上卿、玄教大宗师、崇文弘道玄德真人、总摄江淮荆襄等处道教、知集贤院道教事,玉印一、银印二,并授之。

33.38

全节尝代祀岳渎[1]还,成宗问曰:“卿所过郡县,有善治民者乎?”对曰:“臣过洛阳,太守卢挚[2]平易无为,而民以安靖。”成宗曰:“吾忆其人。”即日召拜集贤学士。

成宗崩,仁宗至自怀孟,有狂士以危言讦翰林学士阎复[3]者,事叵测。全节力为言于李孟[4],孟以闻,仁宗意解,复告老而去。当时以为朝廷得敬大臣体,而不以口语伤贤者,全节盖有力焉。

全节雅好结士大夫,无所不倾其交,长者尤见亲而敬,推轂善类,唯恐不尽其力。至于振穷周急,又未尝以恩怨异其心,当时以为颇有侠气云。

全节卒,年八十有二。其徒夏文泳[5]嗣。

---

[1]岳渎——五岳、四渎之略。五岳即东岳泰山、西岳华山、南岳衡山、北岳恒山、中岳嵩山。四渎即四河——长江、黄河、淮河、济水。

[2]卢挚——无专传。其事迹散见于《元史》卷19《成宗纪》、卷181《揭奚斯传》等处。

[3]阎复(1236—1312年)——《元史》卷160有传。字子靖,至元二十年(1283年)授集贤侍讲学士,至元二十三年(1286年)升翰林学士。参阅《翰林学士承旨荣禄大夫阎公神道碑铭》(《清容居士集》卷27所收)。

[4]李孟(1255—1321年)——字道复,潞洲上党人,《元史》卷175有传。参阅《元故翰林学士承旨中书平章政事李公行状》(《金华黄先生文集》卷23所收)。

[5]夏文泳(1277—1349年)——字明适,号紫清,贵溪(江西贵溪县)人。其事迹详见《玄教大宗师夏公神道碑》(《金华黄先生文集》卷27所收)。《神道碑》记夏文泳承嗣吴全节如下:“至正六年,吴公乘化而终,以开府公治命,属公嗣领教事。中书、集贤同奉上旨,授特进、上卿、玄教大宗师、元成文成中和翊运大真人、总摄江淮荆襄等处道教、知集贤院道教事。”

33.39

真大道教者，始自金季，道士刘德仁[1]之所立也。其教以苦节危行为要，而不妄取于人、不苟侈于己者也。

五传而至郦希诚，[2]居燕城天宝宫，见知宪宗，始名其教曰真大道，授希诚太玄真人，领教事，内出冠服以赐；仍给紫衣三十袭，赐其从者。

至元五年，世祖命其徒孙德福[3]统辖诸路真大道，锡铜章。二十年，改赐银印二。

33.40

又三传而至张志清，[4]其教益盛，授演教大宗师、凝神冲妙玄应真人。志清事亲孝，尤耐辛苦，制行坚峻。东海珠牢山[5]旧多虎，志清往结茅居之，虎皆避徙，然颇为人害。志清曰："是吾夺其所也！"遂去之。后居临汾，地大震，城郭邑屋摧压，死者不可胜计，独志清所居裂为二，无少损焉。乃偏巡木石间，听吟呻声，救活者甚众。朝廷重其名，给驿致之掌教事。志清舍传徒步至京师，深居简出，人或不识其面。贵人达官来见，率告病，伏卧内不起。至于道德缙绅先生，则纳屣杖屦求见，不以为难。时人高其风，至画为图[6]以相传焉。

---

〔1〕刘德仁(1222—1280年)——有关其事迹，有如下资料：《天宝宫碑》(收于《草庐吴文正公全集》卷26)；《真大道教第八代崇玄广化真人岳公之碑》(收于《道园学古录》卷50)；《书刘真人事》(收于《宋学士文集》卷55)。

又，除此而外，陈垣之名著《南宋初河北新道教考》卷3还介绍了《洛京缑山改建先天宫记》、《大道延祥观碑》、《重修隆阳宫碑》等资料

〔2〕郦希诚(1181—1259年)——有关其事迹之资料有前揭《重修隆阳宫碑》、《洛京缑山改建先天宫记》、《天宝宫碑》、《真大道教第八代崇玄广化真人岳公之碑》等。又，其名《元史》作"希诚"，(在上述资料中)又作"希成"。

〔3〕孙德福(1218—1273年)——其事迹见于《洛京缑山改建先天宫记》。

〔4〕张志清——其详细事迹，见吴澄：《天宝宫碑》，虞集：《真大道教第八代崇玄广化真人岳公之碑》、《吴张高风图序》等。又，在以上资料中，《释老传》之张志清作张清志。

〔5〕东海珠牢山——《天宝宫碑》有云："吾师暨徒二人，入东海大珠宇山，结茅而居。"即今山东省胶县南之大珠山。

〔6〕虞集曾为此图撰写《吴张高风图序》(收于《道园学古录》卷6)。

33.41

太一教者,始金天眷中道士萧抱珍,[1]传太一三元法箓之术,因名其教曰太一。

四传而至萧辅道。[2]世祖在潜邸闻其名,命史天泽[3]召至和林,[4]赐对称旨,留居宫邸。

以老,请授弟子李居寿[5]掌其教事。至元十一年,建太一宫于两京,命居寿居之,领祠事,且禋祀六丁,[6]以继太保刘秉忠[7]之术。十三年,赐太一掌教宗师印。十六年十月辛丑,月直元辰,敕居寿祠醮,奏赤章于天,凡五昼夜。

事毕,居寿请间曰:"皇子春秋鼎盛,宜参预国政。"且又因典瑞[8]董文忠[9]以为言,世祖喜曰:"行将及之。"其后诏太子参决朝政,庶事皆先启后闻者,盖居寿为之先也。

(译自野上俊静《元史释老传研究》,京都1978年版,第3~118页。)

---

〔1〕萧抱珍(?—1166年)——正史中无其专传。其事迹,据《清虚大师侯公墓碑》(《滹南遗老集》卷42)、《太一二代度师赠嗣教重明真人萧公行状》(《秋涧先生大全文集》卷47)等文可知。又,陈垣的《南宋初河北新道教考》卷4上介绍了《重修太一广福万寿宫碑》、《忽必烈大王令旨碑》等有关资料。

〔2〕萧辅道(?—1252年)——此人正史也无传。其事迹,据《堆金冢记》(《秋涧先生大全文集》卷39)、《清跸殿记》(《秋涧集》卷38)、《赵州太清观懿旨碑》(前揭陈垣的《南宋初河北新道教考》中有介绍)等文可知。

〔3〕史天泽(1202—1275年)——元初武将,《元史》卷155、《新元史》卷138有传。

〔4〕和林——蒙古太宗、定宗、宪宗时代之首都,在外蒙鄂尔浑河上游,即哈剌和林。又,其时世祖居于其根据地桓州(后为上部,在内蒙古多伦诺尔),所记召至和林颇难理解。

〔5〕李居寿(1221—1280年)——其事迹,详见《太一五祖演化贞常真人行状》(《秋涧先生大全文集》卷47)。

〔6〕六丁——道教之神名。见《黄庭经》等。

〔7〕刘秉忠(1225—1274年)——元初名臣,曾一度出家,僧名子聪,后还俗仕奉元世祖,参与大政,《元史》卷157、《新元史》卷157有传

〔8〕典瑞——《元史》卷88《百官志》四曰:"典瑞院,秩正二品,掌宝玺、金银符牌。中统元年,始置符宝郎二员。至元十六年,立符宝局,给六品印。十七年,升正五品。十八年,改典瑞监,秩正三品。二十年,降为正四品,省卿二员。二十九年,复正三品,仍置监卿二员。大德十一年,升典瑞院,正二品,置院使四员,正二品……"

〔9〕董文忠(?—1281年)——《元史》卷148有传。

34 关于元朝怯薛出身者的家世

〔日〕片山共夫 目次

34.1 目 次

34.2 绪 言

怯薛(keshik)为按照成吉思汗旨意于1204创设的亲军,与中国历代制度相比较,又可称之为禁军或宿卫,被认为起源于本来广泛实行于游牧民诸兀鲁思中间的所谓土儿合兀惕的质子制度[1]及作为游牧首领的"战士兼家人"[2]的所谓那可儿的亲兵制度,[3]兼有作为亲军中的亲军、作为担当宫廷杂务的家政机关、作为人才贮养机关的性质。最后一点,到元世祖得以正式统治中国时,成为极重要的性质。关于此

〔1〕村上正二:《蒙古王朝统治下的封邑制的起源——尤其是关于莎余儿合勒、忽必与奄出之间的关系》,载《东洋学报》第44卷第3期,1961年12月,第18~22页。

〔2〕外务省调查部译、符拉基米尔佐夫:《蒙古社会制度史》,载《生活社刊》,东京,1941年,第221页。

〔3〕护雅夫:《那可儿考(成吉思汗国家形成时期)》,载《史学杂志》第61卷第8期,1952年,第22页。

点,已有若干人提到而述及。[1] 关于怯薛担任官员的具体状况以及与官僚制机构有关的方面(有关怯薛歹担任官员的意义的问题),存在着不清楚之点。

我认为围绕着怯薛与元朝官僚制的关系的问题,大致可分为两个问题。第一个问题是怯薛歹担任官员的状况,怯薛歹与皇帝之间的主从制关系对怯薛歹担任官员而新产生的官僚制的君臣关系起了何等样的作用,以及怯薛在元朝的支配权力构造中扮演了何等样的角色。第二个问题是怯薛成员由于何种契机而进入,扮演上述角色的怯薛、怯薛成员的具体构成情况,以及由此产生了何等样的社会问题。第一个问题在另一篇拙稿中进行考察,[2]本稿对第二个问题所涉及的事加以考察。

34.3　怯薛与勋旧世家

怯薛是什么?概而言之,怯薛就整体而言好像成为了元朝贵族阶级(贵族特权阶级)的象征。那么元朝的贵族又是什么样的人呢?关于元朝贵族,胡祗遹《紫山大全集》卷8《怀远公诗序》有云:

> 两汉之君,知为政官人之要者,其孝宣乎?(中略)我朝典郡官,中外公论,贤冠一时者,以彰德路达噜噶齐怀远公为称首。公蒙古贵族,祖考门阀,英伟婵嫣,有耳者皆知之。

上述被称为蒙古贵族的彰德路达噜噶齐怀远公,即是杨珠台氏纳琳[3]。杨珠台氏是什么氏族呢?根据《蒙古秘史》及其他史籍不能搞清楚。纳琳是成吉思汗的怯薛成员、曾参加过有名的班珠尼纳苏图

---

〔1〕田中萃一郎:《关于元代官吏登庸法》,载《史学杂志》第27卷第3期,1915年。箭内亘:《元代社会的三阶级》,(《蒙古史研究》刀江书院1930年版所收)。真杉庆夫:《关于元朝的必阇赤》,(《元史刑法志研究译注》教育书籍1962年3月版所收)。真杉庆夫:《关于怯薛制度》,载《社会文化史学》第6卷,1971年。萧启庆:《元代的宿卫制度》,载《边政研究所年报》第4期,1972年。李则芬:《元史新讲》,台北中华书局1977年版,第4册,第703~714页。

〔2〕片山共夫:《怯薛与元朝官僚制》,载《史学杂志》第89卷第12期,1980年。

〔3〕《紫山大全集》卷15《大元故怀远大将军彰德路达噜噶齐杨珠台公神道碑》。

(浊水)之盟[1]的勋臣图萨博多的子孙。图萨博多之子图尔哈彻尔巴图鲁与图萨博多一起都在怯薛队中。纳琳是图尔哈彻尔之子,隶属于睿宗拖雷第六子锡喇大王(据《元史》卷107《宗室世系表》,即旭烈兀大王)位下,被委任为其份地彰德路的达鲁花赤(达噜噶齐,元宪宗时起至元世祖至元六年"卒"为止),从此他的家族就世袭了彰德路达鲁花赤。纳琳被称为蒙古贵族,是由于杨珠台氏在游牧民诸兀鲁思中的地位还是由于图萨博多以来所建立的功勋(想来有以上两种可能性),并不清楚,如果果真由于后者而成为了贵族的话,那么与通过加入怯薛在皇帝身边效劳,在征服西域、中国过程中建立了功勋的所谓勋臣之家大致同义。同样地被称为贵族者,有如下例子。《元史》卷120《察罕传》所附《亦力撒合传》上记载说:

> 亦力撒合,祖曲也怯祖。太祖时,得召见,属皇子察合台,为扎鲁火赤。父阿波古,事诸王阿鲁忽,居西域。至元十年,择贵族子备宿卫,召亦力撒合至阙下。

根据以上引文的前文所载:曲也怯律(祖),"唐兀乌密氏","为夏臣",可知亦力撒合为色目人。扎鲁火赤,汉译作断事官,这个官职被认为是军政、刑政的创始,成为各项政务的最高决议机关。[2] 由于是皇子察合台的扎鲁忽(火)赤,曲也怯律的权限不出察合台领地范围。阿鲁忽为察合台汗的孙子,是察合台汗国第五代君主。[3] 可推想侍奉他的亦力撒合之父阿波古也是察合台汗国的扎鲁忽赤,并占有与此相应的重要地位。根据如上事实考虑:这里亦力撒合作为贵族之子,是由于祖父曲也怯祖、父亲阿波古两代在察合台汗国占有重要地位,从而具有了蒙古帝国贵臣世家的意味。(作为被征服部族的贵族,祖父曲也怯祖为西夏臣,此处"贵族之子"系指西夏贵族而言,也并非没有可

---

〔1〕村上正二译注:《蒙古秘史》第2册《成吉思汗物语》,平凡社,1972年4月,第183节,第194页注7(第209~210页)。

〔2〕关于断事官,可参阅田村实造:《元朝札鲁忽赤考》(收于《中国征服王朝研究》中册,东洋史研究会,1971年3月版),第445~462页。

〔3〕村上正二:《图说中国历史》第6册(游牧民族的国家——元),讲谈社,1977年,第135页。

能性。但他们在蒙古帝国内经历两代占有重要地位,如今就不能以被征服部族内的地位来考虑问题了,不如从蒙古帝国内的贵族的意义来进行解释为妥。看来游牧民诸兀鲁思的贵族、被征服国的贵族转变为元朝贵族时,加入怯薛或在征服西域、中国时始终对皇帝及帝国效劳,建立功勋,是很必要的,两者就像是电流短路时连结到一起般地迅速结合起来的事物。)

以上只举出了被称为贵族的情况的两个例子。如果许可,从这两个例子可归纳出元朝被称为贵族的最低限度的条件,早期为蒙古帝国尽力而建立功勋,世世代代在帝国内占有高位,可以说这就是勋旧世家吧。

可是村上正二说:"他(元世祖)以以前蒙古民族的贵族分子构成的怯薛歹作为皇帝绝对权力的支柱,并编入新建立的官僚的国家体制中,形成元朝的世袭官僚贵族阶级,由这个官僚贵族阶级共同统治汉人社会,在这个官僚贵族的围绕下,实现了皇帝权限的绝对化。"[1]村上在两种意义下使用"贵族"这个词。其一是所谓"以前蒙古民族的贵族分子构成的法薛歹"场合下的贵族,这是成吉思汗统一[蒙古各部落]以前的蒙古游牧社会的贵族,即符拉基米尔佐夫所谓的草原贵族制[2]的贵族,也即村上说到"当游牧英雄们成为强大兀鲁思的王者时,族长和自由骑士们不断地来投奔"[3]时的族长。另一个意义是指说到"元朝的世袭官僚贵族阶级"时的贵族,即是通过怯薛为媒介大体上有维持世袭上层官僚地位的家世者。因此,笔者认为前者与说到以前游牧民诸兀鲁思中杨珠台氏地位来源时的贵族概念相同,后者则与前述通过加入怯薛侍奉皇帝,在蒙古征服西域、中国过程中建立功勋,从而成为世世代代占据上层官僚位置的所谓勋旧世家场合下的贵族概念大致相等。两者为并不直接一致的、属于不同范畴的概念。前者当其怯薛出身的子弟侍奉皇帝以及在蒙古征服西域、中国过程中建立了

---

〔1〕和田清编:《中国官制发达史》,汲古书院1942年版,第296~297页。

〔2〕符拉基米尔佐夫:《蒙古社会制度史》日译本,第162~182页。

〔3〕村上正二:《蒙古王朝统治下的封邑制的起源》,第20页。

功勋，也可转变为后者（详见后文）。在说到元朝的贵族阶级的场合下，所指的不用说就是后者。在元朝被称为贵族或被视为贵族阶级者，是指由于在被称为皇帝的"心膂爪牙"[1]的怯薛中侍奉皇帝，分享皇帝的威光，或由于其他功勋、由于对帝国的效力，基本上维持世袭上层官僚地位的勋旧世家。以前我们认为元朝的贵族阶级具有北方地区的那种内容。因此不用说，元朝史上的所谓贵族阶级与六朝门阀贵族是在时代与历史背景上属于不同范畴的概念，这是首先必须注意的。

如今本文认为所要论及的是元朝所谓贵族阶级的实际情况，尤其是它的形成过程。只不过在进入具体研究分析之前，关于上述之事，稍稍补充一下。

必须辨明的是创设以来的怯薛的特权地位。关于怯薛的特权地位，根据箭内亘所已指出的，[2]怯薛在元朝贵族阶级形成中所起重大作用上是特别重要的，怯薛歹的地位在千户长之上，[3]他们还作为帝室的福神，被成吉思汗在其对子孙的遗言中嘱令要加以善遇。[4] 由于其结果如同电流短路般地迅速结合，其影响的踪迹难以追寻。关于各种条件相结合（例如怯薛歹的职务是在皇帝身边效劳，于是就建立功勋），《元文类》卷40"杂著·入官"条上说：

国人之备宿卫者浸长，其属则以自贵，不以外官为达。

对于怯薛歹（备宿卫者）形成了所谓"以［其］自贵，不以外官为达"的状况。由此可见，把怯薛当做元朝贵族阶级的象征存在并非过甚之言。

据《元史》卷204《宦者传》上说：

自太祖选贵臣子弟给事内廷，凡饮食、冠服、书记，上所常御者，各以其职典之，而命四大功臣世为之长，号四怯薛。故天子前

〔1〕《元史》卷82《选举志（二）》曰："凡怯薛出身，元初用左右宿卫为心膂爪牙"。

〔2〕箭内亘：《元朝怯薛考》（《蒙古史研究》所收），第254～256页。

〔3〕村上正二译注：《蒙古秘史》第3册（平凡社1976年版），第228节，第49页。

〔4〕村上正二译注：《蒙古秘史》第3册，书第221节，第64页。

关于怯薛长，可参照拙稿：《元朝四怯薛的轮番制度》，载《九州大学东洋史论集》第6辑，1977年10月。

后左右，皆世家大臣及其子孙之生而贵者。

可见怯薛歹为世家大臣及其子孙之生而贵者。又据《滋溪文稿》卷21《元故承德郎寿福院判官林公墓志铭》上说：

世祖皇帝临御方夏，收揽豪杰，布列周行，其大者任以股肱耳目之寄，次则公卿百执事之选，下至宫室、服御、饮食、医药、弓矢、车马，既以大臣之世掌其事。

可见由大臣世掌怯薛执事。

34.4 怯薛出身者被吸收加入怯薛时的契机

怯薛最早由成吉思汗统一[蒙古各部落]时期蒙古游牧社会中的贵族子弟（被派出充当质子者）以及那可儿们组织而成。怯薛在后来转变为元朝的贵族阶级，如前所述是由于作为皇帝的心膂爪牙在其身边效劳或有过在征服西域、中国时建立功勋的过程。在此过程中，被征服部族中的色目人、汉人以及较少的南人先后依次被补充入怯薛，怯薛的组成就起了变化。对于这种变化过程的焦点，首先要考察的是怯薛出身者被吸收加入怯薛的契机（下文简称"契机"）吧。

根据《元史》列传及元人文集中神道碑、墓志铭等的记载，在元世祖以前，"契机"有：(1)军功，(2)当官后获得准许（下文简称"当官"），(3)质子，(4)归附时被选入（下文简称"归附"），(5)从被征服地区人民中选录（下文简称"才俊"），(6)被天子偶然看中（下文简称"偶然"），(7)作为呈献财物的报偿（下文简称"财物"），(8)幼小时被收养在宫廷里，长大后被吸收加入怯薛，(9)世袭。自元世祖以下，还有：(10)勋旧世家，(11)大臣、近臣的子弟跟随其父兄入朝觐见，(12)加入怯薛的契机没有任何记载，但其祖父或父母确系大臣或近臣[第(11)、(12)两项合在一起简称"大臣、近臣"]，(13)由于大臣、近臣的推荐或引见（其中可能包含有属于"大臣、近臣"项者），(14)特殊技能，(15)其他。这些契机系按照被记载的表面显露出来的情况加以分类，其中包含有不少内容互相牵涉的场合。兹将在各项契机下加入怯薛的怯薛出身者人数表列如下（见表34-1）。

在上述契机中，“世袭”、“勋旧世家”、“大臣、近臣”等，在阶层上是相通的，都构成为贵族阶级。因此在宪宗以前与世祖以后，可看到怯薛出身者加入怯薛时的契机的推移。这种推移是沿着怯薛的贵族化进行的。对于以下契机中的主要情况，这种推移的痕迹是可追寻出的。

表 34－1　怯薛出身者契机表

契机 时代	(1)	(2)	(3)	(4)	(5)	(6)	(7)	(8)	(9)	(10)	(11)	(12)	(13)	(14)	(15)	合计
太祖	5		6	5	1	1		1	1	1		1	1	3	16	42
太宗	1		3	2			1		3		1		1	2	5	19 (－1)
定宗	2													1		3
宪宗				2	1				3	1		3		4	3	17
世祖	5	5	2		4	4	1		20	23	11	48	6	3	26	158 (－3)
成宗	2				1				5	1	1	12	8	3	1	34 (－4)
武宗									3		1	4	1		2	11
仁宗		2							1	3		7	1		4	18
英宗										2		2	1		1	7 (－1)
泰定帝									1						1	2
明宗													1			2
文宗									2			1			2	5
顺帝									1	1		1			6	9
时代不明	1									3		10	3		16	34 (－1)
合计	16	9 (－3)	11	9	7	5	2	1	40	35	14 (－1)	89	23 (－5)	16 (－1)	83	360 (－10)

注：圆括号内负数为因含有重叠的契机所应减掉之数。

34.4.1　“质子”

如前所述，怯薛歹本来就有作为质子的意义。因而在这里特地作为契机提出。它在史料中最早出现。《金华黄先生文集》卷24《宣徽使太保定国忠亮公神道碑》有云：

> 初集贤公在西域，为其国之近臣，素倜傥有大志。知天命之有归，当太祖皇帝正大位之六年，岁在辛未，奉其国主阿儿思兰来觐于龙居河。司农公(阿里)前卒。乃以司徒公为质子。时年尚幼，上命育于春坊，稍长，事太宗皇帝为宝儿赤。

哈剌鲁族人哈只在祖父集贤公马马归附元太祖成吉思汗时成为了质子而被吸收入怯薛，年岁稍长担任了宝儿赤的职务。又，《元史》卷124所载李祯为西夏国族后裔，金末以经童中选，长大后作为质子进入元太宗的怯薛成了必阇赤。还有，《元史》卷146的粘合重山出身于金朝贵族，金亡之前归附元太祖成吉思汗成了质子，充当了宿卫官必阇赤。还有，《元史》卷124的哈剌亦哈赤北鲁为畏吾儿国的断事官，在归附元太祖成吉思汗时，他的儿子月朵失野讷作为质子被吸收入怯薛。还有，《元史》卷150的耶律阿海为辽之故族，金末作为王可汗的使者谒见元太祖成吉思汗之时，他的弟弟秃花作为质子被吸收入怯薛。还有，《元史》卷166的贺祉为益都人，他作为其父胶州千户送来的质子被吸收入怯薛。

以上为元宪宗以前作为质子而进入怯薛之例。关于元世祖时期的质子制，《元史》卷134《唐仁祖传》说：

> 仁祖少颖悟，父没，母教之读书，通诸方语言，尤邃音律。中统初，诏诸贵胄为质，帝亲阅之，见仁祖曰："是唐古直孙邪？聪明无疑也。"俾习国字。

可见元世祖中统初年下诏让诸贵胄充当质子。又，《元史》卷5《世祖纪》"中统四年二月甲寅"条记载说：

> 诏诸路官员子弟入质。

可见中统四年二月曾让诸路官员子弟充当质子。还有，《元史》卷98《兵志(一)》记载说：

> (中略)四年二月，诏："统军司及管军万户、千户等，可遵太祖之制，令各官以子弟入朝充秃鲁花。"其制：万户，秃鲁花一名，马一十匹，牛二具，种田人四名。千户见管军五百或五百已上者，秃鲁花一名，马六匹，牛一具，种田人二名。虽所管军不及五百，其

家富强、子弟健壮者，亦出秃鲁花一名，马匹、牛具、种田人同。万户、千户子弟充秃鲁花者，挈其妻子同至，从人不拘定数，马匹、牛具，除定去数目已上，复增余者听。若有贫乏不能自备者。于本万户内不该出秃鲁花之人，通行津济起发，不得因而科及众军。

由此可知，中统四年二月曾让万户、千户等军官遵照太祖之制，送来质子(秃鲁花)。这是元世祖在蒙古国开始中国王朝化时为牵制诸路官员、诸贵胄和军官们才让送来质子的。这与国初成吉思汗平定诸部族时将诸部族的质子吸收入怯薛，编为八千秃儿合兀惕(侍卫)，同出一辙。以上所引，尚未提及质子被吸收入怯薛。根据以下所举诸例，可知质子多半进入怯薛。《元史》卷80《舆服志》三《仪卫》记载说：

护尉四十人，以质子在宿卫者摄之。(中略)护尉三十人以质子在宿卫者摄之。

由此可知，质子被吸收入宿卫。又，《寓庵集》卷6《大元宣差陕西京兆府总管大夫人尼庞窟氏墓志铭》记载说：

夫人尼庞窟氏，故金吾卫上将军定国军节度使仆散公讳某之妻也。(中略)生男子六人，(中略)次曰源，宣差秃鲁花。

这里有“宣差秃鲁花”这个词语，可认为系以秃鲁花充任宣差者。在此场合下，是否源于怯薛并不清楚。从元太祖成吉思汗之例大致可看出：质子多半被吸收加入宿卫。质子的意义在于牵制被统治下的有势力者和官僚们。南宋被征服时，当然也推行了同样的事。《元典章》卷8《吏部》二“当质·三品官子孙取质子”条说：

至元十四年八月，行中书省据御史台呈：伏见江淮新附官员朝廷优先甚重，切为时宜。于三品以上例取质子一名以备随朝使用，似为长便。都省闻奏过，奉圣旨准。钦此。

可知在征宋以后，从江淮新附官员三品以上者各取质子一名。所谓“例”取，是按照中统四年从诸路官员取质子之例的意思吧。根据至元二年的定制，诸路官员为正从三品。“备随朝使用”，可认为是指如前所述担任宿卫或担任宣差那样的职务。又，《元史》卷10《世祖纪》“至元十六年二月甲辰”条记载说：

命嘉定以西新附州郡及田、杨二家诸贵之子，俱充质子入侍。

关于田杨二家不清楚，大概总是嘉定以西新附州郡的有名望的家族吧。这又是在江南被征服时为牵制新附州郡的贵官和名门望族而索取质子之事。还有，《元史》卷125《纳速剌丁传》记载说：

[至元]十七年，授资德大夫、云南行中书省左丞，寻升右丞。建言三事。（中略）其一谓："云南官员子弟入质，臣谓：达官子弟当遣，余宜罢。"奏可。

可见在云南地区从诸路贵官子弟索取质子。其中的贵官达官们，按照至元十四年江淮新附官员之例推想，似为三品以上者。根据以上诸例，可知元世祖以后也有从新附江淮、江南诸路官员子弟内索取质子进入怯薛的事。

34.4.2 "才俊"

被征服地区的人民中有被选入怯薛者。《元史》卷168《秦长卿传》记载说：

秦长卿，洛阳人也，姿貌魁特，性倜傥，有大志。世祖在京兆潜藩，已闻其名。既即位，务收揽时才，以布衣征至京师。长卿尚风节，好论事，与刘宣在宿卫。

又，《滋溪文稿》卷22《知太史院侍仪事赵文昭公行状》说：

[赵秉温]稍长，从金进士冯巽亨学。当是时，世禄之家以侈靡相高，独公能敬让以礼。（中略）世祖皇帝方居潜藩，收召一时闻望之臣，咨谋治道。岁己酉，帝在和林西，公入见，仪观修整，应对详明。帝异之，命侍左右。

根据以上两例可知，元世祖在潜藩时曾收揽时才，吸收入怯薛。此外，元世祖在征服南宋时也同样曾收揽时才，吸收入怯薛。《侨吴集》卷9《白鹤观祠堂记》记述说：

国家混一之初，世祖搜罗海内才俊，用之惟恐或遗，于是魁奇磊落之士往往显功名于当世。若嘉议大夫、平江路总管致仕郡人张公正卿是也。公初未冠，即北上朊仕，傃直殿庭，出入禁卫久之。

由此可见，南宋被征服时，也曾收揽才俊入怯薛。这是元世祖的统治政策，是沿着蒙古国中国王朝化的方针进行的，在蒙古统治民族鼎盛时的元世祖出于他的人才选用主义和对汉文化的理解，不可避免地要在某种程度上选用汉人文化人。元世祖对于皇太子真金的宿卫也由于同样的方针，博访汉人才俊吸收入宿卫。《静轩集》卷5《故荣禄大夫平章政事王公神道碑铭》记述说：

> 裕宗文惠明孝皇帝居东宫，博访英贤，以备宫僚，左右元良文学行义皆天下之选，其在卫官府率德望兼隆、忠勤素著，惟荣禄公为称首。

这是博访作为裕宗真金近侍的英贤吸收入怯薛的例子。这样的例子并非反映怯薛与贵族阶级趋向一致的情况。元朝的方针是尽可能不选用汉人、南人，此点将于后文"怯薛与汉南人"节中述及。但是元朝在作为中国的王朝的限度内，当它支撑着从中国的繁荣经济、很深的文化传统中形成的复杂的国家机构时，就不得不选用汉南人知识分子。这里通过怯薛的媒介可看到元朝统治政策的界限。

34.4.3 "世袭"

有由于世袭而进入怯薛者。前引《道园学古录》卷17《宣徽院使贾公神道碑》上说：

> 国家之制：凡禁近之臣分服御、弓矢、食饮、文史、车马、庐帐、府库、医药、卜祝之事，皆世守之。

根据此处所说，怯薛按世袭制方式被继承，但从具体实例中所见到的情况可知道并非都必须世袭。此外，怯薛出身者的子孙被吸收入怯薛的场合中，也并非必须以世袭为契机。但当然有按照世袭进入怯薛的场合，最显著的是怯薛长的世袭。怯薛长在原则上由四杰的子孙世袭（见拙稿《元朝四怯薛的轮番制度》），此外，怯薛官及包括怯薛长在内的怯薛内的掌领官，例如百夫长，也有世袭之例。根据《元史》卷134《也先不花传》所说，蒙古怯烈氏昔刺斡忽勒一族按照元太祖的命令世袭必阇赤长之职。[1] 必阇赤(不是必阇赤长)、宝儿赤、火儿赤等职掌[2]担任者也有世袭之例。据《元史》卷120所载,曷思麦里之子密里吉承袭父职成为必阇赤。根据《元史》卷133《暗伯传》,暗伯之父秃儿赤承袭其父僧吉陀成为秃鲁花必阇赤兼怯里马赤。根据《金华黄先生文集》卷24《宣徽使太保定国忠亮公神道碑》所载,答失蛮从担任太宗皇帝的宝儿赤的哈只处承袭宝儿赤之职。根据同文集同卷《宣徽使太保定国忠亮公神道第二碑》所载,答失蛮的3个儿子买奴、忻都、怯来,都曾承袭宝儿赤之职。宝儿赤为掌管天子御膳的官职,这种官职要求有特殊技能,因此世袭者较多。据《吴文正公集》卷40《陶金总管孙侯墓志铭》所载,孙继宁家为善于治膳的世家,他的祖父逮、父亲恕以及继宁三代世袭宝儿赤之职。同样的家世,还可举出《道园学古录》卷17《宣徽院使贾公神道碑》的贾氏。贾昔剌曾侍奉元太祖、昭睿顺圣皇后、太宗、宪宗、世祖治御膳,元世祖在即位后设立尚食、尚药二局,委任他为该二局长官。尚食、尚药局即是宝儿赤的中国官称,而非其他。[3] 此后,由其孙忽林赤作为世职承袭他的官职,后来又由忽林赤之子秃坚不花承袭。在此期间,尚食、尚药局曾升格为尚膳监、尚膳院,而其实质可认为没有变。火儿赤也有世袭之例。据《元史》卷119《塔察儿传》及《菊潭集》卷2《大元故镇国上将军河南淮北蒙古军都万户府副都万户忽神公神道碑》所载,可知四大功臣之一博尔忽家族世袭火儿赤之职,塔察儿、别里虎台、密里察儿皆曾世袭火儿赤之职。博尔忽的子孙世袭怯薛长,以上所述则为其旁系后裔。哈剌赤也有世袭之例。

---

[1]孛鲁欢[即孛鲁合,宪宗时,参阅那珂通世:《成吉思汗实录续编》(《那珂通世遗书》所收)第22页]、也先不花(世祖时,见《元史》卷134本传)、答失蛮(世祖时,见《牧庵集》卷13《高昌忠惠王神道碑铭并序》)、按摊(成宗时,见《元史》卷134《也先不花传》)、搠思监(泰定帝时,见《元史》卷205本传),皆世袭必阇赤长。

[2]关于必阇赤,宝儿赤、火儿赤等职掌,参照前注箭内亘、真杉庆夫、萧启庆论文。

[3]屠寄:《蒙兀儿史记》卷40《迭该传》曰:"巴兀儿臣中统后官制行为尚膳监,秩五品,领之者宣徽院使也,秩正二品,但中统以前通称巴兀儿臣。……"然而屠寄并未提出根据。据笔者所见,《金华黄先生文集》卷24《宣徽太保定国忠亮公第二神道碑》述及答失蛮之长子买奴时说,"乃命[买奴]从宣徽使速浑察儿习治御膳为宝儿赤",又据《元史·铁哥传》(卷125)铁哥从怯薛宝儿赤成为尚膳监[长官],仍掌膳馐,其属下的宿卫士(怯薛歹)仍隶属于他。根据这两个例子,屠寄的说法基本上得到了肯定。

据《元史》卷128《土土哈传》及《元文类》卷26《句容郡王世绩碑》所载，班都察、土土哈、床兀儿代代世袭哈剌赤之职。哈剌赤是制造那种上等马乳酒黑马乳酒供奉天子的官职。阿塔赤（掌管牧马者）也有世袭之例。据《元史》卷135《失剌拔都儿传》载，失剌拔都儿从月鲁达某世袭阿塔赤之职。与这样的特别职掌相当的其他职掌也有世袭之例。据《元史》卷122《按扎儿传》载，乃蛮承袭叔父拙赤哥之职进入宿卫（怯薛）队。据《金华黄先生文集》卷25《资善大夫河西陇北道肃政廉访使凯烈公神道碑》载，拔实一族世袭宿卫。又据《元史》卷143《巙巙传》载，巙巙承袭其父不忽木进入宿卫队。又据《寓庵集》卷6《故宣授陕西等路达鲁花赤夹谷公墓志铭》载，唐兀歹从其父灰郃承袭护卫兼奉御之职。根据以上诸例，可见怯薛内有世袭的情况。但进入怯薛并非必须根据世袭这个契机，对于看到按照其他契机进入怯薛的情况也是可理解的。

34.4.4 “勋旧世家”

有以勋旧世家而入怯薛之例。这作为显示怯薛与家世的紧密关系的情况很重要。例如，据《秋涧先生大全文集》卷51《大元国故卫辉监郡塔必公神道碑铭并序》载，塔必迷失之父玉鲁忽伦“早以世胄为内侍官”。又，《元史》卷121《兀良合台传》说：

> 初事太祖，时宪宗为皇孙尚幼，以兀良合台世为功臣之家，使护育之，宪宗在潜邸，遂分掌宿卫。

由于兀良合台家族世世代代为功臣，遂让他护育宪宗。又，《中庵集》卷4《顺德忠献王碑》说：

> 至元壬申，世祖皇帝录勋臣之后，一见异之，命袭号答剌罕，长宿卫百人。

元世祖于至元九年“录勋臣后”，遂让哈剌哈孙担任了宿卫（怯薛）的百人长。又，《元史》卷120《察罕传》说：

> 至元十年，择贵族子备宿卫，召亦力撒合至阙下，以为速古儿赤，掌服御事。

至元十年，元世祖又选择“贵族［之］子”吸收入怯薛。又，据《元史》卷125《赛典赤传》载，忽辛于至元初“以世臣子备宿卫”。又，据《元史》卷142《庆童传》载，庆童“早以勋臣子孙受知仁庙，给事内廷，遂长宿卫。”又，据《揭文安公全集》卷12《董公神道碑》载，董守中“以世胄补内供奉”。又，据《元史》卷156《董士元传》载，董士元“以世家子选供奉内班”。根据以上诸例，可知勋臣世家的子弟经常被选入怯薛。

34.4.5 “大臣、近臣”

“大臣、近臣”这项契机，被记载的只是入朝觐见、被召见、父兄的请求等情况。这些情况除确系进入怯薛的契机外，并没有任何更明确的记载。在父兄为大臣、近臣的场合下，这些情况可认为成为进入怯薛的契机。但若那种场合有了问题，那么应注意到所谓大臣、近臣是有范围限制的。兹将“大臣、近臣”子弟的父兄（作为原则的父亲，父亲不明的场合下可为祖父、伯父）的官职列表如表34－2：

表34－2　怯薛出身者父兄官职表

	怯薛出身者	初任职品	父兄的官职（作为原则的父亲）	官品
			元宪宗时	
色目	木花里	正三	都元帅兼领尚书省事	从二
	来阿八赤	正四	怯薛宝儿赤	
汉	张庭珍	?	北京都转运使	正三
			元世祖时	
蒙	塔出	正五	（母）皇子的乳母	
	阔里吉思	正四	建康路达鲁花赤	正三
	好礼	正三	大都行天下诸路也可扎鲁忽赤	从一
	帖木儿不花	正三	西川便宜都元帅	从二
	忽林失	正五	军器监官	?
	扎忽带	正五	蒙古汉军总管	正三
	普兰奚	正六	管领怯怜口怯薛官	
	朵耳赤	?	总管	三品
	咬住	从四	福建道宣慰使	从二
	齐诺	?	怀孟路达鲁花赤	正三

续表 34－2

怯薛出身者		初任职品	父兄的官职(作为原则的父亲)	官品
色目	昔班	正三	坤间城达鲁花赤	三品
	明里帖木儿	从四	跟从宪宗死于军中	
	八丹	正三	真定路断事官	正三
	拜颜	正三	钦察亲军指挥使	正三
	昂阿秃	正三	尚书左丞	正二
色目	岳柱	正二	中书省平章政事	从一
	斡罗思	正四	世祖宿卫	
	暗伯	正五	文州礼店元帅府达鲁花赤	正三
	阿塔赤	?	阿速军千夫长	正五
	唆南班	从二	罗罗斯宣慰使兼管军万户	正三
	彻里帖木儿	从五	(祖)西域大族,累立战功	
	答里麻	从五	(祖)山东行省大都督	正二
	阿鲁浑萨理	正四	同知总制院事	正三
	唐骥	?	庄圣皇后札鲁火赤	正三
	忙兀的斤	从五	书记(近臣)	
	廉希宪	正三	真定顺德诸路宣慰使	从二
	大慈都	?	翰林学士	正二
	阿失帖木儿	正七	断事官	正三
汉	耶律驴马	?	中都路也可达鲁花赤	正二
	高天锡	正三	打捕鹰房都总管府都总管	正三
	耶律希亮	正六	中书左丞	正二
	洪万	正三	宣抚使管领归附高丽军民总管	正三
	谢仲温	?	太原路金银铁冶达鲁花赤	五品
	高觽	正四	千户	五品
	张九思	正三	蓟州节度使	
	贺胜	正二	上都留守	正二
	张师野	?	澧州安抚使	正三
	哈剌帖木儿	从五	湖北提刑按察使	正三
	咬住	正五	内宰	二品
	游显	正三	浙西道宣慰使	从二

续表 34－2

怯薛出身者		初任职品	父兄的官职(作为原则的父亲)	官品
元成宗				
蒙	伯答沙	正二	也可扎鲁忽赤	正一
	答答呵儿	正五	宿卫	
色目	迭里威失	正五	平滦路达鲁花赤	三品
	脱欢	?	芍陂屯田千户所达鲁花赤	正五
	善住	从五	中书平章政事	从一
汉	李偍	?	万盈署令	正七
	塔布台	?	行台监察御史	正七
	邢某	从六	义州行军千户	五品
	谭质	?	罗罗斯宣慰司同知	从三
元武宗时				
蒙	伯颜	正三	宿卫	
	阿拉克巴哈	?	翰林学士承旨	从一
色目	阿礼海牙	?	集贤大学士	从一
	燕铁木儿	正二	知枢密院事	正二
元仁宗时				
蒙	月鲁帖木儿	正七	山北辽东道肃政廉访使	正三
	别儿怯不花	正三	丞相	正一
色目	者燕不花	从五	章佩卿	正三
	博罗普化	从二	翰林学士承旨	从一
	不花	从五	都水监卿	正三
	香山	?	阿速亲军都指挥使	正三
汉	郝祐	正五	河南行省平章政事	从一
	靳德谦	?	同知普宁路总管府事	从四
元英宗时				
蒙	自当	正七	丞相	正一
色目	锁咬儿哈的迷失	正七	辽阳行省参知政事	从二

续表 34－2

怯薛出身者		初任职品	父兄的官职(作为原则的父亲)	官品
元文宗时				
蒙	脱脱	从五	御史大夫知枢密院事	从一
元顺帝时				
色目	哈麻	?	(母)宁宗乳母	
时代不明				
蒙	布喇尼敦	二品	翰林学士承旨	从一
蒙	养养	?	平章政事	从一
蒙	布哩叶图萨	三品	县尹	从六至七
色目	火你赤	?	翰林侍读学士	从二
色目	答纳失里	?	宣政院使	从一
色目	咬难	?	平章政事	从一
色目	的迷的儿	?	左卫阿速亲军都指挥使	正三
汉	吕灵童	?	陕西行省平章政事	从一
汉	买买	?	大宁路总管	三品
汉	韩孝先	正七	辽阳路懿州知州	从五

注:蒙 = 蒙古人,色 = 色目人,汉 = 汉人。

根据上列之表,父或祖父的官职为正一品者四例,从一品者七例,正二品者七例,从二品者七例,正三品者六例,从三品者一例,从四品者一例,正五品者四例,从五品者一例,正七品者二例,近臣七例,其他三例。大部分在三品以上,其中勋旧世家可认为世世代代有怯薛出身者。从四品以下诸例中的谢仲温、阿塔赤、彻里帖木儿,高觹、张九思、邢某、靳德谦、布哩叶图萨,其祖先皆于国初侍奉太祖、太宗,在那个时期官品较低大致不成问题。忽林失与韩孝先出自勋旧世家,塔布台之父为行台监察御史，据《元史·百官志》为正七品，实质上相当于五品上下。[1]根据这些例子可知，容易使子弟获得进入怯薛机会的人，即这里所谓的“大臣、近臣”乃是指基本上在三品以上的官僚、勋旧世家、怯薛出身者以及皇子的乳母等等。

34.4.6 由于大臣、近臣、将军等的推荐而进入怯薛者

由于大臣、近臣、将军等的推荐而进入怯薛者之中，有出身于汉南人布衣阶层的。这些事例颇为重要，不同于前列情况，兹列举于下。据《秋涧先生大全集》卷57《吕公神道碑》载，吕嗣庆由于燕京行台刘、黄二公推荐，得以觐见元太宗，被吸收入怯薛。这是元太宗时的事例。汉南人布衣进入怯薛的事例颇多，元世祖末以降，汉南人布衣游学京师，请求投靠官僚门下，得以进入怯薛之例显著。例如，《元史》卷177《陈颢传》说：

> 颢幼颖悟，日记诵千百言。稍长，游京师，登翰林承旨王磐、安藏之门。磐熟金典章，安藏通诸国语，颢兼习之。安藏乃荐颢入宿卫，寻为仁宗潜邸说书。

据此可知，陈颢游学京师，进入儒学官僚王磐、安藏[2]之门，由于安藏的推荐得以进入怯薛。又据《金华黄先生文集》卷31《奉议大夫御史台都事李公墓志铭》载，李拱辰承袭父职为磁州人匠局提领后，对此并不满足，他游学京师，成宗时由于通晓译语被吸收入怯薛。在明确记载大臣、近臣的推荐的情况中，可知他们被推荐的事。又，据《元史》卷

---

〔1〕此点系根据被委任为监察御史的若干事例中前后历任官职的情况加以判断，关于此点，《至正集》卷74《公移[英宗时]·铨除御史》条说：“监察御史前代八品之职，国朝官制为正七品，选格内任，一考与升从六品外任，两考方进一等，握等计资，毫发不贷，至于宪台除司历御史者，必授副使正四品级，非戾选法也，(中略)今也，四品、五品率皆除之，甚有资历已及三品而浮沉其中，彼果何望而奋于立事耶?”此条述及监察御史升迁快速，以及有四、五品官甚至三品官转为监察御史的情况。

〔2〕关于王磐，见《元史》卷160本传，安藏的事迹不清楚。

178《王结传》载，王结在积累了儒学教养后游学京师，上书执政，[1]由于某人的推荐在仁宗潜邸中充当宿卫。又，据《东维子文集》卷24《故中奉大夫浙东宣慰杨公神道碑》载，杨瑀于天历年间游学京师，由于中书平章政事沙剌班等人的推荐得以进入怯薛。以上为汉人之例。南人之例也有。据《滋溪文稿》卷21《元故承德郎寿福院判官林公墓志铭》载，钱唐林坚于成宗元贞初至京师，由近臣引导入觐，得以进入怯薛。又，据《金华黄先生文集》卷35《延福太监张公墓志铭》载，张观于大德九年"出游京师，用荐者入宿卫"。又，据同文集卷37《都功德使司都事华君墓志铭》载，华埜仙游学京师，由于枢密院使月者罕、脱脱罕的推荐，得以进入怯薛。

根据以上的例子，可知汉南人有进入怯薛之例，游学京师，以才学受高官赏识，由他们的推荐而进入怯薛的情况颇为显著。

34.4.7 "特殊技能"

以特殊技能进入怯薛的事例颇为重要。汉南人有以特殊技能进入怯薛的情况。他们大部分经过大臣、近臣的推荐而得以进入怯薛。作为特殊技能，可举出膳馐、译语、星历卜筮、工艺、医术等等。译语之例已见于前文。关于膳馐，如前所述，可举出贾昔剌及孙继宁家族(参照"世袭"项)。此外，《元史》卷169《石抹曷鲁传》载，石抹曷鲁为契丹人，由于善于治膳而被吸收入怯薛。又前引《滋溪文稿》卷21《元故承德郎寿福院判官林公墓志铭》记述说：

> 成宗皇帝元贞之初，钱唐林公坚至自江左，近臣导之入觐，遂得列于宿卫，治饔事焉。(中略)大德初，朝廷乃命以官，授进义副都尉、常湖茶园副提举。三年，升同提举。(中略)考满，复归内廷，执事如故。

---

〔1〕王结撰：《王文忠集》卷4杂文收有《上中书宰相八事书》。《元史》卷178本传所说"上执政书"即是此《书》(《四库提要》已指出此点)。其结尾部分有云："某也，一介疏贱，上书相府，妄言政事，不待贾而售，不待问而告，又似乎干名躁进之人，然某以为，古之君子处畎亩而不忘天下之忧，得位则行其道，(中略)故某果于自信非干名也，非躁进也。窃取古人处畎亩不忘天下之义，是以冒昧法义，罄竭愚诚，慨然一言焉"，对于上书执政，解释为"非干名也，非躁进也"。大概当时有干名躁进之徒上书求官的风潮吧。关于那样的风潮，本项后文论述过程中就涉及一些事例。

据此可知，林坚被吸收入宿卫治膳，后来当官成为常湖茶园副提举，升为同知，任期满后仍回到内廷治膳。根据林坚这样的经历看来，他大概是由于精通茶的鉴定，因他的能力被吸收。像茶这样的有关中国食膳的职掌，蒙古、色目人不能担任，南人林坚之被吸收入怯薛就有其必然性了。作为依靠工艺而入怯薛的事例，《金华黄先生文集》卷 38《奉议大夫同知诸路金玉人匠总管府事傅公墓志铭》有记载说：

荣祖当金之季，始去燕居云中，晦迹弗耀，而独稍出其艺以自见。彼遇宪宗于和林，赐金符，长其同列六十人以备宿卫。

这里没有引录全文。根据前后文，这件事可说明如下：傅氏燕人，为金朝士大夫阶级。金末傅荣祖躲避动乱逃至云中晦迹隐居。后来，他作为工匠（而非作为濡士）在和林觐见宪宗，被准许担任宿卫。元世祖即位后被编入上都开平府人匠户籍中。荣祖之子进，进之子贤佐，最终皆官至诸路金玉人匠府长官（进为同知府事，贤佐为总管）。傅进担任这个官是所谓“隐于一艺”。傅贤佐之子亨、贞皆从黄溍学。傅亨以上京乡荐第一选为将仕郎太常礼仪院太祝，傅贞从国子学起家，任将仕郎章佩监知事（据黄溍说：这两个人皆“以儒起家”）。从上述傅氏世谱可知：傅荣祖以工艺、尤其是金银玉石的细工技术而被吸收入怯薛。又，在工艺中中国人对绢织物有特殊技术。虽未找到这样的例子，但想必有人依靠这种技术被吸收入怯薛。作为依靠医术进入怯薛的事例，《中庵集》卷 9《河南谷氏昭先碑铭》有记载说：

大德初，近臣以医荐，入侍成宗大见知遇。详勤忠恪、行在无舍旦夕。赐金钱、珍贝、玉带、第宅，以及衣服、鞍马。岁月相踵，累官朝列大夫同佥太医院事。

根据《元史·兵志》“宿卫”条所载怯薛职掌中包含有医药之事，可认为谷果靠医术而入怯薛。作为依靠星历卜筮而入怯薛的事例如下。据《侨吴集》卷 12《元故昭文馆大学士岳铉字周臣第二行状》载，岳铉之家是从曾祖天裕以来，祖熙载、父寿三世以天文为业的世家，岳铉由于星历天文方面的学识受到太保刘秉忠赏识，被推荐于元世祖，遂被准许出入禁近。关于他，虽无加入怯薛的明确记载，但他想必加入了怯薛吧。

34.4.8 小结

下面汇集一下以上本节所考察的事。关于怯薛出身者被吸收入怯薛时的契机,元世祖以前的,有以“军功”“质子”“来归”“才俊”“偶然”“财物”“世袭”等契机而入怯薛,以元世祖时期作为界线,按照“质子”“世袭”“勋旧世家”“大臣、近臣”等进入怯薛的契机成为日益发展的契机。由于“世袭”之家与“勋旧世家”“大臣、近臣”之家,阶层一致,它们同等地构成为贵族阶级,这就显示出前列现象中被吸收入怯薛者,以贵族阶级的子弟为限。大概所谓被吸收入怯薛这件事,竟成了作为贵族的证明,或者成了显示有与贵族相比拟的家世的事。前引《元文类》卷40“杂著”“入官”条有云:

国人之备宿卫者浸长,其属则以自贵,不以外官为达。

据此可知,当时形成了怯薛歹“以自贵,不以外官为达”的现象。

然而另一方面也还有汉南人布衣加入怯薛的情况。元世祖表现出对中国文化的理解,经常选用汉人儒者。至元时得以推行的至治政治是人所周知的事。他广泛地收揽当时人才,吸收入天子及皇太子裕宗真金的怯薛队中。作为那样的倾向的一端被把握时,那样的事不能片面地归之于元世祖个人的性格。将汉地及南宋的诸路官员子弟作为质子吸收入怯薛,是为了怀柔牵制诸路官员,不得不借用其势力以统治中国。为统治庞大、复杂的机构,具有很深的传统文化的中国,不得不广泛地收揽当时人才,借用他们的力量。这样,元世祖时期汉南人被吸收入怯薛者颇多,逐渐在蒙古统治者心目中变得重要起来。在元成宗即位后不准汉南人进入怯薛了,除元世祖时已入怯薛者作为例外外,确立了此后一律禁止汉南人加入怯薛的原则。[1] 不过由于朝廷内有已被扶植起来的以汉人儒者为首的势力,就用不着将汉南人布衣以才学推荐入怯薛了。此外,由于有从中国很深的文化传统上满足宫廷生活的必要,对于有“特殊技能”的汉南人加放怯薛倒也还留有余地。

〔1〕参照本稿第四节《怯薛与汉南人》。

34.5 怯薛出身者之家世

前节探讨了怯薛元朝贵族阶级得以形成、逐渐转变成的那个方面。本节则探讨通过怯薛得以形成的贵族阶级有什么样的家世，尤其以门第、家世的古老作为探讨焦点，并探讨那些家族成为勋旧世家、成为贵族阶级的头绪。前节以怯薛出身者个人作为问题来探讨，本节则以其家族作为问题来探讨。

首先对蒙古族怯薛出身者加以探讨。按照他们的家世的古老程度，可分为：(甲)元太祖开国功臣子孙，(乙)元太祖以来世家子孙，(丙)元太宗以降世家子孙。兹列表34－3如下：

表34－3 蒙古族怯薛出身者一览表

怯薛出身者				时期	典籍根据
甲	一	1	博尔忽	太祖	《元史》卷119、《元文类》卷23《太师淇阳忠武王碑》
		2	月赤察儿	世祖	同上
		3	塔刺海	成宗	《元文类》卷23《太师淇阳忠武王碑》
		4	马刺	世祖至成宗	同上
		5	佩头	武宗	同上
		6	迭秃儿也不干	仁宗	同上
		7	也先铁木儿	仁宗、英宗	同上
		8	奴刺丁	不明	同上
		9	完者帖木儿	文宗	同上
		10	塔察儿	太祖	《元史》卷119、《菊潭集》卷2《忽神公神道碑》
		11	别里虎斛	宪宗	同上
		12	密里察儿	世祖	同上
	二	13	博尔术	太祖	《元文类》卷23《太师广平贞宪王碑》
		14	玉昔帖木儿	世祖	《元史》卷119
		15	木刺忽	仁宗	《元文类》卷23《太师广平贞宪王碑》
		16	阿鲁图	顺帝	《元史》卷139
		17	咬咬	顺帝	《元史》卷43《顺帝纪》至正十三年九月条
		18	哈刺章	顺帝	《元史》卷145《达礼麻识理传》
		19	纽的该	顺帝	《元史》卷139

续表 34－3

怯薛出身者				时期	典籍根据
甲	三	20	安童	世祖	《元史》卷 126、《元文类》卷 24《丞相东平忠宪王碑》
		21	兀都带	世祖	同上
		22	拜住	武宗	《元史》卷 136、《金华黄文集》卷 24《郓文忠王神道碑》
		23	笃麟铁穆尔	［文宗］	同上
		24	硕德	世祖	《元史》卷面 119《乃燕传》
		25	朵尔直班	英宗	《元史》卷 139、《金华黄文集》卷 25《札剌尔公神道碑》
		26	脱脱	世祖	《元史》卷 119
		27	朵儿只	英宗	《元史》卷 139
	四	28	野仙溥化	仁宗	《元史》卷 139《乃蛮台传》
		29	纳图儿	太祖	《金华黄文集》卷 35《逊都台公墓志铭》
		30	脱帖穆耳	成宗	同上
		31	唐古斛	世祖	《道园学古录》卷 16《孙都思氏世勋之碑》
		32	健都班	世祖	同上
		33	实理	世祖	《金华黄文集》卷 25《札剌尔公神道碑》
	五	34	昔剌斡忽勒	太祖	《元史》卷 134《也先不花传》
		35	孛鲁欢	宪宗	同上及《牧庵集》卷 13《皇元高昌忠惠王神道碑》
		36	也先不花	世祖	《元史》卷 134
		37	答失蛮	世祖	《牧庵集》卷 13《皇元高昌忠惠王神道碑》
		38	秃鲁	世祖至仁宗	《元史》卷 134《也先不花传》
		39	按摊	成宗	同上
		40	捌思监	泰定帝	《元史》卷 205
		41	阿荣	武宗	《元史》卷 134《也先不花传》

续表 34－3

怯薛出身者				时期	典籍根据
甲	六	42	速不台	太祖	《元史》卷 121《兀良合台传》、《秋涧文集》卷 50《兀良氏先庙碑铭》
		43	兀良合台	太祖至宪宗	《元史》卷 121
		44	阿术	世祖	《元史》卷 128
		45	也速斛儿	世祖	《金华黄文集》卷 24《安庆武襄王神道碑》
	七	46	伯答沙	世祖至成宗	《元史》卷 124《忙哥撒儿传》
	八	47	哈剌哈孙	世祖	《元史》卷 136、《中庵集》卷 4《丞相顺德忠献王碑》
		48	脱欢	武宗	同上
	九	49	不鲁罕罕札	太祖	《元史》卷 135《忽林失传》
		50	忽林失	世祖	同上
		51	燕不伦	仁宗	同上
	十	52	孛罕	太祖	《元史》卷 135《忽都传》
		53	扎忽带	世祖	同上
	十一	54	好礼	世祖	《元史》卷 123《布智儿传》
乙	十二	55	探马哈儿	太祖？	《元史》卷 138《伯颜传》、《中州名贤文表》卷 19《太师秦王佐命元勋之碑》
		56	谨只儿	世祖	同上
		57	伯颜	武宗	同上
		58	马札儿台	武宗至仁宗	《元史》卷 138
		59	脱脱	文宗	《元史》卷 138
	十三	60	线真	世祖	《元史》卷 130《完泽传》
		61	完泽	世祖	同上
	十四	62	纯直海	太祖	《中庵集》卷 6《忠襄珊竹公纯直海神道碑》
		63	咬住	世祖	同上卷 6《咬住神道碑》
		64	朵耳赤	世祖	《中庵集》卷 6《大达立神道碑》
	十五	65	伯颜	世祖	《中庵集》卷 1《忠武王庙碑》

续表 34－3

怯薛出身者				时期	典籍根据
乙	十六	66	图萨博多	太祖至太宗	《紫山大全集》卷 15《纳琳神道碑》
		67	图尔哈彻尔	太祖至太宗	同上
		68	纳琳	太宗	同上
		69	伊尔布哈	世祖	同上
	十七	70	玉鲁忽伦	太祖	《科涧文集》卷 51《塔必公神碑铭并序》
		71	塔必迷失	宪宗	同上
		72	塔失帖木儿	世祖	同上
	十八	73	拨彻	太祖	《元史》卷 129《阿剌罕传》
		74	也柳干	太宗	同上
	十九	75	阿察儿	太祖	《元史》卷 123《直脱儿传》
	二十	76	怯古里秃	太祖	《元史》卷 133《失里伯传》
		77	莫剌合	世祖	同上
	廿一	78	纯只海	太祖	《元史》卷 123
	廿二	79	孛罗带	太祖	《元史》卷 129《纽璘传》
	廿三	80	贵裕	太祖	《元史》卷 144《月鲁帖木儿传》
		81	合剌	世祖	同上
		82	普兰奚	世祖	同上
		83	月鲁帖木儿	仁宗	同上
	廿四	84	塔出	世祖	《元史》卷 122《昔儿吉思传》
	廿五	85	阔里吉思	世祖	《元史》卷 134
	廿六	86	拙赤哥	世祖	《元史》卷 122《按扎儿传》
		87	乃蛮	世祖	同上
	廿七	88	拔实	仁宗	《金华黄文集》卷 25《拔实神道碑》
	廿八	89	阔阔	世祖	《元史》卷 134
		90	坚童	世祖	同上
	廿九	91	牙忽都	成宗	《元史》卷 117

续表 34-3

怯薛出身者				时期	典籍根据
乙	卅	92	朵礼直	仁宗以前	《闲居丛稿》卷24《朵礼直公功德碑》
	卅一	93	蒙古巴尔	太宗	《紫山大全集》卷15《蒙古公神道碑》
		94	齐诺	世祖	同上
	卅二	95	台齐	太宗	《牧庵集》卷14《徐国公神道碑》
		96	奇噜	世祖	同上
		97	力浑迷失		《元史》卷124《塔塔统阿传》
丙	卅二	98	笃绵		同上
	卅三	99	自当	英宗	《元史》卷143
		100	别儿怯不花	仁宗	《元史》卷140
	卅四	101	帖木儿不花	世祖	《元史》卷132
	卅五	102	唆都	世祖	《元史》卷129
	卅六	103	哈答孙	世祖	《程雪楼集》卷8《秦国昭宣公神道碑》
		104	塔海	世祖	同上
	卅七	105	孛儿速	世祖	《元史》卷135
		106	答答呵儿	世祖?	同上
	卅八	107	塔不台	仁宗?	《元史》卷143《泰不华传》
	卅九	108	朵里不花	顺帝	《元史》卷195《忠义传》
	四十	109	朴赛因不花	顺帝	《元史》卷196
	四十一	110	也速	顺帝	《元史》卷142
	四十二	111	道家奴	世祖	《金华黄文集》卷37《道家奴墓志铭》
	四十三	112	万嘉闾	成宗	《至顺镇江志》卷19
	四十四	113	阿屯赤那演	武宗以前	《金华黄文集》卷27《捏古觧公神道碑》

续表 34－3

怯薛出身者				时期	典籍根据
丙	四十五	114	养养	不明	《清河集》卷 6《魏国忠懿公神道碑》
	四十六	115	塔失不花	不明	《至顺镇江志》卷 19
	四十七	116	布哩叶图萨	不明	《梧溪集》卷 3《故内御史尼格氏图公挽词有序》
补	四十八	117	布喇尼敦	不明	《牧庵集》卷 13《高昌忠惠王神道碑铭并序》
		118	阿拉克巴哈	不明	同上

补正:乙类(十七)家族(70)、(71)、(72)三人属瀚海大族,应当编入色目人怯薛出身者一览表中的(甲)畏吾儿类中[按:原文乙类(十四)家族之(62)人本作“沙札该”,系原作者依乾隆时篡改的四库底本,今恢复为“纯直海”与(廿一)之(78)人“纯只海”为同一人]。

上列一览表,一、二、三、四等等的编号,表示家族(后面色目人、汉南人怯薛出身者一览表与此表相同)。下面对各怯薛出身者的家世加以探讨。(限于下文所述连续不断,未能一一详注材料出处,所根据的是一览表中典籍根据。)

首先来看(甲)类元太祖开国功臣子孙。1206 年元太祖成吉思汗即位时的九十五功臣千户的子孙被称作元太祖开国功臣子孙。[1] 其中包括(一)、(二)、(三)、(四)家族,即四大功臣,所谓四杰的子孙。家族(一)为博尔忽的子孙,(二)为博尔术的子孙,(三)为木华黎的子孙,(四)为赤老温的子孙。四杰之中,前 3 人的子孙在元世祖以后世世代代担任率领第四、第二、第三怯薛的怯薛长,唯有赤老温的后裔唐古解成了率领太宗窝阔台第二子阔端太子之子只必帖木儿王府怯薛的怯薛官,并未成为四怯薛的怯薛长。家族(三)木华黎后裔中的第(24)人硕德、第(25)人朵尔直班、第(26)人脱脱、第(27)人朵儿只、第(28)人野仙溥化等担任了怯薛长,而第(20)人安童、第(21)人忙都带(兀都带)、第(22)人拜住、第(23)人笃麟铁穆尔则是作为家族旁系进入怯薛的,便没有成为怯薛长者。同样,博尔忽后裔没有成为怯薛长者

〔1〕根据那珂通世:《成吉思汗实录》第 317～330 页的考证。参照前引村上正二译注:《蒙古秘史》第 2 册第 202 节第 342 页的注 8(第 350 页)至注 95(第 395 页)。

有第(4)人马剌、第(6)人迭秃儿也不干、第(8)人奴剌丁、第(10)人塔察儿、第(11)人别里虎斛、第(12)人密里察儿。博尔术后裔没有成为怯薛长者有第(14)人玉昔帖木儿、第(19)人纽的该。(甲)类中还包括家族(五)至(十一)。家族(五)为怯烈氏,是被列为元太祖开国功臣千户第67位的第(34)人昔剌斡忽勒的子孙,[1]世世代代担任必阇赤长成为怯薛官。世袭必阇赤长的有第(35)人孛鲁欢、第(36)人也先不花、第(37)人答失蛮、第(39)人按摊、第(40)人搠思监。家族(六)为兀良合氏,是被列为元太祖开国功臣千户第10位的统格之弟搠阿的子孙。搠阿曾侍奉烈祖也速该及太祖成吉思汗。其子那海为第(46)人伯答沙的曾祖,在成吉思汗时代以世勋受封洛阳175户。那海之子忙哥撒儿作为宪宗时的断事官之长(也可扎鲁忽赤)与前述孛鲁欢一起担任宰相。家族(八)为斡剌纳儿氏,是被列为元太祖开国功臣千户第56位的启昔礼的子孙。家族(九)为八鲁剌思氏,是被列为太祖开国功臣千户第28位的第(49)人不鲁罕罕札的子孙。家族(十)为兀罗带氏,是被列为太祖开国功臣千户第41位的第(52)人孛罕的子孙。家族(十一)为脱脱里台氏,是被元太祖列为开国功臣千户第38位的布智儿的子孙。以上为出自元太祖开国功臣千户之家的怯薛出身者之例。在95千户之内的只不过11家里,蒙古人怯薛出身者之例在160例内占了54例,约占半数。由此可知他们的家世有多么昌盛了。只是家族有盛衰,四大功臣的子孙也同样,在赤老温家族与其他3家中,看来赤老温家稍衰。但是被列为四杰之一的赤老温的家族以名门闻名于世,这在虞集撰《孙都思氏世勋碑》、黄溍撰《札剌尔公神道碑》中有所记述。[2]

其次再看元太祖以来世家子孙。元太祖以来世家,在家世的古老及元太祖开国时所占地位方面稍逊于甲类家族,因而这些家族之建立

[1]昔剌斡忽勒之兄脱不合还与第74位功臣相联系

[2]《金华黄文集》卷25《朝列大夫佥通政院事札剌尔公神道碑》曰:"女二人,长适逊都氏实理,由裕宗皇帝位下怯薛官为同知徽政院事,其先曰赤老温,与忠武王同事太祖,号四杰者也。"又《道园学古录》卷16《孙都思氏世勋碑》曰:"维国人之贵者,有孙都思氏。昔在太祖皇帝龙飞朔方肇基帝业时,则有大勋劳之臣,实佐兴运最贵重者",其后文赞颂孙都思氏被封为答剌罕,得以在宴会上参与喝盏并担任怯薛官等事。还可参阅村上正二译注:《蒙古秘史》第2册第202节注34。

功勋、占据显贵地位属于元太祖开国以后。其中所包括的家族有：家族（十二），篾儿乞惕氏，是曾担任元太祖（及元太宗）宿卫的第（55）人探马哈儿的子孙。其子称海跟从元宪宗作战阵亡，称海之子第（56）谨只儿在隆福太后宫的怯薛中担任怯薛官。这个家族成为显贵是当谨只儿之子第（57）人伯颜在泰定、天历之间发生内乱时与燕帖木儿一起拥戴元文宗、在其兄元明宗即位时立功以后的事。元文宗时由于燕帖木儿显赫一时，伯颜并不引人注目。元顺帝即位后不久燕帖木儿死，伯颜作为当朝第一人，权势极大。因而这个家族真正成为显贵是相当晚的。光是探马哈儿、称海的事迹，还不算显贵，作为勋旧世家则是够了。家族（十三），土别燕氏，是土薛的子孙。土薛跟从元太祖成吉思汗作战，平定蒙古诸部，又跟从代替元太宗窝阔台出征的睿宗拖雷伐金，在攻略宋的成都时建立功勋，拜为都元帅，受赐食邑 600 户。[1] 第（60）人线真为其子，第（61）人完泽为其后裔。家族（十四），珊竹氏，[2] 成吉思汗的怯薛歹第（62）人纯直海的子孙。纯直海于元太宗三年（1231）任监战万户，接着于元太宗五年任益都行省都达鲁花赤，元太宗九年任京兆行省都达鲁花赤。第（63）人咬住为其孙，第（64）人朵耳赤为其曾孙。家族（十六），杨珠台氏，成吉思汗的怯薛歹，参加过有名的班珠尼纳苏图（浊水）之盟[3] 的勋臣第（66）人图萨博多的子孙。其子第（67）人图尔哈彻尔也与图萨博多同行。家族（十八），札剌亦儿氏，这个家族的第（73）人拨彻曾侍奉成吉思汗担任怯薛火而赤，后来又担任博而赤。从军建立战功，元太宗窝阔台时阵亡。其子也柳干，少年时担任皇子岳里吉（《元史》卷 107《宗室世系表》注曰：“太宗以子月良不材，故不立为嗣。”并注明未列入表）之卫士长。对于（乙）类家族，未予一一全部述及，（乙）类所包含之家族与以上所述大致相同，（乙）类家族与成吉思汗即位前已有名望的（甲）类家族相比稍逊，这些家族是成吉思汗即位以后逐渐有名望的世家。

其次再看元太宗以降的世家子孙。元太宗以降世家子孙成为名

〔1〕《元史》卷 95《食货志 · 岁赐》：“秃薛官人：五户丝，丁巳年分拨兴元等处种田六百户。”

〔2〕关于珊竹氏，不详。由其被称为“朔方人”之语，似为蒙古人，或许是散术歹（撒术歹、散术兀夕、撒勒只兀惕）之误（术一木）。

〔3〕参照村上正二译注：《蒙古秘史》第 2 册第 183 节第 194 页注 7（第 209～210 页）。

望显著的世家比(乙)类家族还要晚,对他们的祖先的功绩也可搜索到一些,元太祖时很不明显,元太宗以降逐渐有可以提到的功绩。被包括在这样的世家中的家族,例如:家族(三十三)为元成宗时丞相阿忽台所出自的世家,该家族的忙怯秃曾以千户跟从元宪宗立功,为第(99)人自当、第(100)人别儿怯不花的曾祖父。家族(三十四)也同样,该家族为答答里带氏,从元宪宗九年与都元帅塔海绀卜一起率领军队人蜀的帖赤开始,帖赤就是第(101)人帖木儿不花的父亲。家族(三十六),从第(103)人哈答孙的父亲剌直开始。剌直,元宪宗时扈从至和林,遂定居在那里。另一家族(三十七)从第(105)人孛儿速开始。其本传述及他为脱脱忒氏后,转而记述他在元世祖时轮值宿卫。这里并无只字片语述及他的祖先,有关他的记述也仅短短几句,可见并无足够多的事迹。对于(丙)类所包括的家族,不予一一全部述及,大致与以上所述同样地为元太宗以降逐渐有名望的世家。

按照以上所述,蒙古族怯薛出身者的家族被认为可以分为(甲)元太祖开国功臣的家族,(乙)元太祖以来功臣的家族,(丙)元太宗以降功臣的家族三类来加以考虑。但是各个怯薛出身者家族也有差异,各家族也有盛衰。大致说来,(甲)类家族的门第在(乙)类家族之上,(乙)类家族又在(丙)类家族之上。由于较早建立功勋的家族较早担任国家枢要职位,哪个家族能担当那样的职位,哪个家族对国家作出的功绩就愈来愈大,这个道理想来不难理解吧。四大功臣家族就是那样的例子。不但如此,开国功臣也都很突出。作为这样的例子,试对元世祖忽必烈时的(甲)类第(一)博尔忽家族与(丙)类第(三十七)孛儿速家族加以比较就可以看出由于门第不同,其差别之大。

可是尽管如此,凡是蒙古族怯薛出身者不会只有很少的表现,哪一家也可将其家世追溯到成吉思汗统一蒙古诸部落时(1206 年即位时),在这个程度上他们哪一个也可被视为勋臣世家。以下是这方面的有关记述:关于第(三)家族第(20)人安童有云:"追录元勋,召入长宿卫";关于第(三)家族第(24)人硕德,佥曰:"惟硕德元勋世胄,可使";关于第(四)家族第(30)人脱帖穆耳:"公以勋旧家子,早备宿卫";关于第(六)家族第(43)人兀良合台:"兀良合台世为功臣之家";关于第(八)家族第(47)人哈剌哈孙:"世祖录勋臣后,命掌宿卫"(以上甲类）；关于第（十七）家族第（70）人玉鲁忽伦："早以世胄为内侍官"；关于第（十七）家族第（71）人塔必迷失："以先朝勋旧为御前总执法"[1]；关于第（二十四）家族第（84）人塔出："初，昔儿吉思之妻为皇子乳母。于是皇太后待以家人之礼，得同饮白马湩。时朝廷旧典：白马湩非宗戚贵胄不得饮也"；关于第（三十）家族第（92）人朵礼直："皇天眷祐有元，必为之笃生贤哲之辅，以预拟其用，或出于世家，或生于草野。如公则出于世家者欤。公之三世忠孝相继，皆有功于西陲"；关于第（三十一）家族第（93）人蒙古巴尔："十一年春，以勋旧老臣，仁政廉节，所去见思，佩金虎符，超拜远大将军怀孟路达鲁花赤兼诸军鄂勒"（以上乙类）；关于第（四十七）家族第（116）人尼格氏布哩叶图萨之子脱列图："父布哩叶图萨，从文皇帝潜邸，（中略）[脱列图]年甫冠及第，上亲览策曰：必世臣子也。何以知吾家事若是其详耶？"

关于第（十六）家族第（66）人图萨博多家，在前述之外（第一节《怯薛与勋旧世家》）在其孙纳琳之时被称为蒙古贵族，以其祖考以来有门阀来历。而以上所探讨的（乙）类中所包括的名家族，与纳琳家相比是绝不逊色的。据此可知，蒙古族怯薛出身者大体上都出自勋旧世

[1]御前总执法又称作"扎萨克齐"之怯薛职掌名，下面对它加以若干考证。关于御前总执法的职掌，本文所引用的史料的后文说："每大犒飨，衣盛服、乘名马、麾缨杖、肃官仪，周行云幕"据此可知御前总执法是以朝廷内（尤其是宴飨时）风纪的肃政为其职责的那种官职。与此同一职掌内容之例又见于《道园学古录》卷16《大宗正府也可札鲁花赤高昌王神道碑》："凡宴饮，贵属咸在酒行，或醉失颜色，以康武执法为监，毋敢哗。"又，《元史》卷119《乃燕传》曰："硕德，通敏有干才。世祖即位，入宿卫，典朝仪。"如果以上两例中的官职与御前总执法相同，根据以上《乃燕传》所说"入宿卫"，那么御前总执法乃是怯薛的职掌。另一方面，关于扎撒火孙，《通制条格》卷8《仪制》曰："阔阔出、阿撒罕等必阇赤根底，完者、阔阔出等扎撒孙每根底说了"；《元史》卷123《捏古剌传》曰："后事成宗、武宗，为扎撒兀孙"；《紫山大全集》卷15《大元故怀远大将军怀孟路达鲁噶齐兼诸军鄂勒蒙古公神道碑》曰："朝廷以公为能，自呼图克帐下扎撒克齐擢拜彰德路达鲁噶齐"；《元史》卷144《月鲁帖木儿传》曰："因命脱忽台传旨：四怯薛扎撒火孙，令常侍禁庭，毋止其人。"据此可知，扎撒火孙为又作扎撒兀孙、扎萨克齐、扎撒孙之怯薛职掌名。关于扎撒火孙的原意，《元史语解》卷8"职官"条曰："扎萨繖 jasasan，治也"，"扎萨克和硕 jasak hoshoo，扎萨克，政治也，和硕，旗分也"，这不正确，扎撒（克）在元朝被用于"法"的意义。《元典章》卷34《兵部（一）·新附军》"招诱新附军人"条载曰："或在外做贼说谎，因事败露，有人告首，被捉到官，明依扎撒治罪"；又，《元典章》同卷"招收私投亡宋军人"条载曰："如是依前不行出首并新、旧官员藏隐，许诸人首告，约量给赏，犯人照扎撒断罪。"扎撒克齐 jasakci 系由扎萨 jasak 加上意为"所掌者"的实词形成语尾 – ci 而成，其原义当为执掌法律者的"执法者"。从以上考察可得出结论：御前总执法，又称"执法为监"、"典朝仪"，即是蒙古名扎萨克齐（扎撒火孙、扎撒兀孙、扎撒孙）的怯薛职掌名。

家吧。只有《元文类》卷40《经世大典序录》"入官"条说：

亲近莫若禁卫之臣所谓怯薛者，然而任使有亲疏……门第有贵贱。（下略）

据此所说，似必须注意到同为贵族，其门第也有贵贱。

其次对色目人怯薛出身者加以探讨。色目人怯薛出身者按照其种族可分为（甲）畏吾儿（回鹘、高昌、北庭、别失八里），（乙）唐兀（西夏），（丙）哈剌鲁，（丁）康里，（戊）阿速，（己）钦察，（庚）其他（回回＝波斯人等伊斯兰教徒等的西域各国）七类。从（甲）至（己）类大体上按归顺先后排列。[1] 同一种族中也有只是个别人来归顺的，不可一概而言。兹分为（甲）至（庚）类，列表34－4如下：

表34－4 色目人怯薛出身者一览表

怯薛出身者				时期	典籍根据
甲 畏吾儿	一	1	帖木儿补化	武宗	《元史》卷122《巴而术阿而忒的斤传》
	二	2	月朵失野讷	太祖	《元史》卷124《哈剌亦哈赤北鲁传》
		3	阿的迷失帖木儿	世祖	同上
	三	4	岳璘帖木儿	太祖	《圭斋文集》卷11《高昌偰氏家传》
		5	合剌普华	世祖	同上及《元史》卷193
		6	偰百辽逊	仁宗以后	《高昌偰氏家传》及《金华黄文集》卷25《合剌普华神道碑》
		7	偰德其	仁宗以后	同上
		8	撒吉思	太祖	《高昌偰氏家传》及《元史》卷134
		9	答里麻	世祖	《元史》卷144
	四	10	大乘都	世祖	《程雪楼集》卷8《秦国先墓碑》
		11	大理都	世祖	同上
		12	大慈都	世祖	同上

[1]（甲）至（己）类的归属年代如下：（甲）畏吾儿，太祖四年（1209年）；（丙）哈剌鲁，太祖六年（1211年）；康里，太祖十五年（1220年），康里之归属紧接着其被灭之后，阿速、钦察一起灭亡于太宗九年（1237年），两者之归属紧接着其被灭亡之后。只有唐兀是在1205年以后，经过1207（太祖二年）、1208、1209、1218、1226年五次远征之后，终于在1227年投降、被征服，（乙）唐兀类所举出的怯薛出身者，在哪个时期归属，不能一概而言。

续表 34－4

怯薛出身者				时期	典籍根据
甲 畏吾儿	五	13	阿鲁浑萨理	世祖	《元史》卷 130 及《松雪斋文集》卷 7《阿鲁浑萨理神道碑铭》
		14	岳柱	世祖	同上
	六	15	八丹	世祖	《元史》卷 134《小云石脱忽怜传》
		16	亦辇真	英宗	《金华黄文集》卷 24《亦辇真公神道碑》
	七	17	布鲁海牙	太祖	《元史》卷 125
		18	廉希宪	世祖	《清河集》卷 5《廉文正王神道碑》
	八	19	野里术	太祖	《元史》卷 135《铁哥术传》
		20	义坚亚礼	世祖	同上
		21	海寿	世祖	同上
	九	22	唐骥	世祖	《元史》卷 134《唐仁祖传》
		23	唐仁祖	世祖	同上
	十	24	忙兀的斤	世祖	《中州名贤文表》卷 19《蓟国忠简公神道碑》
	十一	25	阿失帖木儿	世祖	《程雪楼集》卷 7《武都忠简王神道碑》
		26	火你赤	不明	《程雪楼集》卷 6《武都智敏王述德之碑》
		27	答纳失里	不明	同上
	十二	28	达即拏	太祖	《道园学古录》卷 16《高昌王神道碑》
	十三	29	迭里威失	成宗	《元史》卷 124《塔本传》
		30	锁咬儿哈的迷失	英宗	同上
	十四	31	阿布纳托克托	太祖	《墙东类稿》卷 12《广东道宣慰使都元帅墓志铭》
		32	库春	太祖	同上
		33	杨珠布哈	太祖	同上
	十五	34	唆南班	世祖？	《元史》卷 133《脱力世官传》
	十六	35	昔班	世祖	《元史》卷 134

续表 34－4

怯薛出身者				时期	典籍根据
甲 畏吾儿	十七	36	阿尔哈雅	世祖	《牧庵集》卷 13《湖广行省右丞相神道碑》
	十八	37	阿礼海牙	武宗	《元史》卷 137
	十九	38	伊德实	世祖	《吴文正公集》卷 32《洁实弥尔神道碑》
		39	洁实弥尔	世祖	同上
	二十	40	亦黑迷失	世祖	《元史》卷 131
	廿一	41	孛罗帖木儿	文宗	《元史》卷 195《忠义传》
	廿二	42	忽都	不明	《元史》卷 131《拜降传》
	廿三	43	狗儿	不明	《至顺镇江志》卷 15
乙 唐兀	廿四	44	拉吉尔威	世祖	《牧庵集》卷 26《史公奇塔特布济克神道碑》
		45	算智尔威	世祖	同上
		46	奇塔特布济克	世祖	同上
		47	布都尔威	不明	同上
	廿五	48	述哥察儿	宪宗	《吴文正公集》卷 33《述哥儿察墓碑》
	廿六	49	僧吉陀	太祖	《元史》卷 133《暗伯传》
		50	秃儿赤	宪宗	同上
		51	暗伯	世祖	同上
		52	亦怜真班	仁宗	《元史》卷 145
	廿七	53	李桢	太宗	《元史》卷 124
	廿八	54	察罕	太祖	《元史》卷 120
		55	木花里	宪宗	同上
		56	亦力撒合	世祖	同上
		57	立智理威	世祖	同上
	廿九	58	术速忽里	太祖	《元史》卷 129《来阿八赤传》
		59	来阿八赤	宪宗	同上

续表 34－4

<table>
<tr><th colspan="4">怯薛出身者</th><th>时期</th><th>典籍根据</th></tr>
<tr><td rowspan="10">乙
唐兀</td><td rowspan="2">卅十</td><td>60</td><td>昂阿秃</td><td>世祖</td><td>《元史》卷 123《也蒲甘卜传》</td></tr>
<tr><td>61</td><td>暗普</td><td>世祖</td><td>同上</td></tr>
<tr><td>卅一</td><td>62</td><td>朵尔只</td><td>成宗</td><td>《道园学古录》卷 16《杨襄愍公神道碑》</td></tr>
<tr><td rowspan="2">卅二</td><td>63</td><td>阔阔出</td><td>世祖</td><td>《元史》卷 134《朵罗台传》</td></tr>
<tr><td>64</td><td>脱欢</td><td>成宗？</td><td>同上</td></tr>
<tr><td>卅三</td><td>65</td><td>纳麟</td><td>成宗</td><td>《元史》卷 142</td></tr>
<tr><td>卅四</td><td>66</td><td>杨式腊</td><td>世祖</td><td>《道园学古录》卷 42《杨公神道碑》</td></tr>
<tr><td>卅五</td><td>67</td><td>福寿</td><td>文宗</td><td>《元史》卷 144</td></tr>
<tr><td>卅六</td><td>68</td><td>卜颜帖木儿</td><td>武宗</td><td>《元史》卷 144</td></tr>
<tr><td>卅七</td><td>69</td><td>喜同</td><td>不明</td><td>《元史》卷 194《忠义传》</td></tr>
<tr><td rowspan="10">丙
哈剌鲁</td><td rowspan="5">卅八</td><td>70</td><td>哈只</td><td>太宗</td><td>《金华黄文集》卷 24《太保定国忠亮公神道碑》</td></tr>
<tr><td>71</td><td>答失蛮</td><td>世祖</td><td>同上</td></tr>
<tr><td>72</td><td>买奴</td><td>世祖</td><td>同书卷 24《太保定国忠亮公神道第二碑》</td></tr>
<tr><td>73</td><td>忻都</td><td>成宗</td><td>同上</td></tr>
<tr><td>74</td><td>怯来</td><td>成宗</td><td>同上</td></tr>
<tr><td rowspan="2">卅九</td><td>75</td><td>质理华台</td><td>太祖</td><td>同书卷 43《太傅文安忠宪王家传》</td></tr>
<tr><td>76</td><td>柏铁木尔</td><td>成宗</td><td>同上</td></tr>
<tr><td rowspan="2">四十</td><td>77</td><td>铁迈赤</td><td>太祖</td><td>《元史》卷 122《塔海传》</td></tr>
<tr><td>78</td><td>塔海</td><td>世祖</td><td>同上</td></tr>
<tr><td>四十一</td><td>79</td><td>速儿哈散</td><td>仁宗</td><td>《至顺镇江志》卷 15</td></tr>
<tr><td rowspan="4">丁
康里</td><td rowspan="4">四十二</td><td>80</td><td>曲律</td><td>太宗</td><td>《元史》卷 136《阿沙不花传》</td></tr>
<tr><td>81</td><td>牙牙</td><td>太宗</td><td>同上</td></tr>
<tr><td>82</td><td>阿沙不花</td><td>世祖</td><td>同上</td></tr>
<tr><td>83</td><td>康里脱脱</td><td>世祖</td><td>《元史》卷 138</td></tr>
</table>

续表 34－4

怯薛出身者				时期	典籍根据
丁 康里	四十三	84	不忽木	世祖	《松雪斋文集》卷 7《故昭文馆大学士不忽木碑》
		85	回回	成宗	《元史》卷 143《巎巎传》
		86	巎巎	世祖	同上
	四十四	87	明里帖木儿	世祖	《元史》卷 134《斡罗思传》
		88	斡罗思	世祖	同上
		89	庆童	成宗	《元史》卷 142,《玩斋集》卷 9《庆童公功德之碑》
		90	博罗普化	仁宗	《元史》卷 134《斡罗思传》
		91	察罕不花	文宗	同上
	四十五	92	爱伯	太宗	《元史》卷 123《艾貌传》
		93	拜颜	世祖?	《元史》卷 133《也速解儿传》
	四十六	94	秃忽鲁	世祖	《元史》卷 134
	四十七	95	定住	顺帝	《新元史》卷 210
	四十八	96	善住	成宗?	《元史》卷 135《明安传》
	四十九	97	哈麻	顺帝	《元史》卷 205《奸臣传》
		98	雪雪	顺帝	同上
戊 阿速	五十	99	阿塔赤	世祖	《元史》卷 132《杭忽思传》
		100	斡罗思	世祖	同上
	五十一	101	也烈拔都儿	太宗	《元史》卷 132《玉哇失传》
	五十二	102	阿塔赤	武宗	《元史》卷 123《捏古剌传》
		103	教化	不明	同上
		104	者燕不花	仁宗	同上

续表 34－4

怯薛出身者				时期	典籍根据
戊 阿速	五十三	105	拔都儿	世祖	《元史》卷 132
戊 阿速	五十四	106	彻里	世祖	《元史》卷 135
戊 阿速	五十四	107	失列门	泰定帝	同上
戊 阿速	五十五	108	福得来赐	宪宗	《元史》卷 135《口儿吉传》
戊 阿速	五十五	109	口儿吉	宪宗	同上
戊 阿速	五十五	110	的迷的儿	不明	同上
戊 阿速	五十五	111	香山	成宗	同上
戊 阿速	五十六	112	月鲁达某	宪宗	《元史》卷 135《失剌拔都儿传》
戊 阿速	五十六	113	失剌拔都儿	世祖	同上
己 钦察	五十七	114	班都察	世祖	《元史》卷 128《土土哈传》,《元文类》卷 26《句容郡王世绩碑》
己 钦察	五十七	115	土土哈	世祖	同上
己 钦察	五十七	116	床兀儿	世祖	同上
己 钦察	五十七	117	燕铁木儿	武宗	《元史》卷 138
己 钦察	五十八	118	伯帖木儿	世祖	《元史》卷 131
己 钦察	五十九	119	桑乌	世祖	《牧庵集》卷 17《百夫长坤都岱公神道碑》
庚 回回及其他	六十	120	赛典赤赡思丁	太祖	《元史》卷 125
庚 回回及其他	六十	121	忽辛	世祖	同上
庚 回回及其他	六十一	122	迭里弥实	顺帝	《元史》卷 196《忠义传》
庚 回回及其他	六十二	123	曷思麦里	太祖	《元史》卷 120
庚 回回及其他	六十二	124	密里吉	太宗	同上
庚 回回及其他	六十三	125	爱薛	定宗	《程雪楼集》卷 5《拂林忠献王神道碑》
庚 回回及其他	六十三	126	咬难	不明	同上

续表 34-4

怯薛出身者				时期	典籍根据
庚 回回及其他	六十三	127	宝哥	不明	同上
		128	宣哥	不明	同上
		129	安童	不明	同上
	六十四	130	彻里帖木儿	世祖	《元史》卷142
	六十五	131	曷剌	世祖	《元史》卷135
		132	不花	仁宗	同上
	六十六	133	铁哥	世祖	《元史》卷125
	六十七	134	三达	宪宗	《金华黄文集》卷43《马氏世谱》
		135	天民	宪宗	同上
		136	月忽难	宪宗	同上
	六十八	137	回会	成宗	《申斋刘先生文集》卷8《回会墓志铭》
	六十九	138	抄思	太祖	《金华黄文集》卷28《答禄乃蛮氏先茔碑》
	七十	139	铁连	太祖	《元史》卷134
	七十一	140	赵重喜	不明	《元史》卷123
	七十二	141	力浑迷失	太宗	《元史》卷124《塔塔统阿传》
		142	笃绵	世祖	同上

色目人怯薛出身者有如下特征。色目人怯薛出身者基本上都是在归附之时被吸收入怯薛的。那时被吸收入怯薛的色目人,以各降附国的王族、大臣、近臣世家、大族或被称作军队长官那样 的人居多。以下以此为中心来看各怯薛出身者的家世吧。

首先来看(甲)畏吾儿族。家族(一),第(1)人帖木儿补化的家族,世世代代为高昌国王(亦都护)。帖木儿补化的五世祖巴而术阿而忒的斤臣属于契丹,元太祖四年(1209年)杀死契丹所置少监(监国),率部众归属蒙古。[1] 家族(一)的家世可从他算起。家族(二)为巴而术阿而忒的斤的父亲月仙帖木儿亦都护的断事官哈剌亦哈赤北鲁的家族。哈剌亦哈赤北鲁在月仙帖木儿死后,扶助年岁小的巴而术阿而忒的斤,当他归附成吉思汗后,将他的儿子第(2)人月朵失野讷派出来充当质子。断事官为相当于宰相的大臣。[2] 家族(三)偰氏一族,为"世为伟兀贵官"的家族。该家族后裔仳理伽帖穆尔(仳理伽普华)恰好生活在巴而术阿而忒的斤时代。他16岁时继承国相答剌罕职位(赐号阿大都督),曾参与前述巴而术阿而忒杀死西辽少监之事,由于他的功劳受到嫉妒,遂离开巴而术阿而忒的斤等人亡命投靠成吉思汗。第(4)人岳璘帖木儿为其弟,作为质子被吸收入怯薛。第(8)人撒吉思,为仳俚伽帖穆尔的父亲阿思弼的最末一个弟弟多和思的儿子。仳俚伽帖穆尔曾从多和思处承袭阿大都督之号。家族(六)为小云石脱忽怜的子孙。小云石脱忽怜曾担任过畏吾儿的吾鲁爱兀赤(=大臣)。[3] 家族(七)第(17)人布鲁海牙。布鲁海牙及其祖父牙儿八海牙、父亲吉台海牙由于功绩,三代为该国世臣。布鲁海牙18岁时跟从巴而术阿而忒的斤内附,被吸收入怯薛。家族(八)第(19)人野里术的父亲达释,在巴而术阿而忒的斤归附成吉思汗时曾参预商议归附之事,遂有尚书的称号。家族(十一)第(25)人阿失帖木儿的祖父阿里息思为"本部都统"。家族(十三)第(29)人迭里威失的高祖宋五设被亦都护赐予讫陀(国老)的称号。家族(十四)第(31)人阿布纳托克托的家族为北庭的大族。家族(十五)第(34)人唆南班的曾祖八思忽都、祖父帖哥术都是探花爱忽赤(掌玺官)。[4]

如上述那样的畏吾儿怯薛出身者多半为该国王族、大臣、近臣以及出自被称为大族之家的人。如前所述,畏吾儿于元太祖四年(1209

---

〔1〕参照村上正二译注:《蒙古秘史》第3册第238节(第78页)注7(第83~84页)。

〔2〕参阅田村实造:《元朝札鲁忽赤考》(《中国征服王朝研究》中册,东洋史研究会,1971年3月版),第445~462页。

〔3〕参照梅村旦:《十三世纪畏吾儿斯坦的官方权力》,第4~5页"shazin yaghuchi"条。

〔4〕参照梅村旦:《十三世纪畏吾儿斯坦的官方权力》,第4~5页"shazin yaghuchi"条。

年)归附,在诸种族内归附最早,并且畏吾儿作为未作任何抵抗的种族受到优遇,这是众所周知的事。色目人怯薛出身者内可以说畏吾儿约占三分之一,这是令人注意的事。

其次再看(乙)唐兀。家族(二十四)第(44)人拉吉尔威的父亲持持理威为夏(西夏)臣。这个家族是拉吉尔威参加成吉思汗怯薛以来的世家。家族(二十五)第(48)人述哥察儿的家族,世世代代为河西望族,述哥察儿之父哈石霸都儿就已在成吉思汗麾下以骁勇见知,被赐予霸都儿(勇士)的称号。家族(二十七)第(53)人李桢为西夏国族子孙,金末以经童中选,长大后作为质子担任元太宗的近侍。李桢家族从他开始。家族(二十八)第(54)察罕的父亲曲也怯律为夏臣,察罕被出猎中的元太祖成吉思汗偶然遇见,受到赏识,遂被吸收入怯薛,这个家族从察罕开始。家族(三十)第(60)人昂阿秃的家族从他的祖父也蒲甘卜开始。也蒲甘卜于元太祖十六年(1221年)率众归附,隶属于蒙古军籍,他率领所管辖的河西人一起跟随木华黎出征。家族(三十三)第(65)人纳麟为元世祖的名臣高智耀的孙子,其祖先为西夏世臣。这个家族从高智耀开始。高智耀为西夏的进士,西夏灭亡后全家一起隐居于贺兰山(甘肃省宁夏县),不接受元太宗窝阔台的召请,只是由于代表士大夫阶级的利益,他屡屡出来(刘元太宗第二子阔端、对即位后的元宪宗蒙哥)申请免除儒者的徭役,因此他作为名士的声望早就很高,后来遂接受元世祖忽必烈的召见,被拜授为翰林学士(《元史》卷125《高智耀传》)。

其次再看(丙)哈剌鲁。家族(三十八)第(70)人哈只的家族从他的祖父马马开始。马马为哈剌鲁国王的近臣,元太祖六年(1211年)时陪同其国王阿尔思兰归顺蒙古。当时哈只作为质子被吸收入怯薛。家族(三十九)第(75)人质理华台的家族从他的祖父塔不台开始。塔不台亲自率领其族属,跟从阿尔思兰归顺蒙古。

其次再看(丁)康里。家族(四十二)第(82)人阿沙不花的家族,为康里国的王族。成吉思汗灭掉康里时(1220年)[1]阿沙不花的祖母

〔1〕多桑:《蒙古帝国史》第一册(平凡社1968年3月版),佐口透译注,第203~206页。

苫灭古麻里氏将偶然获得的财物呈献上去,她的儿子曲律和牙牙两人遂得以被吸收入怯薛。牙牙就是阿沙不花的父亲,这个家族从牙牙开始。家族(四十三)第(84)人不忽木的家族从他的父亲燕真开始。他们这一族的祖先世世代代为康里部的大人。燕真的父亲海蓝伯曾臣事王可汗,王可汗被成吉思汗灭掉时,海蓝伯率领其麾下逃走,被成吉思汗捕获。海蓝伯大概被杀死了吧。他的第十子燕真被分赐给庄圣太后。燕真后来成为元世祖的近侍,他的家族的昌盛就是在此以后的事。家族(四十五)第(92)人爱伯,伯牙兀氏家族,是从他率众归附成吉思汗以来开始的一个家族。他起初率领50户人,跟从速不台征伐钦察,攻打河西城,攻破河南。拜颜是他的孙子。

其次再看阿速。家族(五十)第(99)人阿塔赤的父亲杭忽思为阿速国王,元太宗的军队到达其国境时率众归属。家族(五十一)第(101)人也烈拔都儿与家族(五十二)第(102)人阿塔赤的父亲捏古剌,那时跟从杭忽思归附了蒙古大军。[1] 家族(五十三)第(105)人拔都儿,"宪宗在潜邸"时率众归属。又,家族(五十六)第(112)人月鲁达某"宪宗时领阿速十人入觐"。国王杭忽思与也烈拔都儿、捏古剌等人,由于元太宗窝阔台派遣军队出征的缘故投降了元宪宗蒙哥。看来,拔都儿、月鲁达某等人也跟从国王杭忽思归附了蒙古。

其次再看钦察吧。家族(五十七)第(114)人班都察的祖先"世为钦察国主"。班都察的父亲忽鲁速蛮时已遣使向成吉思汗请求归属。后来班都察时,由于元宪宗蒙哥率领大军到来,班都察举族迎降。第(115)人土土哈是他的儿子,第(116)人床兀儿是他的孙子。该家族从班都察以来领怯薛哈剌赤。家族(五十八)第(118)人伯帖木儿,"至元中,充哈剌赤,入备宿卫",想来是土土哈的下属。

其次来看回回及其他种族。家族(六十)第(120)人赛典赤赡思丁为回回人别菴伯尔的后裔,赛典赤是"贵族"之意。当成吉思汗西征时,赛典赤赡思丁率领千骑归附。家族(六十二)第(123)人曷思麦里,

[1]《元史》卷123《捏古剌传》之也里牙阿速,按照那珂通世所指出的(前引《成吉思汗实录续编》第132页),实与第(101)人也烈拔都儿为同一人。

起初为西辽阔儿罕的近侍，后来成了谷则斡儿朵[1]所属可散城的八思哈长官，成吉思汗西征时，他率领部下归附。家族（六十四）第（130）人彻里帖木儿，阿鲁温氏，他的父亲时该家族由于屡立战功，成为西域大族。但是关于他的父亲一代的事迹没有详细记载，到了归属时期，关于彻里帖木儿如何被吸收入怯薛的原委不详。家族（六十九）第（138）人抄思，答禄乃蛮氏，他的祖父曲出禄是乃蛮太阳可汗之子。[2]

根据以上所述，可认为色目人怯薛出身者出自各国王族、贵族世家、大族以及大臣、近臣、军队长官之家者很多。又，以上色目诸种族最晚到元太宗九年（1237年）时便都归附蒙古了。

上述色目人怯薛者也被称为勋臣世家。例如关于（乙）类家族（二十八）第（56）人亦力撒合记载说："至元十年，择贵族子备宿卫，召亦力撒合至阙下，以为速古儿赤，掌服御事。"又，关于（丙）类家族（三十九）第（75）人质理华台记载说："世祖皇帝建都城，立宫阙，以勋臣子孙掌门卫"。又，关于（丁）类家族（四十四）第（89）人庆童记载说："庆童早以勋臣子孙受知仁庙，给事内廷，遂长宿卫。"又，关于（庚）类家族（六十）第（121）人忽辛记载说："至元初以世臣子备宿卫"。这样，色目人怯薛出身者往往被称为勋臣子孙。这种例子并不多。色目人怯薛出身者世家是元世祖忽必烈以后出现的，还有由于归属以来多次跟从作战积累功绩而成为世家的，这些色目人世家可以说也进入了元朝贵族之例。

下面再对汉南人怯薛出身者进行探讨。根据归附蒙古的时期早晚，汉南人怯薛出身者可分为：（甲）元太祖的勋旧，（乙）汉人世侯，（丙）元太祖以降归附者，[（丁）元太宗以降归附者，]（戊）元宪宗以降归附者，（己）元世祖以降归附者，（庚）汉人布衣，（辛）南人八类。（乙）类为（甲）、（丙）两类中的特殊者。兹按（甲）至（辛）分类列表34－5如下：

---

〔1〕关于谷则斡儿朵，参照村上正二译注：《蒙古秘史》第2册第151节第24页注12"古儿汗"条（第39页）。

〔2〕按照村上正二译注：《蒙古秘史》第3册第237节及注5，曲出禄为太阳可汗之子。《金华黄先生文集》卷28《答禄乃蛮先茔碑》则以曲出禄为太阳可汗之弟。

表 34－5　汉南人怯薛出身者一览表

怯薛出身者				时期	典籍根据
甲	一	1	耶律秃花	太祖	《元史》卷 149，又卷 150《耶律阿海传》
		2	耶律买哥	太祖	《元史》卷 150《耶律阿海传》
		3	耶律驴马	世祖	同上
		4	秃满答儿	宪宗	《元史》卷 149《耶律秃花传》
	二	5	耶律希亮	世祖	《元史》卷 180
	三	6	粘合重山	太祖	《元史》卷 146
	四	7	贾昔剌	太祖	《元史》卷 169，《秋涧文集》卷 51《贾氏世德之碑》，《道园学古录》卷 17《贾公神道碑》
		8	买狗	世祖	同上《贾氏世德之碑》
		9	布延不花	不明	同上
	五	10	石抹曷鲁	太祖	《元史》卷 169《石抹明里传》
		11	石抹明里	世祖	同上
	六	12	移剌捏儿	太祖	《元史》卷 149《移剌元臣传》
		13	移剌元臣	世祖	同上
	七	14	刘敏	太祖	《元史》卷 153
		15	刘世济	宪宗	同上
	八	16	石抹明里帖木儿	成宗	《金华黄文集》卷 27《石抹公神道碑》
	九	17	灰郃	太祖	《寓庵集》卷 6《夹谷公墓志铭》
		18	唐兀歹	太宗	同上
乙	十	19	董文用	世祖	《元史》卷 148《董俊传》附《董文用传》，《吴文正公集》卷 34《董忠穆公墓表》，《静轩集》卷 5《董公神道碑》
		20	董文忠	世祖	《元史》卷 148《董俊传》附《董文忠传》，《牧庵集》卷 15《董文忠神道碑》
		21	董士良	世祖	《滋溪文稿》卷 12《董公神道碑铭并序》
		22	董士恭	世祖	《金华黄文集》卷 26《御史中丞董公神道碑》
		23	董士元	世祖	《元史》卷 156《董文炳传》
		24	董士选	世祖	同上，又《吴文正公集》卷 32《董忠宣公神道碑》
		25	董守中	世祖	《揭文安公集》卷 12《董公神道碑》
		26	董守简	世祖	《金华黄文集》卷 26《董公神道碑》，《滋溪文稿》卷 12《董忠肃公神道碑》
		27	董守仁	世祖	《秋涧文集》卷 52《董侯夫人碑铭》

续表 34－5

怯薛出身者				时期	典籍根据
乙	十一	28	史元亨	成宗	《巴西集》卷下《史公墓铭》
	十二	29	张荣实	太宗	《元史》卷 166
	十三	30	张弘略	世祖	《元史》卷 147
		31	张玠	世祖	同上
		32	张景元	仁宗	《道园学古录》卷 18《张平章墓志》
		33	张旭	泰定帝	同上
丙	十四	34	郑铨	世祖	《滋溪文稿》卷 18《右卫亲军千户郑君墓碑》
	十五	35	郑鄗	文宗以前	《滋溪文稿》卷 20《郑公神道碑铭并序》
	十六	36	张拔都	太祖	《元史》卷 151
	十七	37	谢仲温	世祖	《元史》卷 169
		38	谢孛完	世祖	同上
	十八	39	高天锡	世祖	《元史》卷 153《高宣传》
		40	塔失不花	仁宗	同上
	十九	41	王忱	世祖	《元史》卷 151,《滋溪文稿》卷 23《王宪穆公行状》,《菊潭集》卷 2《王公神道碑》
	二十	42	哈剌帖木儿	世祖	《元史》卷 179《萧拜住传》
	二十一	43	刘德宁	太祖	《元史》卷 162《刘国杰传》
	二十二	44	王德真	太祖	《紫山大全集》卷 16《王公神道碑》
	二十三	45	李某	太祖	《巴西集》卷下《李公神道碑铭》
	二十四	46	赵世安	武宗	《中州名贤文集》卷 19《赵公先德碑铭》
	二十五	47	田大器	世祖	《寓庵集》卷 6《田公墓志铭》

续表 34－5

怯薛出身者				时期	典籍根据
丙	二十六	48	常资	太祖	《程雪楼集》卷 7《信都常忠懿王神道碑》
		49	兀迩笃	宪宗	同上
		50	咬住	世祖	同上
		51	小和尚	不明	同上
	二十七	52	王遵	太祖	《秋涧文集》卷 57《王公神道碑铭》
	二十八	53	阿拉克巴图尔	太宗	《中庵集》卷 7《萧公神道碑铭》
		54	塔布台	成宗	同上
	二十九	55	王塄	宪宗	《金华黄文集》卷 29《宛平王氏先茔碑》
	三十	56	赵秉温	世祖	《滋溪文稿》卷 22《赵文昭公行状》
		57	赵秉政	世祖	同上书卷 10《赵文敏公神道碑》
	三十一	58	申敬	世祖	《程雪楼集》卷 19《申公神道碑》
	三十二	59	邢某	成宗	《滋溪文稿》卷 15《邢公神道碑》
		60	买买	仁宗	同上
	三十三	61	徐投	成宗	《牧庵集》卷 18《徐君神道碑》
	三十四	62	吕灵童	顺帝	《揭文安公全集》卷 13《吕公墓志铭》
	三十五	63	张善	太宗	《元史》卷 167《张立道传》
		64	张立道	世祖	同上
	三十六	65	张庭珍	宪宗	《元史》卷 167
		66	张庭瑞	宪宗	《元史》卷 167

续表 34－5

怯薛出身者				时期	典籍根据
丙	三十七	67	石天麟	太宗	《元史》卷153,《勤斋集》卷3《石公神道碑》
	三十八	68	谒只里	世祖	《元史》卷154
	三十九	69	蔡珍	世祖	《元史》卷166
	四十	70	高觿	世祖	《元史》卷169,《道园学古录》卷17《高鲁公神道碑》
	四十一	71	洪万	世祖	《元史》卷154
	四十二	72	吕嗣庆	太宗	《秋涧文集》卷57《吕公神道碑铭》
	四十三	73	程瑞	太宗	同上卷56《程氏先茔碑铭》
	四十四	74	游显	宪宗	《牧庵集》卷22《游公神道碑》
	四十五	75	高良弼	世祖	同上卷23《高公神道碑》,《勤斋集》卷4《高公墓志铭》
	四十六	76	夹谷留乞	世祖	《金华黄文集》卷35《夹谷公墓志铭》,卷28《答禄乃蛮氏先茔碑》
	四十七	77	王杰	世祖	《青崖集》卷5《王公神道碑》
	四十八	78	王倚	世祖	《静修文集》卷16《王公神道碑铭》

续表 34－5

怯薛出身者				时期	典籍根据
丁	四十九	79	靳德谦	仁宗	《程雪楼集》卷 6《靳同知墓碑》
		80	靳德渊	仁宗	同上
	五十	81	郝天挺	世祖	《元史》卷 174
		82	郝佑	仁宗	同上
戊	五十一	83	傅荣祖	宪宗	《金华黄文集》卷 38《傅公墓志铭》
	五十二	84	孙逮	宪宗	《吴文正公集》卷 40《孙侯墓志铭》
		85	孙恕	世祖	同上
		86	孙继宁	世祖	同上
	五十三	87	谭质	成宗	《牧庵集》卷 24《谭公神道碑》
已	五十四	88	贺祉	世祖	《元史》卷 166
	五十五	89	秦长卿	世祖	《元史》卷 168
	五十六	90	刘宣	世祖	《元史》卷 168,《吴文正公集》卷 43《刘忠宪公行状》
	五十七	91	贺仁杰	世祖	《元史》卷 169,《牧庵集》卷 17《贺公神道碑》
		92	贺胜	世祖	《元史》卷 179,《道园学古录》卷 18《贺丞相墓志铭》
	五十八	93	张九思	世祖	《元史》卷 169,《道园学古录》卷 17《徽政院使张忠献公神道碑》
		94	金界奴	武宗	同上
		95	寿童	不明	同上
	五十九	96	张师野	世祖	《元史》卷 163《张雄飞传》
	六十	97	吴鼎	世祖	《元史》卷 170
	六十一	98	郝彬	世祖	《元史》卷 170

续表 34 – 5

怯薛出身者				时期	典籍根据
己	六十二	99	许扆	世祖	《元史》卷 168
	六十三	100	商琦	成宗	《元史》卷 159《商挺传》
	六十四	101	任速哥	英宗	《元史》卷 184
	六十五	102	姚天福	世祖	《菊潭集》卷 2《姚公神道碑》
	六十六	103	赵弼	世祖	《勤斋集》卷 2《赵公神道碑》
	六十七	104	高丽国王璋	世祖	《程雪楼集》卷 18《大庆寺大藏经碑》
	六十八	105	吴绎	世祖	《申斋刘先生文集》卷 7《信都吴氏世德之碑》
	六十九	106	卢克柔	世祖	《金华黄文集》卷 23《卢公行状》
		107	卢景	成宗	同上
	七十	108	王庆端	世祖	《静轩集》卷 5《王公神道碑铭》,《程雪楼集》卷 17《王忠穆公墓碑》
	七十一	109	张克忠	世祖	《滋溪文稿》卷 15《张公墓志铭》
	七十二	110	陈元凯	世祖	《松雪斋文集》卷 9《肃政廉访使陈公碑》
	七十三	111	韩永	成宗	《滋溪文稿》卷 17《韩公神道碑铭并序》
		112	韩孝先	不明	同上
		113	韩文献	不明	同上
	七十四	114	额森布哈	武宗	《梧溪集》卷 5《陆县尹时俊席上赠郭府判》
	七十五	115	宁居正	世祖、成宗	《静轩集》卷 5《宁公神道碑铭》
	七十六	116	谷果	成宗	《中庵集》卷 9《河南谷氏昭先德碑铭》
	七十七	117	王伯顺	世祖	《元史》卷 169
		118	王伯胜	世祖	《元史》卷 169

续表 34－5

怯薛出身者				时期	典籍根据
己	七十八	119	邹伯颜	不明	《道园学古录》卷41《邹君去思之碑》
	七十九	120	刘廷杰	世祖	《夷白斋稿》补遗《送刘廷杰序》
庚	八十	121	李注	世祖	《滋溪文稿》卷16《李府君神道碑》
		122	李侯	成宗	同上
	八十一	123	陈颢	成宗	《元史》卷177
	八十二	124	李拱辰	成宗	《金华黄文集》卷31《奉议大夫御史台都事李公墓志铭》
	八十三	125	王结	仁宗	《元史》卷178
	八十四	126	杨瑀	明宗	《东维子文集》卷24《杨公神道碑铭》
辛	八十五	127	林坚	成宗	《滋溪文稿》卷21《林公墓志铭》
	八十六	128	蒋吉相	成宗	《金华黄文集》卷37《蒋君墓志铭》
	八十七	129	张观	成宗	同上卷35《张公墓志铭》
	八十八	130	程钜夫	世祖	《程雪楼集》《楚国文宪公雪楼先生年谱》
	八十九	131	袁必力台	成宗	同上卷22《袁君墓志铭》
	九十	132	张正卿	成宗	《侨吴集》卷9《白鹤观祠堂记》
	九十一	133	张熙祖	成宗	《道园学古录》卷41《张公神道碑》
	九十二	134	张天麟	武宗	《梧溪集》卷4《张孝子有序》
	九十三	135	华埜仙	武宗	《金华黄文集》卷37《华君墓志铭》
	九十四	136	伍先辅	仁宗	《柳待制文集》卷10《伍公墓碑铭并序》
	九十五	137	周应星	成宗至武宗	《金华黄文集》卷35《周公墓志铭》

续表 34－5

怯薛出身者				时期	典籍根据
辛	九十六	138	陈萍	世祖	同上卷 27《陈公神道碑》
	九十七	139	爱穆柯	文宗至顺帝	同上书卷 39《颍川郡太君江氏墓志铭》

补正:(丁)类家族(四十)第(70)人高觿的家族应当编入(丙)类。

对于上列之表,先来看(甲)类元太祖的勋旧各家族。家族(一)第(1)人耶律秃花出自辽故族,他的祖父和父亲都在金朝担任官职。他的哥哥耶律阿海也在金朝担任官职,金末,阿海作为使者被派往成吉思汗处,他就乘机归附了蒙古。当时秃花作为质子被吸收入怯薛[已如前述,参照前节(一)"质子"]。阿海、秃花一起参加过有名的浊水之盟,因此这个家族可以说是太祖的勋旧家族。第(2)人买哥、第(3)人驴马分别为阿海的孙子、曾孙。第(4)人秃满答儿为秃花的孙子。家族(二)第(5)人耶律希亮是耶律楚材的孙子。耶律楚材在《一览表》上脱漏了,他是元太宗窝阔台的怯薛必阇赤,与当时的也可扎鲁忽赤按只斛(按勒赤带、额勒只吉歹)、必阇赤粘合重山[家族(三)第(6)人]、镇海等一起处理国务。[1] 他的儿子耶律铸在世祖初期(中统二年—至元八年)担任中书左丞相(《元史》卷 112《宰相年表》及本传。但他在一段时期内曾担任中书平章)。家族(五)第(10)人石抹曷鲁,家族(六)第(12)人移剌捏儿,家族(八)第(16)人石抹明里帖木儿也同样出自契丹人。石抹曷鲁已于前节[参照前节(七)"特殊技能"项]述及。第(12)人移剌捏儿于辽亡后接受金朝官职,听到成吉思汗起兵,便率领他的党徒百余人来归附。成吉思汗在召见他时,见他善于应对,便让他加入怯薛担任了必阇赤。第(16)人石抹明里帖木儿的祖先为辽朝显贵官宦家族,辽亡后在金朝担任官职,听到太祖成吉思汗兴起,便来归附。家族(三)第(6)人粘合重山如前所述于元太宗初期作

〔1〕关于当时的国务处理机关,参照牧野修二:《元朝中书省的成立》(载《东洋史研究》第 25 卷第 3 号),第 1 章第 2 节,第 63～67 页。

为怯薛必阇赤与耶律楚材等一起处理国务,以此著名,他出自金朝贵族,元初成吉思汗时作为质子被吸收入怯薛[已述于前,参照前节(一)"质子"项]。关于家族(四)第(7)人贾昔剌,前节已述及[参照(七)"特殊技能"项]。家族(九)第(17)人灰部为女真人,他的祖父世袭金朝谋克。到灰部这一代时,灰部与其兄弟通住一起归附了成吉思汗,元太祖即位时(1206年),通住由于功劳当了千夫长,灰部成为他的副千夫长。被列为《元朝秘史》中开国功臣千户第73位的统灰歹(统灰可认为取通住与灰部的头一个字。通与统的音,除一为平声、一为去声不同外,皆音tung)[1]就是这两个人吧。[2] 家族(七)第(14)人刘敏为山西人。12岁时(元太祖十九年)被成吉思汗的部将收养,被吸收加入成吉思汗的怯薛。

其次再看(乙)汉人世侯的家族。[3] 家族(十一)第(28)人史元亨为真定史天倪的曾孙。史天倪的弟弟史天泽,在元太宗元年(1229年)编成的汉军3万户内担任中军万户长之后,在元世祖忽必烈的初期曾作为中书右丞相在征伐南宋时立了功,《一览表》上脱漏了他。元太祖

---

〔1〕通、统,元朱伯颜撰:《蒙古字韵》(至大元年序)一东(tung)条载,通作平声,统作去声。

〔2〕关于统灰歹,那珂通世不清楚(《成吉思汗实录》第325页)。村上正二认为"这个人名显然是从客列亦惕部族的一个分族斡奕·董合亦惕派生出的一个词,不外乎为'董合亦惕族出身者'之意"。那珂通世曾将统灰歹勉强考证为客列亦惕部的田镇海的说法作为有力的说法予以介绍。笔者认为这个人就是通住与灰部两人的根据如下。《寓庵集》卷6《夹谷公墓志铭》曰:"父灰部、伯通住皆倜傥好施予,为乡里所畏服。会天兵起朔方,遂相与归命,太祖承吉嗣(成吉思)皇帝因署通住为千夫长,灰部副焉"。据此可知,元太祖成吉思汗时,通住被委任为千夫长,灰部则为其副千夫长。但是通住被委任为千夫长果真是在成吉思汗即位之时吗?这却无明文记载。然而通住与灰部被委任为千夫长、副千夫长之后,据记载说:"令将兵攻西京,连战破之"。西京在元代大同路,由于考虑到这是太祖五年(1211年)开始征伐金朝时的事,通住等归附成吉思汗应当看做是相当早的事。如果通住等被委任为千夫长、副千夫长果然是在太祖即位时的话,那么他们就是功臣千户第73位统灰歹的可能性就很大,至少比那珂通世所说"也非应当列入功臣"的田镇海有现实性,此处姑且依从笔者自己的说法。

〔3〕关于汉人世侯,参照爱宕松男:《李璮的叛乱及其政治意义——蒙古王朝统治下汉地封建制及州县制的展开》(《东洋史研究》第6卷4号,1941年9月)第12~16页。但是本文在(乙)类汉人世侯中所列举的仅是最有代表性者。本文在(丙)类元太祖以来归附者家族中所包含的第(二十四)家族赵世安——曾祖涞水赵柔、第(十九)家族王忱——父王玉以及(丁)类元太宗以来归附者家族中所包含的第(四十九)家族靳德谦——父靳和、(戊)类第(五十三)家族谭质——父谭资荣等,都是爱宕松男的作为世侯被举出者的子孙。又,本文(丙)、(丁)类中所包含的家族中为爱宕松男所未举出的,也应包括在汉人世侯之中。

十八年(1223年)时史天泽“属櫜鞬,署帐前总校”(《秋涧文集》卷48《忠武史公家传》),想来曾加入成吉思汗的怯薛。家族(十)从第(19)人至第(27)人董守仁都曾在史天泽的麾下,都是真定藁城董俊的子孙。董文用的兄长董文炳,为元世祖初期的重臣之一(中书左丞)。

家族(十二)第(29)人张荣实为张进之子。张进防守金朝的霸州信安城,元太宗四年(1232年)率领所属军民投降蒙古,被任命为征行万户。张荣实那时作为质子加入了怯薛。家族(十三)第(30)人张弘略为张柔的第八子。第(32)人张景元为张柔的第九子张弘范的孙子。张柔从金末乡里的自卫团长起家,一直做到金朝的中都留守兼大兴府尹本路经略使。元太祖十三年(1218年),他在紫荆口之战中被蒙古军击破,遂率领部众投降了成吉思汗。当时让张柔仍任旧职,并授以便宜行事的职位。张柔家族从此开始。

其次再来看(丙)类元太祖以降归附的家族吧。兹列举例证如下。在(丙)类包含有汉人世侯及与此类似家族颇多。家族(十四)第(34)人郑铚的父亲郑温为真定灵寿人,起初跟从粘合南合[第(6)人粘合重山的儿子]南征,立功后当上了合必赤千户长,接着进到丞相史天泽麾下成为新军万户镇抚。家族(十五)第(35)人郑鄘为真定枣强人,他的伯祖父郑义曾率领乡人投靠太师国王木华黎的麾下。这是个类乎汉人世侯的世家。家族(十六)第(36)人张拔都于元太祖六年(1211年)成吉思汗南征时率众归附。这又是个类乎汉人世侯的世家。家族(十七)第(37)人谢仲温为丰州丰县人,他的家世从父亲睦欢时开始。睦欢“以赀雄乡曲间”,后来躲避蒙古军迁移到西夏客兀剌城,接着跟从守将归附于成吉思汗。家族(十九)第(41)人王忱的父亲王玉,金朝末叶担任万户镇守赵州,蒙古军南下时率领部众归顺了蒙古。这也可被列入汉人世侯之中。家族(二十九)第(55)人王塄的家世从他的祖父王璘开始。王璘在金朝末叶与其兄王禧、王祺一起率众归附了成吉思汗,他们跟从拖雷出征,攻略过河南。家族(三十)第(56)人赵秉温的家世从其父赵瑨开始。赵瑨归附蒙古,跟从太师国王木华黎立下了战功。家族(三十二)第(59)人邢某,他的祖父邢建昌率众加入太师国王木华黎麾下,被授予义州行军千户之职。

家族(四十)第(70)人高觿〔应从(丁)类订正为(丙)类〕的祖父高彝出身金朝进士,担任潞州昭义军节度使,金朝接近灭亡时弃官隐居,后来成吉思汗大军南下时〔蒙古军最初侵入河北,是元太祖七年(1213年)的事吧〕他与潞州上党乡里之人一起归附了成吉思汗。他的儿子高守忠由于善射跟从段真郡王(似即成吉思汗的叔父,《元史》卷107《宗室世系表》的答里真)取中原有功,被授予千夫长之职。后来他于元太宗九年(1237年)跟从成吉思汗的弟弟别里古台的第二子宗王口温不花出征中原时阵亡。

再举几个与以上所述有些不同的例子。家族(二十二)第(44)人王德真,在野狐岭之战时(1211年)被成吉思汗作为孤儿拾到,收养在宫廷里,长大后被吸收入怯薛。家族(二十六)第(48)人常资,在成吉思汗平定中原后从民众中被选取吸收入宿卫。以上最后两例有其特异之点。

以上(丙)类中率众加入太师国王木华黎等人的麾下以后成为世家者颇多。这些世家可以说是类乎汉人世侯的。

其次再来看(丁)类元太宗以降归附的家族吧。关于(丁)类,也可举出与(丙)类同样的例子,只是归附的时期可以说稍晚一些。兹就(丁)类举出若干例子如下。家族(三十六)第(65)人张庭珍的父亲张楫曾担任金朝的商州南仓使,元太宗四年籍其民数千来降,当时任命张楫监榷北京等地的赋课,其后又让他当了北京都转运使。家族(四十九)第(79)人靳德谦的祖父靳和金朝末叶在平阳率领3000人归附了元太宗窝阔台。当时靳和被委任为镇南大元帅的官职。家族(三十九)第(69)人蔡珍的父亲蔡兴自幼隶属军籍,他跟从宗王口温不花出征,成为了权管军万户。家族(三十五)第(64)人张立道的父亲出身于金朝的进士,蒙古军攻进河南时(元太宗四年,1232年),由于他向拖雷献策,遂被命令担任了拖雷的必阇赤。家族(三十七)第(67)人石天麟为顺州人,14岁时入见元太宗,被吸收加入了怯薛。家族(三十八)第(68)人谒只里为女真人,他的祖父昔宝味也不干出身金朝进士。昔宝味也不于于金朝灭亡时归顺了元太宗窝阔台。家族(四十二)第(72)人吕嗣庆在“龙门刘公、元帅黄公行台于燕”[1]时,向蒙古献策,提出有关时务及于民便益之事,他被带去觐见元太宗窝阔台,遂被吸收加入太宗的怯薛。家族(四十三)第(73)人程瑞,作为孤儿被收养于元太宗窝阔台第三子阔出太子的儿子昔列门太子帐下,后来侍奉元定宗贵由、元宪宗蒙哥,担任了互市官。

其次再来看(戊)元宪宗时期来归附者的各家族吧。家族(五十二)第(86)人孙继宁,按照前文所述[参照前节(七)“特殊技能”]为善长治膳的世家,他的祖父孙逮侍奉元宪宗南征,元世祖时被赐以剌沙赤的蒙古名。家族(五十一)第(83)人傅荣祖如前所述[参照前节(七)“特殊技能”]曾在和林觐见元宪宗蒙哥,由于他掌握金银玉石的细工特殊技能,被吸收加入了怯薛。

其次再来看(己)类元世祖以降来归附者的各家族吧。按照前节[第(二)“才俊”]所述,元世祖收揽当时人才吸收入怯薛,还博访人才担任皇太子真金的臣僚,在(己)类中所包含的家族中由于这样而显达的家族颇多。关于家族(五十五)第(89)人秦长卿,在前节(第(二)“才俊”)中已经述及。家族(五十六)第(90)人刘宣。当宣抚使张德辉于中统元年作为河东南北路(平阳太原路)宣抚使来到河东之时,刘宣受到赏识,遂被推荐为中书省椽,同时还被吸收加入了怯薛。[2] 家族(五十九)第(96)人张师野的家世从他的父亲张雄飞开始。张雄飞于金朝灭亡之时离别双亲居住于燕京,数年之内通晓了诸国语及诸部之语,至元二年由于中书平章政事廉希宪的推荐被元世祖录用,他当上了同知平阳路转运司事,开始显达起来。家族(六十二)第(99)人许扆的家世从他的父亲许国桢开始。许国桢于河南被蒙古军攻下时寓居太原,由于精通医术,被潜邸时期的忽必烈召至瀚海(北庭、别失八

[1]元太宗十三年(1241年)与牙剌瓦赤共事于燕京行尚书省的龙门刘公,即是家族(七)第(14)人刘敏(刘敏为宣德=龙门人)。关于当时的燕京行尚书省,参照牧野修二:《元朝中书省的成立》(载《东洋史研究》第25卷3号)第69~72页。关于元帅黄公,不详。

[2]《元史》卷168《刘宣传》、卷168《秦长卿传》、卷163《张德辉传》、卷4《世祖纪》“中统元年五月乙未”条。

里)，担任他的近侍，掌医药之事。家族(六十五)第(102)人姚天福的家族从姚天福开始。姚天福从郡府掾吏成为河东山西道大同路怀仁县丞。当时元宪宗在位，其弟世祖忽必烈驻于附近白登县时，姚天福等以怀仁县当地特产葡萄酒[1]进献，由此受到忽必烈赏识，被吸收入宿卫。家族(六十三)第(100)人商琦的父亲商挺起初作为名士被东平严实招请到幕下。元世祖在潜邸被授以京兆份地时，商挺被召请担任京兆宣抚司郎中，接着升为宣抚副使。元世祖即位，改宣抚司为行中书省，商挺担任佥行省事。[2] 关于家族(七十)第(108)人王庆瑞，在前节中已经述及(参照"才俊"项)。其他如家族(六十)第(97)人吴鼎、家族(六十一)第(98)人郝彬、家族(六十九)第(106)人卢克柔、家族(七十一)第(109)人张克忠、家族(七十二)第(110)人陈元凯，[3]各家的家世均从以上这些人本人开始。此外，家族(五十七)第(91)人贺仁杰一族，父亲贺贲，"有才略，善攻战，数从军有功"，据此所述想来，贺贲大概是作为土豪率领乡兵参加蒙古军的，由此没有被提拔录用，隐退于京兆县乡里。他从买进的土地的破毁的土墙下偶然获得白银七千五百两，便拿去献给当时被分封在京兆(陕西)的世祖忽必烈，希望录用他的儿子贺仁杰，于是贺仁杰就在那里被吸收入宿卫，贺氏一族的显贵昌盛就从此开始了。

以上元世祖以降来归附者各家族，主要是作为世祖潜邸时代的当时人才被收揽吸收入怯薛以来的世家和担任裕宗真金的臣僚以来的

---

〔1〕关于葡萄酒为山西特产物，参照岩村忍：《元代葡萄酒考》，载《蒙古史杂考》，白林书院1942年2月版所收、石田干之助：《橄榄与葡萄》，载《长安之春》，平凡社1967年5月版所收。

〔2〕关于与商挺同样地从汉人世侯幕下被元世祖录用的儒者，原在东平严实幕下者除商挺外有宋子贞、李昶、徐世隆、孟祯、王磐、刘肃、李谦等，原在真定史天泽幕下者有李大节、王恽、杨果、王昌龄、张德辉、王构等，原在顺天张柔幕下者有郝经、王鹗、元好问、刘新等，原在益都李全幕下者有王文统。(小林新三：《元世祖与儒者——作为元朝成立的一个方面》，载《史潮》47)。

〔3〕关于第(97)人吴鼎，据记载说："吴鼎字鼎臣，燕人。至元十七年，见裕宗于东宫，命人宿卫。"关于第(98)人郝彬，据记载说："郝彬字景文，霸州信安人也，世祖初，年十六，充太子宿卫。"关于第(106)人卢克柔："文昭公早有时名，两府大臣交举之，裕宗皇帝时在东宫，召见与语，大悦，留置左右。"关于第(109)人张克忠，"公姓张氏，讳克忠，字彦直，至元中，由山东宫宿卫出为蠡州判官。"又，关于第(110)人陈元凯："公生而纯孝，年十三，母夫人卒，哀毁过人。至元三年，裕宗皇帝在东宫，太保刘文贞公以公才德荐，自是扈从，往来两都，数被顾问"。

世家,此外也有像贺贲那样呈献财物使子弟得以被吸收入怯薛以来的世家。

其次再来看(庚)类汉人布衣和(辛)类南人的各家族吧。关于这两类家族,前节〔第(六),由于大臣、近臣、将军等的推荐而进入怯薛者,第(七),"特殊技能"项〕已经述及,兹不赘言。下面只就(辛)类南人中引人注目者略述一二。家族(九十二)第(134)人张天麟的家族是从作为海运的主要角色而著名的张瑄开始的。张瑄为平江嘉定人,是南宋末叶的无赖海盗,曾跟从伯颜参加平定江南。南宋平定后,伯颜利用海运将旧宋图籍、贵重器物运往大都,张瑄与崇明朱清一起承担了这个任务,其后又在从事海运方面立过功,受到元世祖的宠任,当官当到江西行省参知政事。元世祖末年,张瑄蒙受诬陷,他的家被籍没。他的子孙力争雪冤,到元武宗时张家才渐渐获得复兴。第(134)人张天麟正是张瑄的孙子,他得以结束匠籍,并靠他自己的活动,得到绣局家令的推荐,被吸收入当时的皇太子元仁宗爱育黎拔力八达的怯薛中。[1] 再有一个是家族(九十六)第(138)人陈萍的家族。陈萍的父亲陈自中是宋末宰相陈宜中的弟弟,出身进士,以大都督府行军司马率领宋军遇上蒙古军,保持忠节而死。陈宜中在临安城中被逼迫降顺时不投降,他侍奉益王、广王南迁,随后死于南海中。关于陈萍被录用的情形,据记载:"世祖皇帝以丞相不降而去,遣使追之,不及,命物色其子弟在江南者,外氏遂以公[陈萍]兄弟归于京师"。最后,由于陈萍是南宋丞相陈宜中的子弟,被安置于宫中。从元世祖平定江南后向江南有势力者、官员子弟索取质子的事[参照前节(一)"质子"]推测,这大概是取作质子的意思吧。

对于以上(甲)至(辛)类汉南人怯薛出身者,(甲)至(丁)类中有被称为勋旧世家之例。(己)至(辛)类则无其例。[(戊)类所包含的例数少,无法判断其有无被称为勋旧世家之例。]兹举例如下。关于家族(四)贾氏的家族,据记载说:"祖宗以来冠带之家习于国事,已出入

〔1〕关于张瑄,参照植松正:《关于元代江南豪民朱清、张瑄——以其被谋害及财产没收入官为中心》,载《东洋史研究》第27卷3号,1968年12月。

左右、拟于国人之族者盖甚少，而于其间又能以直道不容、有闻于当代，若冀国贾忠隐公，岂不伟哉！”关于家族（六）第（13）人移剌元臣，据记载说：“世祖谓丞相和鲁火孙曰：此勋臣子，非凡器也。”关于家族（八）第（16）人石抹明里帖木儿，据记载说：“公少负材而尚气，不肯为人下。大德七年以门功入备宿卫事”。家族（九）第（17）人灰部，名列太祖开国功臣第七十三位。[以上（甲）类]。又，关于家族（十）董氏一族，据记载说：“士元以世家子选供奉内班”，“董氏在河北号勋臣家”，“（守中）年二十二乃以世胄补内供奉”。关于家族（十一）第（28）人史元亨：“中书以公阀阅禁近臣，不宜限年劳。”关于家族（十二）第（29）人张荣实：“中统元年，帝即位，录其勋劳”。[以上（乙）类]。关于家族（十四）第（34）人郑铨：“国家初以干戈平定中国，一时豪俊风起云蒸，战伐攻取，勋烈焜耀。厥后父死子继，兄终弟及，所以修习武备，褒表功德。而勋旧世家以爵禄相让，光显于时，若郑君者，盖可称列者也。”关于家族（十五）第（35）人郑鄩：“公之考甫亦以战功迁同知冀州节度使事兼管民万户，昆弟子孙为统军元帅、万夫长者十余人，千夫、百夫长者又十余人，宣慰使、御史、郎官、守令者二十余人。门阀之贵，推次甲乙，近代所未有也。”关于家族（十九）第（41）人王忱：“昔者世祖皇帝初命裕皇为皇太子，左右给使之人皆择用勋臣旧家子孙，故公得与其选”。[以上（丙）类]。关于家族（五十）第（81）人郝天挺[1]：“天挺英爽刚直，有志略，受业于遗山元好问，以勋臣子世祖召见。”[以上（丁）类]。以上为（甲）至（丁）类中被称为勋臣世家之例，（己）、（庚）类则无其例，那是由于（甲）至（丁）类家族归附之后有从军建立战功的机会，而（己）、（庚）类家族最老的也在元世祖潜邸时期，大多以布衣身份以才学被录用，事实上既成不了勋臣，也成不了世家。

关于汉人怯薛出身者（甲）至（丁）类还应注意：他们的家族有所谓被比拟为蒙古人家族的事。前引《道园学古录》卷 17《贾公神道碑》上

---

〔1〕郝天挺为出自朵鲁边氏的蒙古人，曾祖时住在甘肃的一个地方，父亲和尚拔都儿曾跟从太宗、宪宗建立功勋，由于有这样的经历被列入了汉人。前引箭内亘：《元代社会的三阶级》第 326 页也将郝天挺列入了汉人之中。

的一节中记载说：家族（四）贾氏是所谓“拟于国人之族者”。又，关于家族（十）董氏，《金华黄先生文集》卷26《御史中丞董（士恭）公神道碑》记载说：

自是出入禁闼无间。问：“曾学射否?”对曰：“陛下统一四海，功成治定，无事于武，况汉人挟兵有禁，故臣于弓矢之事，未之学也。”上顾左右曰：“其父祖于国家有大勋劳，非他汉人比。”即赐以弓矢，仍命：“董氏之族，悉驰其禁。”

根据以上所述记事可知：元朝时禁止汉人持有弓矢等武器，[1]而对于非其他汉人所能比的董氏一族则放宽了弓矢的禁令准许佩带。这表明董氏被当做蒙古人的家族来对待。

小结

以上对蒙古、色目、汉南人怯薛出身者的出身，尤其以其家世的古老作为中心进行了考察，大致上可得出如下结论。

蒙古人怯薛出身者，按照其归顺先后、树立的功勋而得以显达的时期早晚可分为（甲）元太祖开国功臣子孙，（乙）元太祖以来世家子孙，（丙）元太宗以降世家子孙3类。不过哪一家也不是只在记载的表面上就显露出来。元太祖成吉思汗即位（1206年）时已在麾下，此后从军出征的各家族可以说由来古老。那些家族大体上都可以称为勋旧世家，但在家世上也各有差异。（甲）类的家族（一）、（二）、（三）、（四）四杰的子孙与属于（丙）类的家族，在家世门第上就有相当大的差距。只是将那样的个别差异总括起来看，家世门第的上下可以说大体上依从（甲）、（乙）、（丙）3类的顺序。

色目人怯薛出身者按照种族可分为（甲）畏吾儿，（乙）唐兀，（丙）哈剌鲁，（丁）康里，（戊）阿速，（己）钦察，（庚）回回及其他共7类。（甲）至（己）类为产生怯薛出身者的主要色目部族，同时也可看做元朝色目部族中最有势力者。其中畏吾儿有其优势。关于畏吾儿的优势，已成了众所周知的事。（甲）至（己）类大致按归顺先后排列。同一部族内也有个别归附者，其归附时期不可一概而言。有在元太祖成吉思

[1]参照前引箭内亘：《元代社会的三阶级》第341～342页。

汗时归附者,有在元太宗时归附者,有在元宪宗时归附者,归附时期有差别,但大体上都可列为勋臣世家。色目人怯薛出身者中出自本国王族、大臣、近臣世家、大族者颇多。根据前节(一)"质子"项所考察的汉南人的例子加以推论,这是出于怀柔、牵制该部族的目的。

汉南人怯薛出身者按其归顺先后,可分为:(甲)元太祖的勋旧,(乙)汉人世侯,(丙)元太祖时期归附者,(丁)元太宗时期归附者,(戊)元宪宗时期归附者,(己)元世祖时期归附者,(庚)汉人布衣,(辛)南人布衣。其中(甲)至(丁)类作为勋旧世家乃是被当做蒙古人那样对待的家族。(戊)、(己)二类主要是当元朝草创之际对汉人知识分子的需要还很大的时期被吸收入怯薛的家族。还有,考虑到下节所述元成宗以降禁止吸收汉南人入怯薛的事,(庚)、(辛)两类家族可以说是钻了法禁之网的空子而进入怯薛的特殊者。汉南人怯薛出身者的家世门第,各怯薛出身者家族各有差异,但大体上可以说他们的家世门第的上下是可以认为按照(甲)至(庚)的顺序的吧。

34.6 怯薛与汉南人

怯薛构成与勋旧世家相结合的特权身份,关于由于怯薛而被委任为高级官僚的所谓怯薛的特权地位,是元朝统治下的中国人所熟知的。元代儒者撰写神道碑、墓志铭时对于被准予加入怯薛就像宋代人表扬科举考中进士那样地加以称扬,这对很好地知道怯薛在元朝所占的地位是有价值的。

下面引用一段诗。这段诗使人感觉到它不仅非常确切地表现了怯薛在元代社会中所占的位置,而且也有效地表现出了蒙古统治阶级与中国人被统治阶级之间的矛盾。[1]

青徐十月天色黄,欲雪未雪云茫茫。将军马肥鹰隼疾,草枯

[1]《贞一斋诗文稿·观猎诗》。《不系舟渔集》卷3《盛兴诗》也是同样的诗:"客从北方来,少年美容颜。绣衣白玉带,骏马黄金鞍。捧鞭揖豪右,意气轻丘山。白云金张胄,祖父皆朱轓,不用识文字,二十为高官。市人共咨嗟,夹道纷骈观。如何穷巷士,埋首书卷间。年年去射策,临老犹儒冠。"

狐兔哪能藏？良家子弟尽骄悍，弯弓大叫随跳梁。停鞭借问谁氏子？虎符世世绾银章。或在鹰坊久通籍，或属爱马从藩王。生来一字都不识，割鲜豪饮须眉张。夜归酣笑诧妻妾，鞍马累垂悬两狼。古今治乱殊未省，岂有谋策输忠良？一朝亲故相荐拔，起家执戟齐鸳行。剖符取郡拥旄节，炙手可热势莫当。儒生心事良独苦，皓首穷经何所补？胸中经国皆远谋，献纳何由达明主？猎徒一出专城居，慎勿平原轻猎徒。

以上所引的诗，是从读书人的立场批判地看待居于特权地位的怯薛歹，汉南人之中憧憬怯薛歹的特权身份、希望能加入怯薛的人是不少的。作为与怯薛的特权身份相伴随的特权，正如以上的诗以诗歌本身的方式所揭示的，首先可以成为高级官僚，[1]此外还享用岁赐约80锭以及马驼的刍料、只孙宴服，[2]并被免除杂泛差役[3]等等。因此在汉南人中，上等人如同登龙门般地进入高级官僚之列，下等人甚至于凭借怯薛逃避赋役，冒入怯薛者不断地有。《汉南人怯薛出身者一览表》的(庚)、(辛)类，是汉南人以怯薛为入官之途的例子。如前所述，他们由于汉人勋臣或儒学官僚(大臣、近臣)的推荐而被吸收入怯薛。这里可看到汉人官僚互相抬高朝廷中汉人地位、扩大汉人势力的意向。《通制条格》卷27“兵杖应给不给”条记载说：[4]

大德七年十一月，中书省、江浙省咨，饶州路胡国用告，周兰十二捏合根脚，遁北求仕回家，悬带弓箭环刀，称系怯薛歹人，改名

〔1〕片山共夫：《怯薛与元朝官僚制》，载《史学杂志》第89卷第12期，1980年12月。

〔2〕关于岁赐支给，参照前引箭内亘：《元朝怯薛考》第255页，关于只孙宴服的支给，参照同一论文第257页注1，关于马驼刍料，参照本文后引《通制条格》卷13“马匹事料”条，卷28“分间怯薛”条，但是关于岁赐额，箭内亘曾认为每年从二三十锭至七八十锭，而据《元史》卷29《泰定帝纪》“泰定元年春正月己酉”条载：“定怯薛台岁给钞，人八十锭”，应当认为秦定元年以后岁赐额被规定为八十锭，岁赐额八十锭见于《元史》卷33《明宗纪》“天历二年四月戊戌”条、《文宗纪》“至顺二年正月乙巳”条，只有《文宗纪》“至顺二年十一月戊午”条记载说：“岁赐钞，人二十锭。”这是“预给”额，似可看做从八十锭钞内预支的一部分。又，据《仁宗纪》“至大四年夏四月壬寅”条载：每人岁赐支给约二十锭。这是泰定元年规定定额以前的例子，可认为在此之前岁赐以每人约20锭为限。

〔3〕关于杂泛差役，参照梅原郁：《元代差役法小论》，载《东洋史研究》第23卷4号，第48～54页。

〔4〕参照冈本敬二编：《通制条格研究译注》第三册，国书刊行会，1976年3月，第44～45页。

周也里占，归问间钦遇诏恩。都省议得：周也里占所犯罪经革拨怯薛歹身役，既是蛮子人氏，拟合罢去，发付元(原)籍当差，见带弓箭追收还官。

据此可知：南人周兰十二以不正当手段获得怯薛歹身份，伪造出身(根脚)谋求当官。这个例子也是南人把怯薛看做入官之途，当作出世腾达的手段的例子。这个例子可认为如实显示了指望出世腾达的南人对怯薛的憧憬。关于为逃避摇役冒充怯薛籍，没有具体实例，作为揭示那种情况的一般记载，箭内亘《元朝怯薛考》中已曾列举。[1] 兹举同样的一例如下。《通制条格》卷28"分间怯薛"条记载说：[2]

分间怯薛。大德七年二月二十四日中书省奏：四怯薛里怯薛歹人数明白有。近年以来内外城子里的百姓内回回、畏兀儿、汉儿、蛮子人等，投充昔宝赤、阿察赤、怯怜口，各枝儿里并诸王、驸马、公主、妃子位下投入去了的多有，做了怯薛歹也么道，支请钱粮、马匹、草粮，此上多费耗了系官钱粮有。更似这般壹贰年，不敷支持。(下略)

根据以上例子，可看出汉南人凭借怯薛名藉以逃避摇役的趋势。那种倾向，根据以上记事中所说"近年以来"可知，从元世祖末年至成宗初年已成为一种显著的倾向。

可是，关于汉南人滥入怯薛，《历代名臣奏议》卷67《治道》所收大德七年郑介夫奏议中说道：

成宗大德七年，郑介夫上奏一纲二十目：(中略)一，怯薛古称侍卫，禁直左右前后之人，今谓之怯薛歹。(中略)古者分以职役，定以等差，用当其人，人当其任，是以人无觊觎，各[守分](原文脱"守分"二字，《新元史》卷139《郑介夫传》补之)义。今则不然，不限以员，不责以职，但挟重赀、有梯授、投门下，便可报名、请粮草、获赏赐，皆名曰怯薛歹。是各官(《新元史》作"宫"，似是)门下之怯薛，非天子跟前之怯薛也。近朝省严行分拣，如有职役定员，则

[1]参照前引箭内亘：《元朝怯薛考》第260页"奸民投属避役请俸"项。

[2]参照冈本敬二编：《通制条格译注》第3册，第114～115页。

挟赀投入者无所容力,有出身定例,则别里哥选不禁自无矣。

据此所述,则汉南人冒入怯薛者为各宫门下(依从《新元史》的订正)的怯薛,而非天子跟前的怯薛。还有,《通制条格》卷13记载说:[1]

宿卫粮。延祐二年二月初四日,宣徽院奏:做官出去了的,年月满了也,入怯薛宿有么道,索粮的多有。俺商量来:做官出去了的年纪大了,在后不寻勾当,怯薛里宿的每根底与粮,又因求仕,怯薛里宿有么道索粮的每根底不与,怎生? 么道奏呵,那般者,近行的每,我认得的一般的每根底与者,其余外头行的汉儿、回回每根底休与者,么道圣旨了也。钦此。

据此可知:怯薛歹被区别为"近行的每"、"我认得的"、"一般的"与"其余外头行的汉儿、回回每"两类,这也就是郑介夫奏议中所说的"天子跟前之怯薛"与"各宫门下之怯薛"吧。关于汉南人滥入王府的怯薛中,《元史》卷125《忽辛传》记载说:

大德元年,(中略)豪民规避徭役,往往投充王府宿卫,有司不胜供给。忽辛按朝廷元额所无者,悉籍为民,去其宿卫三分之二。

还有,《元史》卷117《宽彻普化传》记载说:

宽彻普化,世祖之孙,镇南王脱欢子也。泰定三年,封威顺王,镇武昌,赐金印,拨付怯薛丹五百名,又自募至一千名。

从以上两例中所说"元额"、"拨付",可知王府的怯薛想来大致上是规定了一定数额的,而诸王往往扩大其人员数。汉南人遂乘机冒入怯薛。以上两例似可作为郑介夫奏议中所述的旁证。汉南人滥入各宫门下诸王、驸马、公主、妃子(前引《通制条格》《分间怯薛》条)的门下,正是所谓"外头行的",而不是"(天子)近行的"、"天子跟前之怯薛"。从郑介夫奏文中所说"但挟重赀、有梯授、投门下,便可报名、请粮草、获赏赐,皆名曰怯薛歹"加以思考,对于汉南人以何种方式冒入怯薛,便可窥知许多。

对于以上所述汉南人滥入怯薛的情况,元朝以元成宗时期为界限对滥入的汉南人加以裁汰,同时禁止汉南人以后进入怯薛。《元典章》

---

〔1〕参照冈本敬二编:《通制条格研究译注》第二册(1975年3月版),第37~38页。

卷2《圣政》(一)“重民籍”条记载说:

> 大德十一年十二月至大改元诏书内一款:近为汉人、南人、军、站、民、匠等户,多有投充怯薛歹鹰房子等名色,影避差徭,滥请钱粮,靠损其他人户,自元贞元年为始分拣。今后除正当怯薛歹蒙古、色目人外,毋得似前乱行投属。

以元贞元年为基准,对元世祖时期加入怯薛的汉南人予以承认,而对元贞元年以后加入怯薛者加以分拣(裁汰)。以上记事中所说“自元贞元年为始分拣”乃是“从元贞元年以下各年均加以分拣(裁汰)”之意。至大改元诏书颁布的一个月之前,在关于马匹草料的中书省奏文中说(《通制条格》卷13):

> 大德十一年十一月中书省奏:昨日特奉圣旨,为缺少草料的上头,世祖皇帝时分入怯薛来的人每根底,与草料者,完泽笃皇帝时分入怯薛来的汉儿、蛮子军、站、民、匠等怯薛里不合入去的人每根底,休与草料者,圣旨有来。[1]

根据以上所述(上文只是关于马匹草料支给的办法,但它的意义在于涉及承认正当怯薛歹的基准),以元贞元年作为界限,对元世祖时期加入怯薛的汉南人承认为正当的怯薛歹,只对元成宗时期加入怯薛者予以禁止。

像上面那样的对汉南人滥入怯薛的禁令,曾一再重申,直到元末为止。[2] 这表明汉南人冒入怯薛的劲头有多么顽强。但是汉南人怯薛出身者的具体例子在元武宗以后很少(见《怯薛出身者一览表》)。不论是一心想当官的还是逃避徭役的人,表面上所显露的情况与所谓隐藏在内部情况是不同的。表面上,一心想当官的人难以钻进禁网。不过如前节所述,汉南人布衣通过怯薛得以进入官途,感到进入怯薛的汉南人必须有其特殊技能,而汉人势力已在朝廷中扎下根。因而尽

[1]参照冈本敬二编:《通制条格研究译注》第二册,1975年,第48~49页。

[2]根据《元史》本纪所载,从元武宗时起以后各年曾一再颁发禁令,其时间如下:武宗至大二年六月甲戌、十一月庚辰,仁宗至大四年夏四月壬寅、皇庆元年三月庚申、二年五月丙子、延祐五年十月丁卯、七年二月戊午、十一月戊寅,英宗至治二年己巳,泰定帝泰定三年三月丁未,文宗至顺元年秋七月庚午,顺帝至元三年春正月庚寅、七年春正月丙寅。

管按照元朝的意志要把汉南人从怯薛中排除,汉南人从怯薛出入官僚的门应当认为仍然稍微开着。

34.7　结论

上面对于怯薛歹以其被吸收加入怯薛的契机和怯薛的人员构成作为中心进行考察的结果,搞清楚了以下几点:

第一,怯薛歹以原为质子作为主要契机而被吸收入怯薛的那些人当中,正如色目人怯薛出身者的例子显著出现的那样,怯薛出身者中被征服各国的王族、大臣、近臣、贵族世家、大族、军事长官等社会的国家的统治领导者上层人物很多。从那样的事实,足以窥知在蒙古对被征服各部族或各国的统治方面,怯薛已起到的作用(或被赋予怯薛的作用),它的所谓牵制、怀柔意义可以说是不小的。由于有这种契机的结果,怯薛出身者不仅有蒙古、色目人,而且也有汉南人被吸收进来。那样的意义中令人注目的是,元宪宗以前归附蒙古的有出自所谓汉人世侯或与此类似的大小自卫军团长家族的怯薛出身者。

第二,作为被吸收入怯薛的契机,从蒙古帝国时代起,除质子以外,还可看到有"军功"、"来归"、"才俊"、"偶然"、"财物"、"世袭"等契机。其中对于汉南人被吸收入怯薛具有尤其重要意义的是"才俊"。元世祖忽必烈(及其皇太子裕宗真金)在开始正式统治中国时,出于统治拥有庞大的官僚制机构和具有很深的文化传统的中国的必需,颇注意博访汉南人知识分子,将他们吸收入怯薛。还有,作为与此同类的事例是,汉南人知识分子在元世祖、成宗时期到京师来游学,他们得到已在朝廷中扎下根的汉人儒学官僚和其他大臣、近臣的推荐,以才能或特殊技能进入怯薛,这种情况也是很重要的。

第三,以元世祖时期作为界线,在被吸收入怯薛的契机中,"世袭"、"勋旧世家"、"大臣、近臣"等契机成了主要的契机,当时加入怯薛者大部分是根据这些契机加入的。这种现象表明怯薛出身阶层在高级官僚层中固定化,可认为怯薛出身者由于当官而一起占据了官僚制机构的上层。这表明怯薛有其作为元朝高级官僚层实现其世袭可能的媒介体的机能。

第四,关于怯薛出身者的家世,蒙古色目人及元宪宗时期以前归附蒙古帝国的汉人怯薛出身者家族,尽管门第有高低,任何一家也被承认为勋臣世家。门第的高低不能一概而言,但大体上按照各家族来历古老的程度定其门第高低。第三表(甲)类元太祖开国功臣子孙11家可作为门第高的家族的代表。出自这些家族的怯薛出身者中,蒙古人怯薛出身者的例子约占半数。在色目人怯薛出身者的场合下,来历的古老对一切种族都成为问题,怯薛出身者所出自的有势力的部族有畏吾儿、唐兀、哈剌鲁、康里、阿速、钦察六个部族,其中占压倒多数、以最早不抵抗而归顺、受到元朝优遇而为人们所知的是畏吾儿。色目人各部族怯薛出身者的多寡,可认为与元朝时各部族势力的大小相对应。汉南人怯薛出身者门第显赫者为包含辽[契丹]故族的(甲)类元太祖的勋旧、(乙)类汉人世侯,以及(丙)、(丁)类类似于汉人世侯者。(己)、(庚)、(辛)类则是元世祖以后以才学或特殊技能从布衣被吸收入怯薛者。(关于其他怯薛出身者家世的各个场合,已在前面本文中述及,不再一一反复赘述)。

第五,关于蒙古族统治者与汉南人被统治者之间的民族矛盾。在元朝,怯薛应当说是统治者阶层的核心,其特权地位是明摆着的,怯薛成为一心想当官或希望享受免除摇役及其他特权的汉南人的憧憬的目标,到了汉南人怯薛歹的人数渐渐在蒙古统治者心目中显眼起来的元成宗时期,禁止汉南人新加入怯薛成为了一项原则。但是汉南人希望进入怯薛有一股根深蒂固的力量。明摆出来的活动有茶或金银细工等汉南人以其特殊技能受到大臣的推荐而进入怯薛,隐藏在里面的活动则是积累赀财投靠王府或各宫门下,因此,取得怯薛歹身份的人不断地产生。

(译自《九州大学东洋史论集》第8辑,1980年3月,第20~68页。)

35 论元朝的昔宝赤

——以怯薛的二重构造为中心

〔日〕片山共夫

35.1 绪言

在元朝,又可称之为禁军或宿卫的怯薛(Keshik),除以护卫皇帝为其任务之外,还以皇帝身边有关车马、庐帐、冠服、饮食、医药等方面的服务为其职务。这就是《元史·兵志》(二)上的所谓怯薛执事。真杉庆夫把轮值于怯薛执事的各种怯薛歹组织称为怯薛执事班。[1]

怯薛执事的种类如下:

(甲)为皇帝的日常起居、饮食、衣服等有关方面直接服务的有:(1)博尔赤(掌管饮食),(2)答剌赤(掌管酒),(3)舍利别赤,(4)速古儿赤(掌管冠服),(5)烛剌赤(掌管殿庭灯烛张设等事),(6)阿察赤(掌管房舍设立营造),(7)玉烈赤(掌管宫廷内缝纫之事),(8)虎儿赤(掌管奏乐),(9)玉典赤(掌管宫门口警卫),(10)八剌哈赤(掌管门禁),(11)札撒忽赤(掌管朝仪)。

(乙)携带武器以护卫为主要任务者有:(12)火儿赤(带弓箭者),(13)云都赤(带环刀、骨朵者),(14)拔都儿(勇士)。

(丙)办理文书事务者有:(15)必阇赤(文书),(16)扎里赤(写圣旨者),(17)掌钱谷计簿者。

(丁)担任家畜、飞禽的饲育、放牧及其取缔的任务者有:(18)昔宝赤(饲养鹰鹘者),(19)怯怜赤(饲养鹞隼者),(20)阿塔赤(牧马者),(21)阿黑达赤(放牧骟马者),(22)帖麦赤(放牧骆驼者),(23)火你赤(牧羊

〔1〕真杉庆夫:《关于元朝的必阇赤》,《元史刑法志研究译注》,教育书籍,1962年版所收。

者),(24)忽客臣(牧牛者),(25)莫伦赤(掌管马),(26)哈喇赤(掌管色清味美的上等黑色马乳酒),(27)怯怜口·媵臣(家僮、婢仆)。

(戊)其他:(28)兀剌赤(掌管车),(29)忽剌罕赤(捕盗者),(30)阔端赤(从仆)。[1]

以上怯薛执事中的一部分,早在1189年所谓成吉思汗的第一次即位时就已经有了。[2] 其后随着怯薛的发展,怯薛执事班的数目增加了,发展成了上列这么些怯薛执事班。

可是,关于怯薛执事班还不清楚的是它的组织和执掌方面。以前对于怯薛执事既理解为宿卫的杂务,[3]又理解为侍卫内有权力的正轮到值班者。[4] 由于有那么多怯薛执事班,在元朝的复杂的国家机构中,怯薛执事就不能有正当的位置了。真衫庆夫得以确认了元朝国家机构中怯薛执事班的组织和执掌的实际情况。怯薛的职掌,全部被吸收在中国的家政机关中。怯薛歹并不都担任实际职掌,而有转化为只作为侍从存在的倾向,并且也有其缘由。[5]

探讨元朝国家机构中怯薛执事的组织与执掌的实际情况,就能搞清怯薛歹与怯薛执事的性质,进而对搞清元朝的国家构造也有很深的关系。这是本稿之所以提出这个问题的原因。

关于以上问题,笔者的观点早就受到真衫庆夫和海老泽哲雄的启示,[6]并从大叶升一处继承了(管辖怯怜口的)怯薛的二重构造的观点。[7] 结论是:怯薛执事班的一万名怯薛歹分别开来时都是下级执役

---

〔1〕关于这些怯薛执事,将于另一篇拙稿:《关于元朝的所谓怯薛执事》(暂定题名)中论述。

〔2〕《元朝秘史》卷3,村上正二译注:《蒙古秘史》(平凡社1970年5月版)第一册第124节至125节,第256~260页。

〔3〕那珂通世:《成吉思汗实录》卷10,大日本图书,1907年版,第385~387页。

〔4〕箭内亘:《元朝怯薛考》(《蒙古史研究》所收),第224~226页。

〔5〕见真杉庆夫:《关于元朝的必阇赤》,《元史刑法志研究译注》,教育书籍,1962年版所收,第98页。

〔6〕真杉庆夫:《关于怯薛制度》,载《社会文化史学》第6辑,1971年版,第31~34页。海老泽哲雄:《关于蒙古王朝时的怯怜口的记录》,载《北海道大学纪要》第一部B,第20卷第1号,1969年7月。

〔7〕大叶升一:《元朝怯薛管辖下的怯怜口》,载《早稻田大学文学研究科纪要》,别册第6集,1980年3月。

者,由于他们与数量众多的家畜一起都是帝室的私有财产,这就有了对于与帝室结成私属主从关系的怯薛歹加以管理的观点。对三十个怯薛执事班逐个进行探讨为篇幅所不允许,本稿只对昔宝赤进行探讨,其他将于另外的文稿中论及。

35.2 怯薛执事班昔宝赤的基本情况

35.2.1 昔宝赤的名称及鹰的种类

昔宝赤(Sibaghuchi),又写作昔博赤、失宝赤,[1]是在汉语中被称为鹰房、鹰坊、鹰人、鹰师、养鹰人等等的[2]怯薛执事之一。

在元代,鹰有白鹘、海东青鹘(海青 Singkor)、鸦鹘(Lachin)、黄鹰(Qarchiqai)、黑鹰(不鲁骨惕)、角鹰(Chughur)、双雉、兔鹘(Itelgu)、鹞(隼 Kirküi)[3]等各种各样种类,饲养各种鹰类用于狩猎的鹰匠一概被称为昔宝赤,因为以鹰(鹘,Sibaghun 或 Sira - Sibaghun)为各种鹰类的代表。只有使用小型鹰即鹞(隼,乞儿圭 Kirküi)的人,又被称为怯怜赤(乞儿赤)。[4]

---

〔1〕《元史》卷8《世祖纪(五)》"至元十年十二月己酉"条有"昔博赤伯都",《元典章》卷53"称冤问虚断例好生断者"条有"失宝赤买驴"。

〔2〕杨瑀:《山居新语》曰:"皇朝昔宝赤即养鹰人也。"又,《元史》卷101《兵志(四)》"鹰房捕猎"条曰:"元制:自御位下及诸王,皆有昔宝赤,盖鹰人也。"又,张养浩:《庙堂忠告·重民第三》:"今夫鹰师圉人所掌者不过人主服御之一物,而人尚以内侍重之。"又,《道园学古录》卷16《大宗正府也可札鲁火赤高昌王神道碑》:"又有鹰坊数百人,盖裕皇潜邸元从之亲臣也。"又,《元史》卷35《文宗纪》"至顺二年三月丙戌"条:"分赐燕铁木儿鹰房百人。"又,《辍耕录》卷1:"昔宝赤,鹰房之执役者。"

〔3〕《元典章》卷38"打捕鹰鹘扰民事"条有鸦鹘、黄鹰、角鹰、双雉之名。又,《元典章》卷16《户部》"应付鹰鹘分例"条有海青、兔鹘、鹰儿、鸦鹘。又,《山左金石志》卷23《大师泰安武穆王神道碑》有白鹘之名。关于这些鹰类,《鞑靼译语》、《至元译语》、《武备志·北虏考·译语》、《武备志·译语》等列出了对应的蒙古语名。

〔4〕《元史·兵志二》"宿卫"条载曰:"主弓矢鹰隼之事者曰火儿赤、昔宝赤、怯怜赤。"由于主弓矢者为火儿赤,主鹰者为昔宝赤,故相应地主隼者为怯怜赤。冈本敬二认为怯伶赤与怯怜口同义(《元朝的怯怜口与媵臣》,载《东洋史论集》第1辑,1953年4月,第219页),但在"主弓矢鹰隼"中找不出与怯怜口对应的词语,此外,蒙古语 Kirküi 的汉语音译,《至元译语》作"弃真古",《华夷译语》作"乞儿圭",《武备志·译语》作"乞儿赤",《卢龙塞略·译语》作"乞儿来",因此汉语鹞(=隼)的掌管者想必与怯怜赤相当。

顺便说说，鹰类之中最上品者为白鹘，被认为只有近侍昔宝赤才能将白鹘拴在手腕上，次上品海青常常作为被赐予之物，但是被赐予臣下的事也可以说并不多。[1] 据马可波罗说，白鹘是用于捕获水禽的那种鹰。[2]

35.2.2 昔宝赤的成立

昔宝赤作为怯薛执事班，成立于什么时候呢？这可不清楚。据《元朝秘史》载，成吉思汗一族即乞牙惕部孛儿只斤氏之掌握用鹰狩猎技术，在孛端察儿之时。孛端察儿用马尾做成套子，捉住黄鹰，饲养它来捕获野鸟，以供食粮及其他用途。[3] 从此用鹰狩猎的技术就传给了他的子子孙孙，作为习惯固定了下来，成吉思汗和窝阔台合罕都举行过大规模的使用鹰的狩猎活动。[4]《秘史》上并未专门提及昔宝赤这个名称，但在1189年成吉思汗统一蒙古诸部落之时，在他的宫廷里，与火儿赤、阿塔赤一起，想必也成立了以捕获鹰、饲育、飞放（以鹰捕猎）为专门职务的昔宝赤了吧。

后来到元世祖忽必烈时期，昔宝赤已发展成为拥有万余人的庞大组织。马可波罗对忽必烈以鹰捕猎的方式描述如下[马可波罗从至元十二年(1276年)起，到至元二十九年(1293年)止，曾停留于中国]：[5]

> 大汗于十二月、一月、二月住在上述汗八里城，到了三月从京城出发，只不过经过两天行程，向南到达了海滨地方游玩。扈从者有一万余鹰匠，携带了五百头大鹰、许多哈雅布萨雅卡种鹰。此外还有许多用于捕获水禽的白鹘。但是不要认为这么多的鹰匠都被聚集在大汗身边，他们被分散为一百人、二百人或人数更多的集团。这些鹰匠队向各个方向进行，捕猎禽鸟，将猎获物大部分送到大汗处。

所说万余人这个数字绝非夸张。《元史》卷101《兵志》“鹰房捕猎”条

[1]《山左金石志》卷23《太师泰安武穆王神道碑铭》。

[2]爱宕松男译马可波罗：《东方见闻录》第一册，平凡社，1970年2月，第235页。

[3]《元朝秘史》卷10，村上正二译注：《蒙古秘史》第二册，第232节。

[4]同上书卷12，同上村上正二译注本第278节。

[5]爱宕松男译马可波罗：《东方见闻录》第一册，平凡社，1970年2月，第235～240页。

所列举的打捕鹰房户(昔宝赤)的数目合计(诸王位下及宣徽院所管辖的淮东淮西屯田打捕总管府除外)超过了一万。《元史·兵志》所载打捕鹰房户可能就是马可波罗所说的鹰匠,即马可波罗所说的"被分散为一百人、二百人或人数更多的集团"的鹰匠。《兵志》所载的打捕鹰房户真的会有那样的组织构造的。又,从如下《元史》卷34《文宗纪》"至顺元年八月壬申"条可知忽必烈以后第七代皇帝元文宗至顺元年(1330年)时的鹰房人数:

> 臣等比奉旨裁省卫士,(中略)鹰房万四千二十四人,当减者四千人(下略)。

所应保留的鹰房万人,想必是忽必烈以后怯薛执事班昔宝赤的定额吧。关于怯薛执事班昔宝赤的组织构造上的特点,这里要注意到马可波罗所说的"不要认为这么多的鹰匠都被聚集在大汗身边"这段话。昔宝赤有在大汗身边者,也有分散在地方上者,两者都有(这一点将于后文述及)。

昔宝赤作为打捕鹰房户成立于元朝第二次编成户籍之时,即元太宗窝阔台七年(乙未,1235年)时。到宪宗二年(壬子,1252年)及忽必烈至元八年(1271年)重新编户籍时,打捕鹰房户(昔宝赤)照旧继续被当做不同于民户的特殊户计。[1]

由于打捕鹰房户的特殊性,与民户不同,他们的差发缴纳方法不同于民户,并被免除杂泛差役。[2] 他们缴纳皮货(皮革)以代替民户所缴纳的丝料、包银作为差发。但是后来至元八年起也必须缴纳丝料。[3]

在这样的昔宝赤组织膨胀的过程中,说到被吸收充当昔宝赤(打捕鹰房户)的那种人,那就有析居(分家)、放良(从奴隶=驱口的身份

---

〔1〕《元典章》卷17《籍册》"户口条格"条载曰:"一,打捕户,壬子年附籍打捕户,应当丝料、包银、替头里送纳包货,到今别无定夺,若有争差户计、经营陈告者,仰照乙未年元籍名色归着。"

〔2〕关于杂泛差役,参照梅原郁:《元代差役法小论》,载《东洋史研究》第23卷第4号,1965年3月,第53~54页。

〔3〕《元典章》卷17《籍册》"户口条格"条(《通制条格》卷2《户令》同)所载至元八年三月的决定说:"壬子年附籍打捕户送纳皮货,不纳斤丝,仰揭照壬子元籍相同,止令应当丝料。如不系打捕户计,仰即便收系与民一体当差。"

被解放者)、漏籍者,孛兰奚(遗失物之意,无明确主人的奴婢等),还俗的僧道,旷役无赖者,或亡宋旧役等户,在其他诸国征服过程中投降蒙古军的人,以及由蒙古统治阶层收集的民户。[1] 蒙古统治阶层招集广大范围的人为自己服务,这就是昔宝赤组织膨胀的背景。这与系官匠户的成立过程可以说是同出一辙吧。[2] 构成昔宝赤的基本部分的,并非怯薛歹中出自赫赫勋臣世家的人,而是所谓具有作为帝室一族、投下等等的私属民的强烈性质的人们。

35.2.3 管理机构——昔宝赤之所属

在元朝,昔宝赤的所有者为皇帝(御位下)、后妃、皇太子、皇子、诸王、公主、驸马、各投下功臣等。作为管理机关,根据《元史》卷 101《兵志》"鹰房捕猎"条及《元史·百官志》的记载,有御位下打捕鹰房官、诸王位下、(世祖)第四斡耳朵位下、(世祖)第二斡耳朵位下、太祖斡耳朵位下等直属于帝室者,以及从属于宣徽院(掌管皇帝膳食、宴会的开支、调度,怯薛歹的粮食等)、中政院(掌管中宫的财政、营造、供给以及轮流值班的卫士和汤沐之邑)、储政院[至元十九年为皇太子真金立詹事院,裕宗真金死后,暂时归于太后位下,改为徽政院(后复立詹事院,后又改为储政院),基本上属于东宫]、内宰司(从属于詹事院的家令司改立)、昭功万户都总使司(文宗潜邸扈从之臣隶属于该司)等家政机构属者,从属于兵部、枢密院等掌管军事的机关者,共 3 种。其下设有打捕鹰房官、总管府、提举司、提领所,管辖昔宝赤。昔宝赤主要散布于腹里、河南等处行中书省、辽阳等处行中书省等地。管理昔宝赤的总管府、提举司、提领所等的数目超过了 150 处。为避免繁乱,只将《元史·兵志》所载御位下打

---

〔1〕《元史》卷 101《兵志》"鹰房捕猎"条曰:"打捕鹰房人户,多取析居、放良及漏籍孛兰奚、还俗僧道与凡旷役无赖者,及招收亡宋旧役等户为之"。又,《元史》卷 86《百官志》枢密院之属"大宁海阳等处屯田打捕所"条曰:"掌北京、平滦等路析居放良不兰奚等户"。又,《元史》卷 89《百官志》内宰司之属"保定等路打捕提领所"条曰:"收集人户为打捕户计。"又,《元史》卷 89 皇太后位下"管领大都等路鹰房胭粉人户总管府"条曰:"招集平滦散逸人户。"又,《元史》卷 153《高宣传》曰:"太宗四年正月,从破金兵三峰山,降宣者二千余户,籍以献,立打捕鹰房都总管府统之,以宣为都总管,赐金符,仍令子孙世其职。"此处记述了以金兵投降者 2000 余户建立打捕鹰房都总管府的经过。

〔2〕鞠清远:《元代系官匠户研究》,载《食货》第 1 卷第 9 期,1935 年 4 月,第 12~15 页。

捕鹰房官、诸王位下(打捕鹰房官)以及天下州县所设猎户列成如下表35-1,以供了解昔宝赤在地方上的散布状况的参考。

表35-1　昔宝赤在地方上的散布状况*

所在、名称	户数	备　考
东平路	34	
曹州	84	
德州	10	
濮州	31	
泰安州	5	
东昌州	1	
真定路	91	
顺德路	19	
广平路	19	
冠州	5	
恩州	2	
彰德	37	
卫辉路	16	
大名路	286	
保定路	31	
河间路	252	
随路提举司	1192	《元史》卷16《世祖纪》"至元二十七年二月"条所载"河间昔宝赤"以及《元典章》卷38"昔宝赤扰民"条所载"河间等路所管地面里昔宝赤"可认为属于河间路乃至河间鹰房府。
河间鹰房府	276	
都总管府	756	
辽阳大宁等处打捕鹰房官捕户	759	
东平等路打捕鹰房官捕户	309	
随州德安河南襄阳怀孟等处打捕鹰房官捕户	172	
打捕提领所捕户	40	
高丽鹰房总管捕户	250	
河南等路打捕鹰房官捕户	1142	
益都等处打捕鹰房官捕户	521	宣徽院管辖的淮东淮西屯田打捕总管府所属打捕衙门提举司十处,千户所一处,从略。
河北河南东平等处打捕鹰房官捕户	300	
随路打捕鹰房总管捕户	159	
真定保定等处打捕鹰房官捕户	50	
淮安路鹰房官捕户	47	
扬州等处打捕鹰房官捕户	74	

*据《元史》卷101《兵志》"鹰房捕猎"条制成。

表 35－1－1　御位下打捕鹰房官

所在、名称	户数	负责人	备考
大都路宝坻县	77	张元	张元只是个有权力的官。他世袭其祖父之职。 《通制条格》卷 28 至元三十年十一月二十九日公文书上所载“良乡昔宝赤”无论如何应属于这些人户之中。
十投下中都、顺天、真定、宣德等路诸色人匠打捕等户	147	阿都赤	
管领大都等路打捕鹰房民户	117	达鲁花赤 石抹也先	
管领大都路打捕鹰房等官	228	鹰房官 李脱欢帖木儿	
管领大都等处打捕鹰房人匠等户	50	达鲁花赤 黄也速斛儿	
管领鹰房打捕人匠等户	157	达鲁花赤 移剌帖木儿	
管领打捕鹰房等户	355	达鲁花赤 阿八赤	
宣授管领大都等路打捕鹰房人户	243	达鲁花赤 寒食	

表 35－1－2　诸王位下

所在、名称	户数	备　考
汝宁王位下管领民匠打捕鹰房等户官	201	
普赛因大王位下管领本投下大都等路打捕鹰房诸色人匠达鲁花赤总管府	780	

表 35－1－3　天下州县所设猎户

所在、名称	户数	备　考
腹里打捕户	共 4026	
河东宣慰司打捕户	598	
晋宁路打捕户	332	

续表 35－1－3

所在、名称	户数	备　考
大同路打捕户	15	
冀宁路打捕户	251	宣德提领所、山东宣慰司的打捕户重复。山东宣慰司前项户数为上都留守司户数之误记，由此可推测其后项户数100是正确的。
上都留守司打捕户	397	
宣德提领所打捕户	182	
山东宣慰司打捕户	397	
宣德提领所打捕户	182	
山东宣慰司打捕户	100	
益都路打捕户	43	
济南路打捕户	36	
般阳路	21	

以上3种管理机构中，隶属于兵部及枢密院者并不直接为帝室服务，而是为国家军备之需服务，因此性质是不同的，那原本是属于诸王的管理机构（见《百官志》相应条），其数作为例外存在，由此可以说昔宝赤原则上是为帝室服务的。

35.2.4　昔宝赤的职掌

昔宝赤的主要职务如下。第一，捕获鹰鹘。散居在地方上的昔宝赤所捕获的鹰鹘（当被一般人捕获时，就送交官司，通过官司交给昔宝赤），每年十月为送往大都宫廷的规定时期，优良的鹰鹘被饲育在大都宫廷内，而剩余的不够好的鹰鹘则由各处地方上饲育，用于飞放。〔1〕

---

〔1〕《通制条格》卷15“擅支马驼草料”条记载说：“延祐元年八月，中书省奏准事理一件：去年昔宝赤每教十月里入大都来者，么道圣旨有呵，预先将鹰人来教外头拴的，又将入来了的也多有来，今年教十月初一日入来者，么道圣旨有来，如今昔宝赤每根底差人，去大都的入来的，十月初一日合里头拴的鹰教将入来者，外头拴的鹰，教外头拴者，那里拴呵，教昔宝赤官人每，度支监官每根底说将来者。”文中“外头”，按照《通制条格》卷13“宿卫粮”条、卷28“至元二十四年九月十四日”条和《元典章》卷39“怯怜口官吏犯罪”条的用例，是相对于“里头”（宫城内），意为“地方上”的一个词。又，《元典章》卷38“打捕鹰鹘扰民事”条载曰：“至元三十一年六月二十三日奏：月的迷失在前钦奉先皇帝圣旨，打捕的鸦鹘、黄鹰、角鹰、双雉，好的差人将上来者，歹底他那里飞放着么道，圣旨有来奏呵，奉圣旨，依着先皇帝圣旨者么道，圣旨了也。”

在宫廷饲育鹰鹘的昔宝赤是近侍怯薛歹昔宝赤，也就是马可波罗所说的大汗身边的昔宝赤(详见后文)。

第二，饲育鹰。根据“养鹰人”这个译语也就知道，不用说昔宝赤乃是饲养鹰的。据《元史》卷148《董俊传》所附《董文用传》载，工部侍郎董文用原为宫廷内饲育鹰的鹰监，原来并不担任工部侍郎的职掌，怯薛出身者董文用作为“有官怯薛歹”(怯薛出身者当了官后仍然要到怯薛中轮流值班，这在元朝是一般情况)，[1]应当认为担任着昔宝赤的怯薛执事。饲养鹰的场所为大内西南隅城墙外的鹰房，与仪銮局相邻。[2]

地方上饲育鹰的直接的例子虽然没有，但按前述方式散居在地方上的昔宝赤捕获鹰鹘时，不能列为上品的剩余的鹰鹘成了在地方上饲育的事。此外，《元典章》卷16户部二“应副鹰鹘分例”条对于诸人捕获鹰鹘时的处置办法写道：“今已后海青鹰鹘等拿着呵，理会的人于就近官司便送纳者。不理会的人于暗房子里坐下，海青鹰鹘等教人看管，休教猫入去，即便于就近官司说了者。官司取去，差会养鹰的好人送来者”。

同条中还记录了如下命令：

> 遍行各路出榜，所据收住合喂鹰食，今约量拟定下项数目，仍令食用新肉，如无新羊肉，杀与鸡者，省府除外，仰照验施行：
>
> 海青兔鹘 早晨二两，后晌三两
>
> 鹰儿鸦鹘 早晨一两，后晌二两

上文中“收住合喂鹰食”只不过是诸人偶然捕获鹰的情况的例子，给与鹰鹘的肉的种类与数量一定是宫廷或地方饲养鹰时遵循的标准吧。据此可窥知饲养鹰的一般情况。

第三，皇帝使用鹰狩猎时扈从出行。不用说，诸王的昔宝赤则是跟从诸王的。但是宣徽院等家政机关管辖的昔宝赤不可认为是在皇帝用鹰狩猎时扈从出行的。他们的职务是在被规定好的时期内用鹰狩

[1]见拙稿：《怯薛与元朝官僚制》，载《史学杂志》第89编第12号，1980年12月。

[2]朱偰：《元大都宫殿图考》。

猎,各自将齿革羽毛、鲜肉等供给所属帝室的厨房。

扈从皇帝用鹰狩猎的情况,就像前面马可波罗所述的那样。只是关于用鹰狩猎的时期,马可波罗所说的“到了三月”与《元史》卷101《兵志》“鹰房捕猎”条的记载有矛盾。“鹰房捕猎”条记载说:

冬春之交,天子或亲幸近郊,纵鹰隼搏击,以为游豫之度。

根据后文所述,元世祖以后,从正月一日至七月二十一日,由于野兽怀孕等理由,被规定为禁止任何人打捕野兽的期间。那么,马可波罗所说的狩猎时期“三月”就不能理解了。试举从《贞一斋诗文稿·观猎诗》上想到的将军、近侍扈从皇帝飞放(用鹰狩猎)的光景,诗中说:“青徐十月天色黄”,时间已到了十月。皇帝用鹰狩猎也考虑到避开春夏禁猎期间。

第四,供给鲜肉、齿革、羽毛等。《元史》卷101《兵志》“鹰房捕猎”条记载说:

是故捕猎有户,使之致鲜食以荐宗庙,供天庖,而齿革羽毛,又皆足以备用。

无论诸王或其他人的昔宝赤,可认为各自将鲜肉等物供给其所属机关。

关于昔宝赤的贡纳,可看宣徽院管辖的淮东淮西(两淮)屯田打捕总管府的情况。《至正集》卷37《两淮屯田打捕都总管府记》记载说:

岁贡鹿獐率远地买输,四五月至京师,车驾幸上都,膳库贮储,坐视蠹败。中原岁输给用,宜听折收。中书纪之,[后至元——译者注]四年八月奏可。

据此可知,后至元四年八月,同佥宣徽院事赛因不华调查了两淮屯田打捕总管府的实际情况:总管府年年向宣徽院输纳的鲜肉(鹿獐)必须经过长时间运输之后才能运到,那时恰好是皇帝到上都去行幸的期间,鲜肉贮藏在(宣徽院的)膳库里[时间稍长便]腐败了,因此认为中原的岁输供给宜听折收。这里的“折收”应当理解为将缴纳现物变为缴纳货币。可以推想:折收的结果就使鹿獐进入民间流通机构,而作为“供输之余”的金钱就可能被取到手。昔宝赤等对宣徽院的隶属性缓一步考虑。其他管理机关之下的昔宝赤,对于同样的事是怎么办的,这就不清楚了。

第五,缴纳差发。关于免除包银、折纳丝料及杂泛差役,已经讲过。其他应缴纳、负担的有地税、商税、依例出军等六色宣课。[1] 地税、商税只由耕种、买卖者各自缴纳。[2] 依例出军,似是指乃颜之叛时,阿沙不花“以千户帅昔宝赤之众从行”(《元史》卷137《阿沙不花传》)那样的情况。[3] 其他三项宣课具体指什么,这就不清楚了。

35.2.5 有关用鹰狩猎的禁止事项

在元世祖忽必烈初期,用鹰狩猎一般是被准许的,后来逐渐缩小了容许的范围,从元世祖至元末年到成宗即位初,终于在作为昔宝赤登录者之外,对专门申请批准者[准予放鹰],而行中书省、宣慰司官员各只批准一名。其经过如下:首先,至元五年二月禁止捕获买卖海青、鹰鹘。[4] 当时还解释说:不能列入上品的其余鹰类可以买卖和用于飞放,因此至元二十一年十二月曾颁布命令:由于天子的鹰鹘走失时不能与百姓的鹰鹘区别开来,百姓的鹰鹘的脚爪要使用黑色的系皮,而不得使用红紫杂色。[5] 到那时为止,百姓等人拥有鹰和用鹰狩猎是被承认的。到至元二十九年二月时,以损坏军马、骚扰百姓“损坏了军每的马,百姓每也生受有”为理由,禁止诸人(体例无者=昔宝赤以外者)用鹰狩猎。[6] 在所谓“损坏了军每的马”的诸人中,很多是用鹰狩猎的

---

[1]《元史》卷101“鹰房捕猎”条记载说:“其差发,除纳地税、商税,依例出军等六色宣课外,并免其杂泛差役。”不用说,纳地税者限于种田者,纳商税者限于做买卖者(见《元典章》卷24“种田纳税”条)。

根据《元典章》卷22“恢办课程条画”条及“监办课程”条,可认为“宣课”是指宣课提举司管辖的所谓课程。课程有茶课、盐课、酒课、市舶、常课、契本、铜冶(金、银、铁冶)、竹课、河泊、杂课、商税、地税等。六色宣课,除地税、商税、依例出军三项外,其他三项指什么就不清楚了。

[2]参照前注。

[3]此外,《元史》卷7《世祖纪》“至元八年二月乙巳”条记载说:“沙州、瓜州鹰房三百人从军”,还有,《元史》卷9《世祖纪》“至元十三年春正月乙亥”条记载说:“徙大都等路猎户,戍大洪山之东”,《元史》卷134《小云石脱忽怜传附·八丹传》记载说:“子八丹,事世祖为宝儿赤,鹰房万户,从征哈剌张有功”,《元史》卷5《世祖纪》“至元四年春五月乙酉”条记载说:“以宋忽儿灭里及沙只回回鹰房等兵戍商州”。

[4]《元典章》卷38《兵部五》“休卖海青鹰鹘”条,至元五年二月中书右三部承奉省札。

[5]同上“鹰鹞颜色抗议捧皮”条,至元二十一年中书省札付。

[6]《元典章》卷38“有体例飞放打围”条。

军人们。在这一禁令的基础上,第二年即至元三十年,在名叫不怜吉歹的军人献上鹰鹘时,又颁布命令:“今后军官每、军人每休飞放者”,[1]严禁军官、军人们用鹰狩猎。但是在各地官僚中用鹰狩猎者还是不断地有,于是到了元贞三年(大德元年)二月又颁布了伴以刑罚的严厉命令:“行中书省、行枢密院、行台为头勾当里但行蹈官人每根底,通事每根底……拣么是谁飞放呵,鹰狗再行他的合收的拘收者……那个日头里骑的鞍马弓箭鹰狗行,那个日头里穿的袄子、衣袱他每的要了,打七下者”。[2] 这项禁令不仅对官人胥吏,而且也以一般民户为对象,实际上用鹰狩猎者差不多主要是官人胥吏。见到这项禁令的严格执行,官员们中间产生了希望准予用鹰狩猎的强烈愿望。到了大德三年,事情有了几分缓和。就在这时,对于行中书省、宣慰司官员为首者一名以及其他重喜(洪万)、赛典赤、不忽木、塔出[3]等专门申请批准者,准予放鹰(用鹰狩猎)。[4]

尽管对昔宝赤准许用鹰狩猎,但是用鹰狩猎的场所和季节也有限制。[5] 场所,各各拨给(标拨)一定的场所;季节,从正月一日至七月二十一日期间,按照野兽正处于怀孕时期以及肉瘦、不能取用兽皮的理由禁止狩猎。[6] 还有,在以大都为中心的八百里以内的地区(即“东至滦州,南至河间府,西至中山府,北至宣德府”[7]的地区),为御位下打捕鹰房官管辖下的昔宝赤的所在地,用作皇帝的狩猎场所,至元十年早于其他地区就已禁止“断事官、达鲁花赤官人、回回、汉儿,诸色人

[1]《元典章》卷38“军官休飞放”条。

[2]《元典章》卷38“禁治飞放”条。

[3]塔出等人都是怯薛出身者。重喜(洪万),《元史》卷154有传;赛典赤,《元史》卷125有传;不忽木,见《松雪斋文集》卷7《谥文贞康里公碑》;塔出,《元史》卷133有传。

[4]《元典章》卷38“题名放鹰”条。

[5]《元史》卷101《兵志四》“鹰房捕猎”条记载说:“地有禁,取有时,而违者则罪之。”

[6]《元典章》卷38“禁治打捕月日”条:“大德元年二月十八日钦奉圣旨节该,昔儿哈剌教奏:在前春里夏里不拣是谁休打捕者么道,薛禅皇帝行了圣旨来。如今外前的百姓每根打捕野物有么道奏来:在前正月为怀羔儿时分,至七月二十日休打捕者。打捕呵,肉瘦皮子不成用,可惜了性命,野物出了踏践田禾么道。依在先行了的圣旨体例,如今正月初一日为头,至七月二十日,不拣是谁休打捕者。打捕的人每有罪过者,道来。”

[7]同上“禁地内放鹰”条。

等”在该地区飞放。[1] 大德元年，禁止昔宝赤在各各标拨到的场所以外打捕野兽。[2]

35.3 昔宝赤的二重构造

35.3.1 近侍昔宝赤

在元朝，被称为昔宝赤的人，根据他们的地位、职掌等看来，可分为两种。一种是近侍昔宝赤，另一种是住在地方上的昔宝赤。

关于近侍昔宝赤，《秘书监志》卷5记载说：

> 于至大二年十一月初五日也可怯薛第一日宸庆殿西耳房内有时分，（中略）昔宝赤玉龙帖木儿丞相、扎蛮平章、哈儿鲁台参政、大顺司徒等有来。

这是说至大二年十一月五日以也可（以天子的名义带领之意）为长官的怯薛轮到值班的第一天，天子在宸庆殿的西耳房的时候，作为他的近侍的昔宝赤玉龙帖木儿丞相以下等人在场。根据同类文书，可确认下面这些人为近侍昔宝赤：

昔宝赤大都丞相（至大二年十二月二十八日，《元典章》卷5）、塔海、忽都儿、亢沙儿（以上皇庆元年十一月十七日，《秘书监志》卷2）、买驴（延祐元年十二月二十五日，《元典章》卷53，又延祐七年四月二十一日，《元典章》卷24，又延祐五年十一月十一日，《元典章》卷8）、薛儿帖该（延祐三年九月七日，《秘书监志》卷3）。

又，《大元马政记》“至元二十五年六月三日”条中可看到上都大内鹰房子阿失不花、秃剌帖木儿的名字。

可见近侍昔宝赤担任宫廷内有关鹰的实际职务。如前所述［一之

[1]《元典章》卷38“禁地内放鹰”条。

[2]同上“禁治打捕兔儿”条记载说：“大德元年五月十八日钦奉圣旨，（中略）如今自大都八百里以里，休打捕兔儿者。打捕鹰房子每许令飞放道来的人每，于各各标拨到的地面里，合打捕的时分打捕者。除这的每外，不拣是谁，休打捕者。既这般宣谕了呵，八百里以里打捕兔儿的人每有罪过者，道来。”

(四)“昔宝赤的职掌”条],每年十月从散居在地方上的昔宝赤处缴纳上来的上等鹰由大内鹰房饲育,那些鹰正是由近侍昔宝赤来饲育的。前述工部侍郎董文用,可看到他在被饲育的大内鹰房的鹰那里。《元典章》卷38“打捕鹰鹘扰民事”条记载了至元三十一年七月十八日昔宝赤木发剌传达圣旨之事,圣旨的内容如下:

答剌罕将来的鸦鹘歹有,月的迷失根底说者,他不错了有,将鸦鹘来者,差好人将上来者么道,钦此。

这是关于诸人送到宫廷来的鹰的事。又,《道园学古录》卷16《大宗正府也可札鲁火赤高昌王神道碑》记载说:

(上略)遂命以为大宗正府也可札鲁火赤,又有鹰房数百人,盖裕皇潜邸元从之亲臣也,兼命领之,而指挥之任如故。

据此可知,大宗正府也可札鲁火赤月鲁哥被命令带领鹰房的数百人,被视为近侍昔宝赤。根据以上诸例,似可认为近侍昔宝赤担任宫廷内鹰的饲育、传达有关鹰的圣旨、管辖鹰房等实际职务。

35.3.2 近侍昔宝赤与散居于地方上的昔宝赤之间的关系

近侍昔宝赤与散居于地方上的昔宝赤之间的关系是怎样的呢?关于那种关系,康里氏阿沙不花的例子给我们提供了线索。据《元史》卷136本传记载,阿沙不花为怯薛出身者,至元二十四年乃颜叛乱时,他曾担任千户长率领昔宝赤之众参加征讨。又于乃颜之乱平定后管辖昔宝赤:

及乃颜平,阿沙不花以大同、兴和两郡当车驾所经有帷台岭者,数十里无居民,请诏有司作室岭中,徙邑民百户居之,割境内昔宝赤牧地,使耕种以自养。从之。阿沙不花既领昔宝赤,帝复欲尽徙兴和桃山数十村之民,以其地为昔宝赤牧地。阿沙不花固请存三千户以给鹰食,帝皆听纳。民德之,至今饮食必祭。

由此可知,昔宝赤的牧地在大同兴和两郡帷台岭附近,根据阿沙不花的请求割其地徙邑民100户居之,在阿沙不花管辖昔宝赤之后以兴和桃山数十村之民中3000户作为供给鹰食之户 。供给鹰食之户似并非另外又作为打捕鹰房户者，他们似是在飞放时供给必要的鹰食者。[1] 可以推测，阿沙不花所管辖的昔宝赤在其附近使用牧地游牧、飞放。[2] 阿沙不花所管辖的昔宝赤正是前节已曾探讨过的散居在地方上的昔宝赤。怯薛出身者阿沙不花从其经历看来，可看做近侍昔宝赤，从这里就可看出散居在地方上的昔宝赤是由近侍昔宝赤来管辖的关系。

可是根据《通制条格》卷27“买卖军器”条的记载，阿沙不花在至元二十八年三月时被称为“鹰房官”。根据前节所述，“鹰房官”为管理散居在地方上的昔宝赤的机关中所见的官员。在前节中所举出的御位下打捕鹰房官有张元、阿都赤、石抹也先、李脱欢帖木儿、阿八赤、寒食等人。[3] 关于其中的寒食，《元史》卷40《顺帝纪》“至正元年冬十月己酉”条记载说：

> 封阿沙不花顺宁王，昔宝赤寒食顺国公。

寒食被称为昔宝赤，他在阿沙不花被封为顺宁王的同时被封为顺国公。这个事实表明御位下打捕鹰房官寒食与阿沙不花同样的是近侍昔宝赤。阿沙不花管辖散居在地方上的昔宝赤这件事与寒食是近侍昔宝赤那件事乃是可以互相印证的事。又，《吴文正公集》卷34《故赠承事郎乐陵县尹张君墓表》记载说：

> 丞相塔思不花总鹰房事，吾父提举山东诸路，职是者多并缘侵扰，民罹冤苦，无从告讦。吾父独不尔，所过莫不感悦。

据此所说，张君担任山东诸路打捕鹰房提举（似即《元史·兵志》之山东宣慰司打捕户）之时，丞相塔思不花统辖鹰房之事。塔思不花任丞相在至大元年至三年间（《元史·宰相年表（一）》），而据《墓表》所载，

---

〔1〕《通制条格》卷28“扰民”条记载说：“至元二十四年九月十四日，尚书省奏过，昔宝赤每别个行的每，但外头出去呵，百姓每根底，草料、茶饭、鹰食要有。俺商量得，从今已后无俺文书呵，不拣是谁根底，不教与呵怎生，奏呵。是也，休与者，么道圣旨了也，钦此。”昔宝赤于飞放时对百姓索取必要的鹰食。其他同类例子，见《燕石集》卷13《建言救荒》“至元四年戊寅鞍部京畿东道”条以及《元典章》卷2“圣政”条等。

〔2〕《大元马政记》“至元二十六年六月二十七日”条记载说：“尚书省札付隆兴路：拘到九十九匹，交付与鹰房官塔思、阿鲁浑沙等收管”。在鹰房官管辖下有牧养马的例子。

〔3〕《元史》卷101《兵志》（四）“鹰房捕猎”条，参照前节表35－1。

张君担任山东诸路打捕鹰房提举的时期并不清楚,张君于延祐七年58岁时死去,塔思不花担任丞相的至大元年至三年间,他的年龄可确定为46至48岁,从胥吏升上来的张君在作为乐陵县尹死去之前,担任山东诸路打捕鹰房提举之职的年龄并非不自然。可认为丞相塔思不花并非追称,可认为他事实上是这时的丞相。果然如此的话,丞相塔思不花与前述昔宝赤玉龙帖木儿丞相、昔宝赤大都丞相同样的是"有官怯薛歹",他就显然是近侍昔宝赤。丞相也有可能是追称,如果那样的话,所谓"总鹰房事"在地区方面是有限的,与担任山东诸路提举的张君对照起来看,可认为塔思不花只统辖有限地区的鹰房的全部事务。在那样的处境下,就不可认为他不是近侍昔宝赤。假如只有有限的地区归他管辖,他有可能处于昔宝赤寒食那样的境况下。但是可举出如下史料作为塔思不花同时担任丞相的旁证。《牧庵集》卷13《湖广行省右丞相(阿尔哈雅)神道碑》记载说:

> 又明年转廉访使,虎符,领鹰坊,凡鸟兽皮角筋羽悉征输官,寻领诸路鹰师猎户。

畏吾儿人阿尔哈雅为怯薛出身者,至元三年担任肃政廉访使,同时管辖鹰坊。还有,前述大宗正府也可札鲁火赤月鲁哥管辖鹰坊500人的例子也可合在一起来看。管辖昔宝赤的官员由与昔宝赤并无直接统属关系的官员来兼任的场合是不少的。

根据以上考察,诸路打捕鹰房户可说是由近侍怯薛歹昔宝赤=鹰房官管领的关系就清楚了。在前面35.2.3"管理机构"条所述及的范围内,讲了怯薛歹昔宝赤所管领的,它与兵部、枢密院所管辖的以及其他皇室所属的昔宝赤相比颇为不同,此外还有例外,这就应当认为从怯薛歹昔宝赤的管辖下除外。宣徽院、中政院等家政机关所管辖的,例如宣徽院为怯薛宝儿赤所属,宣徽院长官同时担任怯薛长,等等,[1]这就可认为没有必要特地与怯薛歹的管辖区别开来考虑了。

---

〔1〕见拙稿:《怯薛与元朝官僚制》。

35.4 从昔宝赤的二重构造的意义得出的结论

正如以上所考察的，构成昔宝赤的基本部分的人们，乃是蒙古征服各国过程中由于帝室而被凑集起来的人们，这些人成了以帝室为侍奉对象的私属民。被委任管理他们的，就是近侍怯薛歹昔宝赤。这就使得昔宝赤的二重构造的意义明确了。

笔者已按照怯薛歹与皇帝的私属主从制关系作出结论，那种关系在论及关于怯薛歹当官时产生的官方的官僚制关系可说地位更优越的元朝官僚制上的特征时论及，[1]所说近侍怯薛歹管领昔宝赤基本成员的事实，在昔宝赤基本成员为隶属于帝室私有的人们这个情况更明确的同时，怯薛歹作为家政的始源，乃是帝室私属的侍奉者这个情况也就更为明确了。

（译自《九州大学东洋史论集》第 10 辑，1982 年 3 月，第 59 ~ 75 页。）

〔1〕见拙稿：《怯薛与元朝官僚制》。

36　关于元朝诸监的一些研究

〔日〕丹羽友三郎

36.1　前　言

关于元朝的中央官制，早就在箭内亘博士的《元代的官制与兵制》[1]里概述过，[后来]在和田清编著的《中国官制发展史》上册[2]第七章《辽、金、元代》(执笔者村上正二教授)中又相当详细地叙述过，其中对其发展过程作了追溯，为历朝官制的比较提供了方便。此外，黎杰教授所著《元史》[1968 年 6 月版]的第二篇《元代法制述略》的开头部分叙述了[元代]职官制度，其第一节有关[元代]中央官制及其特色，也相当详细地论述了元朝中央官制。

笔者过去对元代官制很关心，在[元代]中央官制的范围内，曾对枢密院和御史台作过考察。[3] 本稿作为其姊妹篇，是由前述各位前辈卓越研究业绩所导致的，在论述顺序上，首先根据《元史·百官志》的记载，对元朝中央官制作一概述，然后专门对具有"监"的名称的特别官厅的职掌、官员、品秩以及沿革大要作一概观，然后整个地把握其特性，并对其特性的缘由加以考察。

---

〔1〕载《满鲜地理历史研究报告》第 8 辑，大正 10 年(1921 年)三月，后又收入箭内亘:《蒙占史研究》，昭和 5 年(1930 年)版。

〔2〕和国清:《中国官制发展史》上册，昭和 17 年(1942 年)十二月。

〔3〕拙稿:《关于元代御史台的一些研究》，载《三重法经》第 14 号，昭和 38 年(1963 年)三月。拙稿:《关于元代御史台的机构和职能》，载同杂志第 15 号，昭和 39 年(1964 年)三月。拙稿:《关于元代监察官制的特点》，载同杂志第 17 号，昭和 41 年(1966 年)三月。拙稿:《关于元代的枢密院》，载《名古屋商科大学论集》第 12 卷，昭和 42 年(1967 年)九月。

36.2 元朝中央官制概要

元朝也设有三公，这是所谓“则阙”之官［无适当担任者则缺位的官职］。[1] 政务分属中书省、枢密院、御史台三司。这也就是说以中书省总揽民政，枢密院统辖军政，御史台掌监察的三司鼎立制作为根干。[2] 中书省之下设有六部（吏部、户部、礼部、兵部、刑部、工部），此外，作为中央特别官厅，配置了十五院（翰林兼国史院、蒙古翰林院、集贤院、宣政院、宣徽院、太禧宗禋院、太常礼仪院、典瑞院、太史院、太医院、奎章阁学士院、将作院、通政院、中政院、储政院）、十寺（武备寺、太仆寺、尚乘寺、长信寺、长秋寺、承徽寺、长宁寺、长庆寺、宁徽寺、延徽寺）、十二监（太府监、度支监、利用监、中尚监、章佩监、经正监、都水监、秘书监、司天监、回回司天监、司禋监、艺文监）、三司（大司农司、详定司、崇福司）及五府（大宗正府、侍正府、尚供总管府、云需总管府、都护府）。[3]

关于上述诸官司及其职掌，以及定制之后主要官员及其品秩，兹胪列如下。但由于诸监是本稿论述的主题，此处暂予省略，当于后文详述。

36.2.1 三公

担任“以道燮阴阳，经邦国”之事，太师、太傅、太保各一员，正一品，银印，为无适当担任者则缺之官。

36.2.2 中书省

总揽行政的最高中央官厅。设有中书令（正一品，银印）一员，右丞相、左丞相各一员（正一品，银印），平章政事（从一品）四员，右丞、左丞各一员（正二品），参知政事（从二品）二员，等等。

36.2.3 枢密院

统辖军事的最高中央官厅。设有院使（从一品）一员，知院（从一

〔1〕《元史》卷110、111《三公表》一、二。

〔2〕苏天爵编：《元文类》卷40所载《经世大典》“官制”条。《元史》卷85《百官志一》。

〔3〕《元史》卷85至90、卷92《百官志》一、六、八。《新元史》卷55至61《百官志》一至七。

品)六员,同知(正二品)四员,副枢(从二品)、佥院(正三品)、同佥(正四品)、院判(正五品)各二员,等等。

36.2.4　御史台

掌管弹劾、黜陟之事的最高中央官厅。设有御史大夫(从一品)、中丞(正二品)、侍御史(从二品)、治书侍御史(正三品)各二员,等等。

36.2.5　六部

隶属于中书省的各部,其职掌如下所述。每个部各设有尚书(正三品)三员,侍郎(正四品)二员,郎中(从五品)一员,员外郎(从六品)三员,等等。

(1)吏部:掌管选授全国官吏的政令。

(2)户部:掌管全国户口、钱粮、田土的政令。

(3)礼部:掌管全国礼乐、祭祀、朝会、燕享、贡举的政令。

(4)兵部:掌管全国郡邑邮驿、屯牧的政令。

(5)刑部:掌管全国刑名、法律的政令。

(6)工部:掌管全国营造、百工的政令。

36.2.6　十五院

(1)翰林兼国史院。[1] 掌管朝廷编纂国史、起草敕牒等事。设有承旨(从一品)六员,学士(正二品)、侍读学士(从二品)、侍讲学士(从二品)、直学士(从三品)各二员,等等。

(2)蒙古翰林院。[2] 掌管根据蒙古文译写敕书及其他一切公文[为其他各种文字],以及颁降玺书时副以国字[蒙古文]之事。〔译者按:《元史·百官志三》:"蒙古翰林院……掌译写一切文字,及颁降玺书,并用蒙古新字,仍各以其国字(其他国家文字)副之",丹羽友三郎此处理解有误。〕设置承旨(从一品)七员为长官,其下设有学士、侍读学士、侍讲学士、直学士各二员,等等。品秩全都与翰林国史院相同。

---

〔1〕《元史》卷87《百官志三》:"翰林兼国史院,秩正二品"中之"正二品",《新元史》卷57《百官志三》作"从一品",不用说《新元史》是正确的。参照山本义隆教授:《关于元代的翰林学士[院]》,载《东方学》第11辑,昭和30年(1955年)十月。

〔2〕《元史·百官志》:"蒙古翰林院秩从二品"。"从二品"为"从一品"之误。

(3)集贤院。[1] 掌管儒教、道教等及全国教育机关的提调学校、征求隐逸、召集贤良之事。设有院使(正二品)一员,大学士(从二品)二员,学士(从二品)三员,侍读学士(从三品)一员,侍讲学士(从三品)一员,直学士(从四品)二员,等等。

(4)宣政院。掌管释教僧徒及吐蕃(西藏)境内军事、政治一切事务。设有院使(从一品)十员,同知(正二品)、副使(从二品)、佥院(正三品)各二员,同佥(正四品)、院判(正五品)各三员,等等。

(5)宣徽院。[2] 掌管供奉玉食。在院使六员之下,设有同知、副使、佥院、同佥、院判各二员,品秩同前。

(6)太禧宗禋院。掌管神御殿、朔望、岁时、讳忌、日辰、禋享、礼典。所设院使以下等官员数、品秩完全与宣徽院相同。[3]

(7)太常礼仪院。掌管宫廷的大礼乐、享祭、宗庙、社稷、封赠、谥号等事。设有院使(正二品)、同知(正三品)、佥院(从三品)、同佥(正四品)、院判(正五品)各二员,等等。

(8)典瑞院。掌管宝玺、金银符牌。设有院使四员,同知、佥院、同佥、院判各二员,等等,品秩同前。[4]

(9)太史院。[5] 掌管天文、历数之事。在院使(正二品)五员之下,设有同知、佥院、同佥、院判各二员,等等,品秩同前。

(10)太医院。掌管宫廷医事,调制奉御药物,领所属医职。在院使十二员以下,设有同知、佥院、同佥、院判各二员,等等,品秩同前。

(11)奎章阁学士院。其职掌为命儒臣为皇帝进讲经史之书,探究帝王的统治。在其长官大学士(正二品)四员之下,设有侍书学士(从二品)、承制学士(正三品)、供奉学士(正四品)各二员,等等。

(12)将作院。掌管金玉、珠翠、犀象、宝贝、冠佩、器皿之类的制

---

〔1〕《元史·百官志》:"集贤院秩从二品"。"从二品"为"从一品"之误,与前二者同。

〔2〕《元史·百官志六》:"宣徽院秩正三品"。"秩正三品"为"秩从一品"之误。《新元史·百官志四》作"秩从一品",是正确的。又,光禄寺(秩正三品)、尚舍寺(秩正四品)、阑遗监(秩正四品)隶属于此宣徽院。

〔3〕《元史·百官志》缺其品秩,《新元史·百官志》已补。

〔4〕典瑞院,以"院"为名仅有三年半时间。当以"典瑞监"的名称举出为妥当。

〔5〕《元史·百官志四》所载"秩正三品"是按照刚设立时的情况,似有误。

造,刺绣、段匹、纱罗等的织造。不掌管土木营缮之事。在院使(正二品)七员之下,设有同知(正三品)、同佥(正四品)、院判(正五品)各二员,等等。

(13)通政院。掌管驿站之事。在大都,院使(从二品)四员之下设有同知(正三品)、副使(从三品)各二员,佥院(正四品)、同佥(从四品)、院判(正五品)各一员等。在上都,设有院使、同知、副使、佥院、院判各一员等,品秩全都与大都相同。

(14)中政院。掌管有关中宫的财富、营造、供给等一切事。在长官院使(正二品)之下,设有同知(正三品)、佥院(从三品)、同佥(正四品)、院判(正五品)各二员,等等。

(15)储政院。担任辅佐皇太子之事。在长官院使六员之下,设有同知、佥院、同佥、院判各二员等官,品秩与中政院相同。而在没有皇太子时,该院归属于皇太后下称为徽政院。[1]

36.2.7　十寺

(1)武备寺。掌管制造武器及收受、供给。在长官卿(正三品)四员之下,设有同判(从三品)六员,少卿(从四品)、丞(从五品)各四员等。

(2)太仆寺。掌管收受、供给马匹及鞍辔的制造。在卿(从二品)二员之下,设有少卿(从四品)、丞(从五品)各二员等。

(3)尚乘寺。掌管皇帝的鞍辔、舆辇、马匹之事。在卿(正三品)四员之下,设有少卿(从四品)、丞(从五品)各二员等官。[2]

(4)长信寺[3]。掌管元世祖斡耳朵(后宫)的户口、钱粮、营缮等事。卿、少卿、丞等的员数、品秩与尚乘寺相同。

(5)长秋寺。掌管元武宗的五个斡耳朵。长官卿五员之下,设有少卿、丞各二员,品秩同前。

---

〔1〕关于典用、典医、典牧、典宝四监隶属于此储政院之事,详述于后。

〔2〕《元史》、《新元史》两书的《百官志》皆[误]作"[尚乘寺]秩从三品",而本文中以卿的品秩为"正三品"则是正确的。

〔3〕长信寺以下至延徽寺七寺为掌管各代皇帝斡耳朵的官衙,为元代特有。作为唐宋以来传统的寺,只有武备寺、太仆寺、尚乘寺三寺。

(6)承徽寺。掌管元仁宗的斡耳朵。设官员数、品秩完全与长秋寺相同。

(7)长宁寺。掌管元英宗的斡耳朵。卿六员之下,设有少卿、丞各二员等,品秩同前。

(8)长庆寺。掌管元成宗的斡耳朵。设有卿六员,少卿二员,丞二员,其秩也同前。

(9)宁徽寺。掌管元明宗的斡耳朵。设有卿六员,少卿四员,丞二员,品秩与长庆寺相同。

(10)延徽寺。掌管元宁宗的斡耳朵。设有卿、少卿等,品秩同前。

36.2.8 三司

(1)大司农司。掌管农桑、水利、学校、饥荒之事。在大司农(从一品)四员之下,设有大司农卿(正二品)、少卿(从二品)、大司农丞(从三品)各二员。

(2)详定使司。掌管审定四方进献之言,择其善者上达于皇帝之事。设置详定使(正三品)、副使(正四品)、掌书记(正七品)各二员,归中书官调用。

(3)崇福司。掌管也里可温人(基督教徒)及其教会的十字寺[基督教堂]祭享等事。设有司使(从二品)四员,同知(从三品)、副使(从四品)、司丞(从五品)各二员等。

36.2.9 五府

(1)大宗正府。所掌管的不仅有关宫廷的裁判、诉讼,而且包括蒙古人一般的裁判、诉讼,由札鲁火赤(断事官,从一品)四十二员构成,其下配有郎中(从五品)、员外郎(从六品)各二员作为辅助官。

(2)侍正府。掌管内廷近侍之事。在长官侍正(正二品)十四员以下,设有同知(正三品)、佥府(从三品)、侍判(正四品)各二员,并有奉御二十四员为其属员。

(3)尚供总管府。守护东凉亭行宫,掌管皇帝的游猎供需。设有达鲁花赤、总管(皆正三品)、同知(从四品)、副总管(从五品)、判官(正六品)各一员。

(4)云需总管府。掌管守护察罕脑儿行宫及行营供办之事。所设达鲁花赤等官及品秩、员数均与尚供总管府相同。

(5)都护府。掌领旧州城及畏吾儿人居于汉地者,有词讼则听之。设有大都护(从二品)四员,同知(从三品)、副都护(从四品)各二员。

36.3 元朝的诸监(一)

根据《元史·百官志》可知,元代设置有前列十二监。兹对各监职掌、设官员数、品秩及其沿革大要逐一叙述如下。

36.3.1 太府监

领左、右藏等库,掌宫廷内钱帛出纳之数。以太卿为长官(正三品),凡六员,其下设有太监(从三品)六员,少监(从四品)、丞(正五品)各五员,此外设有经历(从七品)、知事(从八品)、照磨各一员,属吏有令史八人,译史三人,通事、知印各一人,奏差四人。[1]

中统四年(1263年)始置。至元四年(1267年),为宣徽太府监,凡内府藏库悉隶之。八年五月,秩正三品。[2] 大德九年(1305年)七月,[3]改为院,升为秩从二品,参用宦者为院判。至大四年(1311年)复为监,[4]定置官员如上。

所属内藏库及左藏、右藏,各设有提点(从五品)四员,大使(正六品)、副使(正七品)各二员。

36.3.2 度支监

掌管供给马驼以刍粟。设有卿(正三品)三员,太监(从三品)二

---

〔1〕根据《元史》卷90《百官志六》"太府监"条。经历、知事的品秩,根据《新元史》卷61《百官志七》"太府监"条。但《新元史·百官志》省略令史以下至奏差的官吏。以下各监全都大体上与此相同。

〔2〕《元史》卷7《世祖本纪四》"至元八年五月己卯(十七日)"条有"升太府监为正三品"的记载,《新元史·百官志七》也有"八年升正三品"的记载。《元史·百官志六》作"八年升正二品"是错误的。

〔3〕《元史》卷21《成宗本纪四》"大德九年秋七月庚申(十六日)"条有"升太府监为太府院"的记载。

〔4〕《元史》卷24《仁宗本纪一》"至大四年三月"条有"是月帝谕省臣曰……又谕太府监臣曰……"的记载,由此可知至大四年三月已恢复了太府监。

员，少监（从四品）三员，丞（从五品）二员，经历二员，知事一员，提控案牍一员，照磨兼管勾一员；还有令史十四人，译史四人，通事、知印各三人，奏差四人，典吏五人隶之。

国初，设孛可孙。至元八年（1271 年），以重臣领之。十三年，以宣徽兼其任。至大二年（1309 年）九月，从尚书省请，废孛可孙，立度支院（秩正二品），设置使、同知、佥院、院判各二员。[1] 四年五月，改称为监（秩正三品）。[2]

36.3.3 利用监

掌管出纳皮货、衣物之事。设有卿（正三品）八员，太监（从三品）、少监（从四品）各五员，丞（正五品）四员；其下配置经历、知事、照磨、管勾各一员；还有令史八人，译史二人，通事、知印各一人，奏差六人，典吏二人隶之。

至元十年（1273 年）六月，改资用库为利用监。[3] 二十年一度撤销。二十六年五月恢复设置，品秩从三品。[4] 二十九年正月升为正三品。[5] 大德十一年（1307 年）七月，改为院（秩从二品）。[6] 至大四年（1311 年），恢复为监。

隶属于利用监的有资用库（秩从五品）、怯怜口皮局人匠提举司

---

〔1〕《元史》卷 23《武宗本纪二》"至大二年九月甲辰（二十五日）"条有"尚书言：每岁刍粟费钞五十万锭，请废孛可孙，立度支院，秩二品，设使、同知、佥院、佥判各二员。从之"的记载，《新元史·百官志》有"从尚书省请废孛可孙，改立度支院，秩正二品，设同知、佥院、院判等官"的记载，兹据前者补"使"，并依从后者将"佥判"订正为"院判"。

〔2〕参照《元史》卷 24《仁宗本纪一》"至大四年五月庚辰（九日）"条。

〔3〕《元史》卷 8《世祖本纪五》"至元十年六月甲午（十四日）"条及《新元史》卷 61《百官志七》"利用监"条有"改资用库为利用监"的记载。

〔4〕《元史》卷 90《百官志六》"利用监"条只记作"二十六年复置"。《元史》卷 15《世祖本纪十二》"至元二十六年五月己亥（二十一日）"条有"升利用监为从三品"的记载。《新元史·百官志七》夹注作"秩从三品"。

〔5〕《元史·百官志六》缺此项记载。《元史》卷 17《世祖本纪十四》"至元二十九年春正月癸卯（十日）"条有"升利用监正三品"的记载。《新元史·百官志七》也记有"升正三品"。

〔6〕关于大德了十一年改为利用院之事，《元史·百官志》缺载其品秩。《元史》卷 22《武宗本纪一》"大德十一年七月癸未（二十一日）"条记作"升利用监为利用院，秩从二品"。但与《新元史·百官志七》所载"升秩正二品"有矛盾。兹依从《元史》本纪。

（秩正五品）、貂鼠局提举司（秩从五品）及其他七局。[1]

在前述和田清博士编著的《中国官制发展史》上册中，在根据汉制叙述宫内官制之处，将度支监、利用监二监解释为正好是一个监，这是错误的。[2]

36.3.4 中尚监

掌管皇帝大斡耳朵位下怯怜口各种事务，管理资成库制毡，以供内府的账房、帟幕、车舆、雨衣之用。设有卿（正三品）八员，太监（从三品）、少监（从四品）、丞（正五品）各二员，经历、知事、照磨各一员，其下配置令史七人、译史三人、通事二人、知印二人、奏差五人。

至元十五年（1278 年）七月，改资成库为尚用监。[3] 二十年撤销，二十四年，改立为中尚监。三十年，分设两都滦河三库怯怜口杂造等九司局，归中尚监统辖。至大元年（1308 年）正月，升为院（秩从二品）。[4] 四年，恢复为监，参用宦者三人。

所属资成库（秩从五品），担任制毡。

36.3.5 章佩监

掌管御服、宝带。设有卿（正三品）五员，太监（从三品）四员，少监（从四品）、丞（正五品）各二员，经历、知事、照磨各一员；其下配置令史七人、译史二人、通事二人、奏差四人。

至元二十二年（1285 年）二月，升御带库为章佩监；[5] 二十八年五

---

〔1〕利用监所属库、司、局有十，即：资用库（秩从五品），怯怜口皮局人匠提举司（秩正五品），杂造双线局（秩从八品），软皮局，斜皮局，貂鼠局提举司（秩从五品），貂鼠局，染局，熟皮局（秩从七品）。貂鼠局提举司的品秩，《新元史·百官志七》作"正五品"，兹从《元史·百官志七》作"从五品"。

〔2〕和田清博士编著的《中国官制发展史》上册第 302 页上记载说："度支监（利用监）掌管供给马驼以刍粟。至大二年设立，一度称为利用监。监卿（正三品）八员外，有太监、少监五员，监丞四员等"。此处将《元史》卷 90《百官志六》对度支监和利用监的记载连在一起而产生了错误。前半根据度支监的记载，后半根据利用监的记载，将两者混淆起来．造成了混乱。

〔3〕《元史》卷 10《世祖本纪七》"至元十五年秋七月丙午（二十五日）"条及《新元史》卷 61《百官志七》"中尚监"条。

〔4〕根据《新元史·百官志》"中尚监"条作"秩正二品"，而根据《元史》卷 22《武宗本纪一》"至大元年春正月己卯（十九日）"条则作"秩从二品"。兹依从后者。

〔5〕参照《元史》卷 13《世祖本纪十》"至元二十二年二月壬戌（十九日）"条及《新元史·百官志七》"章佩监"条。

月，升为秩三品。[1] 大德十一年（1307 年）七月，升为院（秩从二品）。[2] 至大四年（1311 年），恢复为监（秩正三品），[3] 定置官员如上。至正十二年（1352 年），添置少监。[4]

御带库、异珍库（品秩皆为从五品）两库隶属于章佩监。[5]

36.3.6 经正监

掌管纳钵（蒙古军牧地）的行政，有词讼则治之。设有太卿（正三品）一员，太监（从三品）、少监（从四品）、丞（正五品）各二员，经历、知事各一员。此外有令史八人、译史四人。

至大四年（1311 年）七月始置，设监官五员，[6] 同年十二月增加监官至八员。[7] 其后定置官员如上。

36.3.7 都水监

掌管治理河渠、水利之事。在都水监（从三品）二员之下设有少监（正五品）一员，丞（正六品）二员，经历（从七品）、知事各一员，令史十人，蒙古必阇赤一人，回回令史一人，通事、知印各一人，奏差十人，壕寨十六人，典吏二人。

---

〔1〕《元史》卷 16《世祖本纪十三》"至元二十八年五月戊戌（二日）"条有"升章佩监秩三品"的记载。《元史》、《新元史》两《百官志》皆失载。

〔2〕据《元史 · 百官志六》"章佩监"条，升为院在"至大元年"，而据《新元史 · 百官志》"章佩监"条则为"大德十一年"之事。《元史》卷 22《武宗本纪一》"大德十一年秋七月癸亥朔"条有"升章佩监为章佩院，秩从二品"的记载，然则当为大德十一年七月一日之事。

〔3〕关于至大四年复称章佩监，《新元史 · 百官志》记其品秩作"从三品"，与前面开头处"章佩监秩正三品"矛盾。因此，当释作其时恢复为正三品。

〔4〕据《新元史 · 百官志》载，至正十二年有添置少监的诏旨，《元史 · 百官志》失载，《元史》卷 42《顺帝本纪五》"至正十二年秋七月庚寅（十九日）"条有"征西元帅斡罗为章佩添设少监，讨徐州。脱脱请亲出师讨徐州，诏许之"的记载。据此可知此次添设章佩少监，是为了讨伐徐州贼的临时措施。

〔5〕御带、异珍两库，皆设立于至元二十八年，各设置有提点三员、大使三员、副使二员，其品秩皆与资成库相同。

〔6〕《元史》卷 24《仁宗本纪一》"至大四年秋七月甲午（二十四日）"条有"置经正监，掌蒙古军牧地，秩正三品，官五员"的记载。《元史》、《新元史》两《百官志》"经正监"条记载为"至大四年置监。卿、太监、少监、并奴都赤为之，监丞流官为之"。

〔7〕参照《元史》卷 24《仁宗本纪一》"至大四年十二月辛未（五日）"条。

至元二十八年(1291年)设置。[1] 翌年二十九年三月起管辖大都河道提举司(品秩为从五品)。[2] 大德九年(1305年)十月升为正三品。[3] 延祐七年(1320年)三月,定为从三品。[4]

如前所述,大都河道提举司隶属于都水监。[5] 元末至正六年(1346年)五月,设立河南山东都水监,八年二月设立行都水监。[6]

36.3.8 秘书监

掌管宫廷所藏历代图籍及阴阳禁书。在长官卿(正三品)四员之下,设有太监(从三品)、少监(从四品)、丞(从五品)各二员,典簿一员,并配置有令史三人,知印、奏差各二人,译史、通事各一人,典书二人,典吏一人。还有作为属官的著作郎(从六品)、著作佐郎(正七品)、秘书郎(正七品)、校书郎(正八品)各二员,辨验书画直长(正八品)一员。

---

〔1〕从《元史》卷16《世祖本纪十三》“至元二十八年十二月乙丑(二日)”条“复都水监,秩从三品”的记载可知,以前也设立过都水监。

〔2〕《元史》卷17《世祖本纪十四》“至元二十九年春正月己亥(六日)”条记载说:“命太史郭守敬兼领都水监事。仍置都水监少监、丞、经历、知事,凡八员。”又,“三月壬子(二十日)”条记载说:“敕都水监分视黄河堤堰,罢河渡司。”从而可知,都水监设置于至元二十八年十二月二日,而实际上监官八员的任命则为翌年二十九年正月六日之事。而三月二十日之“分视黄河堤堰”似与“领河道提举司”相当。

〔3〕《元史》卷90《百官志六》“都水监”条记升为正三品于“大德六年”,《元史》卷21《成宗本纪四》“大德九年冬十月丁丑朔”条有“升都水监正三品”的记载,但根据旧内务省地理局编纂的《三正综览》,同年十月朔日为甲戌,因而丁丑相当于四日。又,《新元史·百官志》“都水监”条记作“大德九年”。

〔4〕《元史》卷27《英宗本纪一》“延祐七年三月戊戌(十九日)”条记载说:“……蒙古国子监、都水监、尚乘寺、光禄寺,并从三品。”

〔5〕大都河道提举司(秩从五品)中,设有提举(从五品)、同提举(从六品)、副提举(从七品)各一员。

〔6〕关于河南山东都水监及行都水监,《元史》卷92《百官志八》记载说:“河南山东都水监,至正六年五月,以连年河决为患,置都水监,以专疏塞之任”:“行都水监,至正八年二月,河水为患.诏于济宁郓城立行都水监。十一年十二月,立河防提举司,隶都水监,掌巡视河道,从五品。十二年正月,行都水监添设判官二员。十六年正月,又添设少监、监丞、知事各一员。”据《新元史·百官志》,“河南山东都水监”作“河南山东提水监”,行都水监“品秩同都水监”,据此则河南山东都水监及行都水监的品秩皆与都水监相同,似皆为从三品。

又,据《元史》卷41《顺帝本纪四》,河南山东都水监的设置为至正六年五月丁酉(二十日)之事。关于行都水监的设立,“至正八年二月”条记载说:“是月……诏济宁郓城立行都水监,以贾鲁为都水。”

至元十年(1273年)正月设置,监、丞皆由大臣奏荐,选用世家名臣子弟担任。[1] 大德九年(1305年)七月升为正三品,给银印。[2] 延祐元年(1314年),定置卿四员,参用宦者二人。

36.3.9 司天监

掌管历象之事。其官员由汉人构成。在长官提点(正四品)一员之下,设有司天监(正四品)三员,少监(正五品)五员,丞(正六品)四员,知事一员,并配置有令史二人,译史一人,通事兼知印一人。还有作为属官的提学、教授、学正、天文科管勾、算历科管勾、三式科管勾、测验科管勾、漏刻科管勾各二员(皆从九品),阴阳管勾一员,押宿官二员,司辰官八员,天文生七十五人。[3]

中统元年(1260年),根据金旧制建立司天台,设置官属。至元八年(1271年)增设上都行司天台,十五年二月另外设置太史院,与司天台并立,颁布历法之事归太史院,设立学校则隶属于司天台。[4] 至大元年(1308年)三月,升正四品。[5] 延祐元年(1314年)十一月,改司天台为司天监,升为正三品。[6] 七年三月,又恢复为正四品。[7] 还有,至正八年(1348年)六月,曾在上都设立司天台。[8]

---

〔1〕《元史》卷90《百官志六》、《新元史》卷61《百官志七》"秘书监"条皆作"至元九年置",而《元史》卷8《世祖本纪五》及《新元史》卷9《世祖本纪三》"至元十年春正月丁卯(十三日)"条则皆记有"立秘书监"。兹依从本纪。

〔2〕《元史》卷21《成宗本纪四》"大德九年秋七月癸丑(九日)"条有"升秘书监、拱卫司并正三品"的记载。

〔3〕《新元史》卷61《百官志七》"司天监"条缺"令史二人……通事兼知印一人"及"天文生七十五人"。又,"提学"作"提举"。今姑且依从《元史》卷90《百官志六》"司天监"条。

〔4〕《元史》卷10《世祖本纪七》"至元十五年二月壬午(二十九日)"条有"置太史院,命太子赞善王恂掌院事"的记载。

〔5〕《元史》卷22《武宗本纪一》"至大元年三月戊寅(十九日)"条记载说:"升太史院秩从二品,司天台秩正四品。"又,《元史》卷90《百官志六》"司天监"条误记此事在"皇庆元年"。

〔6〕《元史》卷25《仁宗本纪二》"延祐元年十一月壬子(二日)"条有"升司天台为司天监,秩正三品,赐银印。"

〔7〕《元史》卷27《英宗本纪一》"延祐七年三月庚子(二十一日)"条记载说:"降……给事中、阑遗监、尚舍寺、司大监,并正四品。"

〔8〕《元史》卷41《顺帝本纪四》"至正八年六月丙戌(二十一日)"条及《新元史·百官志》"司天监"条。

36.3.10 回回司天监

掌管观象衍历之事。官员由回回人构成。设有长官提点一员，司天监三员，少监、丞各二员，品秩与司天监相同。还配置有知事一员，令史二员，通事兼知印一人，奏差一个。并有作为属官的教授、天文科管勾、算历科管勾、三式科管勾、测验科管勾、漏刻科管勾各一员，阴阳人十八人。[1]

元世祖[未即位]以前，回回星学者札马剌丁等以学艺被留用，当时还没有设立官署。至元八年(1271 年)正月，始设回回司天台(秩从五品)，以札马剌丁为提点。[2] 十七年设立行监。皇庆元年(1312 年)升回回司天台秩正四品。[3] 延祐元年(1314 年)十一月，升为回回司天监(秩正三品)。[4] 二年，命秘书卿提调监事。四年，又恢复为正四品。

36.3.11 司禋监[5]

掌管祭祀祈禳之事，秩正三品。设有内监、少监、监丞各二员，知事一员，译史、令史、奏差各二名。

至元六年(1269 年)始设置。至大元年(1308 年)一度撤销。至大

---

〔1〕《新元史》卷62《百官志七》"回回司天监"条缺"通事兼知印一人，奏差一人"，"三式科管勾一员"，"阴阳人十八人"。

〔2〕《元史》卷7《世祖本纪四》"至元八年七月壬戌朔"条有"设回回司天台官属，以札马剌丁为提点"的记载。在《新元史・百官志》中，"札马剌丁"记作"札马丁"

〔3〕《元史》卷24《仁宗本纪一》"皇庆元年五月己酉(十四日)"条有"升回回司天台秩正四品"的记载，并无改台为监的记载。《元史》、《新元史》两《百官志》记改为监，于此时是从与司天监均衡考虑，未可肯定。又，参照下面"延祐元年"条。

〔4〕《元史・百官志六》有"延祐元年，升正三品，置司天监"的记载。《新元史・百官志七》作"延祐元年，升正三品"。与前面皇庆元年条"改为监"联系起来看，可认为应削除"置司天监"四字。然而从官员构成、品秩升进等整个说来逊于司天监的回回司天监不能认为比司天监早二年就已升格为监。因此根据《元史》卷25《仁宗本纪二》"延祐元年十一月壬子(二日)"条的记载，似应认为司天台升为司天监的时间也就是回回司天台升为回回司天监的时间。

〔5〕根据《元史》卷92《百官志八》以及《新元史》卷61《百官志七》"司禋监"条。《元史・百官志》缺"[顺帝]至元六年……恢复设置，后又撤销"的记载，《新元史・百官志》缺"译史、令史、奏差各一名"。

四年闰七月恢复设置后，第二年皇庆元年(1312年)八月又撤销。[1]又，元顺帝至元六年(1340年)春正月恢复设置，二月撤销，[2]翌年至正元年(1341年)十二月依据元世祖故事又恢复设置，给四品印。不久，升为正三品。[3]

36.3.12 艺文监[崇文监][4]

掌管以蒙古语译儒书等事。设有长官太监(从三品)二员，检校书籍事；少监(从四品)二员，同检校书籍；监丞(从五品)参校书籍事二员、典簿(正七品)、照磨(正八品)各一员。又有令史四人，译史一人，怯里马赤[通事]一人，奏差二人，典吏三人属之。

天历二年(1329年)八月始置，[5]后至元六年十二月改称崇文监。翌年至正元年(1341年)五月，隶属于翰林国史院。[6]

其所属有监书博士(秩正五品)、艺林库(秩正六品)、广成局(秩从七品)，皆设置于天历二年，掌管鉴定书画、贮藏印造书籍。[7]

---

[1]《元史》卷23《武宗本纪二》"至大三年春正月庚寅(十二日)"条有"立司禋监，秩正三品，掌巫觋，以丞相厘日领之"的记载，又《元史》卷24《仁宗本纪一》"至大四年闰七月戊午(十九日)"条又有"复置司禋监"的记载。据此所载，也许是在至大三年恢复设置后不久即撤销，至大四年又恢复设置。

[2]《元史》卷40《顺帝本纪三》"至元六年春正月甲戌(二十一日)"条有"立司禋监，奉太祖、太宗、睿宗三朝御容于石佛寺"的记载，二月丁未(二十四日)条有"罢司禋监"的记载。

[3]《元史》卷40《顺帝本记三》"至正元年十二月"条记载说："是月，复立司禋监"。关于升为正三品之事，不详。

[4]根据《元史》卷88、92《百官志》四、八及《新元史》卷59《百官志五》。唯《新元史·百官志》缺"令史四人……典吏三人"。

[5]《元史》卷33《文宗本纪二》"天历二年八月乙巳(二十一日)"条记载说："立艺文监，秩从三品，隶奎章学士院。又立艺林库、广成局，皆隶艺文监。"可见艺文监起初隶属于奎章阁学士院。

[6]《元史》卷40《顺帝本纪三》"至正元年五月戊申(二日)"条记载说："以崇文监属翰林国史院"。而《元史》卷92《百官志八》记载说：崇文监，"至正元年三月，奉旨，令翰林国史院领之"，以为其年三月事。本稿依从本纪，以为在其年五月。

[7]监书博士，由朝臣之博识者担任；设有博士(正五品)二员，书吏一人。艺林库，设有提点(正六品)、大使(从六品)、副使(正七品)各一员，库子二人，本把二人。广成局，设有大使(从七品)一员，副使(正八品)一员，直长(正九品)二员，司吏二人。据《元史·百官志》，艺林库秩从六品，其提点从六品，大使、副使正七品；本稿依从《新元史·百官志》。又，广成局的品秩，《元史·百官志》作"秩七品"，《新元史·百官志》作"秩正七品"，实际上当以"大使一员从七品"为准，作"秩从七品"。

36.4 元朝的诸监(二)

前述十五院中的典瑞院,至元十八年(1281 年)正月作为典瑞监开始成立。二十六年后的大德十一年(1307 年)十月改为典瑞院,至大四年(1311 年)三月又恢复为典瑞监。这中间仅有三年半时间。而根据《元史》卷九十《百官志》六的记载,作为诸监举出者之中,有五监在一定期间也各有院的名称。而且作为院为期最短的度支院为二年(至大二年至四年),中尚院为三年(至大元年至四年),利用院、章佩院各为四年(大德十一年到至大四年),太府院则为六年(大德九年到至大四年)。这些院与典瑞院相同,全都在至大四年改为监。可是尽管把这五院算作监,《元史》卷 88《百官志》四上却唯独把典瑞院留下算作院,这不得不说实在太不均衡、不合理了。典瑞院应当作为典瑞监举出为宜。兹仿照前述诸监,记述典瑞监的职掌、官员、品秩及其沿革。

36.4.1 典瑞监

掌管宝玺、金银符牌。

作为典瑞院,在院使(正二品)四员之下,设有同知(正三品)、佥院(从三品)、同佥(正四品)、院判(正五品)各二员,还有经历(从五品)、都事(从七品)各二员,照磨兼管勾承发架阁库(正八品)一员,令史、译史各四人,知印、通事各一人,宣使四人,典吏三人。

中统元年十二月.设符宝郎二员。[1] 至元十六年(1279 年)立符宝局,给六品印。十七年,升为正五品。十八年正月,改为典瑞监(秩正三品),[2]二十年降为正四品,省掉卿二员。二十九年四月,恢复为正三品,仍置卿二员。[3] 大德十一年(1307 年)十月,升为典瑞院(秩

[1]《元史》卷 4《世祖本纪一》"中统元年十二月乙巳(十二日)"(1261 年 1 月 21 日)条有"立仪凤司,又立符宝局及御酒库、群牧所"的记载。

[2]《元史》卷 11《世祖本纪八》"至元十八年春正月丙辰(十九日)"条有"改符宝局为典瑞监,收天下诸司职印"的记载。

[3]《元史》卷 17《世祖本纪十四》"至元二十九年夏四月己卯(十七日)"条有"复典瑞监三品"的记载。

从二品)。[1] 至大四年(1311年),又改为典瑞监。无附属官。从改为典瑞监(秩正三品)起,与其他诸监相同,设有卿、太监、少监、丞。[2]

除了这些独立的诸监外,还有隶属于集贤院的国子监,隶属于蒙古翰林院的蒙古国子监,隶属于翰林兼国史院的回回国子监,隶属于宣徽院的阑遗监,以及隶属于储政院的典用、典医、典牧、典宝四监。兹将这些诸监概述如下。

36.4.2 国子监

与国子学皆掌管儒道等汉学的教学,由德尊望重者任其事。

至元初,[3]以许衡为集贤馆大学士、国子祭酒,教国子生。选蒙古大姓四怯薛人员、七品以上朝官子孙为国子生,随朝三品以上官也可推举。还有一般俊秀子弟人学,作为陪堂生伴读。至元二十四年(1287年)闰二月,开始设立国子监。在祭酒(从三品)一员之下,设有司业(正五品)二员,监丞(正六品)一员,还设有典簿(从七品)一员,令史二人,译史、知印、典吏各一人。[4] 至大元年(1308年),升为正三品,延祐七年(1320年)三月降为从三品,夏四月又升为正三品,[5]后来又恢复为从三品。

36.4.3 蒙古国子监

与蒙古国子学皆掌管蒙古文字的教习。

在祭酒(从三品)一员、司业(正五品)二员、监丞(正六品)一员之下,有令史、必阇赤、知印各一人。

---

[1]《元史》卷22《武宗本纪一》"大德十一年十月壬寅(十一日)"条有"升典瑞监为典瑞院,秩从二品"的记载。

[2]《元史》卷24《文宗本纪一》"至大四年三月己丑(十七日)"条有"复典瑞院为典瑞监"的记载,《新元史·百官志五》也记载了此诏旨。关于典瑞监官员及其品秩不详,从院降为监的度支、利用、章佩等诸监的情况可作为参考。

[3]根据《元史》卷87《百官志三》"国子监"条。《新元史》卷57《百官志三》"国子监"条作"至元二年"。

[4]《元史·百官志》将至元二十四年事记作"至元十四年",并缺"典簿一员"品秩。根据《新元史·百官志》,此为"至元二十四年"事,"典簿一员"品秩从七品。又,关于至元二十四年之事,见于《元史》卷14《世祖本纪十一》"至元二十四年闰二月乙丑(四日)"条。

[5]参照《元史》卷27《英宗本纪一》"延佑七年三月戊戌(十九日)"条、"四月乙卯(六日)"条。

至元十四年(1277 年),开始设立监,设有司业一员。二十九年按照汉人国子监之例,设置祭酒、司业、监丞。延祐四年(1317 年),升为正三品。七年三月降为从三品。[1] 后,定置官员、品秩。

36.4.4 回回国子监

掌管教授波斯语及阿拉伯语之事。

官员、品秩似以国子监、蒙古国子监为准,详情不明。延祐元年(1314 年)设立,七年废止。[2]

36.4.5 阑遗监

掌管不阑奚人口、头匹诸物。

在太监(正四品)一员、少监(正五品)二员、监丞(正六品)二员之下,设有知事(从八品)一员、提控案牍(从九品)一员以及令史五人、译史一人、知印兼通事一人、奏差五人。[3]

至元二十年(1283 年)二月,开始设立阑遗所(秩正五品),[4] 二十五年三月,改为阑遗监(秩正四品)。[5] 大德十一年(1307 年)八月,品秩升为正三品。[6] 至大四年(1311 年)降为正四品,接着恢复为正三品。延祐七年(1320 年)三月,第三次仍为正四品。[7]

36.4.6 典用监

掌管供须、文成、藏珍三库,内府供给段匹、宝货等物。

---

〔1〕关于延祐七年降为"为从三品",见《元史》卷 27《英宗本纪一》"延祐七年三月戊戌(十九日)"条。

〔2〕《新元史 · 百官志三》将回回国子监的设立记于皇庆二年(1313 年)。兹依从(元史)卷 25《仁宗本纪二》"延祐元年夏四月己酉(二十六日)"条。

〔3〕《新元史 · 百官志四》缺"令史五人……奏差五人"。

〔4〕《元史》卷 12《世祖本纪九》"至元二十年二月己酉(二十四日)"条有"升阑遗监秩正五品"的记载,同书《百官志三》作秩九品。《新元史 · 百官志》作秩正五品,是正确的,但"阑遗所"误作"阑遗监",根据《元史》百官志、本纪的记载可知其误。

〔5〕《元史》卷 15《世祖本纪十二》"至元二十五三月庚寅(五日)"条有"改阑遗所为阑遗监,升正四品"的记载。

〔6〕阑遗监升为正三品的时间,《元史 · 百官志》作至元二十八年,《新元史 · 百官志》作大德十一年。《元史》卷 22《武宗本纪一》"大德十一年八月丙辰(二十四日)"条有"升阑遗监秩三品"的记载。

〔7〕参照《元史》卷 27《英宗本纪一》"延祐七年三月庚子(二十一日)"条。

在卿(正三品)四员之下,设有太监(从三品)、少监(从四品)各二员,丞(从五品)一员,并配置有经历(从七品)、知事(从八品)、照磨(正九品)各一员。[1]

至大元年(1308年)设立。[2] 天历二年(1329年)五月复置,而以其三库隶属于内宰司。[3]

36.4.7 典医监

领东宫太医,修合供进药饵,即管理皇太子之侍医。

在达鲁花赤(正三品)二员之下,设有卿三员,太监、少监、丞各二员,经历、知事各一员,品秩全都与典用监相同。还有吏属十八人。

至元十九年(1282年)十月,设立典医署(秩从五品),三十一年五月,改为掌医署,接着废止。大德十一年十二月,作为典医监(秩正三品)恢复设立。[4] 至大四年(1311年)四月废止。[5] 泰定四年(1327年),作为署恢复设立。天历二年(1329年)五月,又改为典医监(秩正三品)。

隶属于该监者有一司二局,即:广济提举司(掌管修合药饵以施给贫民之事)、行典药局(掌管供奉皇太子药饵事)、典药局(掌管修制皇太子药剂之事)。

36.4.8 典牧监

掌管牧养、繁育畜群之事。

设有卿、太监、少监、丞各二员以及经历、知事、照磨各一员,品秩全都与前[典用监]相同。

---

〔1〕《元史》卷89《百官志五》"储政院"条缺官员品秩,据《新元史》卷60《百官志六》"詹事院"条补。

〔2〕《元史》卷22《武宗本纪一》"至大元年二月壬寅(十二日)"条记载设立詹事院之事时,述及典用监伴随该院而设立。

〔3〕《元史》卷33《文宗本纪二》"天历二年五月丙子(二十日)"条有"改储庆使司为詹事院……除……典宝、典用、典医等官"的记载。

〔4〕《元史》卷22《武宗本纪一》"大德十一年十二月庚戌(十九日)"条有"升皇太子典医署为典医监,秩正三品"的记载。

〔5〕《元史》卷24《仁宗本纪一》"至大四年四月癸丑(十二日)"条有"罢典医署"的记载。

还有吏属十六人隶属于该监。[1]

大德十一年(1307 年)九月设立,后来撤销。[2] 天历二年(1329 年)五月,再次设立。[3]

36.4.9 典宝监[4]

掌管皇太子册宝。

设有卿、太监、少监、丞各二员,以及经历、知事、照磨各一员。品秩全都与前[典用监]相同。还配置有吏属八人。

至元十九年(1282 年)十月,设立典宝署(秩从五品),翌年二十年升为正五品。三十一年五月撤销。[5] 大德十一年(1307 年)六月恢复设立,十月改为典宝监,品秩升为正三品。[6] 接着,至大四年(1311 年)撤销后,延祐四年十二月恢复设立,设置有官员八员,七年六月又撤销。[7] 泰定元年(1324 年)二月恢复设立,天历元年(1328 年)十月撤销,二年五月恢复设立,同年八月又撤销。[8] 至正十三年(1353 年)三月又恢复设立。如上来回设置、撤销的情况是根据皇太子的有无而定的。

这样,在元朝作为独立的监,在至正元年(1341 年)五月时,除去艺文监隶属于翰林国史院外,有太府、度支、利用、中尚、典瑞、章佩、经正、

---

〔1〕关于照磨、吏属,《新元史·百官志》失载。

〔2〕《元史》卷 22《武宗本纪一》"大德十一年九月丙子(十五日)"条有"置皇太子位典牧监,秩正三品"的记载,此为始置。同书卷 24《仁宗本纪一》"至大四年冬十月壬辰(二十五日)"条"置群牧监,秩正三品,掌兴圣宫位下畜牧"则为表明典牧监撤销的记事。

〔3〕据《元史》卷 33《文宗本纪二》"天历二年五月丙子(二十日)"条推知。

〔4〕《元史·百官志五》在储政院所属四监中,将此典宝监记于其他三监之后,《新元史·百官志六》则最先记述此监。

〔5〕参照《元史》卷 18《世祖本纪十五》"至元三十一年五月己巳(二十日)"条。

〔6〕《元史》卷 18《武宗本纪一》"大德十一年六月戊午(二十六日)"条有"置皇太子家令司、府正司、延庆司、典宝署、典膳署"的记载,又,十月乙未(四日)条有"升典宝署为典宝监,秩正三品"的记载。

〔7〕《元史》卷 26《仁宗本纪三》"延祐四年十二月乙巳(十三日)"条有"置詹事院从一品……设官……典宝监八员"的记载,又,卷 27《英宗本纪一》"延祐七年六月丁丑(三十日)"条记载的"内宰司、延庆司、甄用监,复为正三品"表明典宝监被撤销。

〔8〕《元史》卷 33《文宗本纪二》"天历二年五月丙子(二十日)"条有"改储庆使司为詹事院……除……典宝、典用、典医等官"的记载,而同年八月庚戌(二十六日)条中有表明其撤销的记事。

都水、秘书、司天、回回司天、司禋共十二监。除此之外，可知还有隶属于翰林国史院的回回国子监和艺文监，隶属于蒙古翰林院的蒙古国子监，隶属于集贤院的国子监，隶属于宣徽院的阑遗监，以及隶属于储政院的典用监、典医监、典牧监、典宝监等。

36.5 元朝诸监的特点

根据以上所述，可知在元朝设立过什么样的监。元代的这些诸监可举出如下特点：(1)监的绝对数非常多；(2)各监的长官原则上为多员制；(3)官员人数多；(4)品秩一般较高；(5)有隶属于“院”的诸监和不隶属于“院”的诸监；(6)再三进行官制变革，在名称改变时，品秩也一起升降；(7)与此相伴随，官员也屡屡增减。[1]

首先说第一，监的数目显著地多。与唐的五监（国子监、少府监、将作监、军器监、都水监）、宋的六监（国子监、少府监、将作监、军器监、都水监、司天监）、辽的七监（秘书监、司天监、国子监、太府监、少府监、将作监、都水监）以及金的六监（秘书监、国子监、太府监、少府监、军器监、都水监）等历代诸监相比，在元代有前述十二监及院所属九监，实际上总数多达二十一监。

其次，尽管各监长官也有一员的情况，但不如说这是例外，各监长官以多员制居多。这与唐、宋、金制度中各监长官以单员制作为原则，显示出大为不同。例如，在少府监的场合下，唐制：监一人，少监二人，丞四人，主簿四人；宋代元丰官制：监、少监、丞、主簿各一人；金制：监、少监各一员，丞二员。又如都水监，唐制：在使者二人之下，设有丞二人、主簿一人；宋代元丰官制：使者一人；丞二人，主簿一人；金制：监、少监各一员，丞二员。唐代都水监的长官为使者二员制，是全部[唐代官制]中的例外中的例外，这是由于欠缺副长官之故。宋制和金制严格遵守长官一员制。与这些朝代相比，元代如何呢？经正监的长官太卿，

〔1〕参照黎杰教授著：《元史》（全一卷）第二篇《元代法制述略》第一章“职官制度”第一节“中央官制”所述中央组织大略情形及中央各机构的职掌，尤其是第128、134页。

司天监、回回司天监长官提点都是一员。还有,隶属于集贤院、蒙古翰林院、翰林国史院的国子监、蒙古国子监、回回国子监的长官也各一员,隶属于宣徽院的阑遗监的长官也是一员。除此七监以外的十四监中,长官全都是多员制。而在最多的利用监、中尚监的场合,卿八员;其次太府监,太卿六员;章佩监,卿五员;秘书监、典用监,卿四员。又其次,度支监,卿三员;典医监,达鲁花赤二员,卿三员;司禋监,内监二员;典牧、典宝两监,卿各两员,

第三,在唐制中长官以下到主簿为止的官员,大体上达到十人。在宋制中常作四至五人。而在金制中,监、少监配以一至二人。与它们相比,元代长官以下官员数具有多的特点。除典瑞监的情况不明外,其他诸监的情况如下:长官以下到丞为止的官员以太府监最多,达到二十二员;其次利用监达二十一员;这两个监显著地多。中尚监十四员,章佩监、司天监各为十三员。至于吏属也确实达到了记载之数。

第四个特点是监的品秩原则上为正三品,一般较高。除艺文监、国子监、蒙古国子监、回回国子监四监为从三品,阑遗监一监为正四品外,全都是正三品。宋、辽之制不定。与唐之监原则上为从三品,金之监原则上为正四品相比,可知元代的监总的说来给与了高的品秩。[1]

第五,有隶属于院的监和不隶属于院的监。艺文监、回回国子监两监隶属于翰林院,蒙古国子监隶属于蒙古翰林院,国子监隶属于集贤院,阑遗监隶属于宣徽院,典用、典医、典牧、典宝四监隶属于储政院。其他十二监不隶属于其他院,作为独立的中央官厅存在。官厅间的统属关系的复杂性,可以说也是元代官制的一个特点。

第六,由于屡次官制改革,屡次设立、撤销,来回升降,在诸监中,有从最初就作为监设立的,也有从“库”、“所”、“署”等升格的。其中有升为院、寺的,还有降为监等情况,屡屡设立、撤销,有升有降,相互间分离、合并。还有,诸寺之中有最初称为监的。如武备寺,最初为军器监,

---

〔1〕参照《大唐六典》卷21至23,《旧唐书》卷44《职官志三》,《新唐书》卷48《百官志三》,《宋史》卷165《职官志五》,《辽史》卷47《百官志三·南面》,《金史》卷56《百官志二》的记载。

接着又称为武备监;太仆寺也曾称过尚牧监。[1]

此外,伴随着这些官制变革,各监中的官员也就增减。还有,由于财政及其他各种情况,也有裁减官员的事,诸监中也常常可看到官员的变化。这也是元代诸监的一个特点。

36.6 在元朝诸监中所看到的各个特点的缘由——代替结束语

在元朝的中央官制中,与十四院、十寺、三司、五府一起存在的有十二个独立的监,此外还有隶属于院的九个监。上面已举出了这些监的特点为:监数多,长官原则上为多员制,官员数多,其品秩比历代高,官制屡次变革,来回设立、撤销、升降,与此相伴官员也常常增减等(这不只是诸监的特点,可以说也是通用于整个元代官制的特点。关于这事,将于另稿中详细论及)。它们的这些特点终究有什么起因吧。

不用说,元朝是由蒙古民族建立的一个征服王朝。根据蒙古、色目、汉、南等级制度森严及达鲁花赤制等可看出,[2]元朝的官制具有应当看做被蒙古民族军政统治恒久化的东西的性质。官厅数和官员数之多也是由于内容的分化,这与它们的品秩普遍地高相结合,作为与征服民族蒙古族自我优待政策相联系的东西,也是行之当然的。达鲁花赤制是由于补充原封不动的现成统治组织,在其上又设置了达鲁花赤,可以说是重叠的统治体系,作为其他方法,用长官多员制来强化统治体制。这也都成为元代中央官制的一个特点。

因此长官数剩余得多,官员数与历代相比过多。这似乎是大体上的原因吧。这里被想到的事有作为蒙古人固有统治方法的合议制与分担制,以及轮流值班制。可说是为了适用而将作为他们本来的统治

---

〔1〕参照《元史》卷90《百官志六》,《新元史》卷61《百官志七》,"武备寺"、"太仆寺"条。

〔2〕参照箭内亘:《元朝社会的三阶级(色目考)》,载《满鲜地理历史研究报告》第三辑,大正五年(1916年)十二月;《蒙古史研究》第263~360页,以及拙稿:《关于达鲁花赤的一些考察——尤其是关于其任务及设置理由》,载《三重法经》第五号,昭和31年(1956年)三月。

方式的合议制和分担制、轮流值班制导入了汉式官厅。这样想来，在这个框子里是容易容纳进参差不齐的长官多员制和官员数量多的情况的吧。[1]

官厅数非常多，复杂多歧，整体上看来呈现出缺乏体系般的形态，不能不认为这是由于蒙古民族绝对数量少，组织体系化能力差，但其根本原因不如认为是由于与成了农耕民族的汉民族不同，蒙古游牧民族就是那样地表达思想的吧。

如前所述的蒙古、色目、汉、南的等级制度乍看起来虽然等级森严，实际上是非常有通融性的，有许多例外被容许，可说绝非受汉人的反作用。[2] 还有，一方面对于对皇帝的不敬罪和有关军国重事的罪（即内乱罪、私藏兵器罪、辱职罪、逃亡罪四种罪行）处以重刑，另一方面对于其他的罪全都处以轻刑，考虑起来合乎所谓元代的轻刑主义。[3] 蒙古民族以其所具有的这些“胸襟开宽”之处，有时在处理面对的事情时适宜地作出了官制。在那方面有时作出整体统一很重要。还有，膨胀了的制度有必要加以紧缩。在皇帝更替了时，财政遇有困难，也成为很好的反省机会。这样的事来回发生，也就不能不屡次出现官制改革。

36.7 余论

元代的诸监，正如在叙述各监的沿革时所明确的，不用说它们是

---

〔1〕元代有以忽里勒台闻名的部族会议（国会），其合议制与由中书省、枢密院、御史台、翰林院集议约会之制有关，还进而与长官多员合议制有关。由以怯薛闻名的蒙古宫内官制中所见到的分担、轮流值班制度可认为与宣徽院以下的官制大体上一致，它还可从御史台官员的任务的分担与分班分巡等制度中推察到。

参照箭内亘：《关于蒙古的国会即忽里勒台》（大正六年四至七月）及《元朝怯薛考》（大正五年十月），载箭内亘：《蒙古史研究》第211～262，361～449页，和田清博士编著：《中国官制发展史》上册第298～303页，岩村忍博士：《元典章刑部研究》，宫崎市定：《宋元时代的法制与裁判机构》，《东方学报》京都第二十四册，昭和29年二月，拙稿：《元代监察官制的特点》（《三重法经》第十七号，1966年）、《关于元代地方监察官的分巡》，载《名古屋商科大学论集》第10卷，昭和41年（1966年）三月。

〔2〕参照箭内亘：《元朝社会的三阶级》绪言“汉人的恬静与理由”条。

〔3〕参照拙稿：《关于元代刑法的一些考察——尤其是关于它的轻刑主义》，载《三重法经》第一号，昭和28年（1953年）三月。

一个个逐渐设立起来的,绝不是一下子全部设立齐全的。而且只论诸监是行不大通的,与其他诸院、诸寺、诸司等联系起来同时论述似是很重要的。笔者十分想对那方面加以补充,但限于篇幅,那方面的详细的论述就不得不让给别的机会了。因此这里只对元代的设置情况,对各种各样院、寺、监、司的设立、撤销、分离、合并、升格、递降的次序作一概述。

作为元代院、寺、监、司、府等的官府,元世祖中统元年(1260 年)时只有太医院和太常寺,四年增设太府监。由此逐渐增设起来,到征服南宋结束的至元十五年(1270 年)时,翰林国史院、蒙古翰林院、总制院、宣徽院、太史院、通政院六院,太常寺、光禄寺二寺,军器监、宣徽太府监、利用监、尚用监、秘书监、司禋监、蒙古国子监七监,以及大宗正府,都已有了。还有,至元七年至十四年还有过大司农司。设置到这个程度,除名称有所不同外,比较起来是与历代相近的。

到元世祖、成宗交替的至元三十一年时,有翰林国史院、蒙古翰林院、集贤院、宣政院、宣徽院、太史院、太医院、将作院、通政院、詹事院(徽政院)十院,太常寺、武备寺、太仆寺、尚乘寺、光禄寺五寺,典瑞监、尚舍监、宣徽太府监、利用监、中尚监、章佩监、都水监、秘书监、司禋监、阑遗监、国子监、蒙古国子监十二监,大司农司、崇福司二司,大宗正府、都护府二府,其数倍增至三十一。

而到元武宗至大元年(1308 年)时,实际上有翰林国史院、蒙古翰林院、集贤院、宣政院、宣徽院、太常礼仪院、典瑞院、太史院、太医院、卫尉院、长信院、太府院、度支院、利用院、中尚院、章佩院二十二院,尚舍寺一寺,都水监、秘书监、司禋监、国子监、蒙古国子监、典用监、典医监、典牧监、典宝监九监,大司农司、崇福司二司,大宗正府、都护府二府,合计达到三十六。寺数少,当时有大部分称为院的特点。因此,其品秩除寺、监的正三品外,都升为从二品以上。官府升格、品秩提高,可说是决定于这时。这种异常的体制不能完全长期继续,从至大二年至三年起,就有恢复大德十年(1306年)制度的议论了。[1]

于是,在元武宗之后的仁宗于至大四年三月即位时,向百司下诏:以前升品秩者,全都恢复至元旧制。[2] 还有,撤销通政院、中政院、詹事院三院,恢复设立太常寺、武备寺、太仆寺、尚乘寺、长信寺五寺及典瑞监、太府监、度支监、利用监、中尚监、章佩监六监新设经正、司禋两监。这样地改订了品秩时,官府数不但一点也没减少,反而还增加了。作为延祐二年(1315年)的诸官府有翰林国史院、蒙古翰林院、集贤院、宣政院、宣徽院、太常礼仪院、太史院、太医院、将作院、通政院、中政院、崇福院十三院,武备寺、太仆寺,尚乘寺、长信寺、长秋寺、尚舍寺六寺,太府监、度支监、利用监、中尚监、章佩监、经正监、都水监、秘书监、司天监、回回司天监、典瑞监、阑遗监、国子监、蒙古国子监、回回国子监十五监,大农司一司,尚供总管府、云需总管府、都护府三府,总数为三十八,略有增加。

随后即位的元英宗对此加以修改。延祐七年,撤销回回国子监,将崇福院恢复为崇福司,诸官品秩除七品以下外,全都递降一等。[3]

在此以后,至治元年(1321年)设立承徽寺,三年设立长宁寺,泰定元年(1324年)设立长庆寺,天历元年(1328年)设立太禧院。这个太禧院,第二年天历二年改称太禧宗禋院。这一年还设立了奎章阁学士院、艺文监及宁徽寺。至顺二年(1331年)新设立了侍正府。

元顺帝至元六年(1340年)时,又设立了延徽寺,撤销了太禧宗禋院、奎章阁学士院,并将艺文监改称为崇文监。第二年至正元年时,成立宣文阁,以代替奎章阁,并设立了司禋监,将崇文监隶属于宣文阁。其后,至正十七年设立了详定使司。于是,这时有十三院、十寺、十五

[1]参照《元史》卷23《武宗本纪二》"至大二年冬十月癸酉(二十四日)"条:"尚书省臣言:比来柬汰冗官之故,百官俸至今未给,乞如大德十年所设员数给之,余弗给。从之。""至大三年三月己卯朔"条:"枢密院臣言:国家设官分职,都省治金谷,枢密治军旅,各有定制。迩者尚书省弗遵成宪,易置本院官,令依大德十年员数闻奏……有旨令枢密院如旧制设官十七员。"

[2]参照《元史》卷24《仁宗本纪一》"至大四年三月丁酉(二十五日)"条。元仁宗即位于此年三月十八日。

[3]参照《元史》卷27《英宗本纪一》"延祐七年三月庚子(二十一日)"条。元英宗即位于此年三月十一日。

监、三司、五府，总数多达四十六。[1]

（译自《法制史研究》第 20 辑，1971 年 3 月，第 111～131 页。）

---

〔1〕作为与元代的院、寺、监、司、府相当的官府，唐代有九寺（太常寺、光禄寺、卫尉寺、宗正寺、太仆寺、大理寺、鸿胪寺、司农寺、太府寺）、五监（国子监、少府监、将作监、军器监、都水监），宋代有九寺（与唐制相同）、六监（唐之五监加上司天监），辽代南面官设有八寺（与唐、宋九寺相比缺一太府寺，光禄寺作崇禄寺）、七监（秘书监、司天监、国子监、太府监、少府监、将作监、都水监），而金代设有十一院（国史院、翰林学士院、审官院、宣徽院、谏院、弘文院、登闻鼓院、登闻检院、记注院、集贤院、益政院）、二寺（太常寺、大理寺）、六监（秘书监、国子监、太府监、少府监、军器监、都水监）、三司（劝农司、司农司等司）。

元代的十寺之中，原来就是寺的，只有武备寺、太仆寺、尚乘寺三寺，其他掌管斡耳朵（后宫）之事的寺为元代特有的寺。这样看来，在元代，原来就是寺的诸寺很少，设置院较多，还可看到司农司制度，等等。因此元制与金制的类似性是显著的。整个地看来，唐、宋、辽（南面官）三代的制度共同性很多，而与金制颇为不同，而且可看到元制受到金制的强烈影响。

明清蒙古史编

37 达延汗后裔世系表笺注

〔美〕塞瑞斯

37.1 导言

这里所研究的世系表,曾于1936年作为萧大亨《北虏风俗》(《国学文库》第29编)的附录首次刊布,[1]并曾被收入我的刊载在《华裔学志》(Monumenta Serica)第10卷(1945年)第117~208页上的论文《北虏风俗》中(世系表从第165页起至208页止)。这些世系表之刊布于《华裔学志》上,是很不令人满意的,因为首先译文就不能令人满意,其次由于战时纸张的缺乏只好将这些表这样不适当地加以刊布,给这些表作注是件相当麻烦的工作。

因为这些表是明朝后期蒙古史的重要史料,所以看来有必要重新译过。在中日战争时期(1937—1945年)我所未能用到的、可以说明许多重要情况、订正表中若干年代的某些新材料,这里都已用上了。

在《北虏风俗》一书中所载的世系表是一个包括达延汗及其11个儿子的后裔6代(并有第7代后裔的不多几个名字)的一个长表。为便于对这个长表作注,我将这个长表分为10个表,实际上这与我1945年所采取的分法是一样的。看来,最合理的安排是便于作注,即便各部分在长度上稍有些参差不齐。达延汗有几个儿子的子孙比另一些儿子的子孙要多得多。

这里预先说一下,表四(阿勒坦汗后裔)和表五(乌新—达尔罕—

〔1〕见傅吾康(W. Franke):《明史重要汉籍资料初释》1948年,第57页,注169。

拉卜克·台吉后裔)也见于《三云筹俎考》卷2第25叶a至34叶a。[1]在此书中我们看到了许多不同的读法和若干衔号。同书中,还有一份被授予中国军衔的蒙古人名单,任命年代自1571年起到1613年止,所列的若干人名也见于世系表上。《三云筹俎考》偶尔还指出被任命者的死亡年代。

《北虏风俗》附录的世系表的准确年代还不能确定。这个表无疑是从类似于萨刚彻辰抄录在他的《珍宝史纲(蒙古源流)》[2]上的鄂尔多斯王公名单的一份蒙古人名表译成汉文抄录的。世系表上所出现的最晚的年代为1592年。当然这也就意味着世系表的制成稍晚于1592年。同时,《北虏风俗》世系表上的阿勒坦汗的一个儿子沙赤星,据表载仍还活着,而《三云筹俎考》的相应部分上却注明(卷2第32叶b)他已经死了;同书另一叶(第22叶a)上则告诉我们说,沙赤星死于1595年8月。由此我们可以推断,《北虏风俗》附录的世系表产生于1592年至1595年之间,同时《三云筹俎考》的表上的年代则自1595年起。还须注意,《三云筹俎考》上出现的最晚的年代为1613年,再将所指出的五路把都儿的死同《万历实录》加以比较,我们可推定《三云筹俎考》的表晚于1614年。

我们不知道世系表的作者是谁。他可能是个中国官员,但他是自己动手编制此表的呢,还是按照政府的命令编制此表的呢?这可又是一个无法回答的问题。此外,有许多名字是按照蒙古口语形式复制出来的,以至使人获得一个印象:这些名字是从一份书面的蒙古世系表上读出来并有一个蒙古人进行口头解释而写成的。蒙古贵族家庭都

[1]万历(1573—1620年)末年王士琦撰。见傅吾康:《明史重要汉籍资料初释》,第57页,注173。

[2]施密特:《东蒙古人及其王家史》,第204~209页。《珍宝史纲》曾被译成满文(海涅什:《萨刚彻辰蒙古史的满文本》,据北京故宫木刻本再版,莱比锡,1933年;我并未使用此书),并于1789年从满文译成汉文,标题作《蒙古源流》。沈曾植(1853—1922年)和张尔田加以广泛注释的一个本子,即《蒙古源流笺证》(1931年版),包含有许多值得注意的材料。近年来,刊印了4种《蒙古源流》的抄本,即:海涅什:《萨刚彻辰的蒙古史著作的库伦抄本》(柏林,1955年);《额尔德尼一因·托卜齐:《萨刚彻辰撰写的蒙古编年史》,有田清波的考证序文和柯立甫写的编纂者前言,共4卷(马萨诸塞州剑桥出版)。

仔细地保存着世系表,并经常注明年月,看到这种世系表并进行抄录是不太难的。我们看到,本人是博尔济锦氏族成员、成吉思汗后裔的萨刚彻辰曾利用过这种世系表,还有许多别的人,如《蒙古世系谱》的作者,也都曾利用过这种世系表。

出现在表中的蒙古人名的转写根本没有遵循一个清晰和前后统一的系统。尽管许多人名不难认识,但只要做得到,我就将汉字拉丁化后把相当的蒙语添加在括号里。某些人名疑惑不决,某些人名则完全不能辨认。经常出现于蒙古人名中的 ta(大)字,相当于蒙语音节-dai/-dei,[1]在这种情况下我常用拉丁字母拼作 tai,而不作 ta。由于下列事实,人名的转写问题进一步复杂化了:除 ta/tai 外,我们还发现有“带”、“太”甚至“打”和“答”这样的字,后两个字可能误取了 ta 值,用来代替了 ta(大)。看一眼表中所列的300 个人名,马上能使读者确信:许多人名只是蒙古语音的不严谨的、有缺欠的翻译,其中包含有许多讹误。但无论如何很有可能,这些生疏的写法并非全由于表的汉文转写者所造成的错误所致,有可能某些蒙古人在某些时候以其真名的生疏讹音被当做另外的人为中国人所知。

许多蒙古人在不同史料中有两个以上的名字,这就造成了辨认人名和识辨包含词干的人名上的另一个困难。蒙古人不仅可以有两个以上的名字,而且还以诨名或衔号比他们的本名更为人们所熟知。如 dargan、üijeng, dayičing 等都确是衔号,却经常用作人名,这在世系表中和许多明代的其他著作中可以找到许多例子。

此外,因为有许多蒙古人以同一名字为人们所知,在某些情况下就难以确定汉文史料中所指的是哪个人。

---

[1]ta(大)字有一个古代读音作 tai。参阅高本汉:《汉语和汉日分析辞典》,第 275 页,注 952。在若干现代语言中 tai(=tä)的发音仍然保存了下来。

世系表中所列出的许多人在瞿九思的《万历武功录》[1]中有简传或至少在该书中曾叙及过；但由于有这么多人在不同史料中以不同名字被叙及，即便尚非不能，这也就又难以确定在《万历武功录》或其他史料中与表中的人名相当的该是哪个人名。

除唯一例外，世系表中没有列出女儿们。此外，大多数蒙古王子有好几个妻子，并且正如我们在后文中所看到的，他们的儿子数通常都多得惊人。另一方面可见，凡是生卒年月可靠的蒙古王公许多人都特别短命。

在下面这些表中，每一个人都标以醒目的数字。兄弟们通常可在同一直栏中找到，他们的父亲的名字则可在其左栏中找到。

编写下面这些表所列人物的完备的传记是一项远远超出本书研究范围的任务。尽管如此，我还是尽可能试着叙述有关这些人物的少数最重要的事件，并指出可以找到更多记载的地方。

在另一些著作中载有类似的世系表。我认为，其中以巴德利《俄国、蒙古、中国》第1卷（伦敦，1919年版）末尾所附的世系表为最佳。《皇朝藩部要略》末卷所载的表是从清朝兴起时统治蒙古诸部的蒙古王公们开始，《蒙古游牧记》[2]上的系谱的注释也是从清朝开始。

---

〔1〕见傅吾康：《明史重要汉籍资料初释》，第40页，注107。《武功录》论述蒙古王公和首领们的第7—14卷，曾收在《国学文库》第20，24、34和38编中，在北京刊印过（1935—1936年）。此书记载中国所有各地起义造反者的前6卷没有被收载，这显然是由于出版者对满人和蒙古人的事件更感兴趣，但他们没能注意到第1卷《宣大镇·史二官、车达鸡列传》也是论述蒙古首领的。此书的每一篇同列朝正史一样，称作一个列传。可是，《万历武功录》对蒙古王公们所作的简传只是广义的传记。这些简传实际上倒不如说是那些王公们同中国人的关系的概述，只能看到中国人的观点。我们经常在这些简传中见到有关中国官员和士兵的记载比有关蒙古人的还要多。尽管如此，《万历武功录》还是包含了有关16世纪蒙古人的许多有趣记载。不过，材料是从别的来源取得的，有时是漫无目的地编纂成的。许多事实和人物看来有所夸张和失实，必须谨慎地加以审查。取自别的书上的引文往往断章取义，《万历武功录》的语言也常不很清楚。有时难以理解其观念的序列。

〔2〕1859年刊行。上海商务印书馆1939年版，《国学基本丛书》中的一册，全书标记的页数是连续的。

表一 歹颜哈(达延汗)11 子

歹颜哈(达延汗)11 子(见注 1)	萨刚彻辰书中的相应名字(见注 2)
(1)铁力摆户。	(1)Toro- bolod(图噜博罗特)。
(2)五路士台吉。不嗣。	(2)Ulus- bolod(乌鲁斯博罗特)。
(3)赛那剌 。	(3)Bars- bolod(巴尔斯博罗特)。又名 Sayin-alagh(赛音阿拉克)。
(4)我折黄台吉。	(4)Arsu- bolod(阿尔苏博罗特)。
(5)阿赤赖台吉。	(5)Wačir- bolod(瓦齐尔博罗特)。
(6)纳力不剌台吉。	(6)Alču- bolod(阿勒楚博罗特)。
(7)那力不赖台吉。	(7)Ara- bolod(阿喇博罗特)。
(8)称台吉。	(8)Gere- bolod(格哷博罗特)。
(9)克列兔台吉。不嗣。	(9)Geretu- bolod(格哷图博罗特)。
(10)五八山只台吉。	(10)Ubasanja(乌巴伞札)又名 Ubčighun- cing tayiji(乌卜齐衮青台吉)。
(11)格列山只台吉。	(11) Geresanja tayiji(格哷散札台吉)。

37.2 表一笺注

注 1:达延汗的 11 子。 在《北虏风俗》上,达延汗的 11 个儿子也是脱离主表列出的。

萨刚彻辰在其《蒙古源流》(施密特书第 180 ~ 181 页等多处)常写作"Dayan- qaghan";又名《成吉思汗传》的《黄金史》第 6 页写出他的全名为 Batu- möngke- sayin- dayanqaghan,新《黄金史》(卷 2 第 164 页,蒙古抄本第一种,哈佛燕京学社,马萨诸塞州剑桥,1952 年)作 Batu-möngke- dayun qaghan。萨刚彻辰书的汉文译本转写作汗(qan)。此处译写 qa[n]之译音"哈"也是以读作"qan"为根据的。

《黄金史》上找到的"dayun"这个写法,从理论上说,是一个较好的写法,因为它更接近于原形。在萨刚彻辰编年史的施密特本(第 180 ~ 181 页)原文上,我们找到了对这个名字的解释:"她说道'他可以统治 Dayan 人民',于是她称他为'Dayan- qaghan'。""Dayun""Dayan"都是

"大元"即中国的蒙古王朝名称的转讹,"大元"译成蒙语作 Dai-ön。例如,见柯立甫:《1362 年的汉蒙文碑铭》,《哈佛亚洲学报》第 12 卷第 62 页第 1 行和第 83 页:"Daiön yeke Monggholulus"(大蒙古国,大元)。又见科特维奇:《中亚史方面的贡献》,载《东方学年鉴》(Rocznik Orient)第 15 卷,第 163 页。

关于达延汗的生活年代,不同著作家的看法有相当大的出入。按照萨刚彻辰(施密特书第 154~155、174~177 页),达延汗的先辈满达古勒(Mandaghul)生于 1426 年,1463 年当可汗,1467 年去世。又名《成吉思汗传》之《黄金史》第 93 页及新《黄金史》卷 2 第 153 页与萨刚彻辰相同。《水晶念珠(Bolurerike)》[1] 记载他的在位年代为 1460 到 1463 年。

满达古勒死后,萨刚彻辰叙述了 1470 年巴延蒙克博勒呼济农(Bayan-möngke-bolqu-jinong)19 岁(按照西历为 18 岁)时被永谢卜氏族的一群共谋者杀死。这个巴延蒙克是哈尔固察克(Qarghučagh,满达古勒之侄)与齐齐克拜济(čečeg -beyiji,额森太师之女)的儿子。萨刚彻辰没有明确地说,巴延蒙克曾为可汗;实际上,由于他称他为济农(或副王),[2] 看来他从未当过可汗。另一方面,萨刚彻辰在记叙时从满达古勒可汗进到巴延蒙克,在他之后又进到其子巴图蒙克(或达延可汗),按照萨刚彻辰所记年份,暗示着巴延蒙克从 1467 到 1470 年也曾是可汗;否则就很可疑。另一些史料也让达延可汗之父当了可汗。[3] 在这两种《黄金史》中,他都被称为济农—可汗。可是,这些年份并不正确。这就无疑地认可了达延汗之父也君临了一个短时期,并且我们马上就要讨论几条汉文史料上的另外的证明。但我们先需对蒙文史料上的达延汗的年代稍加审议一下。

---

[1] W. 海西希:《水晶念珠》,喇锡朋素克编撰于乾隆时(1774/75 年)的蒙古编年史,1946 年,第 87 页。

[2] 济农(jinong)是源于汉语"郡王"的一个借词,见《通报》第 38 卷(1948 年)第 81~292 页伯希和的论文《明史中的火者与赛亦得忽辛》第 106 页注 41。又见《蒙古游牧记》第 6 卷第 118 页。据《水晶念珠》(海西希本第 87 页)说,将济农衔号封给巴延蒙克的是满达古勒。

[3] 海西希:《水晶念珠》,1463—1466 年,第 88 页;又名《成吉思汗传》的《黄金史》第 97、100 页和新《黄金史》卷 2,1467—1470 年,第 154, 157 页。

我们在萨刚彻辰书上读到,巴图蒙克或后来所称呼的达延可汗生于 1466 年,1470 年被宣布为最高统治者,1543 年他 78 岁(按照西历为 77 岁)时在蒙元王朝之后第一次统一了全蒙古(如果不算世纪中叶额森太师的武力统一的话)以后去世了(施密特书第 180 ~ 181 页,194 ~ 195 页)。按照《蒙古源流》的一个鄂尔多斯抄本以及满文和汉文本,他生于 1464 年(田清波:《蒙古源流序》,《蒙古抄本》第 2 种第 1 卷,第 4 页)。我们在《蒙古世系谱》(1939 年版第 9 页,此书以蒙古史料为根据写成)上发现了一个小的分歧点,作者在该书中推算了达延汗一定是在 1475 年开始统治的。同一作者告诉我们说,他的统治延续了 74 年,他活到 80 岁(按照西历为 79 岁。同上书第 20 叶 b)。因此,他的统治一定是从 1475 年延续(+74)到 1549 年,他必定是生于 1470 年。

另一些蒙文著作添加了更多的资料。《水晶念珠》(海西希书第 88、89、93 页)所表达的看法为:达延汗生于 1461 年,他于 1467 年即位,死于 1504 年。看来仿佛《水晶念珠》的作者喇锡朋素克(Rasipungsugh)取材于《黄金史》或编写《黄金史》时所利用的另一些较老的史料。新《黄金史》(卷 2 第 164 页)说,他于猪年(1467 年)7 岁时开始统治。7 岁按照西历为 6 岁;因此,达延汗生于 1461 年。《黄金史》接着说,他的统治只延续了 37 年(新《黄金史》卷 2,第 175 页;《成吉思汗传》第 119 页);这也就是说他死于 1504 年 44 岁时。

如果萨刚彻辰(和《蒙古世系谱》)以及两种《黄金史》和《水晶念珠》所载的这两组年代难以调和一致的话,这两组年代目前就没有一组能与汉文年代调和一致的。

就所涉及的年代而言,汉文史料较蒙古编年史上所载的年代要可靠些,翻检一下当时的汉文史料就使我们深信,蒙古人把达延汗的统治年代(以及他的直接先辈的统治年代)过于提早了。蒙古著作家的满达古勒(Mandaghul)在汉籍中作满都鲁(= Mandūl)。他从 1472 年或1473年起被叙及，他一定统治到1479或1480年。[1] 如果巴延蒙克博勒呼济农在满达古勒之后君临了三年的话，那就必须从1479/80年起到1482/83年他被伊斯玛伊勒(Ismail)太师杀害止(《水晶念珠》，海西希本第88页；又名《成吉思汗传》之《黄金史》第100页，新《黄金史》卷2第159页)。

《北虏风俗》(第29页；《华裔学志》第10卷第161页)上说达延汗是小王子之子。在明代，"小王子"一词用来称呼蒙古大可汗(参阅《美国东方学会会刊》第76卷，1956年，第85页)。按《北虏风俗》的作者所载，达延汗之父也曾是蒙古地区的统治者，但中国人显然不知道他的名字。郑晓在《皇明北虏考》[2]（第48页)上说，满都鲁死后，把秃猛可或巴图蒙克为"王"，他同其他首领一起时常向中国派遣使团。弘治(1488—1505年)初，把秃猛可死，其弟伯颜猛可(巴延蒙克)继立。这个巴延蒙克在一封致明廷的书信中自称"大元大可汗"(《明史》卷327第14叶a；《明纪》第204叶b)。在蒙古历史上巴延蒙克(博勒呼济农)是父亲，巴图蒙克为子，中国史料则把他们当作兄弟，巴图蒙克为兄，先当了可汗，巴延蒙克为弟，为其继承者。

这里，我倾向于采取蒙古的说法：巴延蒙克博勒呼济农为父亲，他从1479/80年统治到1488年，巴图蒙克为子，他从1488年起实行统治，并自称为"达延可汗"(< Ta-Yüan[to]K'o-han 或大元[大]可汗)。

"博勒呼"也见于汉籍中。在《成化实录》第190卷第5叶b、第6叶a(1479年)(田村实造：《明实录抄·蒙古篇》第4册，第429、430页)上我们读到，满都鲁或满达古勒当了可汗。有个孛鲁忽(Bolqu)先被指定当可汗，但他推辞了，让他的一个年轻的叔祖满都鲁当了可汗。

---

〔1〕《明纪》，第182页c，189页a，190页b。关于《明纪》，见傅吾康：《初释》，第79页。关于满都鲁的年代，又见傅吾康：《1368至1634年明代东蒙古史》第二编，《增补和勘误》，1949年，第48~50页，以及拙作：《略论十五世纪的几个蒙古统治者》，载《美国东方学会学报》，卷76(1956年)，第82~89页。

〔2〕《国学文库》第45编，1937年。《皇明北虏考》成书于1552年。见傅吾康：《初释》，第17页。《万历武功录》卷7第18页上有同样的记载，我们在那上面读到"可汗"两字，代替了"王"字。

按照萨刚彻辰,巴延蒙克博勒呼济农之父确为满都鲁之侄。这样,“孛鲁忽”就很可能是我们的“博勒呼”。按照蒙古著作家,巴延蒙克博勒呼济农是被伊斯玛伊勒(海西希书第88页)刺杀的。可是,按照《明史》卷327第13叶a、b所载,孛罗忽(孛鲁忽)被当时的太师和西面最有势力的首领乩加思兰(Beg-arslan)杀死。亦思马因(伊斯玛伊勒)不久除掉了他,取得了他的职位。由于乩加思兰与亦思马因两人都据有同一职位(太师——译者注),这就不难理解,为什么蒙古人把博勒呼的谋杀者称为伊斯玛伊勒,而中国人则称作乩加思兰。

汉籍上还叙及了一位孛鲁乃,某些学者认为孛鲁乃也就是孛罗忽。[1] 可是,那里留下了一个把孛罗忽和巴延蒙克博勒呼济农视为同一人的反对理由。《明史》上把孛罗忽之死放在1472年和1480年之间,按照其他汉籍所载,“巴图蒙克”(实为巴延蒙克博勒呼济农)统治到1488年为止。傅吾康(《增补和勘误》第49页)根据孛罗忽于1478—1479年仍被叙及,反对孛罗忽之早死。《成化实录》确曾于1479年追溯往事时叙及了他,但并未说他当时仍活着。M. Tchang的《中国历史年表》(上海1905年版,第427~430页)认为,满都鲁统治到1487年为止(这是不正确的),巴延蒙克(我们的达延汗)从1488年统治到1516年(这也是没加证明的)。

总之,有关达延汗的史料极其混乱,几乎不可能把所有各方面都弄清楚并满意地使蒙古史料和汉文记载一致起来。

对“达延”这一名称作最后的注视时,我们见到另一些可汗也采用了这个名称。在某些情况下,这个名称甚至成了汗以外的其他人们所拥有的普通名称。例如,16世纪末的一个土默特王公就叫达延诺颜(施密特版《蒙古源流》第226~227页),在本表中我们也会遇到几个“达延”。

注2:萨刚彻辰(施密特书第182~183,196~197,204~205页)按如下次序列出了达延可汗的11个儿子:(1)和(2)图噜博罗特和乌鲁

[1]见傅吾康:波科季洛夫的《明朝东蒙古史(1368—1634年)》第二编,《增补和勘误》,第48、49页。

斯博罗特,这对双生子生于 1482 年。被指定继承父位的图噜博罗特死于 1523 年;这是他的当了大可汗的儿子。世系表中所用的译写的汉字(铁力)可视为蒙语 töre 之转写。乌鲁斯博罗特当了西部三个万户[1]的济农或副王。可是,乌鲁斯博罗特被叛乱的王公们所杀害,他没有留下后裔。(3)巴尔斯博罗特·赛音阿拉克,[2]生于 1484 年。1512 年,他继承了其兄乌鲁斯西三万户济农之位。(4)阿尔苏博罗特鸿台吉,其封地为七土默特。(5)和(6)阿勒楚博罗特和瓦齐尔博罗特,这对双生子生于 1490 年。阿勒楚博罗特继承了中部五喀尔喀(Qalqa),瓦齐尔博罗特(《蒙古源流笺证》卷 5 第 31 叶 a 作斡齐尔,即瓦齐尔)继承了察哈尔的克什克腾(Kesigten)。(7)阿喇博罗特,他继承了察哈尔的浩齐特(Qaghučid)。关于他的名字中的 Ara 被代以 al 的读音,见注 140。这 7 个人系同母所出,称为七博罗特或"七块钢"。在不同史料中我们发现有 bolod 和 bolad 两种音读。新《黄金史》(卷 2 第 164 页)上以 bolad 最多见,这是原形。(8)格哷博罗特台吉,生于 1482 年,其封地为察哈尔之敖汉(Auqan)和奈曼(Naiman)。在新《黄金史》(卷 2,第 164 页)上,他的名字写作 Ger - bolod。(9)格哷散札台吉,[3]他继承了后方七喀尔喀。(10)乌巴伞察台吉〔鄂尔多斯抄本 A(第 172 页)和 B(153 页)和库伦抄本(第 62, 63 页)作 Ubasanja-čing tayiji〕,他继

---

〔1〕西三万户为:(1)鄂尔多斯,(2)十二土默特,(3)包括永谢卜、阿苏特和喀喇沁等部的一支。东三万户为(1)察哈尔,(2)喀尔喀,(3)兀良哈。见札木察喇诺:《十七世纪的蒙古编年史》,1936 年,第 68 ~ 69 页;罗文达尔英译本(《亚洲学研究》第 3 卷)第 49 页。又见田清波:《鄂尔多斯口头资料》,1937 年,第 7 页,田清波:《蒙古源流序》,《蒙古抄本》第 2 种卷 1,第 2 页。傅吾康:《增补和勘误》,第 53 页没有列出阿苏特部。

〔2〕他有一孪生姊妹图罗勒图公主(《蒙古源流笺证》卷 5 的 30 叶 b 作图噜勒图公主),海西希本《水晶念珠》第 93 页作格根公主。至于巴尔斯博罗特之名,施密特本常作巴尔萨博罗特。鄂尔多斯 B 抄木(《蒙古抄本》第二种卷 3,第 152 页第 13 行)作巴尔斯博罗特,后来又常作巴尔苏博罗待。别的鄂尔多斯抄本及海涅什刊印的库伦抄本作巴尔苏。《源流笺证》卷 5 第 30 叶 b 上的汉译作伯尔色,卷 6 第 14 叶 b 上又作巴尔斯,看来为 Bars 之转写,而非 Barsu 或 Barsa。符拉基米尔佐夫:《蒙古社会制度》第 154、174 页(米谢尔·卡尔索夫法译本第 199、224 等页)作巴尔斯博拉特赛音阿拉克。在我看来 Bars(虎)为正确的拼写。可是,新《黄金史》卷 2 第 164 页等多处作 Barsu。

〔3〕《蒙古源流笺证》卷 6 第 1 叶 a 作格哷森札。他的全名为格哷散札札赉尔鸿台吉。见《蒙古游牧记》卷 3 第 82 页。鲍培:《喀尔喀蒙古语法》,1951 年,第 2 页作 Geresendze dzalair xongtaid-zi。

承了阿苏特和永谢卜。可能这两个部落已经从指定给巴尔斯博罗特的西三万户分出来了。(11)格哷图台吉,[1]生于1491年,他死后无后裔。

世系表上的这11个人名有几个可以没有困难地辨认和证实。(1)铁力摆户当然就是东蒙古地区蒙古人的大可汗们的祖先图噜(或图呼)博罗特。(2)五路士即没有留下后裔的乌鲁斯。不过,五路士是维吾尔语 uluš,而非蒙语 ulus 的转写。这两个人名见表二。(3)塞那剌为通常称作巴尔斯博罗特的,鄂尔多斯和土默特蒙古王公的祖先赛音阿拉克。《嘉靖实录》第251卷第2叶 b、第3叶 a 转写作谡阿郎,《万历武功录》第7卷第1页也作此名("谡"可能是 sai 的音讹)。蒙古字的尾音-gh 和-d 在转写为汉语时很少译出。不过,有时蒙语的尾音-agh,汉语用带尾音-ang 的字来转写。例如,蒙语 baghsi 转写作汉语"榜实(pang-shih)"。赛音阿拉克及其后裔见表三、四、五、六、七、八。(4)我折黄台吉,关于此人名萨刚彻辰的编年史中什么也没有给我们留下。但在汉文表中记载说,他的儿子的营地叫多罗土蛮或 Dolō(n)-tümen,即七土默特。根据萨刚彻辰,继承"七土默特"的为阿尔苏博罗特墨尔根鸿台吉。"黄台吉"是源于汉语"皇太子"的蒙语 qung-tayiji 的转写。见表九注124。(5)阿赤赖。这3个字表示蒙语 Očir、Wačir。此即瓦齐尔博罗特。见表十注138。(6)纳力不剌和(7)那力不赖,按照发音实际上是一样的,"不剌"和"不赖"都是蒙语 bolod 的讹写。如注139所阐明的,那力不剌是阿勒楚博罗特,纳力不赖是阿剌博罗特。进一步的详细考证则见注140。(8)称台吉相当于格哷博罗特。见注141。(9)克列兔当然就是萨刚彻辰的 Gerertü(施密特的写法)或 Garudi 或 Keretü(如果世系表的汉文转写正确的话。他没有留下后裔,这一点本表与萨刚彻辰一致)。见注142。(10)五八山只,根据读音来判断,只能是萨刚彻辰书中乌卜齐衮青台吉的另一个名字乌巴伞察。见

[1]《蒙古源流笺证》卷6第1叶 a 作格哷图,施密特本采取了同样写法,但另一些著作上写作 Garudi。见海西希:《水晶念珠》第93页。新《黄金史》卷2第164页作 Geretü,但又名《成吉思汗传》的《黄金史》第106页写作 Garudai,当然表示的是 Garudi,《蒙古世系谱》第19叶 b 也写作噶鲁帝。

注 143。(11)格列山只只能是喀尔喀王公格呼散札(Geresanja 或 Geresenje)。见注 144。

表二　图噜博罗特之后裔

1. 铁力摆户(图噜博罗特)。故。子二。			
12. 不地台吉。在宣府镇东北驻牧,与蓟镇相连,离边约一月程。不贡市。故。子五。(注 3)	14. 打来素台吉。故。子四。(注 4)	21. 土蛮台吉。故。子一。(注 5) 22. 昆都力庄兔台吉。(注 5) 23. 大成台吉。(注 5) 24. 威正打儿汗台吉。(注 5)	28. 不彦七庆台吉。子十。(注 6)
	15. 可可出大台吉。(注 7) 16. 汪兀都剌台吉。(注 8) 17. 公兔台吉。(注 9) 18. 那赛兔台吉。(注 9)。	25. 那木大黄台吉。(注 10)	
13. 也密力台吉。故。子二。(注 10)	19. 挨大笔失台吉。子一。(注 10)		
	20. 卑麻台吉。子二。(注 10)	26. 秃文都剌儿台吉。(注 11) 27. 也辛威正台吉。(注 11)	以上各酋俱与不地台吉同驻牧。
2. 五路士台吉。不嗣。			

37.3　表二笺注

注 3:图噜博罗特长子不地(Bodi)台吉。　达延汗死于 1543 年(或 1549 中:《蒙古世系谱》;见注 1),其长子图噜博罗特则早在 1523 年就死去了,萨刚彻辰(施密特书第 196 ~ 197 页)告诉我们,图噜博罗特的儿子博迪(不地)台吉或博迪阿拉克(Bodi - alagh)可汗继承了他。博迪可汗生于 1504 年,从 1544 年统治到 1547 年。他活了 44 岁

(按照西历为43岁)。萨刚彻辰和《蒙古世系谱》(第21叶b)都说他在位凡四年,即1544到1547年。

我们在《黄金史》上发现了若干不同之点。我们在该书上读到,达延汗去世时,由于博迪还很年轻,他的叔父巴尔斯博罗特篡位实行统治。后来,博迪统治了东三万户后,他去到装有成吉思汗遗体的八白帐前,对巴尔斯博罗特的非法统治表示强烈抗议。巴尔斯博罗特退走了,于是博迪台吉成了最高可汗(新《黄金史》卷2第176~177页;《成吉思汗传》第122页)。博迪可汗在位凡二十四年,他死于羊年(1547年为羊年,但这里显然是指另一个羊年即1535年)七月十日。《黄金史》所载他的在位年代如此之长的原因是《黄金史》所载达延汗在位年代远较萨刚彻辰编年史为短。另一方面,汉文史料证实了《黄金史》所述,但为巴尔斯博罗特后裔萨刚彻辰沉默地略掉的巴尔斯博迪特的"非法"统治。我们已讲过当时中国人把大可汗称作"小王子",而达延汗被称作"小王子"。我们在《皇明北虏考》第51页上读到,"小王子"(这里是指达延汗)有3个儿子,长子阿尔伦被叛乱者杀害。次子阿著代替他的年岁太小的兄子开始实行统治。这些名字与我们从蒙古史上所知的联不起来,但无可怀疑,这个阿著肯定就是巴尔斯博罗特。《万历武功录》第七章第1页说他就是阿勒坦汗之父赛音阿拉克,即巴尔斯博罗特(又见《万历武功录》第7卷第21页,《明史纪事本末》[1]第60卷第9页),《皇明北虏考》和《明史纪事本末》都接着又说,阿著(即巴尔斯博罗特)死后不久,其兄子继立。按照《万历武功录》,阿著死于1521年,但按照萨刚彻辰(施密特书第180~181页),他直到1531年还没有死。正如蒙古史上的许多其他时期一样,年代和名字可能有些混乱,但达延汗死后在继位方面出现了一些紊乱情况看来是十分确凿的。

作为博迪阿拉克的名字的表中"不地"这个与博迪相似的写法,在汉文史料中是较罕见的。前引所有另一些汉文史料中,他都被称作卜赤。《万历武功录》第13卷第1页有一个稍有些不同的写法:孛只。

[1]谷应泰撰:《国学基本丛书》初编本,商务印书馆出版。

《蒙古游牧记》第4卷第85页的“博第阿剌克”和《蒙古世系谱》21叶a的“钵帝阿拉克”当然都不是原文、而是取自某些蒙古史料的。

当注意到汉文史料的“只”或“赤”,预料到它就是蒙语-či或ji,蒙古史上Bodi的－di－时,必须注意古蒙语-ti-之变为现代蒙语之－či-(-qi->-ji),bodi看来是一个古体写法。可真够怪的,我们在巴尔斯博罗特的第六子的名字Bodidara(Bojidara)上发现了同样的-di-/-ji-的变化(见注113)。我们可以进一步注意到Bodi(或Budi、Buči、Buji等)这个名字后来也出现过。例如田村实造《明实录抄·满洲篇》第2册第335页之卜赤(Buči)。这个“卜赤”是建州(在今中国东北)的女真使者。他是个女真人而不是蒙古人,这倒没什么,因为整个明代有许多蒙古名字在女真部落中被采用。又见田村实造《明实录抄·蒙古篇》第3册第633和691页:从泰宁和朵颜(Dö'en,东北蒙古人)来的使者名为卜的(Budi)和孛齐(Boči)。因此,看来这个名字从不同的写法Bodi、Budi、Buči、Buji保存下来。

本表列出了博迪可汗的5个儿子,萨刚彻辰(施密特书第198~199页)所列出的却不多于3个。他们的名字是:(1)达赉逊(即本表第14人打来素),(2)库格珠特(即本表第15人可可出大),(3)翁衮都噶尔。《万历武功录》第13卷第15页列举了5个儿子,但其中有几个似乎是他的侄儿。新《黄金史》(卷2第177页)列举了达赉逊的下列“诸子”,他们显然是其弟之讹:kögčüdei,Dughāl诺颜(萨刚彻辰之都噶尔),Jorightu和Bükü台吉。后两个人名难以辨认到底是世系表中的哪个人名。

《皇明北虏考》(第51~52页)、《皇明九边考》(卷6第11叶b)和《边政考》卷1第1叶b[1]称卜赤(或Bodi)为“亦克罕”即大可汗。这些书进一步告诉我们说:他管五“大营”,即好陈察罕儿(Qaučin čaqar)、召阿儿(《皇明九边考》作“阿儿”)、把郎阿儿(《皇明九边考》和《边政考》作“把即郎阿儿”)、克失坦(Kesigten)、卜尔报。在这五营

[1]魏焕撰:《皇明九边考》,撰写于1541年。见傅吾康:《明史重要汉籍资料初释》,第52~53页,注155。张雨撰:《边政考》,撰于1546年。见傅吾康:《初释》第57页注170。

中,"把郎阿儿"为西营,其余四营为东营。不过,把(即)郎阿儿、卜尔报和召阿儿的音写显然有误,因此无法辨认其为何部。

注4:图噶噜博罗特长孙打来素 Darayisu(n)。"Darayisun"通常译作"打来孙"。萨刚彻辰(施密特书第198~199页)和新《黄金史》卷2第179页,又名《成吉思汗传》之《黄金史》第122页将他的全名读作"Darayisun- küdengtayiji(或qaghan)[达赉逊库登台吉(或可汗)]"。施密特读作küdang,但这一读法未必更为正确。《蒙古源流笺证》卷6第11叶b和其他汉籍作库登:küdeng,看来更为合理。不过,无论读作küdeng或ködeng,都不能不依据蒙文抄本。表中另几处的"克登"这个写法当即"ködeng",可能也就是ködön-köden。

按照萨刚彻辰(施密特书第198~199页),他生于1520年,1548年29岁(按照西历为28岁)时当可汗,1557年去世。可是,按照新《黄金史》卷2第179页,又名《成吉思汗传》之《黄金史》第122页,他于猪年(1539年)即位。而且按照新《黄金史》卷2第179页,《成吉思汗传》第123页,他在位共19年,并于蛇年38岁(按照西历为37岁)时即1557年去世。按照《黄金史》的这种看法,达赉逊生于1520年(与萨刚彻辰相同),1539年猪年即位,1557年去世。按照这一推算,他的父亲博迪阿拉克一定死于羊年1515年;但此外《黄金史》没有说明为什么达赉逊在1539年以前没有继位。

《蒙古世系谱》(第22叶a)载有另一种达赉逊在位年数,即8年。

注5:表第21人土蛮(Tümen)。按照萨刚彻辰(施密特书第200~201页),土蛮可汗生于1539年,1558年到1592年在位。在又名《成吉思汗传》之《黄金史》第124~125页上对他作了简述,萨刚彻辰告诉我们说,他有11个儿子,但他只举出一个人名,即布延台吉也即本表的第28人(不彦)。土蛮由于他在蒙古人中间的立法事业,被称为"札萨克图(jasaghtu)"。《万历武功录》第10卷第107~162页有关于他的一篇很长的列传。在该传的头几行,我们读到:嘉靖朝(1522—1566年)时,他带着他的人民从宣府地区迁到了今热河省的西拉木伦河北部地

区。陈仁锡在他的《皇明世法录》第57卷第17叶a[1]上说(又见《明史》第327卷第31叶a和《蒙古游牧记》第7卷第138页)其父即是打来孙。在《万历武功录》第10卷第161页上,我们读到:土蛮死于"狗马病"。按照同书,有些人认为他有8个儿子,另一些人认为他只有一个儿子。见注6。《万历武功录》第10卷第176页、第11卷第28页还叙述了土蛮的一个女儿。

萨刚彻辰列举了达赉逊的3个儿子:图们台吉、达赉巴噶达尔罕(Darai bagha-darqan)和岱青(Dayičjng)台吉(施密特书200~201页)。本表中列出了他的4个儿子,这也就有了个他们的名字该如何读的问题。《明史》第238卷第1叶b叙述了土蛮汗的两个弟弟委正(üijeng)和大(yeke)委正。《万历武功录·土蛮列传》一再讲到大小委正,无疑就是这两个人。《万历武功录》有一次(第10卷第134页)把前者称作掯委正,也即yeke üijeng:大委正。"小委正"蒙语应作Bagha-üijeng,但我们没有在汉籍中找到这一蒙语形式的汉译[不过,《万历武功录》第10卷第187页上的也可大程(yeke dayičing)和把汉大程(Bagha-dayičing)可资参照]。严格地说,"委正"并非人名,而宁可说是个衔号;正如已曾指出过的,务请记住,蒙古人往往以他们的衔号著称,比他们的名字更为著称。因此,一个蒙古人在某种史料中可以其真正的名字被提及,在另一种史料中则以其衔号被提及。《万历武功录》记载了许多"委正"。如《万历武功录》第10卷第190~193页有一篇记叙被说成为土蛮汗臣民的大委正的短传;同书(第13卷第34~41页)还有一篇土蛮汗之弟、打来孙之第二子"委正"传。他一定是《明史》第238卷所述的两个委正之一。但另一个问题是:这两个委正哪一个是萨刚彻辰称作达赉巴噶达尔罕的,哪一个是他称作岱青台吉的呢。萨刚彻辰称作岱青台吉的,可能是本表中的第三子大成(Dayičing)台吉。萨刚彻辰编年史中的达赉巴噶达尔罕可能是本表中的威正打儿汗(üijeng-darqan)。我们还要进一步证明大委正即岱青,小委正即威正打儿汗,也即达赉巴噶达尔罕。在《土蛮列传》(《万历武功录》第10卷

[1]陈仁锡,1581—1636年。见傅吾康:《明史重要汉籍资料初释》,第48~49页。

第147页）上，我们还读到：土蛮的一个弟弟在汉人中以小打儿汗知名，小打儿汗即 Bagha Darqan，无疑也即达赉巴噶达尔罕。

不过，由于土蛮的一个儿子也叫小委正（《万历武功录》第10卷第161页），考证就变得稍为复杂一些，其“弟”（《明史》第238卷）小委正，也可能实际上是其子。

关于土蛮汗的人民据说被分为“四部”，见注126。

注6：第28人不彦七庆（Buyan-sečen）。　萨刚彻辰（施密特书第200～201页，202～203页）告诉我们，布延彻辰（Buyan sečen）生于1555年，1593—1603年在位。《黄金史》（《成吉思汗传》第125页，新《黄金史》卷2第185页）上简略地叙及了他。我们在该书中看到了他的同样的卒年。不说他有10个儿子，萨刚彻辰说他只有3个儿子，莽和克（Mangqugh）台吉、喇卜噶尔（Rebker）台吉和茂奇塔特（Maghu-kitad）台吉。《黄金史》中唯一被叙及的莽和克早死，留下了两个儿子：林丹把都儿（Ligdan-baghatur）台吉和桑噶尔济鄂特罕（Sangghar ji-odiqan）台吉。

《万历武功录》第10卷第136～173页上有布延台吉的一篇传记，在该书中他被称作卜彦台周。尾音“周”不难解释，因为蒙语末尾的-i只要写得不小心就很容易变为-u。按照若干史料，布延台吉有七个兄弟，其中六个在《万历武功录》第10卷第161页上被叙及过：宰赛兀儿（Jayisaugghur?）（该书第10卷第173～175页）、伯彦户儿（Bayangngghur?）、把哈委正（Bagha-üijeng）、额森（Esen），先银（?）、烧花。按照另一些史料，土蛮汗的儿子不多于4个，除布延台吉外，另两个名叫柏太（据说即是上述宰赛兀儿）和卜颜兔（Buyantu）。

《满洲实录》（有满蒙汉三种原文，蒙文原文称作 Manju-yinünen maghad qauli）卷8第26叶b、第27叶b叙及布延彻辰汗之弟名为岱青（Dayičing），他有6个儿子：Jalbu，Sereng，Güngge，Sidada，Garma，Urjan。岱青反对林丹的并吞政策，便投降了满洲人。

关于布延彻辰的更后的后裔，这里可以稍补充几句。林丹把都儿（又作 Legdan，Linqan 等）为布延彻辰之孙，他生于1592年，1604—

1634年在位。他被称作库图克图(Qutughtu)可汗。他下令完成甘珠尔经(Kanjur)的蒙文本,并试图像成吉思汗和达延汗时代那样地再次把整个蒙古地区统一为一个唯一的统治者统治下的帝国。为完成这个雄心勃勃的计划,他既同蒙古人作战,又同勃兴的满洲势力作战,当他试图征服南蒙古其他诸部时,他的战争只不过把这些部落赶入了满洲人的阵营里。这就最后导致了他的失败。林丹自称 Tngri-yintngri dayiming Sečen Činggis qutughtu qan,意即"神中之神全智成吉思隆盛汗"。[1] dayiming 一词源于明朝的名称"大明",这个词起初是对明帝的称呼。后来,按照符拉基米尔佐夫(《论"达延可汗"之称号》,载《俄国科学院报告》,1924年,第119~121页;《比较语法》,第292页),这个词变成意为"伟大的、包括一切的"(参照大元:Dai-ön > Dayan"全、全世界的"。见田清波:《鄂尔多斯辞典》第112页a)。萨刚彻辰(施密特书第84~85页;《蒙古源流笺证》卷3第18叶b:"大明")甚至将 dayiming 这个衔号加于成吉思汗。

林丹以库图克图之名著称,《明史》第327卷第31叶a等处作虎墩兔,《明史》该页上称他为"插汉儿王子"。《明史》第327卷第32叶b、第33叶a说明朝将"岁金"缴付给他。

林丹之子额尔克孔果洛额哲(Erke-qongghor-eje)(1622—1641年)于1636年娶了一位名叫玛喀塔的满族公主。林丹本人被满洲人驱逐到西面,额尔克孔果洛额哲则于1635年投降了满洲人,被送到沈阳监视起来。当他于1641年死在那里时,玛喀塔嫁给了他的弟弟阿布奈(Abunai)。他们俩婚后生了两个儿子:布尔尼(Burni)和罗卜藏(Lobsang)。1669年,阿布奈被控对满洲统治者失敬在沈阳被监禁起来,他的儿子布尔尼继承他当了察哈尔蒙古人的统治者和蒙古地区名义上的大可汗。1675年,布尔尼起兵向沈阳进军去解救他的被监禁的父亲,可是他于5月15日失败了,他被满洲人的一个同盟者科尔沁蒙古王公所杀害。阿布奈在监狱内被处死。

---

〔1〕参阅《蒙古源流》,《蒙古抄本》第2种第1卷第5~6页;海西希:《北京喇嘛教徒的木刻本》,第8、23页。

布尔尼没有继承者。察哈尔人再也没有自己的王公了，由此蒙古民族的大可汗一系便完结了。见《蒙古源流笺证》卷8第15叶a及《清史稿》卷87《地理志》；房兆楹（音译）《清朝的中国名人》，霍默尔版，第304～305页。新《黄金史》卷2第185页，《成吉思汗传》第126页上对林丹也有简短的记载。

从此，察哈尔人受一名直接对北京政府负责的清朝派驻的官员管理。

额尔克孔果洛额哲之名，《水晶念珠》（海西希书第99页）作Ejel-qongghor或Qongghor，新《黄金史》（卷2第185页）作Eči-qongghor。见注58。

注7：第15人可可出大（Kögčüdei）。 他为萨刚彻辰所叙及，但施密特（第198～199页）读作Kükdschutai。我宁可译作Kögčüdei。《蒙古源流笺证》卷6第12叶a作库格珠特，《蒙古游牧记》卷4第91页（《苏尼特篇》，该部王公为其后裔）作库克齐图（Kögčitü）墨尔根。有些人认为他就是《明史》第238卷第1叶b之黑石炭，《万历武功录》卷13第1～15页说他是孛只（即博迪汗）之第五子、土蛮汗之叔。他的名字又写作克石炭，他还以打儿汗著称。

注8：第16人汪兀都剌。 施密特（第198～199页）读作Ongghon-togar，可能应作Ongghon-dugar。可是《黄金史》写作Durāl诺颜。见注3。在《蒙古源流笺证》卷6第12叶a和《蒙古游牧记》卷4第85页（《乌珠穆沁篇》）上，我们见到了"翁衮都喇尔"的写法。《蒙古游牧记》之"翁衮都喇尔"即本表之"汪兀都剌"，一定也就是《万历武功录》卷13第15页之"王文打来"。关于这个名字该怎么读，不能确定地说。就所涉及的第二部分而言，我们必须注意，在鄂尔多斯，"Dughār"为一人名（见田清波：《鄂尔多斯词典》，第159页a），但是也存在有一个衔号"durāl"（同书第163页b）。我们已指出过：许多蒙古人以其衔号比以其名字更为著称。看来，"都喇尔"代表"dugār"是较有可能的。这个名字多次出现于萨刚彻辰的《蒙古源流》中。在此书中，中间的辅音常写作-g-（所谓"藏语"g），而-g-与-gh-相似，结果就可以讹写为

-gh-,并被转写为汉字"喇"。另举一例,如:萨刚彻辰之Buyanghulai-dugar-duyičing(施密特书第206~207页写作tugar),《蒙古源流笺证》卷6第17叶b转写成"布扬古赉都喇勒岱青"。dugar或tugar被用作人名或至少是人名的组成部分,在也先土合立(Esen-tughar,田村实造:《蒙古篇》第3册第584页)这个人名中显然就是这样。

注9:第17人公兔、第18人那赛兔。 在其他著作中我找不到与公兔或那赛兔相当者。但我怀疑我们可认为他们即是注10之公兔和煖兔。

注10:第19人挨大笔失及其子第25人那木大黄台吉。 《万历武功录》卷7第21页称博迪之弟为乜明。我们在《蒙古源流笺证》卷5第30叶a、卷6第17叶a上的注和《皇明北虏考》第51页上找到了同一人名。"乜"字可能是"也"字之讹。我们在《蒙古游牧记》卷3第55页(《敖汉篇》)上见到了一个完全不同的写法,该处图噜博罗特的第二子名叫纳密克。这个人名可写作Namigh。可是,表中见到的带有清晰的母音e-、没有开头的n-痕迹的写法反对这一写法。必须记住,在旧蒙文抄本中,与n-相伴的区分音符很少写出,因此某人若事先并不认识所写出的一个词,他就不知道开头的字母该读作n-还是a-。世系表的这个词的末尾有清晰的-l,而在《蒙古游牧记》中尾音为-gh或-g,在《万历武功录》中为-ng。本表中所采取的写法的原词的写法会是Emil或Emel,《元朝秘史》第141节上(卷4第30叶b)也有与此相同的一个人名:额篾勒(Emel),看来这确是个正确的写法。蒙古词中的尾音-l常以带有尾音-n的汉字来表示,这个汉字可被另一个带有尾音-ng的汉字所代替,由于蒙语尾音-gh或-g也常用一带有尾音-ng的汉字来转写,这个代替尾音-n的便可不难地译作-gh或-g因此《蒙古游牧记》中写出了Mamigh(纳密克)一词。

按照本表,Emil或Emel有两个儿子:挨大笔失(?Ayidabiš)和卑麻(或Buyima,这个写法为《黄金史》和其他蒙古原文所证实)。《蒙古游牧记》卷3第55页把"纳密克之子"(即也密力之子)称作贝玛土谢图(Buyima-tüsiyetü)。

在《万历武功录》卷13第15页上，我们在博迪汗的5个儿子中找到了以下两个名字："阿牙台皮"和"卜以麻"（《皇明世法录》卷57第17叶a同）。他们当然也就是挨大笔失和卑麻，他们并非博迪汗之子，却是其弟也密力之子。《万历武功录》卷13第23~33页还有阿牙台皮的两个儿子煖兔和公兔的两篇简传。在同书（卷13第27页）上，我们见到名叫那木赛的另一个儿子，他只能是"那木大黄台吉"（表第25人）。在《明史》238卷第1叶b上把煖兔和公兔称作土蛮汗的从弟。他们可能就是注中公兔和那宾兔。至于Amudai/Namudai，见注27。

注11：第20人卑麻之二子：第26人秃文都剌儿、第27人也辛威正。 《蒙古游牧记》卷2第55、56、59页叙及贝玛土谢图（本世系表之卑麻）的下列子孙：他的长子为岱青杜棱（Dayičing-düreng，《游牧记》"杜"误作"柱"）和额森伟征诺颜。后者无疑即本表之也辛威正（Esen-ŭijeng），岱青杜棱可能即是表中之秃文都剌儿（？-dugar），尽管人名并不相当。"都剌儿"当然就是上面已阐明的dugar（或durāl）。

岱青杜棱的儿子们也被列举了出来，即：卓诺木杜棱（？Jonom-düreng）和卓哩克图（Jorightu）。

表三　河套袄儿都司部落

3.赛那剌。故。子七：			
29.麦力艮吉囊。即袄儿都司。在陕西延(安)、宁(夏)河套一带边外驻牧。东至黄甫与山西岢岚相邻，西连宁夏、甘(州)、肃(州)三镇。诸酋贡市。子九。(注12)	36.那吉大儿吉能。授都督同知。故。子五。俱在陕西榆林边外驻牧。(注13)	45.西哨把都儿黄台吉。授都督同知。驻牧同上(见36.那吉大儿吉能)。为西瓦剌所杀。子一。(注22) 46.丢儿盖(?)朝库儿台吉。见在。子一。在甘肃永昌边外昌宁湖一带驻牧。(注23) 47.圪赤圪台吉。故。子二。同上驻牧(见46)。(注23) 48.碗布台吉。授指挥佥事。不嗣。为弟比把石所杀。(注25) 49.比把石台吉。授指挥佥事。因杀兄，见今闲住。(注23)	69.卜失兔台吉。授都督同知。因在甘州水泉被创，损失兵马辎重及榆林杀死明暗(见80)，极仇恨。(注29)
(赛那剌其余诸子为:) 30.俺答哈。(表四) 31.兀慎打儿汗剌布台吉。(表五) 32.老把都儿台吉。(表六) 33.那林台吉。(表七) 34.我托汉卜只剌台吉。(表八) 35.那竹台吉。(表八)	37.狼台吉。故。子三。(注14)	50.宾兔台吉。授指挥同知。故。子三。在甘州庄浪边外松山驻牧。(注24) 51.著力兔台吉。授指挥佥事。见在。(注24) 52.大正台吉。授指挥佥事。见在。(注24)	

续表三

29. 麦力艮	38. 那木按台吉。在榆林边外驻牧，东与神木县相邻。故。子六。（注 15）	53. 铁盖黄台吉。（注 25） 54. 把都儿黄台吉。（注 25） 55. 朝库儿台吉。子一。（注 25） 56. 朝儿克台吉。（注 25） 57. 哭线台吉。（注 25） 58. 薛缠公谷儿台吉。（注 25）	
	39. 花台吉。在榆林以西花马池驻牧。故。子二。	59. 切尽黄台吉。先授指挥佥事，后升指挥同知。又升龙虎将军。故。子七。（注 26）	70. 打儿汗把都儿台吉。授百户，加升指挥同知。故。子一。 71. 石答答台吉。见在。 72. 苦跌跌台吉。见在。 73. 不言大台吉。见在。 74. 骨秃大台吉。见在。 75. 恩著大台吉。见在。 76. 圪石大台吉。见在。 （70 ～ 76，均见注 26）
		60. 合罗赤台吉。故。子三。	77. 火落赤把都儿台吉。故。子三。（注 27） 78. 青把都儿台吉。故。不嗣。（注 27） 79. 那木大台吉。故。子一。（注 27） 以上（59、60、70 ～ 79）各酋驻牧同花台吉。

续表三

29.麦力艮	40.歹成都剌儿台吉。故。子二。(注17) 41.克登威正台吉。在榆林以东孤山边外驻牧。故。子三。(注18) 42.哥落哥台吉。不嗣。(注19)	61.歹崩把都儿台吉。子一。(注17) 62.七庆歹成台吉。子七。 二酋俱出痘疮死。(注17) 63.打儿汗歹成台吉。故。子一。(注28) 64.威正庄秃赖台吉。故。(注28) 65.恩克台吉。故。(注28)	80.明暗台吉。此酋被榆林(军)杀死。子二,俱哑,不能言。(注28)
	43.把都儿台吉。故。子二。(注20)	66.明爱台吉。见在。(注20) 67.土麦台吉。见在。(注20)	
	44.哈麻艾且台吉。故。子三。(注21)	68.虎秃大台吉。故。各酋俱在榆林孤山边外驻牧。(注21)	

37.4 表三笺注

注12:第29人麦力艮吉囊。 衮必里克墨尔根(Gün-bilig-mergen)又被称为 Kümeli(~Kümel)和 Kümel-qara-jinong。见喇锡朋苏克:《水晶念珠》第682页,新《黄金史》卷2第172页,《成吉思汗传》第114页以及《蒙古世系谱》第21叶a。

按照萨刚彻辰(施密特书第205~206页),衮必里克墨尔根生于1506年。1532年其父巴尔斯博罗特死后,他成了西三万户的济农,但当时他所戴的这一尊号已不再真正具有其完全的意义。事实上,衮必里克墨尔根所统治的只有鄂尔多斯万户,该万户的疆域主要在河套,但也包括河套以西的一大片地区,并扩展到甘肃走廊的北面。

尽管表中说衮必里克墨尔根又被称为"袄儿都司",人们不要认为这是他的另一个名字。不过,看来"鄂尔多斯"一词被中国著作家以不同的译写法用作表示衮必里克墨尔根的一个名字。例如,《万历武功录》卷7第100页,卷8第107页。

在汉文史料中,他几乎唯一地被称作"吉囊"(jinong)。继承他当了济农的儿子诺延达喇常被称为“吉能”而不作“吉囊”。注意一下《万历武功录》卷8第204页(1587年)我们所见到的写法:“袄儿都司吉能哈”〔鄂尔多斯之jinong-qa(n)'〕,也很有意思。

没有任何汉文史料告诉我们衮必里克墨尔根生于哪一年。《明史》(第327卷17叶a第和《明纪》(第313页a)于1532年首次叙及他。《嘉靖实录》(第147卷第8叶a)于1533年首次叙及他。此后,他的名字就经常出现在所有汉文史料中。

关于他的卒年,萨刚彻辰编年史和汉文史料之间的出入很大。在萨刚彻辰书(施密特书第206~207页)上我们读到:他于1551年45岁(按西历为44岁)时去世。王世贞《北虏始末志》(《国朝献征录》第120卷第4叶a和冯时可《俺答前后志》(同上,第120卷第8叶b)叙述了1541和1542年他入侵山西省后,便以与《皇明北虏考》几乎相同的字句叙述了他死去的情况。《万历武功录》卷7第37页上的记载显然也是如此。)在那些书上我们看到吉囊之死被作为1542年的头一件事叙及。可是,慎懋赏《四夷广记》[1](第529叶a)把吉囊之死放在1543年。

大部分汉文史料无疑地认为衮必里克墨尔根死于1542(或1543)年。如果如萨刚彻辰所说他生于1506年,他就只活了36(或37)岁。

衮必里克墨尔根死后,鄂尔多斯蒙古人开始丧失他们的许多权力和在南蒙古人中间的威信。尽管某些鄂尔多斯贵族,如库图克台彻辰鸿台吉仍很有势力。从1542年起,阿勒坦汗成为南蒙古的突出人物,他的势力甚至在鄂尔多斯境内也是至高无上的。

萨刚彻辰(同上书)按如下次序叙述了衮必里克墨尔根的被称为“九汗”的9个儿子:(1)诺延达喇济农,(2)拜桑固尔朗(Bayisangghur-lang)台吉,(3)卫达尔玛诺木罕(Oyidarma-nomughan),(4)诺木塔尔尼郭斡(Nom-tarnj-qoua)台吉,(5)布扬古赉都噶尔岱青〔Buyangghul(a)i-dugar-dayičing〕,(6)班札喇卫征诺延(Banjara-Üijeng noyan),(7)巴特玛伞巴斡彻辰巴图鲁(Badma-sambhawa-sečen-baghatur,(8)

〔1〕《玄览堂丛书》续编本。见傅吾康:《明史重要汉籍资料初释》,第54页,注160。

阿穆达喇达尔罕(Amudara-darqan)诺延,以及(9)鄂克拉罕伊勒登(Ügleqan-yeldeng)诺延。关于这些名字的异读,见田清波:《鄂尔多斯志(Ordosica)》(1934年版)第28、29、51、52页。这9个人名大部分完全或部分地与表中的人名相符。

汉文史料叙及了衮必里克墨尔根的另两个儿子,可能是上列这些儿子中的两人的别名。《嘉靖实录》第143卷第5叶a,第301卷第9叶b、《万历武功录》卷7第36、38页和《明史》第211卷第7叶a,第327卷第17叶b,都谈到了1540年与中国军队遭遇而被杀的“小十王”或“小舍王”。我们所见到的另一个名字是《皇明北虏考》(第59页)、《万历武功录》(卷7第37页)、《四夷广记》(第529页)和《蒙古源流笺证》卷6第18叶b注释中叙及的“板不孩”。至于这两人是上述9个儿子中的哪两个,这就说不上来了。第二人《明史纪事本末》(卷60第12页)作“太不孩”。“板不孩”和“太不孩”这两种写法很可能是专门给与贵族家庭的子女的衔号,蒙语Abughai或Abaghai的通常译法“阿不孩”的讹写(不过,我们在《万历武功录》卷9第13页上却见有另一个名叫“板不孩”的蒙古人)。在《万历武功录》的许多节里,“Abughai”与人名连用(例如,常用来称呼阿勒坦汗的俺答阿不孩),只有少数场合“阿不孩”的衔号是单独使用的。在这种情况下,根本无法确定“阿不孩”指的是谁。

另一个不能确定的人是满罕歹(Mongghol dai?)。按照《明史》第211卷第7叶a,他是吉囊之子,但《明纪》336页C却说他是俺答汗之子。他于1544年被杀死。

《万历武功录》卷7第22、23页上有另一份不少于21个所谓衮必里克墨尔根的儿子的名单,不用说,这份名单充满了错误、讹写甚至重复。这21个名字为:(1)吉能(即诺延达喇济农),(2)大那颜,(3)小那颜,(4)僧戒阿不孩,(5)革革阿不孩[Gegē(n)abughai],(6)孛吉儿(Bojir, Bujir?)阿不孩,(7)阿卜害(Abughai),(8)虎刺吉(? =表第60人合罗赤,但为其孙),(9)祝囊权(?),(10)薅(Ou)台吉,(11)狼台吉(=表第37人),(12)都喇(Dugar ~ Durāl)台吉,(13)肯腾(=第41

人?)(14)格力个(=第42人哥落哥)台吉,(15)那木汉台吉(=第38人那木按),(16)白马(=Buyima?)台吉,(17)威正台吉(=第41人?),(18)黄台吉(Qung-tayiji),(19)打儿汉(Darqan)台吉(=第43人),(20)艮定台吉(即上面第13人肯腾),(21)笔写契(Bičiyeči,即书记)台吉。这份名单还包含附加的一个名叫讨赖(Ta'ulai)的女儿的名字。

在这份长名单之后紧接着就有如下另一份只有4个人名的名单。这份名单录自焦竑《国朝献征录》第120卷第36叶a。[1] 在这第二份名单中,衮必里克墨尔根的4个儿子的名字如下:(1)吉能(即诺延达喇济农),(2)打儿汉台吉(=第43人),(3)银锭把都儿台吉(见后文),(4)笔写契台吉。

试图辨认甚或校正这两份名单中出现的全部人名,是不可能做到的工作。不过,对可作为蒙古人名转写成汉字时有时可能发生的变化的一个实例的某个人名的异写作一简述,倒会是很有意思的,我们取作实例的人名是银锭把都儿台吉。《万历武功录》卷14第132~133页有这个人的一篇简短的传记,在该传中他被简称为银锭台吉。我认为前文所列出的银锭、银锭把都儿、艮定台吉和肯腾台吉都是一个人名的不同讹写。所用的汉字及其发音清楚地表明:书写者们可能用一个字代替另一个字,这样就引起了一系列讹误。"银锭"可为一个蒙古词的汉译。"银锭"就其含义,为蒙语Süke,意为:(1)斧,(2)银锭)。意为"银锭"的süke一词见于《元朝秘史》第279节(续集卷2第48叶a),写作速客思(=Sükes,复数)。Süke="银锭或金锭",见柯立甫的论文《1335年的汉蒙文碑铭》(载《哈佛亚洲学报》卷13第1~131页)。作为单独写或连写(如Süke-temür等)的一个人名,Süke常出现于元代和明代史料上。假如"银锭"是蒙古人名süke的译名,这就不能帮助我们确定衮必里克的哪一个儿子有这个名字。可是,还有另一种可能,"银锭"并非蒙古人名的意译,而是Ilding, Ildeng, Yelding等人名的音译。于是这个"银锭"就可以是衮必里克墨尔根的最小的一个儿

[1]也见于《口北三厅志》卷13第20叶b和《察哈尔省通志》卷20第19叶b。

子鄂克拉罕伊勒登(注21)。按照《万历武功录》卷14第132页,这个银锭1570年任指挥同知,死于1575或1576年。说俺答汗曾同银锭去征讨打剌明安(=第257人)的作者,把银锭之死放在丙子年即1576年。可是在下一句中,作者却说他死在乙亥年即1575年。

注13:第36人那言大儿吉能。 按照萨刚彻辰(施密特书第208~209页),诺延达喇生于1522年,1551年成为济农。关于后一年份,要再次说一下:他的父亲衮必里克墨尔根并非死于1550年,而是死于1542年,诺延达喇一定在同一年或下一年继承他当了济农。萨刚彻辰也列出了他的五个儿子,但他们的名字与本表中所见的不太相符:(1)布延巴图尔鸿台吉,(2)诺木图都古棱诺延,(3)鄂木布达赉诺延,(4)必必凯(bibikei)鄂特罕诺延,以及(5)莽固斯楚格库尔(Mangghus-čögekür)。

Bibikei为讹写。库伦抄本(海涅什书第72、73r页,扎木察拉诺《蒙古编年史》第20页,罗文达尔《蒙古编年史》第12页)写作Vibasi,《蒙古源流笺证》卷6第19叶b作必巴锡,第26叶b作必巴赛都证实了这一写法的正确。显然有某一个人将最末音节-si中的-s-读成了-k-,于是就产生了萨刚彻辰书中的Bibikei。第五子《蒙古源流笺证》卷6第19叶b写作楚克库尔,第26叶b作楚格库尔,各相当于Čökekür和Čögekür。

《万历武功录》卷14第125~128页上有诺延达赖的一篇简传,正如大多数汉文史料一样,他在那上面被称为"吉能"。那上面告诉我们说,他的领地在河套西部。

按照萨刚彻辰,诺延达喇死于1574年。蒙古著作家的记载还是不同于对诺延达喇之死唯一地有所记载的汉文史料《万历武功录》。我们在该书(卷9第18~19页,卷14第127页)上读到:诺延达喇患"霜露"[1]病,死于1572年4月14日。同一作者在另一处(卷14第136页)说他死于1573年,但这一定是计算上的错误所致。同书(卷14第127页)告诉我们说:他的妻子名叫中爱哈屯(jüngge - qatun)[2],他还有个妾名叫小板阿不害(?? - abughai)。诺延达喇还有个女儿名叫太松阿不害(Tayi Sung? - abughai),她嫁给素郎[3]傥不浪(? - tabunang)。说不定还有另一个女儿,因为在第135页上我们发现叙及另一个女婿威正恰把不能(üijeng-kiya tabunang)又名威静哈唐不浪(üijeng-qa[n?]tabunang)。

《万历武功录》卷14第129页上有布延巴图尔的一个兄弟的名字:海牛害。这一定是从衔号abughai讹写而成,但无法确定他到底是谁。

至于被衮必里克墨尔根的9个儿子每一个所继承的各部落和氏族,见萨刚彻辰书(施密特书第206~207页)和田清波《鄂尔多斯志》(第27~32,第50~52页,那上面有几个施密特和汉文史料所采取的写法已经被校正了)。

注14:第37人狼台吉。 表上的狼(Lang)台吉当然相当于萨刚彻辰书(施密特书第206~207页)的拜桑固尔朗(Bayisangghur-lang)台吉,按照萨刚彻辰,他生于1523年并有4个儿子(与表上的3个不同):(1)爱达必斯达延(Ayida-biš dayan)诺延,(2)谔巴卓哩克图(Auba-jorightu)诺延,(3)塔噶济宰桑(Daghači-jayisang)诺延,(4)昆都楞(Kündülen)诺延。在《蒙古源流》的汉译本中拜桑固尔朗之名简化为拜桑固尔。

---

[1]这种病(痛风?或风湿症?)看来是蒙古王公中间很常见的一种病。在《万历武功录》上一再叙及这种病。例如,第7卷第82页和第8卷第175页:俺答汗;第9卷第18页:昆都力哈(巴雅斯哈勒—昆都勒)和吉能(诺延达喇);第9卷第39页:哈不慎;第14卷第177页(雾露)。俺答汗之弟"老把都"(《武功录》卷9第42页)和土蛮汗(同书卷10第161页)所患的狗马病大概是同一种病。萨刚彻辰说(施密特书第228~229页),俺答汗腿部患病,我们在《武功录》卷9第42页上读到,永邵卜大成(本表第221人)腿部也患病。萨刚彻辰(同处)称作"tulai"病,田清波:《鄂尔多斯词典》第678~679释作:"蹄变形,外部增大或上部弯曲;(腿部)变形;tulaikösltei:腿部变形的人。"

[2]参照注29博硕克图妻子的名字:jünggen。

[3]参照俺答汗的一个孙子的名字:素囊(注63)。

注 15:第 38 人那木按。 萨刚彻辰(施密特书第 206 ~ 207 页)告诉我们:衮必里克墨尔根之第三子卫达尔玛诺木罕生于 1523 年。《嘉靖实录》第 407 卷第 4 叶 b(1554 年)叙述一支甘肃军队去征讨那木孩。这人可能就是诺木罕。不过,在此情况下,他一定已经离开鄂尔多斯河套迁到了甘肃北部地区。

在蒙古编年史上,他也有 6 个儿子:(1)(据施密特书第 218 ~ 219 页的写法为)Daki - qo - sighuči qung - tayiji(清译《源流》作达奇和硕齐鸿台吉)(= 表第 53 人铁盖)。这个名字也被写作 Degei(库伦抄本第 72,73r 页)。表上的汉译(铁盖)也提示了 Degei 的写法;还有《元朝秘史》第 120 节(卷 3 第 34 叶 b)上也有一个迭该(Degei)。见注 25。(2)海努克(Qayinugh)巴图尔诺延(= 表第 54 人把都儿黄台吉)。(3)图齐彻辰昆谷尔(Tuči-sečen-künggür)(= 表第 58 人薛缠公谷儿)。《蒙古源流笺证》卷 6 第 20 叶 a 作托济彻臣控库尔。Künggür 也可读作 Günggür。施密特写作带 t-的 Tuči(这个写法为库伦抄本第 69、69v 页所证实),《蒙古源流笺证》也如此,但田村实造《蒙古篇》第二册第 147 页上有一个译作多赤的人名,却相当于 Doči 或 Döči。见注 101。……(6)库色勒(Küsel)卫征(Oyisong)卓哩克图(= 表第 57 人哭线)。Oyisong 不能不是 üijeng 的另一种拼法。

注 16:第 39 人花(Qoua)台吉。 衮必里克墨尔根的第四子诺木塔尔尼郭斡(Nom - tarni - qoua)台吉,生于 1524 年(施密特书第 206 ~ 207 页)。同一编年史的鄂尔多斯抄本(《鄂尔多斯志》第 29 页)写作 Nomutarni。与表中所述有二子不同,按照蒙古编年史,他有 4 个儿子:(1)呼图克台彻辰鸿台吉(= 表第 59 人切尽黄台吉)。(2)布延达喇呼拉齐(Buyandara - qulači)巴图尔(= 表第 60 人合罗赤)。(3)赛音达喇青(sayin-dara -čing)巴图尔,生于 1547 年(施密特书第 212 ~ 215 页)。(4)阿穆达喇(Amudam)墨尔根台吉(库伦抄本第 69、70r 页作 Amudai)。表中把赛音达喇青巴图尔和阿穆达喇墨尔根两人误置于下一代。他们相当于表第 78 和 79 人。见注 27。

按照萨刚彻辰(施密特书 212 ~ 215 页),布延达喇呼拉齐和赛音达喇青于1572年被杀死于中亚。见注26和27。

注17:第40人歹成都剌 儿。及其二子:第61人歹崩把都儿黄台吉、第62人七庆歹成。 衮必里克墨尔根的第五子名叫Buyangghulai-dugar-dayičeng(布扬古赉都噶尔岱青)(施密特书206~207页)(=表第40人歹成都剌 儿)。表中名字倒置作都剌儿歹成。关于"dugar"的写法,我们已说过萨刚彻辰书的汉译本(可能从满文译出)也作"都喇尔"。这意味着译者把藏语-g-写成了-r-。见注8。布扬古赉生于1526年。萨刚彻辰也说他有两个儿子:Belgei-ayibung noyan(伯勒格岱绷诺延)(=表第61人歹崩)(《蒙古源流笺证》卷6第20叶a作伯勒格)和博尔赛(Borsai)彻辰岱青(=表第62人七庆歹成)。《蒙古源流笺证》卷6第20叶a作布尔赛。

《万历武功录》卷14第153~157页有歹成(岱青)的一个儿子秃退(tughtui?)台吉的传记;第158~160页上,我们见到被说成是秃退之弟的哈汉(ghaqan)把都儿台吉传记。作者没有说他们的父亲歹成是谁,但在第154页上却告诉我们说他们的母亲是切尽(呼图克台彻辰鸿台吉)之姉。那么他们的叔父必定是布扬古赉都噶尔岱青,他确有两个儿子:61.被萨刚彻辰称作伯勒格岱绷的歹崩(生于1546年,施密特书第214~215页),岱绷(tayibung)一词源于汉语"太平"。见于《万历武功录》上的秃退和哈汉把都儿两个名字与本表和萨刚彻辰书上的名字不完全相似,但我们有别的证据来证明他们是相同的:表上说两人都死于天花,这正是我们所找到的为《万历武功录》所证实的情况:两人都因患天花死于1586或1587年(《万历武功录》卷14第153、157、159页)。他们俩在世时都担任指挥佥事。

在当时的蒙古地区,天花是一种很危险的可怕的病。看来蒙古人第一次沾染上天花是在他们袭击中国时(例如:《明史》第239卷第130叶a),以及于1570年和好后作为他们与中国人在市镇上接触的结果而染上的。到市镇上去过后,死亡发生得如此频繁,以致蒙古人常常变得多疑起来,他们多次声称他们因中国官员放毒而中了毒,结果在蒙古人和中国人之间产生了许多误解。

第61人伯勒格岱绷有一子:阿律岱绷诺延。第62人博尔赛彻辰青的儿子不少于七个:(1)萨台呼古锡(Sadai-qughusi)鸿台吉(库伦抄本73、73v页作 Güüsi=固实?),(2)萨宰(Sajai)巴图尔鸿台吉(库伦抄本作 Saji),(3)卫喇特(Oyirad)墨尔根诺延,(4)阿台伊勒登和硕齐(Atai-yelding qosighuči),(5)察库(čaghu)墨尔根卓哩克图,(6)色凌哈坦(Sereng-qatan)巴图尔,(7)巴图特(Baghatud)台吉。

在《万历武功录》卷14第157~158页上,我们发现叙述了秃退即岱绷巴图尔的一个儿子。他被称为阿计大台吉,他于1587年继承其父指挥佥事之职。他一定是萨刚彻辰所列出的名叫阿津岱绷的人。往后第160~161页上,我们发现叙述了哈汉把都儿即彻辰岱青的3个儿子。他们的名字如下:曾任指挥佥事的圪塔台吉;也曾任指挥佥事的把秃台吉;1590年担任百户的歪利台吉。圪塔大概相当于色凌哈坦之哈坦,把秃无疑相当于巴图特台吉,歪利即卫喇特墨尔根。"卫喇特"为西蒙古部落名,常译作瓦喇、卫喇等。

注18:第41人克登威正。 (Ködeng-üijeng)衮必里克墨尔根的第六子被萨刚彻辰称作班札喇卫松(Banjara-oyisong)(施密特书第206~207页)。鄂尔多斯抄本(《鄂尔多斯志》第29页)写作 Banjar(库伦抄本第68、69r、69、70r页作 Banjr-aüijeng)。《蒙古源流笺证》卷6第18叶b作班札喇卫征,卷6第20叶a则作巴札尔。oyisong即是üijeng(卫征)。他生于1526年。虽然这个名字没有提出证据证明它即是表中的克登威正,但其三子之名却说明"克登"无疑确是萨刚彻辰之班札喇。其3个儿子为:多尔济达尔罕岱青(=表第63人打儿汗歹成)、钟都赉(jonatulai)卫征(=表第64人威正庄秃赖)、恩和和硕齐(Engke-qosighuči)(=表第65人恩克)。

注19:第42人哥落哥。 巴特玛伞巴瓦(Badma-Sambhawa)彻辰巴图尔(萨刚彻辰,施密特书第206~207页)无后裔,因此他相当于表上的哥落哥。他生于1530年。"哥落哥"看来是一个普通的人名或别

名:Gölög[1]。按照萨刚彻辰,他的属民后来被其侄(第63人)多尔济达尔罕岱青继承。

注20:第43人把都儿台吉及其二子:第66人明爱、第67人土麦。 表中所记两子之名十分确凿地证实了把都儿台吉即是阿穆达喇达尔罕诺延(施密特书第206~207页)。他生于1531年。鄂尔多斯抄本(《鄂尔多斯志》第29页)写作Namudara。《万历武功录》卷14第134页有这位王公的一篇简传。他曾任指挥同知。与有两个儿子不同,萨刚彻辰说他有3个儿子:(1)图墨德(Tümedei)达尔罕岱青[=第67人土麦台吉;库伦抄本第69、70r页证实了"土麦"(Tümei)的写法],(2)明海额叶齐(Mingghai-eyeči)诺延(=第66人明爱;《蒙古源流笺证》卷6第20叶b作明爱),(3)济伯凯(jibekei)台吉。库伦抄本写作Vibasi,这个写法为《蒙古源流笺证》卷6第20叶b必巴锡(即表第49人比把石)所证实。

《万历武功录》卷14第135页与萨刚彻辰相一致,说土麦为长子。在第134页上我们也读到1586年有许多蒙古人死于天花,其中也有阿穆达喇。

按萨刚彻辰(施密特书第220~221页,库伦抄本第73、73V页),图迈(tümei)达尔罕岱青有8个儿子,本表中一个也没有讲到:(1)本拜(Bumbai)岱青(《万历武功录》卷14第135页作本拜,1586年任指挥佥事),(2)本拜实哩台吉(Bumbaširi t.),(3)察尔拜台吉(Čarbai t.)(《蒙古源流笺证》卷6第29叶a作察哩必:Čarbi?),(4)阿锡台吉(Asi t.,库伦抄本作Akii,《蒙古源流笺证》同处作阿奇依:Akii),(5)萨钦台吉(Sakin t.),(6)额埒格台吉(Elekei t.,库伦抄本作Elenggei,《蒙古源流笺证》同处作额埒格:Elege?),(7)本巴台吉(Bumba t.,库伦抄本作Bumbu),(8)图垒台吉(Turui t.)。明海额叶齐(表第66人)有3子:布延台额叶齐诺延(Buyantai-eyeči n.,《蒙古源流笺证》作布

[1]古典蒙古语中作gölige、gölüge。Gölögö为鄂尔多斯方言形式。这个名字也见于《华夷译语》乙种卷2第16叶a:古里哥(Güligö或Güligö?)。可是,(明)《洪武实录》卷198第6叶a(1390年1月8日,羽田亨:《明实录抄·蒙古篇》第1册第212页)作"古里哥",可能也是像külüg这样的词的转写。

延台音札:Buyantai-inja?)、恩克实哩台吉(Engkesiri t.)和蒙克实哩台吉(Möngkesiri tayiji)。

看来,在两个显然是同名、或至少名字十分相似的人之间,产生了奇妙的混淆。把都儿台吉(即第43人阿穆达喇达尔罕)之子第66人明罕或明安、明海,据《明史》第239卷第13叶a、b,于1591年被中国军队杀死在榆林附近,他的儿子摆言太(=萨刚彻辰书之Buyantai)极端记仇,长期侵扰中国边界。据《明史》所载明安(即Mittgghan)之父和其子之名可以确定他是1591年被杀死的第66人明海或明罕。

但本表中讲到另一个明安或明罕(第80人)被杀于榆林附近。萨刚彻辰(施密特书第258~259页)叙述了明海青岱青(Mingghai-čing-dayičing=表第80人明暗,为第63人多尔济达尔罕岱青之子)如何被中国人在榆林附近打败。蒙古编年史丝毫没有讲到他在那里死去。因此,本表与萨刚彻辰书只是一部分相一致。《万历武功录》也是一部分与萨刚彻辰相同,另一部分与本表一致:《武功录》卷14第135页有几行叙及土昧(=表第67人土麦;《武功录》卷14第190页写作秃闷:Tümen,为第43人达尔罕即把都儿或阿穆达喇达尔罕之子)。《武功录》(卷14第188~190页)也有几行叙及明爱(第80人,即第63人多尔济、打儿汗歹成或多尔济达尔罕岱青之子)。这个明爱有"弟曰秃闷(Tümen)",他被牵连进1590年左右的边境事件。可是,《万历武功录》上没有叙及他的死去。

看来,萨刚彻辰和《武功录》都把第80人明海或明罕和第66人明海或明罕混淆起来。这两个人都有,但看来,第66人明海较有可能是被中国人杀死在榆林的那个人。

看来,稍令人感到意外的是,作为鄂尔多斯王公家庭成员之一、肯定看过世系谱的萨刚彻辰竟犯了这种错误。但他的著作包含有更多不确切之处。这样一个错误可能并非萨刚彻辰本人所犯,而是萨刚彻辰时代之前抄写系谱的蒙古抄写员所犯下的。

注21:第44人哈麻艾且及其子第68人虎秃大(Qutughtai)。 哈麻艾且这个奇怪的名字不能表明诺延达喇的末子、施密特书(第206~

207)所写的:鄂克拉罕伊勒登诺延(ügleqan yeldeng n.)之名。他生于1533年。至于他的名字,我们已经讲过,其第一部分《蒙古源流笺证》卷6第19叶b、第20叶b作鄂克拉罕,鄂尔多斯抄本(《鄂尔多斯志》第29页)作Ongloqan,库伦抄本第69、69v、70r页作Onglaqan。《源流笺证》卷6第18叶b注文中也叙及《皇朝藩部要略》的表中写作翁拉罕(Onglaqan)。他的名字的第二部分,在注12上我们已经看到:伊勒登可能就是《万历武功录》的银锭。见注12末尾。本表说他有3子,但列出的只有一人。萨刚彻辰记述了全部3人,即:克齐格(Kečige,库伦抄本作Kičigi)伊勒登诺延、贝布哩(Buyiburi)诺延和呼图克台台吉(=第68人虎秃大台吉)。

克齐格伊勒登(或kičigi,《源流笺证》卷6第29叶b作格齐吉Gečigi),有4子:(1)贝玛图(Buyimatu)诺延,(2)宰桑诺延,(3)宰桑固尔呼拉齐(jaysangghur-qulči)和(4)衮布(Gümbü)台吉(施密特讹写作Gombo)。

第68人呼图克台台吉有3子:巴巴岱青(库伦抄本作必巴岱青)、博多尔(Bodor)彻辰卓哩克图和博罗穆尔(Bolomur,库伦抄本作Bolčumur)台吉。

贝布哩(《源流笺证》卷6第29叶b作贝巴哩:Buibari)有5子:(1)博迪锡哩(Boddhi-Siri)鸿台吉,(2)额默格勒德(Emegelde)岱青,(3)拉拜(Labai)台吉(库伦抄本作Elbei;鄂尔多斯抄本A第205页、抄本B第185页同),(4)恩克(Engke)台吉和(5)恩克锡哩(Engkesiri)台吉(库伦抄本作Engkei)。

注22:第45人西哨把都儿黄台吉。 萨刚彻辰(施密特书第208~209页)称诺延达喇的长子为布延巴图尔鸿台吉。《万历武功录》卷14第129~130页有他的一篇简传。巴图尔鸿台吉先任指挥佥事,1572年继承了他父亲的职位。稍后,他扬言攻打卫喇特人而西迁。可是中国人对他的意图很怀疑,他们紧密地监视着他。按照《武功录》,他死于1573年;但《武功录》的作者没有说他被杀死。

萨刚彻辰所述与本表相同。他记载说:布延巴图尔鸿台吉去打四卫喇特,被一个卫喇特首领所杀(施密特书第216~219页)。不过,他的死年大概是在1573年,并非萨刚彻辰所载的1574年。

他的妻子名叫竹来(Juli),他的儿子不是一个而是3个,即:博硕克图(Bušughtu)济农、鄂勒哲炳(öljei-bing)鸿台吉(库伦抄本第72、73页作öljei-bingtüg鸿台吉)和班第(Bandi)墨尔根卓哩克图(施密特书第218~219页)。

表中的"西哨"二字,严格地说并不属于人名。表中的其他许多人名确在前头加有像部落、氏族、集团名称之类的成分。在像萨刚彻辰书那样的编年史以及其他史籍中,我们发现蒙古人常按其地理位置被分为左(东)、右(西)翼、旗等。试比较鄂尔多斯和西蒙古的"准噶尔"(jungghar jegünghar:左面、左翼)。我们已经讲到过达延汗时期和紧挨着他的以后时期的西三万户和东三万户。《武功录》在巴图尔鸿台吉的传记中没有谈到西翼或西"哨"。但在议论土默特境内(今绥远省)的阿勒坦汗诸子时,《武功录》的作者几次谈到过西哨和东哨(例如,卷9第9、102页)。在《三云筹俎考》卷2第22叶a、b上,土默特被分为西哨和东哨。不过,我没能找到任何有关晚明鄂尔多斯蒙古人类似划分的材料。但这种划分是不足为怪的。我们只说一下:后来在清朝统治下,鄂尔多斯诸旗也被分成了左右翼。

注23:第46人丢儿盖朝库儿、第47圪赤圪、第48人碗布、第49人比把石。 见于萨刚彻辰书(施密特书第208~209,第218~219页)上的诺延达喇诸子的名字,除第四子,萨刚彻辰称作鄂木布达赉而表作碗布台吉的外,难以同表上的名字相一致。见注13。符拉基米尔佐夫的《……岩壁铭题》(载《科学院通报》1927年第226、227页)一文中写作Ombo,而没有写作习惯的写法Ombu。他的写法看来为《明实录》(田村实造:《蒙古篇》第3册第495页)上的汉文"宛八"(表示Omba < Ombo的Onba)所证实。

《武功录》卷14第130~131页上说他又被称作安克阿不害(Engke-abughai)。1586年,他同博硕克图一起去攻打卫喇特人,但立即对他的行动感到后悔并退了回来。此后看来他对明朝很忠诚。1587

年或稍后，他同他的弟弟（表作比把石：Bibasi、Vibasi，《武功录》卷 14 第 131 页作北把什）为了几头牛发生争吵，并被他所杀。不过，他的死年（1587 年）有一些可疑，因为我们在《武功录》卷 14 第 134 页上谈到毕把什（显然就是布延巴图尔的弟弟必巴锡即北把什）1586 中死于一次流行性天花。

本表也告诉我们鄂木布不是如萨刚彻辰所确认的死于幼年。可是，施密特（第 218 ~ 219 页）误解蒙文原文，错误地说他有个名叫 Okkü（用于转写 ügegü，无人）的儿子。

比把石被萨刚彻辰称作必必凯鄂特罕（Bibikei - Odgan）诺延。汉译本《蒙古源流笺证》卷 6 第 19 叶 b 和第 26 叶 b 作必巴锡和必巴赛。必巴锡有两个儿子：库德德（Küdedei?）和色凌（Sereng）（库伦抄本第 73、73a 页）。施密特写作 Sara，但《源流笺证》证实了 Sereng 的写法。

表中的丢儿盖朝库儿（?? - čügekür）和圪赤圪，分别为那言大儿（诺延达喇）的第二子和第三子，相当于萨刚彻辰书中的第二子诺木图都古棱（Nomtu - dügüreng）诺延和第五子莽固斯楚格库尔（Mangghus - čökegür）。诺木图都古棱有二子，名叫班第都古棱（Bandi - dügüreng）和满珠锡哩（Manjusiri）（库伦抄本第 72，73r 页；施密特书第 218 ~ 219 页只列出了第二子）。莽固斯楚格库尔有 6 子：(1) 布纳班鸿巴图尔（Bunaban - qung - baghatur），(2) 布达锡哩伊勒都齐（Budasiri - ildüči），(3) 本巴（bumba）台吉，(4) 阿巴海鄂特罕（Abaghai - odqan），(5) 卓哩克图本台岱青（Jorightu - bumatai - dayičing，库伦抄本第 72、73r 页作 J. - bumbutai - d.），(6) 布延泰（Buyantai）台吉。表上说丢儿盖有一子，圪赤圪有二子，但这些话没有提供可进行辨认的线索。

丢儿盖朝库儿在《武功录》卷 14 第 144 页上写作丢力管抄胡儿。由于本表没有使用转写蒙古人名的严格统一的系统，朝库儿为 čögekür、čöküģür、čouqur 等的转写，为稳妥起见暂时采取施密特的写法 čögekŭr。

昌宁湖位于甘肃永昌北面。例如，见《秦边纪略》（1872 年版）卷 2 第 16 叶 a。

注 24:第 50 人宾兔、51 人著力兔、52 人大正。 按照萨刚彻辰(施密特书第 208 ~209 页),拜桑固尔朗有 4 个儿子:(1)爱达必实达延(Ayida - biš - dayan)诺延,(2)谔巴(Auba)卓里克图诺延,(3)达噶齐(Daghači)宰桑诺延,(4)昆都楞(Kündülen)诺延。库伦抄本第 69、69V 页说他有五子,但却只列出四人之名。除了萨刚彻辰的第三个人名谔巴卓里克图诺延无疑为表上第二子即第 51 人著力兔外,这 4 个名字没有一个与表上的 3 个人名相当。

谔巴卓里克图的哥哥第 50 人宾兔(Bintü 或 Bingtü),一定是《明史》第 327 卷第 27 叶 a 上的宾兔。不过,这一辨认由于《明史》编者在后面几行中所说的下列事实而稍有点复杂:俺答汗有两个儿子,一个叫宾兔,驻在兰州对面松山附近,另一个叫丙兔,驻在河州对面西海(Kökö- nuur)附近。在别的著作,例如《武功录》卷 8 第 164 页上也可找到同样的记载。看来有两个相互同名的人:一个为狼台吉之子,驻在兰州北面,另一个为俺答汗之子,驻在西海地区。《武功录》卷 14 第 174 页称他们为西海丙兔和松山宾兔。

第 50 人宾兔是萨刚彻辰之爱达必实达延。尽管人名不相符,但他的一个儿子的名字证明了这是同一个人。在萨刚彻辰书上我们的确谈到爱达必实达延有 3 个儿子,名为阿齐图(Ačitu)达延诺延、额成吉炳图(Ečinggi- bintü)诺延(库伦抄本第 72, 73r 页作 Ečenggei- bingtün)和墨沁鄂特罕(Mečin- odqan,《源流笺证》卷 6 第 27 叶 a 作玛齐克鄂特罕)。《武功录》卷 8 第 164 页讲到了一个阿赤兔 Ačitu(他当然就是萨刚彻辰的阿齐图)。我们在同书(卷 9 第 83 页)读到了名叫额成格(Ečingge)的另一个儿子。因为这个人明确地被说成是宾兔之子,他只能是额成吉炳图诺延。

萨刚彻辰编年史蒙文原文写作 Ayidabis,施密特写作 Ayidabiš,这确为正确的写法。我们在表二见到带 š 的相同写法,即第 19 人 Ayidabiš。可是,《源流》的汉译者将末一字译为斯,趋向于表明他们所用抄本也带有 - s,而非 - š。

《源流笺证》的注释者们进一步认为爱达必实就是《明史》第 222

卷第9叶a的不他失赤（“赤”字也许应作“礼”：Budasiri?）；我不知道注释者这一考证有何根据。

谔巴卓里克图（第51人著力兔台吉）有5个儿子。施密特所转写的这5人的名字如下：（1）阿南达和硕齐诺延（Ananda-qosighuči n.），（2）绰克图台吉（čoghtu t.），（3）阿穆桑台吉（Amu-sang t.），（4）多尔济岱青（Dorji-d.）和S.托巴叶勒登（Toba-yeldeng，《源流笺证》卷6第27叶a作图巴札勒丹）。至于施密特书和《源流笺证》卷6第27叶a的“阿南达”和“阿穆桑”，库伦抄本（第72、73r页）和3种鄂尔多斯抄本（A本第203页，B本第183页，C本第198页）有一个显然作Qaghadan的名字；此外，库伦抄本和鄂尔多斯A、B抄本不作Amu-sang而作Amu-Sengge，鄂尔多斯C本字首不作a-而作n-：Namusengge或Nemü-sengge。写法上的差别很小：多加了一个点，而较老的抄本则很少加上。

达噶齐宰桑诺延有一个儿子班崇（Bančung）鸿台吉，昆都楞有个儿子名叫贝玛图（Buyimatu），但是达噶齐和昆都楞两人中哪一个相当于表第52人大正（Dayičing），却无法确定。

至于Bingtü这个名字，还须注意：bingtü一词出现在管理成吉思汗祭祀的达尔罕中间的一个职务名称中。见田清波：《印章的孔隙和鄂尔多斯的祝词》，载《华裔学志》第1卷（第315～337页）第330页。

注25：第53～58人。 这6兄弟的辨认已在注15中讨论过。第53人达奇和硕齐（Dak-qosighuči，即铁盖Tegei）有3子：奇塔特（Kitad）鸿巴吉、喇嘛瓦齐尔格隆（Lama-Wačir-Gelung，库伦抄本和鄂尔多斯抄本作Yeldeng，而非Gelung）和图们达哩（Tümendari）彻辰和硕齐。Tümendari也许应作Tümenderi。

第54人海努克（Qayinugh）巴图尔有5子：奇塔特台（Kitadtai）巴图尔、库哲格齐呼拉齐（Küjiegeči-qulači）、通米（Tonmi）墨尔根诺延（库伦抄本作Tümei-m. n.）、济巴锡（jibasi）诺延（库伦抄本作Vibasi-n.，《蒙古源流》第44叶b作必巴实，《源流笺证》卷6第27叶b作必巴赛，Bibasi-Vibasi之对音）和库森德伊（Küsendei）诺延。

阿恰(Akiya)昆都楞岱青[=第55人朝库儿?(čouqur)]有二子:卫摩逊(Oyimosun)宰桑和硕齐(汉译本作卫玛逊,为库伦抄本所证实)和桑寨楚克古尔(Sangjai - čökegür)诺延(库伦抄本作Sanjai;汉译本作桑寨)。

图齐彻辰昆古尔(Tuči-s. - Künggür,或:Günggür?)(=第58人)有4子:乌努衮(ünügün)鸿台吉、伊锡根(Isigen)台吉、萨班达喇(Sabandara)台吉和额色克勒(Esekel)台吉。

楚噜克(čürüke)青巴图尔(=第56人)有二子:哈坦(Qatan)巴图尔和青巴图尔。

库色勒卫征(Küsel-oyisong ~üijeng)(=第57人)有二子:多尔济卫征和桑昌(Sangčang)鸿台吉(《源流笺证》卷6第27叶b作桑鸿台吉)。但是,库伦抄本(第73页、73V页)和鄂尔多斯抄本(A本第204页,B本第183页)写作萨刚鸿台吉(Sanghang q. t.)。

注26:第59人切尽及其7子第70~76人。 花台吉(第39人)的儿子不是两个而是4个:呼图克台彻辰鸿台吉(=第59人)、布延达喇呼拉齐巴图尔(=第60人)、赛音达喇青巴图尔(=第78人)(生于1547年:施密特书第214~215页)和阿穆达尔(Amudar)墨尔根台吉(据施密特的写法,=第79人那木大)。至于误置于表中的幼子,见注16和27。所有这4个儿子都各有他们自己的儿子。

有名的呼图克台彻辰(=第59人切尽黄台吉),在《武功录》卷14第165~177页上有他的一篇传记。关于他,又见《鄂尔多斯志》第56~61页。《武功录》没有叙及其弟呼拉齐(=第60人),却叙及了他的另两个弟弟那木歹(=第79人,《武功录》卷14第179~180页)和看来较年长应即第78人青把都儿的超胡儿。萨刚彻辰(施密特书第230~231,第236~237页)谈到过呼图克台的另一个名叫彻辰岱青的弟弟,但这个名字无疑只是其诸弟之一的一个别名。见注27。

我们在《武功录》卷14第179、181~182页上发现讲到了呼图克台彻辰鸿台吉的一个姊妹。她的名字为滚吉阿不害(Güngji abughai)。严格地讲这不是名字,而是源于汉语"公主"、讹读的一个衔号。

萨刚彻辰(施密特书第211～219页)叙述了呼图克台彻辰征讨西藏人和中亚诸部的几次战役。《武功录·切尽黄台吉列传》及其他许多章节中都提到过这些次征战。

按照萨刚彻辰(施密特书第250～251页),呼图克台彻辰生于1540年并死于1586年47岁(按西历为46岁)时。他的卒年为《武功录》所证实。在他的列传上,我们先读到(第177页)他死于1587年,但在另两处(第180、182～183页)上却告诉我们说:他死于1586年8月,这个年份一定是正确的。无论如何,《万历实录》第180卷第5叶a1587年1月7日下曾附带地提到他的死去。

萨刚彻辰(第220～221页)列出了呼图克台彻辰的7个儿子。施密特把这些儿子的名字写作:(1)鄂勒哲依伊勒都齐(öljei-ildüči)达尔罕,生于1556年,死于1589年(施密特书第214～215,第252～253页,=第70人打儿汗把都儿台吉),(2)锡达岱彻辰楚克古儿(Sidadai-s.-cökegür,=第71人石答答台吉[1]),(3)库德德依炳图岱青[Küdedei-bin(g)tü-d.,=第72人苦跌跌,或许也即《武功录》第14卷第200页所述之苦的大;假如这一辨认对的话,他驻在宁夏附近],(4)布延图彻辰绰哩克图(=第73人不言大Buyandai台吉),(5)本巴台楚克图[Bumba(或u)tai-čoghtu]台吉,(6)本巴锡哩彻辰巴图尔(Bumbasiri-s.-b.),(7)达纳锡哩哈丹巴图尔(Danasiri-qadan-b.)。Bingtü、Buyantai、Bumbutai为库伦抄本的写法。目前我们所不能知道的是后3个名字以什么样的顺序相当于表中的后3个名字。

我们在《武功录》上找到了所讲的呼图克台彻辰儿子们中的4个:阿著兔阿不害,无疑就是鄂勒哲依(或鄂勒哲依图);折答答阿不害,即Sidada(i)abughai之转写(=第71人)(卷14第181页);苦的大,即第

[1]《明纪》第437页c(1592年)上讲到了一个舍达大,看来在转写表中的这个名字时,第二个"答"一定被用来凑合地代替"大",因此应读作tai.这是蒙语后缀-dai/-dei的等值对音。不过,也需注意:或许也存在有Sidada的形态。我们在《满洲实录(Manju-yin ünen maghad qauli)》卷8第26叶b、27叶b上见到了这一形态,满、蒙两种本子都写作sidada,除非我们假定带-ta的汉文形态对抄写者的影响如此之大,以至他们将-da写进了满蒙文原文上。关于另一个sidada,见注28。

72 人苦跌跌台吉(卷 14 第 200 页);本的大,大概即萨刚彻辰之本布台(卷 14 第 179 页)。

萨刚彻辰(施密特书第 258 ~ 259 页)还记载了第 70 人打儿汗把都儿台吉的一个儿子的名字。他生于 1580 年,他先被称作巴图台吉或巴图鸿台吉;后来由于他的勇敢被授予达尔罕巴图尔的衔号。这位巴图鸿台吉就是我们已经如此经常地讲到的蒙古编年史家萨刚彻辰鸿台吉(生于 1604 年)的父亲。

呼图克台彻辰鸿台吉在其在世时是蒙古地区的有权有势人物,十分受阿勒坦汗的宠爱,在南蒙古传播喇嘛教上也很起作用。《武功录》的作者和呼图克台的后人萨刚彻辰两人都证实了他所从事的宗教活动。关于他所从事的文学活动,见田清波:《蒙古源流序》,《蒙文抄本》第 2 种第 1 卷第 28 页。

至于他的龙虎将军的官衔,萨刚彻辰(施密特书第 242 ~ 243 页)说这个官衔是中国政府答允封给他的,但这一诺言并未被遵守,为此之故呼图克台彻辰 1580 年袭击了从宁夏到榆林的中国边境地区。我们在汉文史料中无所发现,但我们间接地获得了一个含混的指示:呼图克台在其出征中受到了挫折。有一次,阿勒坦汗写了封信给中国官员催促他们授予呼图克台彻辰那个显然没有授予的官衔和都督的印章。后来,1579 和 1580 年进贡时,呼图克台自称为龙虎将军(《武功录》卷 14 第 175 ~ 176 页)。

呼图克台死后,他的被称作切尽妣吉〔čečen(Sečen) - beyiji〕的妻子继续是凉城北面蒙古人中间的一个有权势者(《武功录》卷 14 第 178 ~ 179 页)。在萨刚彻辰书(施密特书第 248 ~ 249 页)上她被称作托尔罕珠拉彻辰哈屯(Torqan- jula sečen- qatun)。

注 27:第 60 人合罗赤及其三子第 77 ~ 79 人。 见注 16。合罗赤(Qulači,呼拉齐)台吉(在萨刚彻辰书上他的名字为布延达喇呼拉齐巴图尔)未见于《武功录》上。但我们在《武功录》上找到了另两个呼拉齐,一个是阿勒坦汗之子,另一个是达延汗第四子之子(表九第 237 人)。

按照萨刚彻辰，布延达喇呼拉齐有一个儿子，名叫莽固斯额尔德尼呼拉齐。显然这人是表第 77 人火落赤（Qulači）把都儿台吉。我们已遇到过萨刚彻辰所载兄弟人数与表中所载人数不符的情况。但此处第 60 人合罗赤的另两个“儿子”第 78 人青把都儿和第 79 人那木大一定是误置的。正如前文所已阐明的，按照萨刚彻辰（施密特书第 208 ~209 页），花台吉（Qoua - t.）的儿子不是两个而是四个，即：（1）呼图克台彻辰鸿台吉，（2）布延达喇呼拉齐巴图尔，（3）赛音达喇青巴图尔，（4）阿穆达尔墨尔根台吉。因为另一方面，按照萨刚彻辰，第 60 人布延达喇呼拉齐只有一个儿子，所以很清楚：本表将第 78 人青把都儿和第 79 人那木大放错了位置，他们不是第 60 人合罗赤之子，而都是他的弟弟，这两人应当向左移一栏，放在合罗赤底下。

附带说一下，这个第 60 人合罗赤驻在松山附近（《明纪》第 457 页 a：1598 年）。他的儿子第 77 人额尔德尼呼拉齐巴图尔是一个喇嘛教的热烈赞助者。关于他，见海西希：《北京喇嘛教徒的木刻本》第 32 页以及《论新入教的蒙古人的文化贡献》，载《乌拉尔—阿尔泰年刊》1954 年第 113 页。

按照萨刚彻辰（施密特书第 220 ~ 221 页），赛音达喇青巴图尔（ = 第 78 人青 čing 把都儿）没有后裔。其弟阿穆达尔墨尔根（ = 第 79 人那木大 Namudai）有一个儿子：图垒（Turui）青呼拉齐。

《武功录》卷 14 第 138 页上讲到了一个那木大（1581 年任指挥同知），1584 年左右驻在松山附近，与博硕克图济农关系很密切。他很可能是第 79 人那木大。我们发现那木大的许多异读：Amudar，Amudai，Namudai。库伦抄本第 69 叶、第 70 叶正面和鄂尔多斯 A 抄本第 194 页作 Amudai；鄂尔多斯 B 抄本第 172 页和 C 抄本第 189 页作 Namudai，本表和《武功录》也作 Namudai；施密特书（第 208 ~ 209 页）作 Amura；《源流笺证》卷 6 第 29 叶 a 作阿穆尔达，无疑是“阿穆达尔”（Amudar）之讹写，但在另一处（卷 6 第 28 叶 a）同一汉译者写作阿穆岱。蒙语尾音 - r 和 - i 极其相似，很容易混淆，因为后缀 - dai/ - dei 和 - dar/ - der 常用于名字的构成，在理论上两种形态都可以是正确的。但此处 - dai/

-dei 作为正确的写法稍有疑问。但是这个名字应写作带词首 na-还是 a-呢,Namudai 和 Amudai 两种写法是相等的。我们已有几次机会注意到:蒙语词首 na-和 a-的区别只在有无第一笔左边的一点上。较老的抄本上很少带有这一个点,因此在此场合下既可读作 Namudai,又可以读作 Amudai。我们可以举出另一个这种可能有的变异的例子,Aghbarji 这个名字(萨刚彻辰书,施密特本 154~155 页等处)在喇锡朋苏克的《水晶念珠》(海西希本第 82 页[1])上写作 Nambarji。看来,甚至连蒙古人对于像 Amudai 和 Namudai 的形态也踌躇不决。济农博硕克图(表三第 69 人)确曾在佛经(他是佛经的热心捐助者)上以纳穆岱彻辰可汗或阿穆岱沙新(šašin)可汗之名被提及(海西希:《北京喇嘛教徒的木刻本》,第 35 页,以及《乌拉尔一阿尔泰年刊》1954 年第 108~110 页)。

萨刚彻辰(施密特书第 200~201 页:1586~1587 年)记述三世达赖喇嘛访问南蒙古以及这次访问后喇嘛教在这个地区的传播时谈到了察哈尔部的一个"阿穆岱"鸿台吉。《源流笺证》卷 6 第 12 叶 b、卷 7 第 13 叶 a、b 上的有关章节上的汉译将他的名字译作阿穆岱鸿台吉,注释者在注文中补充说:他就是《明史》上的脑毛太("太"用于代表"大"=ta/tai)。我没能查出《明史》上的相应章节,但他一定是《武功录》上的脑毛大(卷 10 第 192~193 页"土蛮部夷":Namudai 或 Nomudai?)。海西希在其刊载在《乌拉尔—阿尔泰年刊》1954 年第 109 页上的论文中也谈到了这个察哈尔王公阿穆岱炳图鸿台吉,并且毫不犹豫地认为他就是表二第 25 人那木大黄台吉。

看来,海西希乐于接受 Arnudai-Namudai 的双重形态(同上,第 110 页)。在若干蒙语词中确实存在词首 n - 和 o(零声母)交替的痕迹(关于这种交替,见伯希和的论文:《通报》1931 年第 115 页,以及田清波的论文:《哈佛亚洲学报》第 13 卷第 326 页注 40)。但看来在此情况

[1]我们还可以讲另一个这种 n-/o 变异的例子。被施密特拼写作 Eligüd(第 200~201 页;《源流笺证》卷 6 第 13 叶 a 作额里克特)的一个民族名,在《蒙古世系谱》(第 22 叶 a)上写作纳里古忒。

下倒不如认为存在有 Namudai-Amudai 的双重形式。萨刚彻辰编年史译本的中国注释者指出阿穆岱即是脑毛太时,看来意味着正确的读法(至少在他们看来)为 Namudai。况且表二第 25 人和表三第 70 人的“那木大”的写法看来也证实了这一看法。

上述《武功录》卷 10 第 192 ~ 193 页上脑毛大的写法以及同书卷 9 第 24 页上的另一写法那莫大都加强了这一看法。不过,我们不能不指出,阿木大的写法也见于《武功录》卷 9 第 58 页上。

我趋向于认为:编写本表或从蒙古原本抄录本表的编写者无疑是在蒙古人的协助下,将像 Namudai 那样没有符点的书写形式按照这个名字的通常读法译写出来。

我们还记得,萨刚彻辰书的一种鄂尔多斯抄本写作 Namudara,而不是施密特本所写作的 Amudara(见前面注 20)。

注 28:第 63 ~ 65 人、第 80 人。 在注 18 中我们已经看到,按照萨刚彻辰(施密特书第 208 ~ 209 页),第 41 人克登威正或班扎喇卫征诺延有 3 子:(1)多尔济达尔罕岱青(表第 63 人打儿汗歹成),(2)钟都赉卫征诺延(第 64 人威正庄秃赖)以及(3)恩和和硕齐诺延(第 65 人恩克)。这 3 个人都有各自的儿子。多尔济达尔罕有一个名叫明海青岱青(第 80 人明暗台吉)的儿子。

至于钟都赉(Jongtulai)这个名字,必须指出,据施密特的写法,我们译作 Yongtulai。蒙语词首之 j- 和 y- 用同一个字书写,因此没有必要知道以这个字母开头的词该怎么写。不过,本表、《武功录》以及《明史》上的汉文写法认可了正确的写法是 Jongtulai。《源流笺证》卷 6 第 20 叶 b 写作钟都赉。

钟都赉卫征有表中一个也没有列出的 6 个儿子:(1)德格依(Degei)卫征鸿台吉(关于 Degei 或 Tegei,见注 15。《源流笺证》卷 6 第 28 叶 b 写法不同,作库伯衮达什卫征鸿台吉(Qu-bai-qungtasi-üijeng qung-tayiji)。另一些抄本不作德格依卫征鸿台吉,而作一完全不同的名字:库伦抄本第 73、73r 页正面作 bRasi-üijeng q.-t.。鄂尔多斯 A 抄本第 205 页作 Biisi-üičingq. t.。Rasi-bRasi 的异写为施密特书第 264

~265 页上的 Rasi oyisang(同一页上出现两次)所证实。库伦抄本的相应各页(第 85、第 86r 页)上有“bRasi”,鄂尔多斯 A 抄本(第 242 页)和 B 抄本(第 230 页)与此相同。《源流笺证》卷 8 第 2 叶 b 写作扎什,并非卷 6 第 28 叶 b 库伯衮……之名。Rasi-bRasi 无疑为正确的读音。(2)达赉宰桑,(3)沙喇卜绰克图(šarab - čoghtu),(4)翁圭楚格库尔(Ongghoi-čögektür),(5)喇锡延台吉(Rasiyan t.)和(6)阿班台(《源流笺证》卷 6 第 28 叶 b 作阿巴岱)。关于钟都赉又见本注下文。

第 63 人多尔济达尔罕岱青为一指挥佥事。其子明海(萨刚彻辰书)或明暗(本表第 80 人)在《武功录》卷 14 第 188 ~ 190 页上有其简传,即《明爱列传》。1583 年多尔济去世,明爱袭职。明爱常给中国人找麻烦。但正如本表已曾试图表明的,萨刚彻辰和本表看来将明爱和另一个同名的人混淆起来了。这个混淆很容易产生,因为不仅所述的两个人名字相同,而且他们的父亲也有同样的达尔罕衔号,看来他们的衔号倒比他们的本名更为著名。见注 20。

第 80 人明暗之母在《武功录》卷 14 第 190 ~ 191 页上也有一篇传记,她名叫切尽罕同〔čečen(Sečen)-qatun〕。

第 66 人卫征钟都赉无疑即《武功录》卷 14 第 193 ~ 200 页上有传的庄秃赖。他是个指挥佥事,驻在神木和孤山之间。后来,1590 年左右他迁到昌宁湖附近。

按照《武功录》卷 14 第 200 页,钟都赉有一个名叫孟格(Möngke)的儿子。1607 年他被授予百户之职。不过,根据可资使用的年代来查明孟格相当于列在被省略的栏里的钟都赉诸子中的哪一个,却是不可能了。

注 29:第 69 人卜失兔。 按照萨刚彻辰(施密特书第 222 ~ 223 页),博硕克图(Bušughtu)生于 1565 年,1576 年继承鄂尔多斯济农之位。他死于 1624 年(施密特书第 268 ~ 269 页)。

符拉基米尔佐夫的《喀尔喀卓克图台吉岩壁题铭》,《科学院通报》1927 年第 226、227 页写作 Bošughtu ~ Bošightu 。汉译都假定其第一音节有一元音 u。博硕克图别名纳穆岱彻辰可汗。见注 27。

1570年或稍前，他被中国人封为千户之职，一直到1584年为止他同中国保持最好的关系。可是，从1584年以后这种友好关系恶化了，实际上是完全破裂了，因博硕克图不管对也罢错也罢，认为他没有在山西互市市镇上享有其他东方蒙古王公在大同、宣府所享受到的利益。1587年，他在甘肃边境同中国军队作战时受伤，他的女儿被俘，他的军队辎重被夺走了。

《武功录》卷14第143页称博硕克图之母为太虎罕同，或虎来罕同（同书第146~147页）。“太虎”为蒙语tayighu[1]之转写，而这个词本身又源于汉语“太后”。萨刚彻辰（施密特书第265页）称她为台噶勒准根哈屯（Tayighal - jünggen - qatun）[2]。我认为tayighal是同一名词“太后”之讹写。

按照萨刚彻辰（施密特书第218~219页），布延巴图尔鸿台吉有三个儿子：博硕克图济农、鄂勒哲依炳鸿台吉（öljei - bingq. t.）和班第墨尔根卓哩克图（Bandi - ni. j.）。我们在《武功录》上找到了下列博硕克图之弟的名字：(1)俺坠兔，无疑为öljeitü之转写（《武功录》卷14第140，145~146页），他于1579年任千户（卷14第142、147~148页之阿只兔，大概是同一名字的进一步讹写），(2)满金台吉（Bandi?），他被任命为百户（同上第149页）。

博硕克图同西藏有频繁的和平关系和其他关系，他是喇嘛教在鄂尔多斯蒙古人中间传播的热心推进者。据说，1626年他的儿子图巴（Tuba）从西藏带来了一套《丹珠尔经》（Tanjur，bsTan- Gjur）（萨刚彻辰书施密特本第278~279页）。博硕克图本人同喇嘛教领袖的关系很密切，他被封为“Altan- kürdün- iergigülügči čakravartin sečen jinong qaglian”，意即“转金轮察克喇瓦尔廷贤明济农可汗”。见海西希论文，《乌

---

〔1〕在老蒙文书上写作tayighiu。见柯立甫：The Bodistw - a čari - a awatar - untayilbur of 1312，载《哈佛亚洲学报》第17卷第54页(4~166b)(13)，第123页注321。

〔2〕我不知道jünggen一词的含义。这个词常出现在王公的妻女的名字或衔号中。例如，萨刚彻辰书（施密特本第174~175页）上有：Yeke qabartu jüngsin（大鼻jüngsin），此处jüngsin为junggen之讹写。同书第230~231页上有Noyančujünggin。又，海西希：《北京喇嘛教徒的木刻本》第21页上有cǎr- ügei buyan - tu jönggin qatun，第28页上有jünggin qatun。

拉尔—阿尔泰年刊》1954 年第 109 ~ 110 页。其妻之佛教名为:“Tayighu darabodhisatuwa nomčidalai sečen jünggen qatun”,即“智慧如海、精通经典之菩提萨特瓦 · 塔喇太后、准根哈屯”。

我们在《明史》第 327 卷第 30 叶 a 上读到:卜失兔(博硕克图)只不过是鄂尔多斯蒙古人的名义上的首领。真正的首领在西部是火落赤(qulači),在中部为明安之子摆言太(Buyantai),东部为沙计。1600 年,鄂尔多斯蒙古人被分为 42 支,尽管战士的总数达 10 万,但没有一支是真正突出的。我们被告诉说,大支不超过二三千骑士,小群仅一二千人。《明史》所述之 42 支大概是较重要的台吉们的封地。参看田清波:《蒙古源流序》,《蒙文抄本》第 2 种,卷 1,第 6 ~ 7 页。

博硕克图有 4 个儿子,本表或《武功录》没有列出其中任何一人之名。他们是(萨刚彻辰书施密特本第 270 ~ 271 页):色棱(Sereng)额尔德尼鸿台吉、林沁额叶齐岱青(Rinčin- eyečid.,鄂尔多斯 A 抄本第 246 页作 Erinčin),图巴台吉和吹拉台吉(čoyila t.)。新《黄金史》(卷 2 第 188 页)讲到了一个哈尔呼楚克台吉(Qarqučugh t.)。

色棱生于 1591 年,1626 年继位,并于不久后死去。其弟林泌生于 1600 年,1627 年继位(施密特书第 280 ~ 281 页),关于 1635 年在同林丹汗进行了灾难的内战后投降了满人(《蒙古游牧记》卷 6 第 119 页)。1649 和 1650 年,由鄂尔多斯诸部建立了 6 个旗,1736 年建立了第七个旗。

表四　大同丰州滩（北部）顺义王部落（注30）

<table>
<tr><td>[巴尔斯博罗特之七子]
30. 俺答哈。隆庆十五年（1571年）受封顺义王。万历九年卒。在大同边外大青山昭君墓丰州滩驻牧。西至河套，东至宣府洗马林一带。离边三百余里。子九，义子一。（注31）</td><td>81. 辛克都隆哈。即黄台吉。万历十一年（1583年）袭封顺义王，十三年（1585年）卒。先在宣府边外旧兴和所小白海、马肺山一带驻牧。离边三百里。袭封后，仍住俺答旧穴。子十四。（注32）</td><td>91. 扯力克哈。万历十五年（1587年）袭封顺义王。先在山西偏关外胡地委兀儿趁一带驻牧。袭封后仍住俺答旧穴。水泉、得胜二处互市。子七。（注44）</td><td>124. 晃兔台吉。授封龙虎将军。在委兀儿趁一带驻牧，离边七百余里。故。子四。（注65）</td><td>162. 卜失兔黄台吉，即舍剌克炭台吉，授龙虎将军，驻父原巢。（注74）
162a. 把都漫黄台吉。（注75）
162b. 他儿泯台吉。（注75）
二酋俱授指挥佥事，与卜失兔同驻牧。</td><td>163a. 卜罗台吉。（注74）</td></tr>
<tr><td rowspan="2">81 辛克都隆哈</td><td colspan="2">92. 五路把都儿台吉。即那木儿台吉。故。先授指挥佥事，后升龙虎将军。在大同天城边外正北五克儿掬儿克一带驻牧。离边约五百余里。新平市口互市。子四。（注45）</td><td colspan="3">131. 敖卜言台吉。授副千户。见在。（注69）
132. 聂库台吉。授百户。见在。
133. 虎喇哈气台吉。授副千户。见在。（注70）
134. 忽同台吉。授百户。见在。
以上四酋与五路把都儿一同驻牧。</td></tr>
<tr><td colspan="2">93. 青把都儿补儿哈兔台吉。授指挥佥事。驻牧、互市与五路把都儿同。子七。（注46）</td><td colspan="3">135. 兵兔台吉。授百户。（注46）
136. 金兔台吉。授百户。（注46）
137. 他儿拜台吉。（注46）
138. 班班石台吉。（注46）
139. 刀儿计台吉。授百户。（注46）
140. 把汉调儿计台吉。（注46）
141. 归登台吉。（注46）
以上七酋与青把都驻牧相连。</td></tr>
</table>

续表四

81 辛克都隆哈	94. 哈木把都儿台吉。授指挥佥事。在山西偏关西北边外擦哈把剌 哈素驻牧。离边一百六七十里。新平市口互市。(注47) 95. 松木儿台吉。授指挥佥事。在宣府下西路正北边外擦哈揉儿驻牧。离边二百余里。新平互市。见在。子四。(注48)	142. 的力盖儿台吉。授副千户。见在。 143. 跌力波儿台吉。授副千户。见在。 144. 万思儿。授百户。见在。(注72) 145. 虎督度。即小活佛。万历二十年(1592 年)题升朵儿只昌。年可五六岁。盖前方僧之前身也。(注73)
	96. 段奈台吉。即波儿哈兔台吉。授指挥佥事。在宣府膳房堡迤北马肺山一带驻牧。离边二百余里。新平互市。见在,(注49)	
	97. 打赖台吉。即我摺进台吉。驻牧、互市与段奈同。(注50) 98. 台石台吉。即台失哈不害。授指挥佥事。(注51) 99. 安兔台吉。 以下各台吉俱在宣镇龙门所边外一带驻牧。(注52) 100. 朝兔台吉。(注53) 101. 土力哈兔台吉。(注54) 102. 土力把都台吉。 103. 摆言兔台吉。(注55) 104. 明暗台吉。授副千户。(注56)	145a. 主儿窳大台吉。与父宰生同驻牧。(注50)

续表四

<table>
<tr>
<td>82. 不彦台吉。(又名摆腰台吉)。(注33)在大同阳和边外西北一克掬力革驻牧。离边三百余里。阳和宇口堡互市。故。子一。(注34)</td>
<td>105. 摆要把都儿台吉。授指挥同知。见在。子六。(注57)</td>
<td colspan="2">146. 松木儿台吉。授百户。(注57)
147. 明暗台吉。授副千户。(注57)
148. 同门台吉。即土门台吉。授副千户。(注57)
149. 兀上台吉。即兀尚哑不害。授百户。(注57)
150. 剌麻台吉。为僧。
151. 五十拜台吉。
以上各酋俱同不彦台吉驻牧。俱见在。(注57)</td>
</tr>
<tr>
<td>83. 铁拜台吉。故。子一。(注35)</td>
<td>106. 把汉那吉。先授指挥使,后升昭勇将军。幼年丧父,后与祖俺答有隙,遂降中国,贡市之端由此酋起。在山西偏关边外西北哈朗兀驻牧。离边三百余里。大同得胜、山西水泉二处互市。万历十四年(1586年)坠马而死。子二。(注58)</td>
<td>152. 冷克木台吉。授昭勇将军。(注58)
153. 不速布台吉二酋俱驻牧哈朗兀,即大板升以西是也。俱见在。(注58)</td>
<td rowspan="3">162g. 猛
克台吉。
授指挥
佥 事。
幼年丧
父。在
祖母忠
义夫人
把汗比
妓帐内
养 大。
忠义夫
人与子
素囊住
归化城,
分东西
哨。猛
克在西
哨。(注
79)</td>
</tr>
<tr>
<td>84. 丙兔台吉。授指挥同知。营名威兀慎。在陕西河州西海驻牧。甘肃扁渡口互市。故。子三。(注36)</td>
<td>107. 三温台吉。即宰生,又名真相。袭伊父指挥同知。子一。(注59)
108. 土麦台吉。
109. 傻代台吉。
俱见在。(注59)</td>
<td>154. 揣旦台吉。(注59)</td>
</tr>
<tr>
<td>85. 把林台吉。授指挥同知。在大同阳和正北山后歹颜那失机驻牧。离边界五百里。阳和后口(宇口堡)互市。故。子七。(注37)</td>
<td>110. 纳赖台吉,即纳儿麦台吉。授百户。
111. 补儿哈兔台吉,即补儿哈都台吉。授副千户。
112. 姐姐台吉,即且且台吉。授副千户。(注60)
113. 土麦台吉,授百户。
114. 著力兔台吉,即著力兔把独儿台吉。授指挥同知。(注60)
115. 廷定台吉。(注60)
116. 埃克台吉。
俱见在。</td>
<td></td>
</tr>
</table>

续表四

<table>
<tr><td>86. 哥力各台吉。在大同得胜堡边垛兰我肯山后驻牧。离边三百里。得胜堡互市。故。子一。(注 38)</td><td>117. 打剌阿拜台吉,即那那台吉。授指挥佥事。故。子四。(注 61)</td><td>115. 班慢台吉,即班儿慢台吉。授指挥佥事。见在。子一。(注 61)
156. 也林金台吉。
157. 打赖台吉。
158. 山阿儿架台吉。俱见在。</td><td>163. 班的思克台吉。见在。</td></tr>
<tr><td rowspan="2">87. 不他失礼黄台吉。先授指挥同知,后升骠骑将军;又升龙虎将军,又升都督佥事。在山西边外丰州州山后可儿兔驻牧。山西水泉和大同得胜二处互市,系三娘子所生儿。(注 39)见在。子二。(注 40)
88. 沙赤星台吉。系三娘子所生,先授副千户,后升明威将军。见在。(注 41)
89. 倚儿将逊台吉。系三娘子所生。授百户。故。(注 42)</td><td>118. 哑不害台吉。(注 62)</td><td colspan="2"></td></tr>
<tr><td>119. 公赤儿哑不害台吉。(注 63)</td><td colspan="2">158a. 习令台吉。年尚幼,与父素囊(=119)同住。(注 63)</td></tr>
<tr><td rowspan="3">90. 恰台吉。授指挥佥事。系俺答义子。在山西偏关边外二百余里妥妥城(附近)驻牧。大同得胜、山西水泉二处互市。故。子四。(注 43)</td><td>120. 虎见害恰。授百户。子一。(注 64)</td><td colspan="2">159. 哑班兔恰。授百户。(注 64)</td></tr>
<tr><td>121. 周安秃懒恰。授百户。子一。(注 64)</td><td colspan="2">160. 色冷恰。授百户。(注 64)</td></tr>
<tr><td>122. 哑班恰,即哑班兔恰。授百户。子一。(注 64)
123. 打赖恰,即答赖恰。授百户。(注 64)俱在。</td><td colspan="2">161. 土麦恰,即秃麦恰。授百户。(注 64)</td></tr>
</table>

续表四

[91 扯力克哈]	125. 五十万打力台吉,即毛明暗台吉。在大同新平边外驻牧。(注 66)	162c. 五班南台吉。 与卜失兔同驻牧。
	126. 明暗台吉。授百户。(注 66)	162d. 察汗我不艮。(注 77) 162e. 打儿泥台吉。(注 77) 二酋与毛明暗同驻牧。
	127. 土麦台吉。(注 67) 128. 耳章速台吉。 二酋俱在委兀儿趁驻牧。 129. 我儿谷道台吉。 130. 谷儿猛克台吉。 二酋俱在大同新平边外驻牧。(注 68) 以上各酋俱在新平市口互市。	162f. 土麦大儿台吉。与卜失兔同驻牧。(注 78)

37.5 表四笺注

注 30:关于表四和表五。 表四和表五实际上应该只构成一个表,因为在原文中俺答汗及其弟拉布克台吉两人的后裔都在《丰州滩顺义王诸部》的标题下被放在一起的。不过,为方便起见,我把这一部分分成了两个表。本世系表的这个重要部分(即表四和表五)也见于《三云筹俎考》卷 2 第 25 ~ 34 叶(后文简称《三云表》)。《三云筹俎考》上复制的各表的这一部分无疑根据的是附录于《北虏风俗》上的各表所根据的同一原本,但《三云表》的产生要晚几年,因此多几个人名,同时也短缺了另几个人名。表的这两种版本的另一些不同点将于适当时候指出。我们要感谢《三云表》的是:它使我们能够纠正《北虏风俗》表上的若干错误。

注 31:第 30 人俺答哈。 《万历武功录》卷 7、8 第 1 ~ 176 页上有俺答汗的一篇长传。没有任何汉文史料告诉我们俺答汗生于何年,萨刚彻辰(施密特书第 205 ~ 206 页)告诉我们,他生于 1507 年。《嘉靖实录》第 164 卷第 1 叶 a1534 年他第一次被叙及。但《明史》却于 1532 年叙及他;当然这一记载是以别的较早的史料为根据的。

"俺答哈"(Altan - qa[n])一语仅使用于本世系表中。在《实录》、《三云筹俎考》、《万历武功录》以及其他著作中,他常被称作俺答阿不害(Altan abughài)。因为在某些场合"阿不害"这个衔号曾被用作人名,故《武功录》的现代出版者把"俺答阿不害"当成了表示两个不同的人的两个人名。但这肯定是错误的。"俺答阿不害"为阿勒坦汗之名。

萨刚彻辰(至少在施密特所用的原文中,第208~209页)在推算上有些错误:他说,1552年阿勒坦汗47岁(按西历为46岁),1571年65岁(《源流笺证》卷6第21叶b作66岁),1573年67岁(《源流笺证》作68岁),1582年76岁(施密特书第242~243页)。如果,如萨刚彻辰所说的阿勒坦汗生于1507年,那么他1552年时只有46岁(按西历为45岁),1571年为65岁,1573年为67岁,1582年为76岁。

这位蒙古史学家继续说:1582年他病重"死去",但又奇迹般地复活了。接着他终于死于1583年,享年77岁(按西历为76岁;见施密特书第246~247页;《源流笺证》卷7第9叶b,不过,《笺证》注释者跟从《明史》,把他的死放在1582年)。按照帕拉斯(S. P. Pallas)的资料(《蒙古民族史料汇编》,1801年,圣彼得堡,第424~428页;转载于柯立甫:《十三世纪蒙古人的医务》,《哈佛亚洲学报》第17卷第428~444页,第431~432页),阿勒坦汗复活后只多活了9天。

本世系表(与《三云表》)所记俺答死年为1581年,或更确切些说,为万历九年。《三云筹俎考》卷2第5叶a所载相同。《明史》(卷20第5叶b和《明纪》(第410页)把俺答汗之死记载在万历十年二月癸巳日:1582年2月26日下面。这一记载的来源为《万历实录》第121卷第3叶b。我们在《实录》这一天下面找到了俺答汗之死的记载,但这倒不如解释为是这位老战士之死的消息到达京城的日子。在《武功录》卷8第175页上,我们的确读到了:一个使团把俺答去世的消息带到了中国边境官员处,报告说,土默特王公已于万历九年十二月十九日(1582年1月13日)去世。因此本世系表所说俺答汗死于相当于1581年的[万历]九年是正确的,但是中国年的最后一些天已经跨进了西历年的最初几个星期，因此实际上是在1582年。《武功录》卷8第201页上的另一段告诉我们说，他死于“壬午”年，即1582年。这却是错的。[万历]九年为辛巳年。如果俺答汗死于壬午年十二月，这就意味着他死于西历1583年初。我们在《武功录》卷9第6页上的另一处也找到了俺答汗去世的正确的干支纪年。1582年1月13日无疑是俺答去世的正确日期。

萨刚彻辰所说阿勒坦（第二次）死于羊年即癸未年（万历十一年，即1583年1月24日到1584年2月11日，施密特书第246～247页）是绝对错误的。

在萨刚彻辰编年史（第210～211页）上，明廷授予阿勒坦汗的封号顺义王被讹写为Sung-Wang。汉译者遂将这几个字译作“孙王”（《源流笺证》卷6第21叶b）。他们不能从这些字里认出“顺义王”一词。在新《黄金史》（卷2第180页）上我们读到“Süi-Wang”。正如我们从库伦抄本（第69、70r页）、鄂尔多斯抄本B（第173页）和抄本C（第191页）上所看到的，萨刚彻辰书的原本上一定有“Sun(g)-i Wang”。

丰州滩是后来对辽丰州的称呼。这个城市位于绥远城东面约五六十里的今天称作白塔的地方。[1]

大青山是今天内蒙古许多地方的若干座山名。按照《嘉庆重修一统志》（第56卷《归化》，第3叶a），大青山在托克托县西面八十里。但大青山也是绥远城北面东西绵延的阴山山脉的另一个普通名称。见《绥乘》卷5第1～4页。

这里所说的昭君坟在绥远城南面约20里。又名青冢。见《绥乘》卷8第16页；田清波：《鄂尔多斯词典》第15页注1；沙畹（及波兹德涅耶夫）：《新近发现的一处古代遗迹》，载《亚洲学报》1896年1～2月，第177页。又见《嘉庆重修一统志》卷56《归化》第11叶a；张鹏翮（1649～1725年）：《奉使俄罗斯行程录》第11叶a、b；魏特夫（K. Wittfogel）和冯家升：《中国辽代社会史》第629页。关于王昭君嫁给匈奴

[1]参看拙著：《塔滩位置考》，载《哈佛亚洲学报》卷19，1956年，第52～56页。

王公,见《后汉书》第 119 卷第 3 叶 a。

洗马林是张家口西面约 100 华里长城南面的一个小镇。这个地名在元代通常写作“寻麻林”。有关于这个市镇的历史有一篇很有意思的论文,请参看伯希和:《蒙古统治时代中国北方的一座伊斯兰教徒城镇》(载《亚洲学报》1927 年 10—12 月号第 261 ~ 279 页,以及《通报》1927 年 376 页)。该镇的蒙古名称为 ulān čayija(红寨,čayija,汉语寨子)。见《武备志》第 277 卷第 21 叶 b。

看来,萨刚彻辰对土默特王公比起对达延汗后裔的鄂尔多斯分支来较不熟悉,他只叙述了阿勒坦汗的两个儿子,一个名叫僧格都古楞特穆尔(Sengge - dügüreng - temür),继承其父,另一个叫托伯特台吉(Töbed – t.),早年夭折(施密特书第 246 ~ 247、第 248 ~ 249 页)。本世系表要完全得多,表上列出了 9 个儿子和一个养子,因此提供了许多其他资料。

表上有俺答汗的儿子们的若干名单,但某些人名极不可靠,因此常常无法认定。《武功录》卷 7 第 47 页叙述了一个中国战俘逃脱了监禁从蒙古人中间逃出来,向中国人报告了俺答汗境内的情况。按照这个报告,当时(1549 年)俺答汗和他的儿子们正打算进犯大同边境。报告中讲到的俺答汗的诸子如下:(1)玄于阿不孩(? abughai),(2)摆腰阿不孩(Baya´ud 之 Abughai 或 Bayaghud = 第 82 人),(3)兀慎阿不孩,即 üšüin 之 Abughai(可能为第 31 人或表五第 164 人),(4)部双儿台吉(=?),(5)委兀儿慎不哈台吉,即 Uyighurčin 之 Buga。请注意,俺答汗的一个儿子(第 84 人丙兔),他的孙子第 91 人扯力克(čürüke)以及他的曾孙晁兔,全都有委兀儿慎人为其部属。不过,其中没有一个人看来相当于“不哈台吉”。

在《武功录》卷 7 第 84 页上,我们找到了俺答汗四子及其一个义子的另一份名单。他们是:(1)黄台吉(第 81 人辛克都隆),(2)僖腊阿不孩(Sira abughai? 卷 7 第 90 页叙及了一个名叫锡腊的“酋长”),(3)哑阿不孩,即哑巴 abughai,(4)把伶台吉,即 Bārin 的台吉(第 85 人把林)。被叙及的俺答的义子为脱脱(Toghtō 或 Toghtogha = 第 90 人恰台吉)。

《武功录》卷 8 第 175 页上还有第三份名单,这次在名单上有九个儿子。他们是:(1)黄台吉(僧格都古楞),(2)摆腰阿不害(第 82 人),(3)铁背台吉(第 83 人托伯特台吉),(4)宾兔台吉(第 84 人丙兔,Bingtü),(5)把林台吉(第 85 人),(6)打郎台吉(第 86 人,Dalan 或 Dalad 之台吉),(7)不他失礼(第 87 人,Budaširi),(8)沙赤星台吉(第 88 人),9.倚儿(将)逊台吉(第 89 人,Irjamsu t.)。

我们在喇锡朋苏克的《水晶念珠》第 684 ~686 页上找到了另一份不完全的名单,那下面只记载了 7 个儿子。他们是:(1)僧格都古楞汗,(2)哈勒图(Qaltu 或不如写作 ghaltu)诺延(关于他,见注 52;事实上他是僧格都古楞之子),(3)托伯特台吉,(4)炳图伊勒登(Bingtü-ildeng),本表作丙兔,(5)达拉特库鲁格(Dalad-külüg)台吉,(6)布达实哩台吉(Budaširi t.)以及(7)札木苏(jamsu)台吉。

在本表上,俺答汗的养子名叫恰,在《武功录》和其他中国著作上称作脱脱。《武功录》卷 7 第 46 页上谈到了另一个养子,这是个中国人,是一个战俘的儿子,名叫柳根子。

《嘉靖实录》第 458 卷第 2 叶 a 上告诉我们说,1558 年 4 月 7 日,俺答的一个孙子和女婿同中国边防哨兵作战时被杀死,但他们的名字没有被指出。

表上指出了从边界到蒙古王公所驻营地的距离,必须注意:这些数字并非经常很准确的,不可照字面上来理解。

注 32:第 81 人辛克都隆哈 Sengge-dügüreng-qa(n)。 《武功录》卷 8 第 177 ~197 页上有他的传,他的名字在《三云表》上写作兴克[都隆哈]。但在大多数汉文史料上以辛爱或黄台吉著称。《武功录》卷 7 第 23 页、卷 8 第 197 页称他为孔昆的禄儿辛爱黄台吉,这个名字的头一部分"孔昆的禄儿"一定为"dügüreng"的转讹。但在同书卷 8 第 191 页,他被正确地称作龙铁木儿黄台吉(Dügüreng-temür q. t.)。又见《源流笺证》卷 7 第 17 叶 a。他也被称作"彻辰汗",即乞庆哈。不过,他的父亲在他之前就有了这个衔号,这是西藏达赖喇嘛所授予的。见萨刚御辰书(施密特本第 236 ~ 237 页)。在僧格之后,他的儿子也拥有这个衔号。

按照《武功录》卷 8 第 191、193 页和卷 9 第 6 页,僧格是俺答汗的名叫矮克哈屯的长妻(大娘子,即蒙语 Yeke qatun)之子,而其弟黑台吉(即铁拜台吉)之母名为也可哈屯。这两个名字看来都是蒙语 Yeke-qatun,即“大哈屯”。

萨刚彻辰(施密特书第 246 ~ 247 页)告诉我们说,僧格都古楞特穆尔生于 1538 年,并于 1584 年继承父位。不过,按照《武功录》卷 8 第 189 页,1572 年僧格已年逾五十,因此他一定生于 1522 年以前。

僧格于 1571 年首先当了都督同知。后来他也使用了龙虎将军的衔号(《明史》第 72 卷第 21 叶 a、b),但显然是不合法的。无疑他于 1582 年 1 月父亲死后马上继任土默特蒙古人的统治者,但他直到 1583 年 3 月 9 日才获得顺义王的中国封号(《明史》第 327 卷第 28 叶 b;《源流笺证》卷 7 第 9 叶 b;《武功录》卷 8 第 193 页;《万历实录》第 134 卷第 5 叶 b 四月三日条下)。大概明廷在将这个封爵授予僧格之前有过一些犹豫。无论如何,中国人等待着,直到两大群台吉提出封授僧格为顺义王的集体请求为止。明廷在封授僧格之子时也使用了同样的拖延策略。

僧格在张家口西面新平有一处集市,他也经常到阳和(今阳高)北面的宇口堡集市去。

看来僧格的一臂残废,多半是 1565 年受伤造成的(《嘉靖实录》第 551 卷第 5 叶 a)。不过,他是一个有能力的军队统帅,但脾气暴烈,不常与他的父亲看法完全相同。从 1577 年起,他身体不太好。

蒙古史学家萨刚彻辰没有谈到僧格之死。《明史》(第 20 卷第 8 叶 a,依据《万历实录》第 170 卷第 13 叶 b)叙及他死于十三年十二月(1586 年 1 月 20 日 ~ 2 月 17 日),没有指明他死在哪天。《武功录》也没有记载准确的日期。

本表告诉我们说.俺答汗在世时僧格驻在长城外、张家口北面约 90 里的兴和地区(今张北县)。今天张北的俗名仍为兴和镇。

在章潢《图书编》第45卷第1叶b的一张地图上所画出的马肺山约相当于柴沟堡北面。

俺答汗死后，他的妾，被僧格所娶的著名的三娘子（见注39）强迫僧格西迁到从前俺答汗统治的境内。但曾为俺答汗驻地的板升，从未处于僧格的直接管辖下。板升成为俺答汗之孙巴噶阿齐（Bagha - ači，即第106人把汉那吉）的寡妇的所有物（见《武功录》卷8第198页）。归僧格直接管辖的各部落被称为“东哨”，归巴噶阿齐或其寡妇管辖的各部落被称为“西哨”（《武功录》卷9第102页；又见《三云筹俎考》卷2第22叶a、b）。三娘子甚至企图派军队去把板升从巴噶阿齐手中夺取过来。同时，当僧格驻在土默特平原上时，他的儿子第91人扯力克（Čürük ）占据了僧格在东面的原有地方。

《水晶念珠》（第685页）只列出了僧格许多儿子中的两个：（1）楚噜克（čürüke）彻辰汗（当然相当于扯力克）和（2）特穆尔鸿台吉，这人一定是苏默尔（Sümer）台吉之讹，因为我们知道他是达赖喇嘛的父亲。

《武功录》卷8第197页记载了僧格的17个儿子，比本表所列多3个，还记载了4个女儿，但没有列出她们的名字。不过，在《武功录》第179页上我们找到了两个女儿的名字，即：额不寨和额不肯。僧格有5个妻子和几个妾。他的5个妻子的名字见于《三云筹俎考》卷2第23叶a：（1）石宝成比妓：šiba ´učin beyiji，（2）大威武慎且沁比妓：大Uyighurčin Seĉen beyiji，（3）兀兰比妓：Uran beyiji，（4）满官正比妓：Monggholjin b.，（5）察汉儿比妓：čaqar b.。其中4个名字不是人名，而是她们所出自的氏族名。该书告诉我们说，所有这5个妻子都死在僧格（1586年）之前。兀兰比妓的早死为《武功录》卷9所证实。在《武功录》卷8第190、194、211页上，我们找到了她们的写法稍异的名字。我们首先找到五兰比妓，然后是松木儿比妓。接着又找到了兀慎且沁比妓，又作大成兀慎且沁比妓和威兀慎比妓。“大威武慎且沁”、“兀慎且沁”、“大成兀慎且沁”、“威兀慎”都必须视作同一名字的异写。但在蒙语中其确切读音是什么，不那么容易确定。“大成兀慎”中的“成”字多半是“威”字的讹写。如果真是这样，那么这个名字可能是“大

Uyighurčin Sečen beyiji"。

由于僧格在达延汗后裔俺答汗一支的封土东部住了那么长的时间,他的几个妻子出自东部是可以理解的。按照《武功录》卷 8 第 187 页,有位比妓(该书没有告诉我们是哪一位)是一个属于一群完全处于明朝管辖下的蒙古人,驻在离宣府边界很近的地方的名叫阿不当的人的女儿。另一位是一个出自"三兀良哈(Uriyanqad)",住在今热河省境内的名叫克臭(qačū < qačighu ~ qajighu?)的人的女儿。第三位是朵颜(Dö'en,"三兀良哈"之一)阿太的女儿。第四位是另一个位于宣府边境的小酋长史二的女儿。朵颜阿太可能就是《武功录》卷 11 第 68 ~ 72 页上有传的阿台。僧格的一个妾是朵颜部的通汉的女儿(《嘉靖实录》第 521 卷第 1 叶 a)。

《嘉靖实录》第 453 卷第 4 叶 a、b,第 457 卷第 4 叶 a、b(1557 年)记载了名叫桃松寨的僧格的第三个妾的一段悲惨故事。在她不忠于她的丈夫后,她同她的同谋者,一个中国战俘一起逃奔到中国边界上,但是在僧格的坚持下中国人把她交还给了他,不久她被野蛮的当众处决,作为对全体民众的警告(又见《武功录》卷 7 第 91 页:桃松)。

事实上,僧格的妻妾比上述这几个要多得多。《皇明世法录》卷 57 第 31 ~ 32 叶告诉我们,他至少有 9 个妻子。其一为伯颜帖忽思(Bayan - tegüs),以及朵颜部八个镇之女。他的第九个妻子名叫苏不亥(Subuqai),是朵颜部人伯颜打赖(Bayan- dalai)之妹。在《武功录》卷 8 第 192 页上,我们看到由于僧格道德败坏,他在蒙古人中间名声很坏。

《武功录》卷 13 第 108 ~ 110 页上有后来被僧格抛弃的他的大嬖只(大 beyiji)的一篇短传。这位足智多谋、精力旺盛的妇女曾定居于现今的热河省。她大概是东部出生的那些妇女之一。《皇明世法录》卷 58 第 9 叶 a 也谈到了她,那上面告诉我们说,她驻在离中蒙边界约 350 里的一处名叫"无碍"的地方。《武功录》上她的传中还谈到了僧格都古楞的一个名叫毛困(Maghu- kün)的儿子。这大概是僧格的一个儿子的别名。

注 33:第 82 人不彦,又名摆腰。 第二个名字摆腰(Baya' ud)台吉(意为巴雅渥特人之台吉)见于《三云表》和《三云筹俎考》卷2第23叶b。在《武功录》卷8第135页上,俺答汗之第二子名为摆腰〔Baya,u(d)〕,卷9第102页上则作摆腰阿不孩(Baya'ud-abughai或巴雅渥特人之阿布盖)。萨刚彻辰(施密特书第250-251页)告诉我们说:Baya'ud或Bayaghud为归土默特管辖的一个小氏族。《武功录》卷7第24页也将Bayaghud(摆腰)列为俺答汗管辖下的从前的一个氏族。《皇明北虏考》第52页上将Baya'ud之名写作叭要。

摆腰之母为注32末所述之大嬖只。

布延台吉或巴雅渥特阿布盖可能就是在佛经书末题署称作"ilaghughsan-buyan-erketü-bayaghud-baghatur qung-tayiji"或"ilaghughsan buyan-u erke bayaghud-un bagatur"("当之无愧和胜利的珍爱英雄、巴雅渥特氏王公")的那个王公(在《金光明最圣王经》的蒙文译本尾跋上;见海西希论文,《乌拉尔—阿尔泰年刊》1954年第103~105页)。但因为巴雅渥特布延之子也称作巴雅渥特巴图尔,这就留下了一些疑问:到底谁是Altan-gerel书末题署上所记的人,是父亲还是儿子?

海西希(同处)认为不彦(布延)台吉或摆腰(巴雅渥特)台吉就是被他假定为俺答汗之子的噶勒图(ghaltu),又名布延巴图尔诺延或布延图可汗。无论如何,拥有布延或巴图尔的衔号的人是太多了,不能作为令人信服的证据。事实上,正如我们在后文(注52)中所看到的,噶勒图不是俺答汗的儿子,而是他的孙子。这个噶勒图在Bolur erike第684~685页上称作哈勒图(Qaltu)。

注34:第82人不彦项下之地名:阳和、掬力革。 阳和即今阳高。宇口堡在其稍北,靠近长城或就在长城上。

我把掬力革读作jurke,因为第29人注文中有掬儿克(jürke)之地名。jürke一词当然相当于蒙语jirüke(心)。鲍培(N. Poppe)的《来顿抄本中的蒙古语言材料》(载《科学院通报》1928年)第1024页一上列出了jürke这个写法。

注35:第83人铁拜。 在《三云表》上,"拜"作"背"。《武功录》卷8第107页、卷9第13页同,但在卷7第23页上以及其他著作中,他

又被称作黑台吉。

死得很早的铁拜就是萨刚彻辰的托伯特(Töbed)台吉(施密特书第248~249页;《源流笺证》卷7第11叶a)。施密特和汉译者都写作土伯特(Tübed),但Töbed(托伯特)无疑是一较 好的写法。这个名字大概意即“西藏”,“铁拜”只不过是不严密 的近似音而已。《水晶念珠》(第684页)也把他列为阿勒坦汗的 第三子,接着(第686页)列出了他的一些后裔。那上面他的儿 子为楚依岱青(čui- d.);他一定相当于表上第106人巴噶阿齐,别名为“巴噶岱青”和“岱青额哲依”者。“楚依”看来是额哲 依(ejei)的音讹。楚依岱青之子名叫翁察特(Ončad)台吉,翁 察特之子为诺尔布(Norbu)台吉。诺尔布之子为噶勒丹 (Galdan)台吉,噶勒丹之子名叫根屯喇锡唐津(Gentüng - rasi - tangjin)。根屯喇锡有名叫拉穆札卜(Lamujab)和纳散巴雅尔图(Nasan - bayartu)的两个儿子。这些名字没有一个与本表上的托伯特后裔之名相似。

按照萨刚彻辰(施密特书第248~249页),托伯特之母名叫莫隆(Molon),她也曾是巴尔斯博罗特之妻。在《万历武功录》卷9第6页上她被称为也可哈屯(Yeke qatun);她也是僧格都古楞之母。

注36:第84人丙兔。 委兀慎为蒙语Uyighurčin之转写,见注59。俺答汗管辖下有一个畏吾儿(Uyighur)氏族,见《皇明北虏考》第52页和《武功录》卷7第24页(写作“畏吾儿”,提及此名的两处,标点得不正确。《皇明九边考》卷7第8叶b、第9叶a和《源流笺证》卷6第4叶b、第5叶a上也有同样的氏族名单)。慎(- čin)为常见于部落或氏族名称后面的蒙语后缀。本表第91和124人项下也谈到了Uyighurčin(委兀儿趁)。

《武功录》卷8第175页称丙兔为宾兔,与衮必里克墨尔根济农之孙第50人宾兔所用的汉字相同。在《武功录》卷8第209页上,我们看到有个宾兔死于1588年,这人大概就是俺答汗之子。又见《明纪》第427页b。

《水晶念珠》第684页称他为炳图伊勒登(Bingtü - ildeng)。这个

"伊勒登",无疑与萨刚彻辰"乌格勒罕(-翁拉罕)叶勒登(Ügleqan(-Onglaqan)-yeldeng)诺延"(施密特书第206~207页)的"叶勒登"是同一个词。

注37:第85人把林。 把林(Bārin或Bagharin),原为部落名。同一名称在清初成为热河省的一个旗名。"把林"在《武功录》卷8第135页上又叫野登台吉(Yeldeng t.?)。据同一作者(卷8第171页)说,把林死于1578年。

注38:第86人哥力各。 王公"哥力各"在《武功录》卷8第175页上称作打郎台吉。"打郎"无疑为Dalan(七十)之转写。其另一形态dalad(达拉特,复数形)是被唯一地使用于现代的名称。我们已经见到过某些王公按照氏族或部落名来称呼,这个部落常为其大多数部属所属。在《皇明北虏考》第52页和《武功录》卷7第24页上,"打郎"被列为鄂尔多斯济农管辖下的一个氏族。达拉特人当时一定是很著名的。萨刚彻辰(施密特书第186~187页)和新《黄金史》的作者(卷2第165页)都谈到了他们。"达拉特"后来成了鄂尔多斯七旗之一的名称。在明代十二土默特中一定有达拉特人。

在《水晶念珠》(第684~685页)上,"打郎"和"哥力各"的名称联合为Dalad - külüg(达拉特库鲁格)。我们依照《水晶念珠》可将"哥力各"试写为Külüg。不过,"哥力各"作为稍有些不同的词(例如Göligö的转写),也并非不可能。

尽管这个达拉特库鲁格在1510年以后有一处集市,任何地方也没有把他列为被授予中国官职的王公。

注39:第87人项下:三娘子。 "娘子"是用来翻译蒙语qatun的一个普通的汉语名词。"三娘子"意为"第三个哈屯"。她是俺答汗的亲外孙女。我们获悉她曾被许配给鄂尔多斯的一个王公,当俺答汗娶她为妾时,他把其孙巴噶阿齐刚娶过来的另一个妇女给了那个鄂尔多斯王公(《武功录》卷8第107页,《明史》第327卷上所述三娘子为其孙之妻,是不正确的)。这么一来俺答汗激怒了他的孙子,他的孙子逃奔到了中国人处,这一逃奔成为1570年俺答汗建议和平以及他后来

"归顺"的导因。俺答汗死后，他的儿子僧格都古楞同三娘子结了婚。再以后，僧格的儿子楚噜克（扯力克）同她结了婚，在她死前不久，她又同楚噜克的孙子博硕克图结了婚！

由于她在蒙古帐营里的威信，她在一切事件上都有很大影响，因为她利用她的势力支持了同中国保持和平关系，中国人非常尊敬她。1586 年 5 月 1 日，明朝封她为忠顺夫人。[1] 按照《三云筹俎考》卷 2 第 39 叶 a，她死于 1612 年 6 月 29 日到 7 月 27 日之间。

《武功录》卷 9 第 6 ~ 12 页上有她的一篇短传。传上记载的她的名字为也儿克兔哈屯。符拉基米尔佐夫：《……岩壁题铭》（《科学院通报》1927 年第 227 页）上说：名叫诺延楚准金哈屯（Noyanču - jünggin q.）（萨刚彻辰，施密特书第 230 ~ 231 页）的俺答汗的哈屯是他的第三个哈屯。这个观点也被海西希《北京喇嘛教徒的木刻本》第 35 页注 3 所接受。符拉基米尔佐夫主张"诺延楚"为汉语"娘子"的对音，这一点看来是他把诺延楚哈屯认定为第三个哈屯的根据。不过，我看不出诺延楚一词相当于"娘子"，我看把诺延楚哈屯认作第三哈屯并无证据，尽管这一认定是先天地不可排除的。在《源流笺证》卷 7 第 3 叶 ā 上，Noyanču - jünggin 被译作"诺延钟金"。

注 40：第 87 人不他失礼。 不他失礼（Budaširi）是三娘子宠爱的儿子。按照《万历实录》第 103 卷第 4 叶 a（1580 年 9 月 30 日），不他失礼是俺答汗的第二个儿子。《口北三厅志》卷 11 第 24 叶 b 上也这么说。所有其他汉文史料都认为他是第七个儿子。《武功录》卷 8 第 198 ~ 199 页有他的一篇短传。不他失礼的第一个官职为指挥同知。

在《三云表》上我们找到了稍多的细节记载。即，我们读到他的牧场在杀胡口之外。因此，他的疆土为丰州北面，在通往不他失礼疆土最近便的路所经过的杀胡口的对面。该表还告诉了我们他的士兵和马的数量，以及他的土地肥沃使他富强起来。

关于骠骑将军（1580 年 9 月 30 日）和龙虎将军（1587 年 5 月 1 日），见《明史》第 72 卷第 21 叶 a、b。从 1592 年起，他被封为都督佥事

---

[1]《武功录》（按：应为《万历实录》）第 184 卷第 16 叶 a。

(《三云筹俎考》卷 2 第 40 叶 a)。

他的第二个儿子在《三云表》上被称作另一个名字。见注 63。

1585 年,僧格都古楞死后,军权的印章和牌符(兵符)恰好落在不他失礼的母亲三娘子手里,她把它藏起来,企图让她自己的儿子代替僧格的儿子被指定为继位者。不过她失败了,但她离成功有多么近,从如下事实可看得很清楚:当 1589~1590 年中国人不满于扯力克的态度时,若干中国官员重新提出了立不他失礼为顺义王的主意(《万历实录》第 228 卷第 4 叶 a)。

《北虏风俗》和《三云筹俎考》两书上的表都没有提及他的去世。《武功录》也没有叙及。但是《三云筹俎考》卷 2 第 22 叶 a 上说,他死于十月(1597 年 11 月 9 日到 12 月 8 日)。

注 41:第 88 人沙赤星。 《武功录》卷 8 第 199~200 页上有他的传。那上面说他有九个儿子。

1576 年起,他先被任命为副千户之职(《三云筹俎考》卷 2 第 36 叶 b);1583 年他升为指挥佥事,并加封为明威将军(《明史》第 72 卷第 21 叶 b)。

本表说他仍在世,但当《三云表》被制成收入《三云筹俎考》(卷 2 第 22 叶 a)内时,他已经死了。《三云筹俎考》卷 2 第 22 叶 a 确实告诉我们说,他死于八月(1595 年 9 月 4 日到 10 月 2 日)。

注 42:第 89 人倚儿将逊。 《北虏风俗》附表所缺的"台吉"二字见于《三云表》上。

倚儿将逊为 Irjamsun 之对音,相当于《水晶念珠》(第 685 页)之 Jamsu。Jamsu 只是一个不完全的写法,源于藏语 rgya - mts' o。与第 128 人耳章速 Rjamsu,根本上为同一个名字,但更接近于藏文原文。Irjamsu(n)也是同一个名字,但在字首 r- 之前添加了一个母音。这是一个屡见于蒙语中的语言学现象。

《武功录》卷 8 第 175 页上所载他的名字没有"将"字,但同书第 198 页上正确地写了他的名字。

1581 年他当了百户。按照《三云筹俎考》卷 2 第 22 叶 a, 他死于四月(1588 年 4 月 25 日到 5 月 24 日之间)。

表中在指出一个人已死去时一律使用“故”字。至于“沙赤星”和“倚儿将逊”,《三云表》使用“故、绝”二字,显然意指他们没有后裔。

注 43:第 90 人恰。 这个被说成驻在妥妥城的养子恰(kiya)可能是按照这个地名而得名的俺答的养子脱脱(见《三云筹俎考》卷 1 第 40 叶 b)。他于 1550 年第一次被叙及(例如,《嘉靖实录》第 363 卷第 5 叶 b;《武功录》卷 7 第 49 页)。他的城镇妥妥(Toghtō)在近代被称为托克托或托城。见刘钧仁《中国地名辞典》(1939 年版)卯第 32 页。

萨刚彻辰谈到过一个 Kiya 台吉,但并无进一步的记述(施密特书第 250 ~ 251 页),当然,就这无法说他是否我们的恰台吉。

正如许多其他场合,“Kiya(恰)”不是一个人名,而是个官职或衔号。他的名字是 Toghtō,源于 Toghtogha。Kiya 意为“侍卫、卫兵、扈从、副官”(科瓦列夫斯基:《蒙俄法词典》第 2543 页;田清波:《鄂尔多斯词典》第 408 页 a)。

《三云筹俎考》卷 2 第 24 叶 a 上有一份不长的蒙语词汇表,其中 kiya 被译作“恰”,被说成与“首领”同义,并且进一步下定义为:“是各台吉门下主本部落大小事情断事的人。”

《北虏风俗》附表上列出了恰的 4 个儿子,但在《三云表》上却被略掉了,代替这些被省略的名字,我们见到了如下评语:“其(恰)所生子孙既非虏王正族(即不是蒙古贵族),又不称台吉之名,是以不纪。”但是否也意味着恰本身也不是一个台吉呢?那么为什么又把他列在表上呢?

恰的属民被中国人称作“临边夷”,即“邻近长城的蛮夷”,无疑是因为他们的住处离中国边界很近。

1583 年,据《武功录》卷 9 第 7 ~ 8 页上说,三娘子和同她联盟的台吉们向板升进攻,恰站在板升防御者(巴噶阿齐的寡妇等人)一边。可是,恰的属民遭到进攻者的严重损害,约有 3000 人请求中国当局保护。不过,中国当局拒绝接纳他们进入中国境内,大概是怕情况更加复杂化。1583 年,争夺板升的两个敌对阵营看来大致就是《三云筹俎考》卷

2 第 22 叶 a、b 上称作土默特东西哨的两个集团。

恰或脱脱死于 1591 年(《三云筹俎考》卷 2 第 22 叶 b)。

注 44:第 91 人扯力克哈。 《水晶念珠》(第 685 页)把他的名字写作楚噜克(čürüke)彻辰汗。我们可以称他为楚噜克。"彻辰汗"为其父祖所拥有的衔号。

可是,《水晶念珠》的作者喇锡朋苏克成书年代较晚,对西部许多蒙古王公的关系记述得不很恰当,他不知道楚噜克之子为晁兔,却把博硕克图汗(表上的卜失兔黄台吉)算作了楚噜克的儿子。

《武功录》卷 8 第 201 ~232 页上有楚噜克的传记。我们在那里读到,他先于 1571 年任指挥同知。当其父僧格被封为顺义王时,楚噜克当了龙虎将军(《万历实录》第 134 卷第 3 叶 b:1383 年 4 月 3 日)。表上说他的领地在偏关外,大概是在黄河和板升城之间,在今绥远省境内。不过,他并不经常在那里。我们已看到,其父僧格在继位之前住在今察哈尔省,他当了顺义王才西迁到土默特境内。楚噜克继位之前据有僧格在东部的领地(《武功录》卷 8 第 196 页),当他当了顺义王后,他也迁到西面占据了其父在那里的领地。

起初他同他父亲一起,在张家口附近的新平有一处集市,但当他与其父之间发生了竞争后,他被允许在宇口堡有了一个单独的集市。

1586 年初,僧格死去后,几乎费了两年时间楚噜克才从明朝获得顺义王的正式封爵。三娘子确曾策划阴谋反对他。她希望让自己的儿子不他失礼当上继位者。另一方面明朝也犹豫不定,不仅因为想讨好三娘子,更主要因为某些中国官员对楚噜克有疑虑。他被视为一个特别能干的领袖,能把蒙古各部再次统一于得力的领导下面。明朝当然不希望马上增加一个强大的领袖和潜在敌人的威望。当楚噜克同三娘子结了婚(1586 年),280 个蒙古首领联名为他提出请求时,他于 1587 年 3 月被封为顺义王(《万历实录》第 184 卷第 16 叶 a:五月一日)。

支持楚噜克的 280 个首领不全是台吉(即贵族)。除了台吉,《武功录》(卷 8 第 204 ~205 页)列举了诸"恰"(kiya)、诸"倘不浪"(tabunang,台吉之婿)、诸“蛇进”(《三云筹俎考》卷 2 第 24 叶 b 释为“倘不浪男”=čigin?)和“榜实”[baghsi,(同上书)释为“书手”]。

楚噜克同明朝的关系并不经常搞得很好。1589—1590 年,他同中国人在甘肃发生冲突,他的集市特惠暂停。

他有 3 个妻子,名叫:满官正娘子即 Monggholčin qatun(非同名僧格之妻,见注 32),大成比妓即岱青贝济(Dayičing beyiji)(Uyighurčinbeyiji?)和也儿克兔哈屯(Erketü qatun)。最后一个就是著名的三娘子。

《武功录》的作者告诉我们(卷 9 第 9、15、16 页),几乎在巴噶阿齐刚一死去后,楚噜克就想同巴噶贝济(Bagha beyiji)即又名岱青贝济者结婚。作者还告诉我们说,他竟娶了她。事实真相是他想娶她是为了占有她的属民、领地,扩大自己的权力。巴噶贝济过去同不他失礼结过婚。关于楚噜克同不他失礼的对抗,见《武功录》卷 8 第 202 页。

无论本表或《武功录》都没有叙及他的去世。按照《三云筹俎考》卷 2 第 39 叶 a 他死于万历三十五年四月(1607 年 4 月 26 日—5 月 25 日)(又见《口北三厅志》卷 11 第 35 叶 b,该处以《万历实录》为根据)。

直到 1612 或 1613 年,顺义王的封爵还没有授给他的孙子博硕克图(不要与俺答汗之兄衮必里克墨尔根的后裔鄂尔多斯济农博硕克图相混淆)。博硕克图之父由于早已死在楚噜克之前,从未有过顺义王的封爵。《明史》第 327 卷第 30 叶 b 告诉我们说,新顺义王的封授延迟了很长时间,但没有说明任何原因。

《武功录》只叙及他的一个儿子晁兔,而没有叙及他的 7 个儿子。

注 45:第 92 人五路把都儿。 此处我们又有了一个人名之前加以氏族名的例子:乌鲁特(五路)氏之巴图尔(把都儿)。乌鲁特(五路,Urūd, Urughud 或 Uraghud)确为俺答汗领地内的一个氏族。见《皇明北虏考》(第 52 页;《武功录》卷 7 第 24 页):兀鲁。

从 1592 年起,他被封为龙虎将军。他的领地五克儿掬儿克,[1]蒙语 üker-jirüke,一定是内蒙古的多处牛心山之一。《嘉庆重修一统志》第 56 卷《归化》第 3 叶 a 上所载的牛心山太靠西了。另一个今丰镇

[1]关于掬儿克 jürke 代替古典形态 jirüke。见注 24。

(在大同北面)东北的牛心山,与天镇以北地区相符合。这一定是此处所指的地区。

《三云表》上提供了一条有关五路把都儿个性的较重要的细节:"卜(失兔)酉(与三娘子)婚、封,本酉(即五路)颇效劳力。"五路把都儿在世时是中国人所倚重保持协议的一个最有势力的首领(见下文)。《北虏风俗》附表没有叙及五路把都儿之死,但《三云表》叙及了。此外,在关于拉布克台吉的一个后裔(注 83)的注文中,我们读到,当博硕克图当上顺义王时,五路已经死了。这是不正确的。博硕克图于 1612 ~1613 年当上顺义王,与封授相关我们在《实录》上读到:博硕克图在蒙古地区出面有困难,而要五路积极参与蒙古人的内部事务已显得太老了(《万历实录》第 526 卷第 7 叶 b ~8 叶 b,《口北三厅志》卷 11 第 35 叶 a, b)。《实录》原文为涂宗浚于 1614 年末撰的一段奏文。大概五路不久以后就死了,修订《三云表》的作者认为五路死于 1613 或 1614 年,这也附带地说明《三云表》的制成晚于 1614 年,是在五路死后制成的。

可是,我们在《三云筹俎考》卷 2 第 42 叶 b 上读到:1613 年,有个五路台吉升为都督同知,但他 1612 年已经死去了。这一定是另一个五路(又见《三云筹俎考》卷 2 第 23 叶 a)。

注 46:第 93 人青把都儿补儿哈兔。 《武功录》上没有青把都儿的传记,但在 1387 年为楚噜克向明朝联名请求的诸首领名单(卷 8 第 204 页)上有两个青把都儿。一个名叫黑剌慎青把都儿。"黑剌慎"无疑只是蒙语 Qaračin 的另一种拼读。qaračin 这个名称在明代著作中常译作哈剌慎或哈剌嗔。由于蒙语 qara 意为"黑",很可能某些抄写者为了音义兼顾选用了"黑"这个译字。16 世纪中叶时,哈剌慎的疆土在宣府和大同北面,即五路把都儿和青把都儿的封地所在的同一地区上。《武功录》上叙及的另一个青把都儿名叫紊圪浪青把秃儿。"紊圪浪"可设想释作 Onggiran,这是通常以复数形 Onggirad 或 Qonggirad 出现的氏族名称。在《皇明北虏考》第 52 页和《武功录》卷 7 第 24 页上,Onggirad

被列在俺答汗所辖的氏族中。[1] 可是,表上的青把都儿是紊圪浪青把秃儿还是黑剌慎青把都儿仍无法确定。

青把都儿的七个儿子之名与《三云表》上所载不同。《三云表》所载之名如下:(1)歹成朝库儿台吉,即 Dayičing-čo'uqur(或 čökür?) tayiji,(2)宰生台吉,即 jayisang t.,(3)王都儿台吉,即 öndür(?)t.,(4)山羔儿台吉,即 Ünügü[2] t.,(5)大刀儿计台吉,即大 Dorji t. 或 Yeke Dorji t.,(6)小刀儿计[台吉],即小 Dorji t. 或 Bagha Dorji t.(这大小刀儿计当然就是第 139 人刀儿计和第 140 人把汉调儿计),以及(7)公布台吉,即 Güngbü t.。

按照《万历实录》第 191 卷第 7 叶 a(1587 年),刀儿计继承了他的父亲指挥佥事的职位。

《三云表》上还有一条附注如下:"以上诸酋俱在新平塞外驻牧,随五路部落以奉款约。"

关于他的名字中的补儿哈兔(burqatu)一词,见注 49。

注 47:第 94 人哈木把都儿。 《武功录》卷 8 第 136 页写作哈木儿:Qamur/Qabur(秋季?)。《三云表》说他的牧场"在黄河塞"。但这位驻在黄河边上,在西面那么老远的王公未必会跑到张家口附近的新平集市上去。他的集市之名恐怕记载得不正确。

注 48:第 95 人松木儿及该项下之地名擦哈揉儿。 "擦哈揉儿"的"揉"字一定错了。蒙语中没有这样的字音,但究竟它代替了哪个字却无法说出。此外如《三云表》也是同样的写法。也许正确的读音为"脑"。那就是独石口和开平(有名的元上都)途中的察罕脑儿或 čaghan-na'ur。[3] 但《北虏风俗》(《华裔学志》第 10 卷第 139 页)告诉

---

[1]在这两种著作上我们见到了"土吉剌"的写法。"土"字为"王"字之讹。同样的讹误出现在《皇明九边考》卷 7 第 9 叶 b、《边政考》卷 2 第 7 叶 a(地图)和《源流笺证》卷 6 第 5 叶 a 上。很清楚,这些不同著作的作者互相沿袭了这一讹误或依照同一史料沿袭了这一讹误。

[2]"山羔儿"无疑即是"山羊羔",意即小山羊。看来是蒙语"ünügü"一词的意译。注 25 中已谈到过这个人名。又见注 159。

[3]《马可·波罗行纪》上叙及了 čaghan-na'ur〔摩勒(Moule)、伯希和:《马可·波罗世界行纪》第 1 卷,第 183~185 页〕。

我们说，松木儿驻在宣府西北。[1] 不过，开平和察罕脑儿都位于东北面。可是，松木儿的驻地与开平之间的距离不会太大，看来松木儿经常侵入开平地区。我们在《三云表》上确实找到了有关他的附注："极穷，为盗。即开平[2]之虏亦多苦之，名其部曰贼达子。"

《水晶念珠》(第685页)称他为特穆尔(Temür)鸿台吉，但"特穆尔"为松木儿(Sümer)之讹写。特穆尔鸿台吉在《水晶念珠》上还被描述为呼和浩特(Köke-qota，归化城)巴噶召或小召庙的建造者。但这看来也是错误的。巴噶召的创建者为鄂木博鸿台吉(关于这座庙的建造年代，见海西希:《水晶念珠》第100页注2)。

萨刚彻辰用他的全名苏默尔岱青(Sümer-dayičing)来称呼他(施密特书第256~257页;《源流笺证》卷7第14叶b)，并说他是僧格的第四个儿子。按照《武功录》卷8第164页，他是名叫五兰比妓(Uran beyiji)的王妃之子。那上面把他的名字写作松木儿，但在第204页上同一名字(即便不是同一个人)写作速木耳。关于这个王妃五兰比妓见注32。

注49:第96人段奈。 《武功录》卷9第1~5页上有段奈的一篇短传。那里说他是第五个儿子。

膳房堡在长城南面，离张家口西北不远，在今通往张北县的路上。该村今名"上黄堡"。

段奈之母为威武慎妣吉(Uyighurčin beyiji)。关于她，见注32。1582年左右，他的集市特惠暂停。

按照《口北三厅志》卷7第21叶b(引用《宣府图说》)，段奈有一个名叫解生的儿子，"解生"当然一定是指jayisang(宰桑)。段奈被中国著作家记述为威兀慎，也即委兀儿慎人，但这些著作家这么说大概是由于他的母亲是委兀儿慎氏族人并被称为威武慎妣吉的事实。解生是一个鸿台吉，他大概驻在张家口以北、赤城以西地区(同上，卷7第22叶b、第23叶a)。威武慎妣吉驻在张家口西北野狐岭(同上，卷

[1]松木儿被说成驻在宣府地区下西路外。该路位于张家口(和宣府)以西柴沟堡周围。

[2]原文作开市，但"市"字一定是"平"字之讹。

7第25叶a),差不多就在同一地区。

《北虏风俗》附表说他仍在世,在《三云表》上我们读到了“故、绝”的注语。这一点看来与《口北三厅志》所记相反,该《志》说他有一个儿子。但《口北三厅志》大概是错了。

“波儿哈兔”又写作“不儿哑度”。这个名字无疑也就是补儿哈兔:Burqatu-Bur'atu。Burqan作为人名也见于《明实录》上,例如,田村实造《蒙古篇》第3册第29页:卜儿罕;第245页:跛儿干。不儿哑度(表六)无疑是Bur´atu < Burgha(n)tu。又请比较注86之Dai-darqan-burghatu。

段奈又写作夺奈(Donai,Dönei?)

注50:第97人打赖。 《三云表》上记载了他的全名:打赖宰生:Dalai-jayisang《口北三厅志》卷7第23叶a也称他为我著进(Odčigin),并记载了他的另一个名字:宰生黄台吉。按照后一资料,他驻在兴和城即今张北县附近,有一万名骑士归他指挥。

按照《口北三厅志》卷7第23叶a、b所引《宣府图说》,打赖宰生为僧格第三个妻子威兀慎之子。中国著作家由此断定说,他是三娘子的儿子。可是,看来第三个妻子在同僧格结婚前已经有了这个名字,因此不能理解为她就是三娘子,只因为她是僧格的第三个妻子。我倒倾向于认为此处之威兀慎就是《三云筹俎考》卷2第23叶a上所列出的威武慎比妓。

他的名字“我摺进”意味着他是最小的儿子,这倒不必是僧格所有儿子中的最小的,但他是僧格的一个妻子的最小的儿子。1614年宣大总督涂宗浚在一篇奏文(《口北三厅志》卷11第35叶a,引自《万历实录》四十二年十一月)上叙及了这个打赖宰生,并说按规矩幼子(Odčigin)是家庭财产的继承人。但在该文中叙及的另一个宰生却难以认定他是谁。

《三云表》上对这位王公加上了不多几个字:“本酋忽、慧。卜(卜失兔)酋封贡,极为效顺。”

假如打赖台吉会是佛经如此著名的鄂木博鸿台吉,那就令人感到奇怪了。见符拉基米尔佐夫:《……岩壁题铭》(载《科学院通报》1927年)第 226 页:"Altan nom - un qaghan - u odqan ači Köbegün"——"dharmarāja(法王)阿勒坦的最小的孙子。"odqan 确实就是 odčigin。又见海西希:《北京喇嘛教徒的木刻本》第 35、119 页。那上面所载他的全名为敖噶库楚图鄂木博鸿台吉(Augha- Küčütü - ombo qung - tayiji)。1617—1618 年,伊万·彼特林在去中国的路上遇见了他。见巴德利:《俄国、蒙古、中国》卷 2 第 75 页。鄂木博鸿台吉是名为巴噶召(小召)的归化城庙宇的创建人。

由于前述原因,我宁可读作 Ombo,而不作 Ombu。彼特林(同上书)读作 Onba(其异读为 Anga,Onda,Onboi)。萨刚彻辰(施密特书第 268~269 页)也叙及了鄂木博鸿台吉。

《三云表》上唯独列出了《北虏风俗》附表上所没有列出的(鄂木博)打赖的一个儿子主儿窳大(jirghughadai)台吉。

注 51:第 98 人台石。 台石,为源于汉语的一个词,是通常写作"太师"的一个衔号。

注 52:第 99 人安兔。 他的名字后面的注语是既对安兔又对僧格其余诸子说的。"龙门所"在宣府东北。

《三云表》进一步注出:安兔已经死了。

安兔会不会就是《武功录》卷 13 第 118~123 页上有短传的僧格之子赶兔(Ghaltu)?

按照《金轮千辐书》(1739 年),噶勒图(Ghaltu)诺延为俺答汗之第二子。不过同书指出,有些人把他当作俺答的儿子僧格都古楞之子。该书进一步告诉我们,他又被称作布延巴图尔诺延和布延图可汗。根据后一记载,海西希在《乌拉尔阿尔泰年刊》1954 年第 105 页上断定噶勒图就是俺答的第二个儿子布延台吉。可是,对这一认定有很重大的反对理由。俺答汗的第二子布延台吉又名巴雅古特台吉或巴雅渥特阿布该,驻在山西省北部地区。表上没有说他曾迁到东面别的地方去,而噶勒图明确地驻在东部。此外,巴雅渥特阿布该死在《北虏风俗》附表编成(1592 年和 1595 年之间编成)之前。当然,表上并不经常告诉我们蒙古人所习惯进行的迁移,这也是对的。不过,从布延台吉即巴雅古特台吉的儿子在他之后仍驻在山西北部同一地区,可见他并未向东迁移过。

那么噶勒图是谁呢?所有的汉文史料都说他是僧格都古楞之子。《蒙古游牧记》卷2第46~47页和《皇朝藩部要略》卷1第23叶b称他为"噶尔图"即Ghaltu。我不知道两书作者记载的根据。霍渥尔斯《蒙古史》卷1第427页把他称作Ghartu,简短地叙及了他。

《武功录》上把驻在今热河省东边的诸王公列在一起,他的传上叙述了从1584年到1596年的事件。我们必须断定早在1584年他就驻在那里,到1596年时他仍驻在那里。而当时俺答汗的第二子已死,其子第105人巴雅古特巴图尔则驻在山西省北部(《武功录》上也有他的传,见注57。)

我们在《武功录》上又找到了一个噶勒图为僧格之子的证据,其事实为:《武功录》叙及了他的一个弟弟名叫秃剌兔,秃剌兔被世系表列在僧格的儿子们中间。《北虏风俗》附表上的土力哈兔即是《三云表》上之秃剌兔。

噶勒图为僧格之子假如可靠的话,我们还不能确定他相当于表上的安兔。我们被告诉说,安兔驻在龙门所边外,这意味着他占据了俺答汗后裔所占据的最东面的领土。从那里他可以容易地更进一步向东迁移到离龙门所不太远的热河境内。当然,这样的迁移只不过是一种可能和假设。无论如何,表上并没有叙及这样的迁移,而按照《武功录》噶勒图却已于1584年同中国北京东北边境有了贡市关系。但根据僧格离了婚的大哈屯也曾迁入同一地区的事实,这样的迁移有一定的可能性。

《北虏风俗》上的表没有叙及安兔之死,但《三云表》却叙及了。但正如我们已在别处指出的,《三云表》的记载年代较晚。

又一个难点为:《蒙古游牧记》指出,噶勒图为了逃避察哈尔人的暴政离开了归化城;察哈尔人暴政的另一后果是噶勒图之子鄂木布楚琥尔(Ombo- čökür)于1528年投降了满人,接着被封为今热河省土默特右旗的王公(《清史稿》[1]第338页C)[按:即中华书局本第47册卷518,第14334页,另,鄂木布楚琥尔归顺满人应是在(清)太宗天聪三年(1629)]。但是这一情况又引起了一个问题。在1604年到1634年在位的林丹汗继位之前,察哈尔人并未变得使人讨厌和开始压迫其他蒙古部落。假如如《武功录》所说,噶勒图于1584年已住在东部,怎么能说他为了逃避林丹汗的压迫而离开归化城呢?此外,噶勒图的封土是在龙门附近,而非归化城周围。是否清代作者此处有误?我们还必须记住,林丹汗是满人的公开承认的敌人。

噶勒图之妻名为各罗个嬖只:Gölögö beyiJi。

《水晶念珠》(第684~685页)也称"哈勒图(Qaltu)诺延",为俺答汗的一个儿子。按照同书,哈勒图或噶勒图有下列诸子:楚克图(čoghtu)、都勒噶图(Dulghatu)、楚勒噶图(čulghatu)、都拉玛图(Dulamatu)、罕达该(Qandaghai)诺延和鄂木博楚库尔(Ombo - čökür)鸿台吉。罕达该之子为额森台吉,额森之子为吹鲁噜(čuyiluru),吹鲁噜有二子:萨木帕勒(Sampal)和苏拉罕(Sulaqan)。

噶勒图之幼子鄂木博楚库尔有一子:阿齐(Ači)台吉。阿齐台吉有二子:贡布(Gumb。Gümbü?)和萨克塔尔。贡布又有5子,名为锡凌(Sireng)、察噶特(čaghad)、贝子拉斯札巴(Beyise Lasjaba)、贝子阿克散(B. Aghsan)和衮哲札卜(Günjejab)。"贝子"为满语衔号。今热河东土默特右翼旗的王公们出自后面几个人。在《蒙古游牧记》卷2第47页上,我们读到:鄂木布楚琥尔(Ombo - čökür)与喀喇沁人和满人结盟。土默特旗创建于1635年。鄂木布于1639年去世,1640年其子固穆(Kumu)继位。如果喇锡朋苏克把鄂木博之子称作阿齐是正确的话,那么《蒙古游牧记》上的固穆就只能是《水晶念珠》上的阿齐。

注53:第100人朝兔台吉。 《三云筹俎考》卷2第23叶a上也列出了朝兔及僧格的其他6个儿子:哈木、五路、台石、段奈、松木儿和毛明暗(关于他,见注56)。

注54:第101人上力哈兔台吉。 《三云表》称他为土剌兔。

---

[1]1942年联合书局版,共两册。

注 55:第 103 人摆言兔台吉。 我们在《三云表》上见到附注之“故、绝”二字。

注 56:第 104 人明暗台吉。 《三云筹俎考》卷 2 第 23 叶 a。(见注 53)称他为毛明暗,即 Ma'u-mingghan。这是不正确的。在《三云表》另一处上他还被较正确地称作 Mingghan。真正的 Ma'umingghan 为楚噜克之子(注 66)。

注 57:第 105 人摆要把都儿台吉。 他是按照曾被他的父亲所统治的同名部落命名的。见注 33 和注 34。《武功录》卷 9 第 102 ~ 104 页有他的短传,该传告诉我们说,他驻在天城和阳和以北,离边界 200 里的地区。还告诉我们说,在俺答汗及其后裔所统治的十二土默特境内,除前述东西哨两大支外,还有按照摆腰(Baya'ud)、兀慎(Üüsin < Ügüsin)、五路(Urūd < Urughud)、把林(Baghin < Bagharin)四个部落命名的四小支。相当有意思,这四个部落名全都出现在世系表上所列的王公名字中。其中两个名称,即 Bayaghud 和 Ügüsin,也被萨刚彻辰(施密特书第 250 ~ 251 页)同“博尔济吉斯(Borjigis)”[1]和被作为加入名为十二土默特[2]的大集团里的一个分支部落的 Maghu-mingghan 一起叙及。

1573 年,摆要把都儿任指挥同知。他被认为对中国人很忠诚,并说他曾由一译员教以《忠经》和《孝经》。这两种书都有蒙文译本,我们并不怀疑这位译员用来教他的王公学生的书是蒙文译本。

在《武功录》上,我们也读到了他的 4 个儿子,其中两人有所记载:(1)速木耳,当然就是第 146 人松木儿(Sümer),(2)冷克木。冷克木与

[1]“博尔济吉斯”(为《蒙古源流笺证》卷 7 第 11 叶 b 所证实)或“博尔济吉特”的写法,即成吉思汗后裔的氏族名称,在这里一看就觉得很可疑。博尔济吉特确实并未进入十二土默特编制中,但却是他们的统治王公。正如札木察剌诺所已指出的:“博尔济吉斯”的写法为一讹误(《十七世纪的蒙古编年史》第 21 页;罗文达尔:《蒙古编年史》第 13 页)。萨刚彻辰书库伦抄本(第 82、82 背页,而非札木察剌诺和罗文达尔所说的第 83r 页)多写作 Bügeres 或 Bükeres。鄂尔多斯抄本 A 第 231 页作 Bügiris,鄂尔多斯抄本 B 第 216 页作 Bügere,鄂尔多斯抄本 C 第 226 页作 Bügerin。

[2]《万历实录》(四十年八月;1612 年;《口北三厅志》卷 11 第 33 叶 b 所引)谈到了三“支”和十二部落,但此处所指的是否十二土默特部,却无法说。

表上所列摆要其余诸子之名没有一个能相当,但我们将看到,按照本表,冷克木也就是俺答汗的第三子铁拜之孙第 152 人。不知是《武功录》的作者此处有误,还是本表错了。

关于第 146 人松木儿台吉,《三云表》上注了几个字:“摆腰故,代领其众。”

注 58:第 106 人把汉那吉。 《武功录》卷 8 第 13 ~ 15 页上有他的传。关于他的名字,首先必须评述一下。“把汉”二字的意义从其他许多处已经很清楚了。我们遇到过许多包含有转写蒙语巴噶[bagha,小;与转写蒙语 yeke 的也可(大)相反]的“把汉”一词的人名之例。[1] 他的名字的第二部分“那吉”,可就不太清楚。但由于《武功录》上的传告诉我们说,他也被称作把汉孙,即小孙子,这就完全清楚了:“那吉”为蒙语 ači 即孙子的讹写。他的另一些名字为把都(Batu)台吉、大成(dayičing)台吉和大成矮吉(dayičing - eji)台吉。萨刚彻辰(施密特书第 262 ~263 页)以最后一个名字 Dayicing-ejei(岱青额哲依)叙及他。我们已经不只一次遇到汉语 ai 转写蒙语 e 的例子。[2] 符拉基米尔佐夫的《……岩壁题铭》(载《科学院通报》1927 年)第 227 页上也谈到了托伯台吉之子岱青额哲依。

“巴噶”常意指“也可”(大)的反义,但是这里我们不知道巴噶阿齐(把汉那吉)的任何长兄。

他的妻子称作把汗比妓:Bagha beyiji 或大城比妓:Dayičingb.。1613 年,明廷封她为忠义夫人(又见《三云筹俎考》卷 2 第 22 叶 b、42 叶 b)。《源流笺证》卷 8 第 2 叶 b 上的注说她又名 Monggholčin beyiji,但由于我们已遇到过另一个 Monggholčin beyiji,说她也叫这个名字看来有点可疑。

---

〔1〕海西希:《北京喇嘛教徒的木刻本》第 35 页注 3 试图把汉那吉之名解释为蒙语 baqan ači > baghaqanači。虽然也有 baghaqan(稍微小些)一词,但不能缩写为 baqan。而蒙语词带有词尾 - n 者常失去这个 - n 则是众所周知的事实。汉文“把汉”的写法倾向于表明中国人认为蒙语 bagha 有一个可互代的形态 baghan,其实并非如此。我们已遇到过用“把汉”转写 bagha 的另一些例子。

〔2〕ejei(萨刚彻辰书)- eji;《武功录》在(林丹汗之子)额尔克洪果尔额哲的名字中译作额哲(eje)。见注 6。

巴噶阿齐才四岁时(《武功录》卷7第23页作三岁)就失去了父亲。他被抚养在他的祖父俺答家里。1570年,他娶了第二个妻子,但她被俺答汗从他那里强夺走,把她给了一个鄂尔多斯王公。巴噶阿齐大怒之下跑到了中国,他的逃走引起了一系列事件,导致俺答汗的归顺和重建了对中国的贡市关系。

1570年,巴噶阿齐当上了指挥使,1576年他被封为昭勇将军。1580年,他由译员教授《忠经》和《孝经》(参看注57)。

《北虏风俗》附表和《三云表》都说他死于万历十四年:1586年,但我们在《三云筹俎考》上读到,他死于十一年四月:1583年5月21日到6月19日。《武功录》证实了这一点,并给我们以准确的日期:1583年6月19日。

俺答汗死后,看来巴噶阿齐的寡妇继承了板升的属民和俺答汗的个人军队(苍头;《武功录》卷9第202页)(为了维护她的儿子们?)。此外,巴噶阿齐或其寡妇看来是所谓西哨这一支的首领,而俺答汗的长子僧格都古楞则是东哨的首领(《武功录》卷9第102页)。巴噶阿齐死后,三娘子让她的儿子不他失礼去同巴噶阿齐的寡妇结婚以便统治板升。两支之间的关系一时变得很紧张,直到最后小贝济答允同不他失礼结婚,并生了一个名叫素囊的儿子为止(见注63)。

在《武功录》卷9第15页上,我们找到了巴噶阿齐的如下两个儿子:朝木台吉和克木台吉。朝木可能是注35所述《水晶念珠》上的Ončad。克木看来像是表上所列长子冷克木的不完全的写法。朝木被说成是长子,并于1583年10月继承了昭勇将军的封号。

在《北虏风俗》附表上,冷克木和不速布都作为"见在"而列出,但在《三云表》上,我们读到冷克木早死,有一子名为猛克:Möngke(第162人,《北虏风俗》附表上未列出)。在《三云表》上,我们也读到,不速布已死、绝后("故、绝")。

在《三云筹俎考》卷2第38叶a的封授名单上,我们找到了1583年朝木被封为昭勇将军的记载,我们还见到1585年冷克木获得了同样的衔号。因此,《三云筹俎考》的名单和《武功录》都一致地把两个儿子称为朝木和冷克木，并一致认为冷克木是弟弟。由此看来，《北虏风俗》附表和《三云表》都在这点上搞错了，故长子朝木（多半就是不速布）应列在前面，而次子冷克木应放在第二位。

朝木（即不速布？）也是先死的。《三云表》说他“早”死。他多半在他弟弟 1585 年被封为昭勇将军之前就夭折了。《三云表》上也说猛克之父早死，这人应理解为朝克，而不是冷克木。因此，巴噶阿齐的两个儿子的名字应当调换一下位置。

如果朝木（或不速布？）在 1585 年以前或 1585 年夭折，令人奇怪的是，1592 年以后编成的《北虏风俗》附表何以不记载他的去世。冷克木后死，我们不知道他确切的死年，《三云筹俎考》卷 2 第 22 叶 b 叙及了他的去世，却并未记载死于何时，但此书所记载的最晚的年份为 1613 年，他一定死于这一年之前。真正的冷克木没有自己的儿子。

注 59：第 107～109 人三温、土麦、傻代，第 154 人揣旦。 三温台吉即宰生或真相。宰生和真相为源于汉语“宰相”的同一蒙语词 jayisang 的不同写法。

三温于 1589 年任指挥同知（《三云筹俎考》卷 2 第 39 叶 b）。

在第 107、108、109 人的名字后面，《三云表》加上了如下注文：“以上三酋俱系威武儿慎部山后驻牧，山西水泉营互市。”这条注证明第 84 人项下“委兀慎”三字为部落名 Uyighurčin（委兀儿慎）之译写，并证明了这个家族这一分支的本土不在甘肃，而是在山西北部。1618～1619 年，彼特林也到过委兀儿慎境内，根据他的叙述可搞清楚他们是驻在阴山北面。

在第 154 人揣旦下面，《三云表》也有一条短注：“随父三温台吉驻牧。”在《武功录》卷 9 第 84 页上，揣旦被称为揣库儿，如果这个写法正确的话，它大概表示像 Čögekür 那样的一个词。不过，“旦”字之后原来就另有个“儿”字也并非不可能，而整个说来即为蒙语词尾 -dar/-der 之转写。

按照诸表，三温又名真相或宰相。他在《武功录》[卷 9 火落赤（表 9）列传]上数次被叙及，但经常以真相之名被叙及（例如，《武功录》卷

9 第 84 页)。大约 1587—1588 年时,真相与河州、甘肃附近地区的一系列活动有关。三温之名则从未出现于《武功录》上。在卷 9 第 92 页上,我们读到,真相之弟名为桑横,很可能真相并非三温,三温可能为桑横即真相之弟。

《三云筹俎考》卷 2 第 36 叶 b 叙及了 1576 年任百户的一个撒袋榜实(Sadai - baghsi)。他很可能是第 109 人傻代(šadai)。此人无疑就是萨刚彻辰所叙及的沙岱(šadai)(见注 17),但我不能确定这个人名该读成带词首 š- 还是 s-。

注 60:把林之子第 110—116 人纳赖、补儿哈兔、姐姐、土麦、著力兔、廷定、埃吉诸台吉。

姐姐(Čečen ~ Sečen?)于 1578 年任副千户。

第 114 人著力兔于 1578 年继承指挥同知职位(《武功录》卷 8 第 171 页;《三云筹俎考》卷 2 第 37 叶 a)。

《三云表》在这七兄弟名字后面有一条重要的小注:"以上七酋俱随丙兔海(青海)上驻牧。惟土麦台吉于大同宇口随贡开市。"《武功录》卷 9 第 77 页称姐姐台吉为海虏(Sea caitiff),证实了《三云表》说他们迁到西面青海地区去的注文。

"廷定"大概是"延定"的异文,"延定"则为"银锭"即蒙语 Süke 之音讹,或为"伊勒登"、"额勒登"等名字之音译。

《武功录》卷 8 第 168 页叙及了把林台吉之七子,但没有叙及他们的名字。

注 61:第 117 人打剌阿拜及其子第 155 人班慢、158 人山阿儿架等。

第 117 人打剌阿拜在《三云表》上称作打赖阿拜(Dalai - abai?)。这就使他与其子第 157 人[打赖台吉]同名。其另一子第 155 人班慢于 1591 年任指挥佥事(《三云筹俎考》卷 2 第 40 叶 a)。山阿儿架 šanarga 之名可与《洪武实录》第 96 卷第 3 叶 a(1375 年 2 月)上的锁纳儿加(Sonarga, Sonargiya?)相对比。这个锁纳儿加是元朝官员,他在甘肃投降了明朝。

《三云表》在山阿儿架名字下面加进了如下附注:“以上诸酋(指本表第155~158人)部夷不满千数,俱随素囊(第119人)东哨驻牧杀胡堡塞外。”

注62:第118人哑不害台吉。 《三云表》注云:“早故”。

注63:第119人公赤儿哑不害(? -abughai)及其子第158a人习令(Sereng)。

《三云表》上于此列了一个完全不同的人名,并加了一条长注如下:“素囊黄台吉。把汉比妓所出。先是,把汉那吉故,遗把汉比妓,为不他失礼所收,生素囊,藉其祖母忠顺夫人(即三娘子)之势,并有板升之众,极称富强,与卜酋构衅。其母把汉比妓感投顺时不杀之恩,颇效恭顺,故卜酋受封时,题封把汉比妓为忠义夫人,素囊为都督同知,以示优厚。子一,(第158a人)习令台吉。”注13所叙及之“素郎”大概是“素囊”的另一种译音。

在《北虏风俗》附表上没有列出习令。

据我所知,“公赤儿哑不害”不见于其他史料上。可是:素囊却很有名,经常被叙及,例如在《明史》第327卷第30叶b和《口北三厅志》卷16第24叶b上都叙及了他。在《三云筹俎考》卷2第41叶a上,我们读到,素囊于1597年被封为龙虎将军,但我不能确定他被封为都督同知在哪一年。

关于素囊同博硕克图发生争吵,见《口北三厅志》卷11第34叶b~35叶b上的《万历实录》摘抄[四十一年六月,四十二年十一月(《万历实录》第526卷第7叶b~8叶b):1613~1614年]。1607年楚噜克死后,素囊和博硕克图之间展开了争夺最高权力和顺义王继承权的斗争。楚噜克的孙子博硕克图看来是合法的继承人,但他的威信和权力很小。为了加强自己的地位,他想同在蒙古人中间握有很多权力,对中国人很有威望的,现已年老的著名三娘子结婚。三娘子固执地拒绝了他。同时,素囊实际上统治了十二土默特。1611年,三娘子终于同意了博硕克图提出的要求,结果,1612年博硕克图被封为顺义王。不过,看来由于各种情况,他到1613年才获得他的封爵。为了看到蒙古地区权力斗争的结果，中国政府明显地推迟了封授。但甚至于博硕克图受封后也不过是一个名义上的统治者，素囊拒绝听命于他。曾是统治氏族中有势力的成员五路和兀慎，这时对影响斗争的结果已显得太老了。

注 64：第 90 人恰台吉之子孙诸恰四子第 120～123 人，三孙第 159～161 人。

这七个恰没有一个列在《三云表》上，因为他们都不是台吉，尽管他们的父或祖是俺答汗的养子并被称为台吉。见注 43。

第 123 人打赖恰（Dalai – kiya）于 1591 年任百户（《三云筹俎考》卷 2 第 40 叶 a）。同年有个恰打儿汉也当上了百户。无疑他是打赖恰的一个。1610 年，有个剌麻恰榜实当了百户（同书卷 2 第 42 叶 a）；1611 年，有个失剌我白干恰（Sira – öbügen – kiya）当了百户；1612 年，有个哑不户恰（Abughai（?）kiya）当了百户。但这些人是否全都是脱脱的后裔，则是个未解决的问题。

注意到脱脱有个儿子名叫周安（Ju'an）也很有意思，这使我们想起聂思脱里教徒汪古惕人中间的另一个 Ju'an（术安，约翰）（《元史》第 118 卷第 13 叶 a）。由于脱脱及其诸子驻在过去汪古惕所占据的同一地区，不知他们是否是元代聂思脱里教徒汪古惕人的后裔。

《武功录》卷 8 第 168 页上附带地叙及了虎儿害（Qurqai?）恰。

注 65：扯力克之子第 124 人晁兔。 晁兔于 1587 年 5 月 1 日与不他失礼同日被封为龙虎将军（《万历实录》第 184 卷第 16 叶 a；《三云筹俎考》卷 2 第 39 叶 a）。

《北虏风俗》附表说他有 4 子，但只列出了一个儿子之名，《三云表》说他只有 3 子，并列举出了 3 人之名（第 162、162a、162b 人）。晁兔死在其父楚噜克之前，但无准确卒年之记载。

注 66：扯力克之子第 125 人五十万打力、第 126 人明暗。

此处楚噜克之第二子五十万打力据说又名毛明暗（Ma'u-minghan）。其第三子名为明暗（Mingghan）。在《三云表》上，第二子之名为五十万把儿汉，"把"无疑为"打"之讹，应作打儿汉。《三云表》上还叙及了五十万打儿汉的两个儿子，长子为第 162c 人五班南，第二子当时年岁太小没有列出。

与《北虏风俗》附表的记载相反，五十万并无第二个名字。硬加上的第二个名字毛明暗事实上是楚噜克的第三子（第 126 人）的名字。这是《三云表》上所载的他的名字，我们还在该表上找到一条有关他的简短附注："毛明暗台吉。满官正比妓所出，驻新开口（张家口西北）。卜酋未封，明暗代理其事，诸部多服。"（又见《口北三厅志》第 16 卷第 25 叶 a）。《三云表》还进一步列出了毛明暗的两个儿子（第 162c、162e 人）。毛明暗也是萨刚彻辰所记载的一个部落名称，后来清朝时成了乌兰察布盟的一个旗名。

注 67：扯力克之子第 127 人土麦（Tümei）。 《三云表》叙及土麦有三子，但只列出一人之名：第 162f 人土麦大儿。该表说土麦之第二子"尚幼"，因此没有列出。他多半还是个婴儿。

注 68：扯力克之子第 130 人谷儿猛克（Ger? - möngke）。 《三云表》将此第 130 人之名写作革立猛克。我们还读到，他有一子"尚幼"，他当过百户，其牧场与博硕克图在一起。由于两种世系表上都说这七个王公驻在新平（张家口西北）外，因此博硕克图至少在其受封为顺义王之前也驻在那里。

注 69：辛克都隆之子五路把都儿之子敖卜言（Au[gh]a - buyan）。"敖"，蒙语 au，大概是 aughu 的不完全的音译。在《三云表》上我们找到附注如下："五路（把都儿）故，代领其众，颇知恭顺，在伊父原巢驻牧。"此处既没有重复"见在"二字，也没有说他已死。

注 70：五路把都儿之子第 133 人虎喇哈气。 我把虎喇哈气读作 Qurqači，因为在另一处（表十第 258 人）上我们发现蒙文史料上写作 Qurqači 的一个名字用了与此相同的译法。不过，必须注意，也有一个 Qulaghaiči 的名字，虎喇哈气作为 Qulagha[i]či 的对音也并非完全不可能。在蒙语中，词尾 - i 有时在后缀之前失去。例如，ghaqai（猪）一词之变为 ghaqači（看管猪的人）（《武功录》卷 7 第 72 页：哈哈赤）。关于 Qulaghaiči，见注 84 和注 118。

注71:第131~134人下注语:以上四酋与五路把都儿一同驻牧。

在《三云表》上这句最后的注语如下:"以上三酋与敖卜言一同驻牧。"

注72:辛克都隆第五子松木儿之子第144人万思儿。 《三云表》作葛劢儿。

注73:松木儿之子第145人虎督度。 新《黄金史》(卷2第184页)和《成吉思汗传》(第125页)上谈到了苏默尔Sümer[即松木儿]台吉或苏默尔墨尔根台吉及其有名的儿子。这个儿子的藏名在不同著作中有不同写法:在《水晶念珠》(第685页)上我们读到:"无所不知的达赖喇嘛Ywangdan-ragimatsowa";新《黄金史》上写作"Yondan rmtsowa",《成吉思汗传》作"Yoyandan-rjamsu"。所有这些写法都与藏语Yon-tan-rgya-mts'o近似。他的母亲名叫拜噶珠拉(Bayiγa-jula),是成吉思汗之弟哈不秃哈撒儿的后裔。这个孩子出生时伴随有各种奇迹。甚至在他出生之前,他听到了6个神圣音节的发音,一道彩虹出现在他的母亲的帐幕之上,从天上落下了一阵花雨(见《华裔学志》第10卷第139页;新《黄金史》卷2第184页;《成吉思汗传》第125页)。

按照萨刚彻辰(施密特书第258~259页),呼图克图生于1589年,但藏文史料说他生于1588年。见舒莱曼(G. Schulemann):《达赖喇嘛史》(1911年)第118~120页。他当了达赖喇嘛四世,于1602年离开蒙古;他死于1615年(萨刚彻辰书,同处)。dorjičang(朵儿只昌)为藏语rDo-rje-'C'ang的蒙语转译,而这个藏语词又译自梵语Vajradhara(舒莱曼书17,第83页)。

呼图克图是表示佛教上的菩萨再生即汉语所谓"活佛"的一个蒙古名词。按照《三云筹俎考》卷2第39叶b,1587年,有3个西藏转世者被授予"把汉忽同兔"即巴噶呼图克图或"小活佛"的衔号。同书(卷2第40叶b)也叙及明朝承认松木儿台吉之子为"朵儿只昌"(1592年)。又见《万历实录》第191卷第7叶a。

萨刚彻辰(施密特书第236~237页)叙述了1577年俺答汗在喇嘛教首领到南蒙古来时授予他"达赖喇嘛"的衔号。在蒙语中"达赖"意为“海、全世界的”，从此以后通常把喇嘛教的最高僧侣称为“达赖喇嘛”(施密特书第414页注2)。《三云筹俎考》卷2第38叶b进一步告诉我们说，1586年一个西藏僧人被授予“达赖”的衔号，我们还被告诉说，1587年，朵儿只昌被授予“达赖”的衔号(卷2第39叶a)。看来，明廷承认了俺答汗所曾授予的衔号。

注74:俺答汗之长孙扯力克之长孙第162人卜失兔。 《三云表》上有一条关于卜失兔(Bušughtu，博硕克图)的稍有些不同的注:“初授龙虎将军。晁兔早故。卜酋远居西海。扯力克故，五路台吉迎归，袭封。见在哈套察汗敖剌驻牧。子一，卜罗户台吉。”

《水晶念珠》(第685页)对卜失兔的父亲晁兔一无所知，反而把他当成了楚噜克的儿子。这表明了小喇锡朋素克对西土默特的世系谱所了解的程度。

我们在《明史》第327卷第30叶b上读到，“卜失兔……已少衰，所制止……十二部。”关于他同素囊的斗争，见注63。《明史》所说的十二部稍不同于十二土默特。

奇怪的是按照《三云表》，卜失兔住在鄂尔多斯内一处名叫察罕敖剌(čaghan-a'ula)的地方。别的中国著作家也知道这个地方。例如，见《明史》第327卷第8叶a;又见田清波:《鄂尔多斯词典》第691页b。很难相信卜失兔会驻在那里。《三云筹俎考》此处是否搞错了，把鄂尔多斯济农博硕克图当成了土默特的卜失兔?但甚至连鄂尔多斯的博硕克图也不驻在察罕敖剌。见田清波:《蒙古源流》,《蒙文抄本》第2种，第1卷，第4页注14。

《三云筹俎考》还告诉我们说，当(土默特的)卜失兔受封时，他正在西面远游。根据前面把两个博硕克图(=卜失兔)混为一谈，此处《三云筹俎考》的作者是否可能又把另一个博硕克图的事说成了土默特卜失兔的事?无论如何，我们知道鄂尔多斯的博硕克图曾到西面旅行过几次，而什么地方也没有告诉我们，土默特的卜失兔也曾去过那里。

有些西方著作家也犯了中国著作家把土默特卜失兔同鄂尔多斯

博硕克图混为一谈的错误。符拉基米尔佐夫的《……岩壁题铭》(《科学院通报》1927 年)第 226 页[1] 认为同三娘子结婚的是鄂尔多斯济农。

1618 ~ 1619 年经过蒙古地区的俄国旅行家彼特林(巴德利,同上第 74 页)说卜失兔是玉尔楚沁(一作玉古尔沁),无疑即委兀儿慎之王。从他的有意思的记述中,我们看到卜失兔的领地为阴山之北。

至于卜罗户(Bolqu),据我所知,什么地方也没有叙及他,我不知道他曾否继承其父当上顺义王。大概他未曾继承顺义王之位。《北虏风俗》附表*上没有列出他。

《北虏风俗》附表叙及了卜失兔的第二个名字舍剌克。我们在《三云筹俎考》卷 2 第 37 叶 b 和第 39 叶 b 上读到,1581 年“舍剌乞炭”任指挥同知,1589 年“设剌克炭台吉”当了龙虎将军。这两个名字一定就是本表的“舍剌克”,可能为蒙语 Sira- Kitan 的译写。

卜失兔于 1612—1613 年即其祖父和直接前任楚噜克去世几年后被封为顺义王。他曾保卫了自己的应得权利而反对了素囊,但按照《口北三厅志》卷 16 第 25 叶 a,他几乎失去其封爵,归其弟毛明暗所有。与僧格都古楞和楚噜克时情况一样,只是在许多台吉为他向明廷提出正式请求后才把封爵授予卜失兔。卜失兔同著名的三娘子结了婚,但她不久后就死去了(《明史》第 327 卷第 30 叶 a)。见注 63。

注 75:第 162a、b 人。 把都漫(Badman)和他儿泯(Tarni)为晁兔的另两个儿子,《北虏风俗》附表没有列出他们。如果指的不是第 162e 人毛明暗之子打儿泥(同名异写)的话,他儿泯曾于 1598 年任百户(《三云筹俎考》卷 2 第 41 叶 a)。把都漫和他儿泯为涂宗浚 1614 年奏文中所叙及。参看注 63。

badman 这个词为重量单位,源于波斯语。见田清波、柯立甫:《梵蒂冈秘密档案中的三个蒙古文件》(载《哈佛亚洲学报》第 15 卷第 419 ~506 页)第 444 页,以及柯立甫的论文《德黑兰博物馆中的蒙古文件》(载《哈佛亚洲学报》第 16 卷第 1 ~ 107 页)第 80 ~ 81 页。

---

〔1〕在帕拉基以及巴德利:《俄国、蒙古、中国》卷 2 第 75 页之后。

注 76:第 162c 人。 五班南,《北虏风俗》附表未载。

注 77:第 162d、e 人。 察汗我不艮(čaghan öbügen)和打儿泥(Darni),《北虏风俗》附表未载。

注 78:第 162f 人。 土麦大儿(Tümeder),《北虏风俗》附表未载。

注 79:第 162g 人。 猛克(Möngke)台吉及其下注文,不见于《北虏风俗》附表。如注 58 中所说明的,其父大概叫朝木,而不是冷克木。

表五 巴尔斯博罗特第三子之后裔

[巴尔斯博罗特第三子] 31. 兀慎打儿汗剌布台吉。在大同镇边堡正北克儿一带驻牧,离边约一百七八十里。大同宇口堡互市,即阳和后口。故。子一。(注 80)	164. 兀慎阿害兔台吉。子一。(注 81)	165. 兀慎歹成汗打儿麻台吉。授指挥同知。见在。子九。(注 82)	166. 朝台吉。即朝哑不害。授百户。子三。	175. 虎喇害气台吉。(注 84) 176. 兀香台吉。 177. 摸郎大台吉。
			167. 刀儿计台吉。授百户。 168. 不速布台吉。即不速豹台吉。授百户。 169. 八格四台吉。授副千户。 170. 长害台吉。即商害台吉。授百户。 171. 不儿克台吉。子一。	178. 三莫儿台吉。
			172. 我儿吉台吉。(即)挨儿克台吉。 173. 速布害台吉。授百户。 174. 唐兀台吉。(注 83) 以上各酋俱同兀慎歹成驻牧。俱见在。	

37.6 表五笺注

注 80:巴尔斯博罗特之第三子第 31 人兀慎打儿汗剌布台吉,üšin-darqan-labu(gh)t.。 按照萨刚彻辰(施密特书第 204 ~ 205 页),剌布克(Labugh)台吉生于 1509 年,其父巴尔斯博罗特死后,他继承了土默特之乌审(Ügüsin, Üüsin)。他也就是本表所载之兀慎打儿汗剌布台吉。《皇明北虏考》第52页把兀慎(Üüsin < Ügüsin)列为俺答汗六“营”之一。这多半也意味着剌布台吉及其兀慎部处于其兄的最高权力之下。如前所述，萨刚彻辰(施密特书第250~251页)把乌审列为包括在十二土默特集团中的4个主支之一。

剌布克台吉(新《黄金史》卷2第188页作剌布克诺延)没有列在《三云表》上，只是在有关他的儿子的注文中叙及了他，也叙及了有关他们的领地的详情。对于与兀慎部所占的领地相联系的地名“克儿”，我们一无所知，但《武功录》卷9第104页上告诉我们，他们的领地与摆腰同，在阳和之北，即长城外大同以北的葫芦海子。

按照《水晶念珠》(第686页)，剌布克有二子：台吉巴图尔和达尔玛(Darma)。台吉巴图尔相当于第164人兀慎阿害兔达尔玛，一定是剌布克之孙第165人打儿麻之误。

注81：第164人兀慎阿害兔(ušin-aqaitu?)。 “阿害兔”的写法又见于《三云表》与《口北三厅志》卷7第23叶b，aqaitu为一尝试的写法。他一定是《武功录》卷9第104页上的“兀镇阿不孩”。奇怪的是，尽管剌布台吉及其子阿不孩同俺答一起归顺并有一处边市，但他们却从未获得荣誉军衔。

《水晶念珠》第686页称他为台吉巴图尔。

注82：第165人兀慎歹成打儿汗打儿麻。 《三云表》注曰：“居大同宇口堡塞外”。此处未用“见在”二字。《武功录》卷9第104~105页上有他的短传。他被称为兀慎打儿汉台吉。那上面告诉我们说，他所指挥的不满千人。1571年他先任千户，不久又任指挥同知。在1570年归顺之前，他是俺答汗的最得力的助手之一，声望很高。甚至在同中国恢复了和平后，俺答汗仍很信任他，尽管打儿汗同俺答之子僧格都古楞的关系不太好。

《三云表》上关于兀慎一支的最后一条注文(参看注83)证实了兀慎歹成打儿汗很有势力，并在蒙古和中国两方面都有很高威信。涂宗浚的奏文也证实了他的权势(《口北三厅志》卷11第35叶a)。

他又被称作达尔罕诺延，但《水晶念珠》(第686页)把他当成了剌布克台吉之子,这当然是一个错误。

按照1614年末涂宗浚撰的奏文,1614年兀慎还活着,但已很年老了。涂宗浚所说的这个兀慎一定就是第165人兀慎歹成打儿汗打儿麻。

注83:第166~174人。 第169人八格四(Baghsi?),《三云表》写作八格吉。

在所列九人名字之末,《三云表》有《北虏风俗》附表上所没有的一条附注:"以上各酋俱同兀慎歹成驻牧,分驻宇口、天城山外。卜酋初封,五路已故,东西款约,兀慎责领诸子往来讲处,颇效恭顺。"

注84:第175人虎刺害气(Qulaghaiči)台吉。 见注70和注123。

37.7 表六笺注

注85:哈喇慎(qaračin)。 喀喇沁部在明朝后期构成为西三万户之一部分,其领地与阿苏特部在一起,被说成为面临宣府(《武功录》卷7第22页)或面临宣府和大同(《皇明北虏考》第52-53页;《皇明九边考》卷5第10叶b)。喀喇沁部据说有3万人,阿苏特部有一万人(一万士兵?)。《武功录》(同处)说两部总共只有两万人。

《口北三厅志》卷16第21叶a、b)(引用《初学集诗注》)说:老把都儿,即坤都力哈,驻牧宣府外张家口喀喇沁。

萨刚彻辰(施密特书第204~205页)似乎指出过喀喇沁构成为永谢卜管辖下的集团:Yüngsiyebü-yin dologhan otogh qaračin(永谢卜之喀喇沁七鄂托克)(《源流笺证》卷6第16叶a)。

当然"喀喇沁"也就是满人授予热河南部的一个旗的同一名称。热河喀喇沁人可能来自张家口北部地区,但这些热河喀喇沁人的王公(《源流笺证》卷2第24~30页)却是兀良哈人,而并非达延汗的后裔。

表六 宣府(以北)哈喇慎(注85)诸部落

[巴尔斯博罗特第四子] 32. 老把都儿台吉。即昆都力哈。初款授都督同知。在宣府张家口东北至独石开平一带驻牧。张家口互市。故。子五。(注86) [老把都儿台吉]	179. 摆三勿儿威正台吉,即黄把都儿。故。子四。(注87)	184. 白洪大台吉。授龙虎将军。(注92) 185. 摆都赖台吉。授正千户。 186. 察汗我不良台吉。 即察汗敖不良。授正千户。(注93) 187. 我不良正台吉。 即阿不克正台吉。授正千户。(注94)俱见在。
	180. 昆都仑歹成台吉,即青把都儿。授金吾将军。故。子五。(注88)	188. 来洪大台吉。授正千户。(注95) 189. 歹汗台吉。 即歹阿儿台吉。授正千户。 190. 来赛台吉。授正千户。(注96) 191. 石令台吉。 192. 秃赖台吉。
	181. 哈不慎台吉。授指挥佥事。故。子六。(注89)	193. 大成台吉。授正千户。(注97) 194. 歹安台吉,即大安台吉。授正千户。(注98) 195. 土在台吉。 196. 矮言兔台吉。 197. 雪腊不良台吉。
	182. 埃儿克勿打儿汗台吉,即满五索。授指挥佥事。子七。(注90)	198. 令台吉。 199. 雪的哥台吉。即薛的哥台吉。授副千户。(注99) 200. 我不良台吉。 201. 摆汗台吉,即摆亥台吉。授正千户。(注100) 202. 托计台吉。(注101) 203. 蛮根儿台吉。授正千户。(注102) 204. 不儿哑度台吉。(注103)
	183. 七庆朝库儿台吉,即满五大。妻速麦比妓。子一。女一。(注91)	205. 班不剌杀儿台吉。即班不剌什台吉。授副千户。(注104) 206. 松盖哑不害。乃女。

我们在《译语》(《纪录汇编》第161卷第17叶b)上读到,“阿剌慎”(=喀喇沁)和“莽观镇”(Mongghölčin)共计3万士兵,居住和放牧于宣化边外,牛、羊多于骆、马,经常威胁中国边境。

至于“qaračin”这个名称,原为元代蒙古宫廷中的一个官职名,这种人被指派看管供应黑马湩(鲁布鲁克作Qara cosmos或qara qumis;见芬加尔:《中国方济各会》第1卷,第177–178页;道森:《出使蒙古记》

第 99 页)的母马。最好的奶确实被称为“黑”奶。参看《元史》第 100 卷第 2 叶 a、第 128 卷第 14 叶 b;伯希和:《库蛮》,《亚洲学报》1920 年第 1 册第 169 – 171 页;伯希和、韩百诗:《圣武亲征录注》第 280 页。

看来,明朝末年喀喇沁分为 3 支,即黑喀喇沁、褐喀喇沁和黄喀喇沁。见海西希:《水晶念珠》第 100 页;又见新《黄金史》(卷 2 第 190 – 191 页)。

注 86:巴尔斯博罗特第四子第 32 人老把都儿台吉。 萨刚彻辰(施密特书第 204 ~ 205 页)称他为巴雅斯哈勒昆德勒(Bayasqal – kündele)。表上的汉文写法昆都力为 Kündüle 的转写。《口北三厅志》卷 7 第 21 叶 a(引用《宣府图说》)写作昆都伦:Kündülün。海西希《水晶念珠》第 100 页作 Köndelen。

按照萨刚彻辰,他生于 1510 年,其父巴尔斯博罗特死后,他继承了永谢卜的七喀喇沁。[1]《万历武功录》卷 9 第 17 ~ 19 页上有他的短传。他的名字被写作髠突里哈(该书卷 8 第 117 页):Kün – tüli – qa(n)。因此他被称为汗。新《黄金史》(卷 2 第 188、190 页)记载他有同一衔号。《口北三厅志》(同处)称他为“韃靼王子”。在明代著作中他常被称作“老把都”即“老 Bātur。”这看来是中国人最熟悉的他的名字;但《武功录》卷 9 第 17 页告诉我们说,这个名字也使用于蒙古人中间,其原因是 1570 年左右他已“年逾五十”。

按照《武功录》,他拥有不下 3 万人的精锐部队,起初他是中国人的很麻烦的邻居。

1571 年,和平恢复后,俺答汗为老把都请封“二字”王,但代替这个封爵,老把都被封为都督同知。1572 年,他染上了“霜露病”(参看注 13 脚注 1),在当年死去了。获悉讣告后,明廷派遣使者去吊唁他,但他的妻子也可哈屯(第一夫人)和他的第二个妻子猛可真(Möngkejin)拒不接纳中国的使者。这两个妇人,以及看来还有许多蒙古人,都怀疑中

[1]海西希:《水晶念珠》第 100 页指出,按照喇锡朋素克的《水晶念珠》(第 687 页),巴雅斯哈勒昆德楞及其子继承的封土被称为也可永邵卜(大永邵卜)。其实,喇锡朋素克是说博第达喇台吉及其子的[封土]。

国人用魔法害了老把都。

《武功录》老把都传(第19页)说他有两个儿子,一个名叫把都儿黄台吉(=第179人),第二个儿子为青把都(čing-bātur,=第180人),但只列出一个名叫太松阿不害即Tayisungabughai的女儿。此外,后面还叙述了其第四、五子,叙述于他们的各自的传中。

喇锡朋素克的《水晶念珠》(第686页)列出其五子的稍有些不同的名字:拜桑固尔卫津、宰桑固尔(Jayisangghur)青巴图尔、赉桑固尔(Layisangghur)、莽固斯(Mangghus)和莽固岱。第一个名字和最后两个名字是显而易见的。宰桑固尔青巴图尔无疑相当于第180人昆都仑歹成;赉桑固尔正如《武功录》卷9第28页所证实的,相当于第181人哈不慎。

《黄金史》(卷2第188页)与其他史料区别很大。该书把"昆都楞可汗"列为巴尔斯博罗特的第二子,这当然是个错误,在同书第190页上我们找到了他的如下后裔。他有6个儿子,名字如下:拜呼岱(Bay-iqudai)可汗、岔青(无后裔)、锡哩、炳图(无后裔)、鄂特罕楚库尔和乌彻特(üčed,也无后裔)。此外,按照同书,拜呼岱可汗有一个儿子名叫阿海楚斯奇卜(Aqaičoskib),阿海有一子名叫拉斯奇卜,拉斯奇卜有一子名叫诺尔布呼噜木锡(Norbu-qurumsi),一孙名叫巴朗(Barang),锡哩有一子阿拜诺延,阿拜又有二子:楚克图与岱达尔罕布尔噶图。楚克图有一子卓勒宾(Jolbin),卓勒宾之子不哷,不哷之子札米安昆敦Jami-an-kündüng(?),岱达尔罕布尔噶图之子班春,班春之子巴特玛逊(Bad-masung)。鄂特罕楚库尔之后裔如下:其子布延阿海,布延之子必呼锡,必呼锡之子多尔济,多尔济之子必力格。这些名字中有些名字写法不定。并且我们必须注意,拜呼岱可汗很像昆都楞汗之孙第184人白洪大,此人有时也被称为汗。

老把都儿死时,俺答汗承认其弟过去常为其最好的助手。老把都儿确为一很有影响的人,《武功录》记载了某个时候他和永谢卜、鄂尔多斯之间所订立的如下有意思的协定:"东有昆都力哈、永邵卜大成,西有袄儿都司。我三家相爱敬往还,所不一心者,天实击之。"俺答汗归顺时，老把都与永邵卜王公经常对中国人很怀疑，对俺答汗的行动，非难甚多，但当他们的马牛羊为闪电所击时，他们视为上天的一种预兆，于是也都归顺了。老把都儿的第二个妻子猛可真(《武功录》卷13第94~99页)后来东迁到今热河省境内，在那里给中国边境官员造成许多麻烦。

注87：老把都儿之长子第179人摆三勿儿〔Bayisan(gh)ur〕威正。

如注86所说，《水晶念珠》所载之名同，但在《黄金史》上他被称为拜呼岱可汗。看来这是错的：把老把都儿的孙子第184人白洪大当成了其子第179人。

《武功录》论述他的儿子白洪大时，称他为把都儿黄台吉。摆三兀儿为昆都力哈五子中在《武功录》上唯一无传者。

注88：老把都儿第二子第180人昆都仑歹成。 《武功录》卷9第19~28页上有老把都儿第二子的一篇长传。1571年，他先任指挥同知。按照他的传，1573年有个中国官员向朝廷提出请求把青把都提升为都督佥事，但我们不知道这个请求是否得到批准。我们确实读到，1577年有个中国人提议把青把都封为金吾将军，希望把他变得易控制些。在《三云筹俎考》卷2第35叶a上，他早在1573年就被列为金吾将军。我们不知道他死于何时，但在《武功录》所载他的传记中说他死于1591年。

他在世时同他的东蒙古的邻部有很密切的关系。例如，他把女儿东桂嫁给了今热河省境内朵颜蒙古部的长昂。

青把都驻在张家口的北面和东北地区，他的父亲也驻在那里，《武功录》(卷9第27页)上有关于他的属民的有趣记载。该处说他的许多属民同中国妇女结婚，他常尽量靠近边界建造中国房屋以居住中国属民及其蒙古丈夫们。他们确实每年在蒙古人中间住不到半年，其余时间都在边界上的中国房屋里住。有可能，在中蒙边界的其他部分也有同样的情况。

“青把都儿”的名字常被缩写成“青把都”，他的名字以“青把都”的写法出现在1580年俺答汗的信中(波兹德涅耶夫：《新发现的明王朝时期的蒙古书面文献》,载《东方札记》,[1]圣彼得堡,1895 年,第 367 ~381 页,载有直接影印复制的蒙古原文),信中的“青把都”经过再译终于成为蒙语 činbatu。这个写法肯定是不正确的。bātur(< baghatur)的写法为俺答汗的一封较早(1571 年)的书信所证实(《北狄顺义王俺答等臣贡表》,载《玄览堂丛书》卷 1 第 6 叶 a),那上面青把都儿为一联名签署者:“指挥同知青把都儿台吉。”

在《水晶念珠》(第 686 页)上,昆都仑歹成或青把都儿被称为宰桑固尔青巴图尔。另一方面,新《黄金史》(卷 2 第 190 页)称他为岱青,并说他没有后裔。后一说法是完全错误的。

青把都儿的一个儿子名扯称阿(不?)亥者一定也很著名(《武功录》卷 9 第 27 页,卷 13 第 90 页)。

注 89:老把都儿第三子第 181 人哈不慎。 这里他被称作的“哈不慎”,不是他的真正名字。正如我们将从本表其他处所见到的,这是个氏族名称,别的方面我就不知道了。见注 147。《武功录》卷 9 第 28 ~29 页上有他的一篇短传,也称他为“哈不慎”,但也记载了他的第二个名字:来三兀儿。这第二个名字为《水晶念珠》(第 686 页)所证实:Iayisangghur(赉桑固尔)(又见《武功录》卷 8 第 135 页)。在新《黄金史》(卷 2 第 190 页)上,昆都力汗的第三子名为锡哩,锡哩有一子名阿拜。不过,这些名字与本表所列的名字不相符(见注 86)。但《武功录》卷 8 第 135 页上也记载了一个阿拜,为 1571 年任正千户的哈不慎之子。看来,锡哩和阿拜尽管未载于表上,它们是哈不慎和他的儿子的另一个名字。

“哈不慎”的长子歹成在《武功录》卷 9 第 34 页上被称为“小歹成”。表上说哈不慎有 6 子,但只列出其中 5 人。另一方面,《口北三厅志》卷 7 第 22 叶 b(引用《宣府图说》)叙及了一个迭可兔,为哈不慎之子。(《武功录》所叙及之)阿拜或这个迭可兔中的一个,可能是第六个儿子。另一个名字则为其余 5 子中某一个的别名。

---

[1]沙畹在其对波兹德涅耶夫论文的评论(载《亚洲学报》1896 年 1—2 月,173 ~ 179 页)中没有复制蒙古原文。

至少在最初，“哈不慎”给中国人造成许多麻烦，他对他的哥哥们是很独立的。

注 90：老把都儿第四子第 182 人矮儿克勿，Erke'ü(d)；打儿汗，又名满五索。 被译作“满五索”、“满兀四”等的 Mangghus(莽固斯)，在《武功录》卷 9 第 39～40 页上有一篇很短的传，该传还简短地叙及了他的儿子第 199 人薛的哥。《水晶念珠》也把他的名字写作 Mangghus(第 686 页)。他的名字不见于《黄金史》上。他多半就是被说成没有任何后裔的炳图(新《黄金史》卷 2 第 190 页)。假如他就是炳图，关于他的后裔的说法就错了。

莽固斯的领地为张家口西北，正好在边界外。这里有趣的是，莽固斯的名字在表上为著名的蒙古人、中世纪聂思脱里派基督教徒埃儿克勿(Erke'üd 或 Erkegüd)的名字所伴随。Erke'ün(也里可温)，复数形式 Erke'üd，Erkegüd，在元代指的是聂思脱里教徒。参看陈垣：《也里可温考》。在较近的年代里，他们的后裔曾被发现于蒙古地区各地：喀尔喀(符拉基米尔佐夫：《蒙古书面语言与喀尔喀方言比较语法》，第 205 页)、鄂尔多斯(田清波：《鄂尔多斯志》，第 1～20 页)、喀尔喀和乌珠穆沁(符拉基米尔佐夫：《蒙古社会制度》，第 131 页；M. 卡尔索夫法译本第 160 页)。在伊尔库茨克地区，从 Erkegüd 的名字本身派生出一些名字。[1] 从我们的表上也出现了驻在长城附近张家口地区的 Erkegüd。他们大概出自汪古惕人，并构成了莽固斯属民的大多数。让我们提醒读者，就在同一地区曾发现过基督教徒的公墓(《北京天主教公报》，1924 年)。

《口北三厅志》卷 7 第 22 叶 a(引用《宣府图说》)记载了莽固斯的一个名叫喇不台吉的儿子；但在下一叶上他的名字被写作不喇兔，《武功录》卷 8 第 135 页上也记载了一个不腊兔(见注 111)。此人也驻在张家口地区，驻在该镇北面和独石口西面。当然，我们不可能知道他相当于表上所列莽固斯诸子中的哪一个。《口北三厅志》卷 7 第 22 叶 b

〔1〕鲍培：《哈佛亚洲学报》第 17 卷，第 298 页；桑席耶夫在其“致编者信”(载《哈佛亚洲学报》第 18 卷，1955 年，第 241 页)上对该文的准确性进行了争辩。

上记载了满素的儿子本不失。在《口北三厅志》上，Mangghus 常被写作满五素，"满素"可能是"满五素"的不完全写法。但我们又不能确定表上所列七子中的哪一个相当于本不失。本不失可能为七庆朝库儿之子班不剌什。

注 91：老把都儿第五子第 183 人七庆朝库儿。 海西希《北京喇嘛教徒的木刻本》第 21 页注 5 和《乌拉尔—阿尔泰年刊》1954 年 112 页把他的名字读作 Sečen - čögkür。看来这个名字一定是 čökür < čögekür。我们在新《黄金史》(卷 2 第 190 页)上找到了这一点的确证，该书把昆都楞的第五子称作 Odqun(无疑即 Odqan) - čökür。按照《黄金史》，他的儿子为本表未载的布延阿海，但却为《武功录》所叙及。

《武功录》卷 9 第 40 ~ 41 页有他的一篇短传。他的名字被写作满五大(Mangghudai)。这个名字屡见于《元史》上(按：疑应为《明史》——余注)。

满五大死于[万历十一年]十月(1583 年 11—12 月)，到下一年十月(1584 年 10 ~ 11 月)时，他的长子卜彦继承了他。他就是《黄金史》上的布延阿海，大概也就是班不剌杀儿。

《黄金史》记载了老把都儿的名叫乌彻特(üčed, Učad?)的第六个儿子。别的书上都没有记载他。按照同书，他没有后裔。由于我们已看到，满五大为"鄂特罕"，即最小的儿子，这个乌彻特一定是另一个妻子的儿子(当然，要假定他是确实存在的)。

满五索和满五大都是虔诚的喇嘛教徒。

注 92：老把都儿长子摆三勿儿威正长子第 184 人白洪大。 《武功录》卷 9 第 28 页上有白洪大(Bayiqundai?)的一篇短传。他先任指挥同知(1571 年)。1573 年，他继承其祖父都督同知之职。在 1587 年请求明廷封扯力克为顺义王的台吉名单(《武功录》卷 8 第 204 ~ 205 页)中，他被记载为白洪大哈〔Bayiqundai-qa(n)〕，他的名字之前冠以氏族名称黑剌赤〔Qarači(n)〕。

按照《口北三厅志》卷 7 第 24 叶 a，他驻在开平(上都)地区，在独石口之北，有两万骑士归他指挥。他在这一地区一定很有势力。中国人把他的部属看做他自己的一支(《口北三厅志》卷 12 第 24 叶 a)。

他的长子名叫打利(Dar? Dari?)台吉(同书卷 7 第 21 叶 a)。注 86 上已提到,《黄金史》上的拜呼岱可汗也就是这个白洪大。但无法知道这个打利是否就是拜呼岱可汗之子阿海楚斯奇卜。

注 93:摆三勿儿威正第三子第 186 人察汗我不艮。 察汗我不艮大概就是 1580 年俺答汗的书信(波兹德涅耶夫:《东方札记》,1895 年;沙畹:《亚洲学报》,1896 年,第 173 ~ 179 页)上所载的头目察汗我不艮,译成蒙语为 teümü čaghan öbügen。此人在《武功录》上数处被叙及,例如,他一定是卷 9 第 34 页、卷 8 第 135 页(写作敖不艮)、卷 9 第 52 页(敖不艮)上被叙及者。但他不是 1580 年当上百户的那个当汉我不艮(《三云筹俎考》卷 2 第 37 叶 a)。

注 94:摆三勿儿威正之第四子第 187 人我不艮正。 “我不艮正”一定是 öbügen 和另一个词的音讹。

注 95:老把都儿第二子昆都仑歹成之子第 188 人来洪大(Layiqundai?)。 参看《武功录》卷 8 第 135 页。

注 96:老把都儿第二子昆都仑歹成之子第 190 人来赛。 来赛,见《武功录》卷 8 第 135 页。按照《口北三厅志》卷 7 第 22 叶 a(引用《宣府图说》),他有一个名叫色令(Sereng)的儿子,多半为其弟第 191 人石令之误。

注 97:老把都儿第三子哈不慎之子第 193 人大成。 《武功录》卷 9 第 34 页上称他为“小歹成”。

注 98:哈不慎之子第 194 人歹安(Dayan)。 被列在《武功录》卷 8 第 135 页上。他与其祖先达延汗同名。

注 99:老把都儿第四子埃儿克勿打儿汗之子第 199 人雪的哥。 雪的哥,按照《武功录》卷 8 第 135 页、卷 9 第 40 页,为一正千户。

注 100:埃儿克勿打儿汗之子第 201 人摆汗(Bayighal)。 这是贝加尔湖之名(Bai-kal)。

注 101:埃儿克勿打儿汗之子第 202 人托计。 此名也见于《明实录》(田村实造《蒙古篇》第 2 册第 147 页:多赤,看来实质上就是托计:

Toči ~ Toji-Döči ~ Döji)。又见注 15。

注 102:埃儿克勿打儿汗之子第 203 人蛮根儿(Manggir?)。 参看《武功录》卷 8 第 135 页。

注 103:埃儿克勿打儿汗之子第 204 人不儿哑度(Bur'tu)。 参看注 49。

注 104:老把都儿第五子七庆朝库儿之子第 205 人班不剌杀儿,一作班不剌什。 《武功录》卷 9 第 34 页上叙及了班不剌什。他在该处被说成是“哈不慎之侄”。在第 40 页上,满五大之子名为卜彦(注 91),并未叙及班不剌什。班不剌什或班不剌杀儿(? Balburšar)一定与卜彦为同一人。

表七　巴尔斯博罗特第五子之后裔

33. 那林台吉。在宣府独石边外正北驻牧,离边十五六日之程。张家口互市。故。子三。(注 105)	207. 都腊儿台吉。授副千户。故。三子。(注 106)	210. 多奈台吉。授副千户。(注 108) 211. 睡合儿台吉。(注 109) 212. 松木儿台吉。
	208. 丙兔打儿汗台吉。授正千户。故。子二。(注 107)	213. 摆言速木台吉。授副千户。(注 109a) 214. 端奈台吉。(注 110)
	209. 打儿大台吉。授正千户。故。子六。	215. 朝库儿台吉。 216. 不腊兔台吉。授正千户。(注 111) 217. 敖卜大台吉。 218. 大成台吉。 219. 摆同台吉。 220. 根根台吉。以上各酋驻牧、互市同那林台吉。

37.8　表七笺注

注 105:巴尔斯博罗特第五子第 33 人那林台吉。 新《黄金史》(卷 2 第 188 页)称他为纳林(Narin)那延。按照萨刚彻辰(施密特书第 204 ~ 205 页),巴延达喇纳林台吉生于 1512 年,继承了察哈尔的察罕鞑靼(白鞑靼)部。白鞑靼常被叙及。例如,《元朝秘生》第 153 节卷

5 第 18 叶 a:察阿安塔塔儿;《元史》卷 1 第 19 叶 a:察罕塔塔儿。格鲁塞:《蒙古帝国》第 155 页注 2,认为白鞑靼就是汪古惕人,但这倒未必确实。符拉基米尔佐夫关于白鞑靼的见解更加似是而非得多。在他的《蒙古社会制度史》第 130 ~ 131 页上,他说白鞑靼是被成吉思汗摧毁和解散的塔塔儿诸部之一,而萨刚彻辰在此所叙及的大概是落在察哈尔部管辖下的一群人。《明史》第 238 卷第 7 叶 b 也把他们记载为插汉鞑靼。我们在那上面读到,有个白言台吉(Buyan tayiji)和东部的其他一些人与他们的西邻插汉鞑靼结盟以进攻辽宁地区。

注 106:那林之长子第 207 人都腊儿。 "都腊儿"显然与布相固赉都噶尔岱青(此人也被中国人写作"都喇尔")中的"都噶尔"(dugar)是同一个词。参看注 8。不过,《水晶念珠》(第 686 页)把他的名字读作 Qoua-durāl,并把他列为巴延达喇纳林的第三子。他还被列在《武功录》卷 8 第 136 页上。

注 107:那林之子第 208、209 人丙兔打儿汗、打儿大等。 《水晶念珠》第 686 页上所列巴延达喇纳林三子之名如下:拉哈(Laqa)台吉、霍瓦都喇勒(Qoua-durāl)和达伦(Darun)台吉。假如霍瓦都喇勒相当于表上的都腊儿,那末大概拉哈相当于丙兔打儿汗,达伦相当于打儿大;当然这要假定所有这些音读都是正确的。例如,打儿大很可能为打儿汗之音讹。在此情况下,丙兔打儿汗就很可能是表上的打儿大。

注 108:都腊儿之子第 210 人多奈(Donai?)。 "多奈"这个名字当然与第 96 人段奈以及第 214 人端奈是相同的。他们都驻在相同的总的地区上。

注 109:都腊儿之子第 211 人睡合儿。 由于有那么多蒙古人名带有后缀-dar/-der,"荅"可以很容易误印为"合"。因此这个名字要给予后缀 – dar,但是蒙古人名也有带后缀-qar 或-ghar 的,这就确定不了这个名字该怎么读了。

注 109a:丙兔打儿汗之子第 213 人摆言速木。 "摆言速木"(Bayan süme ~ sümü)为宣府(今宣化县)之蒙古名称。见《武备志》第 227 卷第 21 叶 a,《满洲实录》卷 6 第 26 叶 b,田清波:《鄂尔多斯词典》

第46页a。

注110:丙兔打儿汗之子第214人端奈。 见注108。

注111:打儿大之子第216人不腊兔。《武功录》卷8第135页上把不腊兔同薛的个、蛮根儿列在一起,甚至说不腊兔也是第182人满五索的儿子,这多半是不正确的。见注90。

注112:打儿大之子第220人根根。 "根根"看来是个普通的中国名字,意为"小树根",也即"蒙古族藉以留传下去"之意。

表八 巴尔斯博罗特第六子之后裔

34.我托汉卜只剌台吉。营名永邵卜,在宣府张家口边外正北,离边约二十日程。张家口互市。故。子三。(注113)	221.恩克跌儿歹成台吉,即永邵卜大成台吉。授龙虎将军。故。子三。(注115)	224.恩克七庆台吉,即隐克台吉。授正千户。见在。(注117) 225.挨生台吉,即挨四台吉。授正千户。见在。(注118) 226.我焦敬台吉。见在。(注119)
	222.也辛跌儿台吉。故。子一。	227.把儿勿台吉,即八耳谷台吉。授副千户。(注120)
	223.哑速火落赤把都儿台吉,即合罗气把都儿台吉。授明威将军。见在。子四(注116)。	228.唐兀台吉。授副千户。(注121) 229.矮落台吉。授千户。(注122) 230.千令台吉。 231.虎剌海气台吉。授副千户。(注123) 各酋驻牧互市俱同我托汉。
(巴尔斯博罗特第七子)35.那竹台吉。故。不嗣。(注114)		

37.9 表八笺注

注113:巴尔斯博罗特之第六子我托汉卜只剌, Odqan-boji(da)ra。按照萨刚彻辰(施密特书第204~205页),博第达喇生于1514年,并

继承了原来属于其叔乌巴散札青台吉的两个部落阿苏特和永邵卜部。在《水晶念珠》(第687页)上,我们读到,博第达喇的封土被称为也可永邵卜(大永邵卜)。至于他的名字,必须指出,施密特写作 Aoqan,而不作 Odqan。可是,施密特的蒙文原文却确为 Odqan。至于汉文写作"卜只剌"的名字的第二部分,严格地说来必须读作 Buji(da)ra。注意到另两种著作上所找到的实质上相同的写法是很有意思的:新《黄金史》(卷2第188页)上有 Bučidara(但下一页作 Büdidara),而我们在《蒙古世系谱》(第25叶b)上找到博齐达(剌)Bojida(ra)的写法。古蒙语的-ti 和--di 发展为现代蒙语的-či 和-ji,不知萨刚彻辰的 bodidara 是否古体词。我们在 Bodi-qaghan 这个名字的写法上也见到了同样的交替。见注3。

按照《蒙古世系谱》(第25叶b),在清代,博第达喇的后裔驻在喀尔喀人中间。

注114:巴尔斯博罗特之第七子第35人那竹(Naju)台吉。 因为按照萨刚彻辰(施密特书第204~205页),"塔喇海"为俺答汗的惟一无后裔的兄弟,他就不能不是表上的那竹。新《黄金史》(卷2,第180页)给了他一个完全不同的名字:霍齐吉尔(Qočigir)台吉,但没有说他有无后裔。由于俺答汗的所有其他兄弟的名字在表上和《黄金史》上完全相同,这个霍齐吉尔就一定是那竹或塔喇海。《蒙古世系谱》上(第25叶b)也有这个霍齐吉尔(写作和齐济尔诺音 Qočiger noyan),但说他是巴尔斯博罗特的第五子。

因此这个最小的弟弟一定有3个不同的名字:塔喇海、霍齐吉尔和那竹。最后一个名字一定与"那出"的写法相同,在蒙语中它的正规写法必须是 Aju,Naju 则为其非正规写法。

(见注148。参照在汉文史料中巴尔斯博罗特写作阿著。)

注115:第221人恩克跌儿歹成(Engkeder-dayičing)。 《水晶念珠》(第686页)把他的名字写作恩克德呼(Engkedere)岱青,但在构成一个名字时,-dar/-der 为一很普通的后缀,我认为宁取 Engkeder 的写法。对《水晶念珠》上他的写作 Esendere-durāl 的兄弟的名字也可作同

样的评论,应为 Esender。

在明代史料上以“永邵卜大成”(或简称永邵卜)著称的恩克跌儿歹成,在《武功录》卷 9 第 42 ~ 50 页上有传。按照该传,他驻在大青山北面,这大青山当然指的是内蒙古的阴山。

1571 年,他当上了指挥同知(《武功录》卷 8 第 135 页),1572 年担任都督同知(《三云筹俎考》卷 2 第 35 叶 b)。1576 年他被封为龙虎将军。1580 年后,他周游青海地区和甘肃西部嘉峪关附近一带,但他在那里用了另一个名字即“瓦剌它卜囊”(大概是 Oyirad-tabunang 的音译)。但这个名字是否意味着他的妻子是一位瓦剌王公的女儿呢?

他也被记载在 1580 年俺答汗的书信上(见沙畹:《亚洲学报》,1896 年第 1—2 月,第 173 ~ 179 页)。本表上所列永邵卜大成已死,由于本表所载最晚的年代为 1592 年,因此他死于 1592 年之前。《三云筹俎考》卷 2 第 35 叶 b 记载他死于“万历十四年”(1586 年)。但是有一个与这个年份严重不相符的情况:虽然《武功录》上他的传记里没有叙及永邵卜大成的死,但该传一直叙述到 1596 年,并且看来至少意味着在这一年之前他还没有死。一个可能的解释是:编制表的中国官员不知道活动于西面的瓦剌它卜囊与过去在张家口附近那么有名的永邵卜大成就是同一个人。由于永邵卜大成曾从那里消失,地方上的中国官员就可以臆断他已经死了。另一方面,《三云筹俎考》上的万历十四年(1586 年)可能为二十四年(1596 年)之刊误。

注 116:第 223 人哑速(Asud)火落赤(Qulači)把都儿。 在《水晶念珠》(第 686 页)上,他的名字写作诺们达喇呼拉齐,正如注 115 上所已指出的,看来较好的写法是诺们达尔(Nomundar)。

正如其兄之名为永邵卜大成即永邵卜之大成,火落赤之名也冠以氏族名。“哑速”不能不是“阿苏特(Asud)”。的确,正如注 113 所已表明的,他们的父亲继承了永邵卜和阿苏特两部。在他们的父亲死后:长子恩克跌儿一定继承了永邵卜,而幼子火落赤则继承了阿苏特。但是,仲子也辛跌儿又如何呢?当萨刚彻辰述及他们的父亲博第达喇鄂特罕成为永邵卜和阿苏特的统治者时,并非意味着他的封土上只有这两个氏族。对萨刚彻辰所述,我们倒应该从这样的意义上来解释:永邵卜和阿苏特是两个较大的氏族,一些包含有其他氏族成员的较小的集团则围绕在他们周围。可是,除了表上可能间接地在此有所指示外,任何地方也没有指出也辛跌儿所继承的是哪些氏族。在被称为把儿勿台吉的也辛跌儿之子的名字上,我们找到了一个含糊的指示。这个名字可能意为"巴尔古特人之台吉",但是氏族名称有时也可用作人名,而并无任何封土和统治权的含义。在《皇明北虏考》第52页和《武功录》卷7第24页上,巴尔古特(叭尔敖)被列为永邵卜所辖10个氏族之一,因此极有可能,除永邵卜外,博第达喇鄂特罕的部属中还有巴尔古特人,他们后来归其第二子所有。

阿苏特人原为外族和基督教徒,他们至少有一部分人从明初起就在今天的察哈尔省,"阿苏特之火落赤把都儿"无疑也住在那里。

火落赤在《武功录》卷9第52~53页上有传。他的名字被写作火落赤、合罗气、合罗等。所有这些不同写法都是同一个名字。1571年(《武功录》卷8第135页),他被封为指挥佥事,1576年(又见《三云筹俎考》卷2第36叶b)被封为明威将军。1590年,他的军队威胁了张家口。

注117:第224人恩克七庆。 恩克七庆被列在《武功录》卷8第135~136页上,写作"隐克"和"安克"。《水晶念珠》上所载他的名字也同:Engke - sečen。按照《水晶念珠》,他的12个儿子为:(1)都瓦米一巴特玛,(2)阿拜图一多尔济,(3)额叶图—宰桑,(4)噶尔玛—伊勒登,(5)纳木札卜—楚库尔,(6)布延图—青巴图尔,(7)吹札勒—卫津,(8)色凌喇锡,(9)额尔德尼,(10)札木苏—楚库尔,(11)贡布—札米扬,(12)额林沁札卜。

注118:第225人挨生(Esen)台吉。 《武功录》卷8第136页作挨肆或挨肆阿不害:Ese(n)-abughai。《水晶念珠》第686页称他为额森卫津,并列出他的3个儿子如下:布尔尼彻辰楚库尔、多尔济诺木齐卫津。布尔尼和噶尔玛卫津有一个名叫额林沁的儿子。多尔济诺木齐卫津之子名叫沙尔钦,噶尔玛卫津之子为察卜丹额尔克宰桑,察卜丹

有一个名叫古锡汗(Güüsi-qan)的儿子。

注 119:第 226 人我焦敬(Odčigin)。 按照《水晶念珠》(第 686 页),他的真正名字为鄂勒哲依图(öljeyitü)阿拜。至于表上对他的名字的转写,"焦"字无疑为"集"字或其他与"集"同音的字之误刊。见表四。表四之第 97 人 Odčigin 被译作我摺进(这个人名也写得不规则,因为"进"正如"集"从原则上讲并不发带 g-的音,而发带 ts-的音)。不过,明末时在转写蒙古语音 k-和 g-上已经有了许多混淆,《武功录》卷 8 第 136 页上,他的名字被译作"挨著兔",这无疑为 öljeitü 的对音。

注 120:第 227 人把儿勿,又作八儿谷,Barghu(d)。 关于这个名字的可能含义,见注 116,他被列在《武功录》卷 8 第 136 页上的副千户中间,字作八耳谷,并说他是"大成、已故都腊儿(durāl)"之子。《武功录》的作者多半把他的伯父错当成了他的父亲。

注 121:第 228 人唐兀。 见《武功录》卷 8 第 136 页。

注 122:第 229 人矮落。 同上。

注 123:第 231 人虎剌 海气(Qulaghaiči)。 这个名字从 qulaghai(贼)派生来。"qulaghaiči"一词原为官名,见于《元史》第 99 卷 3 叶 a:忽剌罕赤(捕盗贼者),复数形式 qulaghan。见《华夷译语》乙种卷 2 第 22 叶 b:忽剌罕(盗、贼)。

表四第 133 人和表十第 258 人的名字多半不外乎为 qulaghaiči 的不同译写。

表九　达延汗第四子之后裔

4. 我折黄台吉。故。子二。（注124）	232. 不只吉儿台吉。营名多罗土蛮，在山西偏关边外六七百里驻牧。水泉、得胜二处互市。故。子五。（注125）	234. 歹雅黄台吉，即多罗土蛮把都儿黄台吉。授指挥同知。万历十二年抢西番五思藏，中途坠马而死。子九。（注126）	241. 威正雅拜台吉。即答度台吉。授百户。在大同边外丰州西没纳河驻牧，离边七百余里。山西苛岚、大同得胜二处互市。见在。（注132） 242. 莲花台吉。授百户。（注133） 243. 哈探把都儿台吉。授百户。（注134） 244. 三兀台吉。俱见在。
		235. 麦力艮台吉。授指挥佥事。驻牧、互市与歹雅黄台吉同。今病软腿，不能行动矣。子九。（注127）	245. 剌八台吉。授百户。 246. 闪旦台吉。即闪大台吉。授百户。 247. 波在台吉。授百户。
［达延汗第四子我折黄］	233. 五乎囊台吉。子二。（注125）	236. 著力兔歹成台吉。授指挥佥事。故。子五。（注128）	248. 哑班台吉。袭父指挥佥事。（注136） 249. 失甲班台吉。俱在甘肃西海驻牧。扁渡口互市。俱见在。
		237. 火落赤台吉。在陕西河州边外莽、捏川驻牧，离边约有半月之程。在扁渡口互市。万历十七年犯洮、河，至今革除贡市矣。见在。子五（注129）。 238. 克登台吉。不嗣。（注130）	250. 土骨赤把都儿台吉。见在。（注137）
		239. 不禄慎台吉。故。子一。（注131）	251. 阿罗赖台吉。
		240. 克臭台吉。见在。子七。（注131）	252. 朝库儿台吉。

37.10 表九笺注

注 124:达延汗第四子第 4 人我折黄台吉。 “我折”不是一个已被辨认出的写法,但由于表上告诉我们说,我折的后裔统治 Dolōn-tümen(多隆图们)或七图们,因此他可被认定为阿尔苏博罗特墨尔根鸿台吉。见注 2。

除七图们外,《水晶念珠》(第 687 页)叙及了另一群归阿尔苏博罗特管辖的人民,即“巴尔布克(Barbugh)人”。按照后一著作,阿尔苏博罗特迁到了青海一带,但似乎以假定这一迁移是由他的孙子进行的为可靠,表上就是这么说的,《武功录》也证实了这一点。此外,这次迁移并不包括整个部落,因为 1618—1619 年伊万·彼特林曾行经被他称作塔拉土默特或图兰土默特的多隆图们(土默特 tümed 为图们 tümen 之复数形式)。彼特林叙说他如何在越过山、进入“蒙古地区”(显然是今绥远城附近的土默特平原)之前,先经过多隆土默特境内,然后又经过博硕克图(顺义王卜失兔)统治的委兀儿慎人地区。我们可以断定,多隆图们氏族一定驻在卜失兔的委兀儿慎地区北面(见巴德利:《俄国、蒙古、中国》卷 2 第 74 页)。

注 125:第 232 人不只吉儿(Büjiger)。 偏关在山西省西北。

《水晶念珠》和新《黄金史》(卷 2 第 189 ~ 190 页)所载阿尔苏博罗特两个儿子之名稍有些不同。新《黄金史》称哥哥为布齐吉尔(Bučigir 或 Büjigers),弟弟为鄂农(Onon)。《水晶念珠》则作墨尔根诺延和鄂侬(Onong)诺延;墨尔根诺延有一子名为布济吉尔(Büjiger)。这一定是错了:布济吉尔为阿尔苏博罗特之长子,而墨尔根为布济吉尔之第二子。

我们进一步在《水晶念珠》上读到,多隆图们被布济吉尔所继承(蒙古原文上实际上说是“墨尔根”,但我们把他理解为“布济吉尔”),鄂侬继承了巴尔布克人。《水晶念珠》也说“布济吉尔”有 3 个儿子:达伊巴图尔、墨尔根台吉和卓哩克图台吉。由于喇锡朋素克所载这些人名的辈分不太可靠,我们可以认为这 3 个人名相当于第 234 人歹雅黄台吉、第235人麦力艮台吉和第236人著力兔歹成。

《水晶念珠》蒙古原文所写的鄂依相当于表上生疏的“五乎囊”。“鄂依”(Onon)无疑为实际的音读,似乎就是鄂嫩河(Onon < Onan)之名。按照《水晶念珠》,这个鄂依有两个儿子,名为Boroghčin(博罗克沁)和Qačighu—sengge(哈齐固僧格)台吉。新《黄金史》所列次序相反:僧格和博罗克沁。

注126:第234人歹雅Daya(n)黄台吉。 表上的名字实际上写作歹稚,“稚”字为“雅”之误刊。

多罗土蛮把都儿黄台吉在《武功录》卷9第56~64页上有传。他于1571年任指挥同知(《武功录》卷8第135页)。在传上他的第二个名字Dayan写作歹言。当然,这个名字与其祖先达延汗同名。他也被《三云筹俎考》与若干东哨的王公一起列在卷2第22叶a上。

把都儿黄台吉之西迁似乎开始于1586年,而非1584年。至于他的死去,《武功录》上有完全不同的记载。该书说,1587年7月21日他在青海一带同中国军队遭遇战中被杀死。

他的9个儿子,表上只列了4个。《武功录》(卷9第61页)说他有个名叫“我僧大”的养子,这人显然是他的堂兄弟第240人克臭(Qačū~Qačighu)之子(《武功录》卷9第70页)。这个我僧大和把都儿黄台吉的长子威正雅拜与他们的父亲一样在同一时间前后、在同一地区被杀死。

《武功录》卷9第58页叙及了另一个名叫哈喇狗(Qaranoqai?)的儿子。

《武功录》卷7第23页(显然取自焦竑的《通贡传》;见《口北三厅志》卷13第20叶b和《蒙古源流笺证》卷7第17叶a, b)上告诉我们说,土蛮可汗的属民被分为4支,这4支的王公名为多罗土蛮把都儿黄台吉、麦力艮台吉、著力兔台吉、克登(ködeng)台吉。还告诉我们说,这4支共有十余万军队,是中国蓟州和辽东地区的祸患。《源流笺证》的注释者认为他们就是苏尼特、乌珠穆沁和浩齐特旗王公的祖先,但这不可能正确,因为这6个旗的王公全都出自达延汗的长子一系如达赉逊、图们等。上述这四个王公不能不是阿尔苏博罗特的五个孙子中的四个，即第234、235、236和238人。他们的父亲从未住在图们可汗领地附近，即使他们承认大可汗为他们的君主，人们也不能看到大可汗如何在如此遥远的距离上对他们进行实际的管辖。此外，他们驻在西面，要成为蓟州和辽东这两个东部地区的威胁是离得太远了。

注127：第235人麦力艮(Mergen)。 我们在《武功录》卷9第64～69页上找到了麦力艮的传。他于1571年任指挥佥事(《武功录》卷8第135页)。没说有为他开辟的集市，不过，很可能他与其弟被准许去水泉，直到1586年两人被留下在青海地区和中藏边界为止。见注126末尾。

注128：第236人著力兔。 《武功录》上没有著力兔的传，但他被列于卷8第135页1571年担任指挥佥事的那些人中间。关于其卒年见注135。又见注125末尾。他一定是《三云筹俎考》卷2第22叶a所载东哨之多罗土蛮下招力兔台吉。

注129：第237人火落赤(Qulači)。 《武功录》卷9第74～101页上有他的一篇长传。他的名字又写作黑劳赤。《武功录》卷8第135页上列有一个合罗气(Qulači)，但他是永邵卜大成之子。表上原来的“州”字为“川”字之讹，莽捏川为缩写：那里有为蒙古人所占据的两个“川”，位于甘肃河州和西宁之间。

注130：第238人克登(Ködeng)。 克登被列在《武功录》卷8第135页上1571年任命为指挥金事的那些人中间。

他的名字Ködeng，《源流笺证》卷6第11叶b写作库登。见注4。又见注126末尾。

注131：第239人不禄慎。 不禄慎不能不是《水晶念珠》和《黄金史》上的Boroghčin。克臭一定相当于这两部书上的僧格或哈齐固僧格。克臭多半为qačū < qačighu-qajighu的缩写。我认为Qajighu应为较正规的写法。

《武功录》卷9第69～72页上有克臭的传。在那上面我们读到，他是多罗土蛮把都儿黄台吉之弟，但这要从汉文广义上来理解。严格地说来，他是他的堂兄弟。在《武功录》卷8第135页上，他被同其堂兄弟麦力艮、著力兔(jorightu)、克登一起列在1571年任指挥佥事的那些人中间。

他漫游于中藏边界周围，1575年被准许到洪水、扁渡口的集市以及甘肃的3个较小的集市庄浪、岔口堡、铧尖墩上去。

表上只列出了他的一个儿子。《武功录》卷8第207页、卷9第61、63页上叙及了他的另一个名叫我僧大的儿子，我僧大后来被多罗土蛮把都儿黄台吉所收养，并于1587年被杀死。他是个养子的事实，也被记载在《万历实录》第187卷第5叶b上。

注132：第241人威正雅拜(Üijeng-abai)。 威正雅拜在《武功录》上无传。他与1571年任正千户的王公列在一起。他于1587年同其父和义兄弟我僧大一起被杀死(卷9第63页)。可是1592年以后编成的本表却说他还活着。人们甚至可以感到纳闷，威正雅拜即答度台吉是否1618～1619年彼特林所遇到的台库塔屯(一作塔音喀图)(巴德利书卷2第74页)。

毫无疑问，他的第二个名字答度即蒙语Daidu、Dayidu，为元代北京之名称。这个名字经常被当做人名出现。

1579年，他担任百户(《三云筹俎考》卷2第37叶a)，但按照《武功录》卷8第136页，1571年时他就已当了千户，除非这是另一个人。

他的领地一定如表上所说离丰州西面不远，但我们根据彼特林所述推定它离山北有相当距离。关于没纳河，我没能从别的方面获得任何情况。

注133：第242人莲花。 我不知这个莲花(蒙语Lingqua)是否就是《武功录》卷9第57页上同其父把都儿黄台吉和其弟第243人哈探把都儿一起叙及的龙合台吉。见注134。

注134：第243人哈探(Qatan)把都儿。 哈探把都儿在《武功录》上无传，但偶有几次叙及了他，尽管从未清楚地说明他是谁〔例如《武功录》卷9第57页；在第96页上作者说他又名拜腰他不浪baya'u(d)-tabunang〕。见注133。

注 135：第 245 人剌八台吉。 关于剌八(Laba)这个名字，我们在《武功录》卷 7 第 80 页上看到，有个为俺答汗效劳的中国人被授予也可喇把(Yeke Laba)即大喇把之名；在卷 9 第 58 页上我们见到叙及了一个把汉喇叭(Bagha Laba)即小喇叭。在《武备志》第 227 卷第 19 叶 b 上，"和尚"一词译作蒙语即为剌叭。萨刚彻辰(施密特书第 220～221 页)叙及了一个拉拜(Labai)台吉，田清波《鄂尔多斯词典》第 445 页 b 也叙及 lawä(labai)为一人名。拉拜为蒙古喇嘛用作号子的贝壳，为一与喇嘛教和整个佛教紧密相连的物体。"拉拜"一词源于汉语"螺贝"，古汉语发音为 lua-puai[1]。"拉拜"反过来又成为现代汉语"喇叭"的来源。由于蒙古喇嘛以使用螺贝(labai/laba)著称，不知怎么的螺贝之名也就被用来表示喇嘛本身，这也是可以理解的。因此《武备志》把和尚译作剌叭，而人名剌八无疑源于"螺贝"。

注 136：第 248 人哑班(Aban?)。 这个哑班无疑为歹言(Dayan)黄台吉之侄阿榜(《武功录》卷 9 第 57 页)。他被列在《三云筹俎考》卷 2 第 38 叶 a 上，写作哑班。我们在那上面读到：1584 年他继任指挥佥事。这可能意味着其父著力兔死于 1583 或 1584 年。

注 137：第 250 人土骨赤(Tughuči?)把都儿台吉。 海西希(《北京喇嘛教徒的木刻本》第 27～28 页)认为，下令翻译一部佛经的卓哩克图土固齐塔布囊就是表九的这个土骨赤把都儿。不过，不知一个"王公家庭的女婿"塔布囊怎么又能是台吉本身。当然，这同一反对理由也可用于注 134 的拜腰他不浪。

---

〔1〕见伯希和的论文：《西藏名字的若干汉文对音》〔载《通报》第 16 卷(1915 年)第 1～26 页〕第 20～22 页。B. 劳费尔在其论文：《西藏名字的汉文对音》〔载《通报》第 16 卷(1915 年)第 420～424 页〕第 422 页上的反对意见并未驳倒伯希和的论据。

表十 达延汗第五至第十一子之后裔

(达延汗第五子)5.阿赤赖台吉。在蓟镇边外,与土蛮相连,离边二千五六百里。不贡不市。故。子一。(注138)	252. 打赖台吉。见在。子二。(注145)	262. 打儿汗台吉。子三。 263. 威敬台吉。子七。	278. 土麦黄台吉。 279. 哈味七庆台吉。
(达延汗第六子)6.那力不剌台吉。在蓟镇边外,与土蛮相连,年年犯辽东。不贡不市。子一。(注139)	253. 虎剌哈台吉。子四。(注146)	264. 苏不害打儿汗台吉。为犯辽杀死。(注153)	
(达延汗第七子)7.那力不赖,即倒身。在宣府张家口以东至独石边外驻牧。张家口互市。子四。(注140)	254. 失喇台吉。营名哈不慎。子二。(注147)	265. 补根儿台吉。子三。(注154) 266. 车腊台吉。	280. 忙克在台吉。 281. 田登台吉。 282. 土门的力台吉。
	255. 那出台吉。营名哈不慎。子二。(注148)	267. 隐克台吉。 268. 猛克台吉。	
	256. 不克台吉。营名委兀慎。子四。(注149)	269. 著力兔台吉。授指挥同知。子五。	283. 也麦盖台吉。(注161) 284. 把秃失力台吉。(注162)
		270. 小薛台吉。子四。(注155) 271. 满克在台吉。子四。(注156) 272. 察哈伦台吉。(注157)	

续表十

[达延汗第七子那力不赖]	257. 莫蓝台吉。营名打剌明安。子五。(注150)	273. 宿的盖台吉,即著力兔把都儿台吉。子四。(注158)	285. 马五素台吉。授指挥同知。(注163)。 286. 满克大台吉。授副千户。 287. 五克气台吉。授副千户。 288. 青定台吉。
		274. 丙兔台吉。子六。	289. 速不盖台吉。 290. 补儿哈兔台吉。 291. 土门台吉。 292. 土门的力台吉,即土盟的台吉。授副千户。 293. 常汗我不贯台吉。(注164) 294. 我儿合兔台吉。
		275. 把都儿台吉,即五奴骨把都儿台吉。授千户。子四。(注159)	295. 忙五大台吉。授百户。 296. 忙根儿台吉。 297. 夺奈台吉。 298. 摆都赖台吉。
		276. 银定台吉,即银定把都儿台吉。授千户。(注160)	
		277. 七慎把都儿台吉。授副千户。子二。	299. 白洪台吉。 300. 来洪台吉。

续表十

（达延汗第八子） 8. 称台吉。在蓟镇边外极北驻牧。子二。（注141）	258. 通石台吉。（注141） 259. 长力台吉。（注141）	
（达延汗第九子） 9. 克列兔台吉。故。不嗣。（注142）		
（达延汗第十子） 10. 五八山只台吉。在蓟镇边外极北驻牧。故。子一。（注143）	260. 五班台吉。（注151）	
（达延汗第十一子） 11. 格列山只台吉。故。子七。	261. 哑叭太台吉。在大同镇微东北驻牧，离边约三千余里。部落亦有数万。（注152）	

37.11 表十笺注

注138：达延汗第五子第5人阿赤赖（Waĉir）台吉。 正如这个名字本身使人们想到的，阿赤赖一定相当于继承察哈尔的克什克腾部的瓦齐尔或斡齐尔博罗特（施密特书第182～183，第196～197，第204～205页）。克什克腾人后来成为克什克腾旗（《蒙古游牧记》卷3第79～80页）。16世纪末，克什克腾为大可汗属民察哈尔人的邻部。不过，我们必须注意，如果大可汗及其属民当时住在西拉木伦河（当然是辽河的上源）北面今热河省境内的话，他们并不始终住在那里。的确，正如我们已经说过的，1550年左右，土蛮之父打来孙由于害怕俺答汗的扩张主义政策，离开了本土迁到东面，占据了西拉木伦河以北的新的领地（《武功录》卷10第107页；《皇明世法录》第57卷第17叶a[1]）。但甚至在察哈尔人东迁之前，克什克腾一定就已是他们的邻

〔1〕与此相关，《皇明世法录》说从此大可汗管辖下的人民称作察哈尔，而其西邻即俺答汗及其子弟管辖的人民被称为“蒙古人”。不过．这个说法不能当真接受。实际上，“察哈尔”和“蒙古”这两个名称比16世纪要古老得多，并且察哈尔部始终是蒙古人的一部分。《皇明世法录》的作者一定指的是俺答汗领地上的Monggholčin氏族。

部,因为克失坦即克什克腾被列为大可汗管辖下的五大营之一。见注3。《水晶念珠》(海西希本第150页)上也叙及了瓦齐尔博罗特。

巴德利(《俄国、蒙古、中国》卷1末尾之表)把斡齐尔之子称为沙喇勒达。我想这个名字取自《蒙古游牧记》上引处,但却并非我们在那上面所读到的情况。沙喇勒达并非斡齐尔之子,而是他的再传子孙之一。

注139:达延汗第六子第6人那力不剌台吉。 为了确定"那力不剌"是谁,我们查看了其子虎刺哈与其孙苏不害打儿汗之名。符拉基米尔佐夫在其论文《喀尔喀的五部在哪里?》(载《苏联科学院报告》乙种,1930年)上引用了蒙古编年史《恒河之流(Ganggha-yin urusqal)》(写成于1725年)上的如下原文:"札噜特王公的祖先为达延汗的第六子统治五喀尔喀的阿勒楚博罗特;他的儿子呼尔哈齐哈萨尔,……其子乌巴锡卫征诺延之弟为巴林王公之祖先苏巴海达尔罕诺延;(其子为)鄂博岱诺延……"这段原文无疑地认可了虎刺哈就是呼尔哈齐哈萨尔诺延,因此他的名字的汉译"虎刺哈"加上一个 či 的对音"赤"字就完全了。此外,苏不害打儿汗就是蒙古原文中的苏巴海达尔罕诺延。因此表上遗漏了苏巴海的哥哥乌巴锡。《蒙古游牧记》的作者在卷3第63页上大概取材于同一或类似的蒙古史料。《蒙古游牧记》把阿勒楚博罗特之子的名字写作和尔朔齐哈萨尔,"朔"字大概是"胡"字之误刊:Qarquči-qasar。他的第二子为苏巴海,拥有达尔罕诺延的衔号。苏巴海的属民被称为巴林(Bārin,Bagharin)。在《蒙古游牧记》卷3第67页上我们找到了和尔朔(胡)齐的长子名叫乌巴什,自称卫征诺延,其部属为札噜特(jarūd,Jaraghud)。1628年(天聪二年)第264人苏巴海之孙率领巴林人投降满人,其家族成员被封为两个巴林旗的统治者。这个家族的另一支也同样地投降了,其成员被封为札噜特诸旗的统治者。

但我们在萨刚彻辰史上读到些什么有关阿勒楚博罗特的事呢?这位鄂尔多斯编年史家告诉我们说,阿勒楚博罗特继承了中部五喀尔喀。符拉基米尔佐夫在上文中说明了"五喀尔喀"实质上就是今天热河省昭乌达盟的札噜特和巴林部。萨刚彻辰(施密特书第190～191页;第194～195页)谈到某个巴噶逊塔布囊时,在第一处称他为“五喀尔喀的巴噶逊塔布囊”,在第二处称为“札噜特的巴噶逊塔布囊”。这当然是札噜特至少为“五喀尔喀”的一部分的有说服力的证据。

《水晶念珠》(海西希复制的原文第102、109页)上称阿勒楚博罗特为阿拉噜博罗特,但这是抄写之误。再过几行,在第109页上的确载有阿勒楚的正确写法。那上面告诉我们说,阿勒楚从十二喀尔喀分出来,成了“五喀尔喀”的统治者。起这个新名称的原因是他所统治的为5个大氏族,即巴林、札噜特、鸿吉喇特(Qonggirad 或翁吉喇特 Onggirad)、巴雅固特(Bayaghud)和乌齐呼特(Üčired,或 Učirad?)。以往的十二喀尔喀其余部分归格呼森札的7个儿子统辖,被称为“七喀尔喀”。

《水晶念珠》上只列出了阿勒楚博罗特的一个儿子:第253人呼尔哈齐哈萨尔诺延。

“不剌”或第7人那力不赖之“不赖”只能是蒙语 bolod 之音讹,大概这个词的古代形态为 bolad、bulad。把兄弟俩都写作“那力”大概是由于抄写之误而引起的重复。

参看注146和注153。

注140:达延汗第七子第7人那力不赖台吉。 这个家族分支与张家口和张家口地区(哈不慎即 Qaračin 等名指的是这个地区)联系得如此密切,以至看来这里只有一种可能来认定此人。“那力不赖”不能不是阿喇博罗特,按照萨刚彻辰(施密特书第204～205页),他继承了“察哈尔的浩齐特”。他的儿子的名字证实了这一认定。

与阿喇博罗特之名的正确拼写相关,库伦抄本(第62、62r页)作 Ar-bolod。鄂尔多斯抄本作 Nara-bolod(A抄本第172页第二部分写得不完全,B抄本第152页、C抄本第169页均作 Nara-bolod)。nara 的写法与汉译“那力”相一致。另一方面,《黄金史》(新《黄金史》卷2第164页;又名《成吉思汗传》的《黄金史》第106页)写作 Al-bolod,意为“红钢”。我们在《水晶念珠》上找到了同样的写法(海西希本第150

页)。看来暂时不能确定这个名字该如何写。[1]

在萨刚彻辰所称作“察哈尔的浩齐特”的部落里,有七个分支或氏族。《水晶念珠》叙及了阿苏特和萨尔呼特(Sarqud)。但是不只这两个分支:本表上列出了另3个重要的分支,即:哈不慎(=?)、威武慎(Uyighurčin)和打剌明安〔Dala(n)-mingghan〕。

《水晶念珠》还叙及了阿喇博罗特的4个儿子:阿珠(Aju)台吉、锡喇(Sira)台吉、莫隆(Molon)台吉和博克(Böke)。

锡林郭勒盟的浩齐特二旗人民,无疑实质上就是萨刚彻辰所称的“察哈尔的浩齐特”人民。不过,如今他们的王公已不再是阿喇(纳喇)博罗特的后裔,而是其兄图噜博罗特的后裔(《蒙古游牧记》卷4第88~90页)。

注141:达延汗第八子第8人称台吉及其二子第258人通石、第259人长力。 人们可以试着证明相当于蒙语 čing tayiji 的称台吉为乌卜锡衮青台吉。但后者又名乌巴伞札,他当然也就是表上第10人五八山只。表上第9人克列兔无后裔,因此不难认定他为格呼图(Geretü),第11人格列山只当然是格呼散札(Geresanja)。由于其他的所有可能性都已被排除,因此只有萨刚彻辰的格呼博罗特可被认定是本表之称台吉。

他继承了察哈尔之敖汉和奈曼(施密特书第204~205页)。在现代,这两个部落形成了热河省的两个同名旗。昭乌达盟的这两个旗的现在的位置相当好地与表上所指出的地理位置“蓟州以北”相符合,只是距离没有像表上所指出的那样大。不过,这两个旗也跟浩齐特旗一样,其王公现在出自图噜博罗特的一支(《蒙古游牧记》卷3第55~62页)。

在《水晶念珠》(海西希本第150页)上(余按:上处页数似有误,但作者原文如此),我们读到青台吉统治哈尔(喇?)塔塔儿爱马克。那上面也叙及了他的两个儿子图克锡(=表第258人通石 Tügsi)和昌赉

---

〔1〕西藏史料上写作 Nere-bolodo。见胡特(Huth):《察汗板升碑铭》(Die Inschriftenvon Tsaghan Baišin),第55~56页上的表。

（čanglai，或 čangli？ =表第 259 人长力）。

注 142：达延汗第九子第 9 人克列兔。 因为克列兔被说成为没有留下后裔，所以一定是萨刚彻辰之格哷图。不过，“格哷图”是施密特的写法，如果本表的音译正确的话，我们应读作“Keretü（克哷图）”。可是，还有一个 Garudi 的写法。见注 2。

注 143：达延汗第十子第 10 人五八山只（Ubašanja）。 五八山只或萨刚彻辰（施密特本）之乌巴伞札，即乌卜锡衮青台吉，原本继承了阿苏特和永邵卜部。他有两个儿子，锡喇和阿齐，但锡喇杀死了他的弟弟，被定罪处死（施密特书第 204 ~ 205 页）。不过，表上只列了一个儿子之名（第 260 人五班），这个名字不像萨刚彻辰所述两人中的任何一个。阿苏特和永邵卜后来成了俺答汗的一个弟弟博第达喇鄂特罕的部属（表八）。

在《水晶念珠》（海西希本第 150 ~ 150 页）上（余按：此处页数似有误，但作者原文如此），达延汗第十子被称为格尔博罗特。据喇锡朋素克说，他统治了乌喇固特（乌噜特）氏族。阿苏特或永邵卜都没有被叙及，只叙及了一个儿子，名叫伦（Lung）台吉。喇锡朋素克还说，他对其后裔和他们的领地一无所知。

注 144：达延汗第十一子第 11 人格列山只（Gerešanja）台吉。 格列山只或萨刚彻辰及其他史料所写作之格哷散札继承了“后方之七喀尔喀”。与符拉基米尔佐夫（《喀尔喀五部在哪里？》）的意见相反，dologhan otogh，qalqa 即“七喀尔喀”一语无疑起源于格哷散札的分了喀尔喀的 7 个儿子（见《蒙古世系谱》第 25 叶 b）。萨刚彻辰在叙及统治七喀尔喀的七兄弟之前早就讲到了“七喀尔喀”并不构成一个重大的反对理由，因为这不难理解，当萨刚彻辰写他的编年史时，“七喀尔喀”这个名词长期以来已成为表示整个喀尔喀各部的一个被普遍使用的名词，因此蒙古作家很自然地在七兄弟以前的时代就使用了这个名词。《蒙古世系谱》（第 20 叶 b）称“七喀尔喀”为“北七札来尔喀尔喀”。

注 145：第 252 人打赖。 新《黄金史》卷 2 第 189 页作达哩（Dari）

台吉。

注 146:第 253 人虎剌哈(赤)。 虎剌哈(赤)[Quraqu(či)]被叙及于《武功录》卷 12 第 75 和 143 页上,我们在那里找到了一个较完全的写法:虎剌哈赤。符拉基米尔佐夫所引用的《恒河之流(Ganggha-yin urusqal)》(见注 139)上的原文写作 Qurqači(呼尔哈齐),因此这个名字看来与 qulaghai(贼)、qulghaiči(捕盗贼者)二词完全无关,尽管汉文的写法看起来与这两个词十分相似。

《蒙古游牧记》上的写法"和尔朔(胡)齐"多半是它的一种异文:Qorquči。

新《黄金史》(卷 2 第 189 页)叙及了呼尔哈齐的一个儿子图木必奈(Tumbinai)。按照《水晶念珠》(海西希本第 109 页),呼尔哈齐有五个儿子,他们分了构成五喀尔喀的五个氏族,他们是:(1)乌巴锡卫征,(2)苏巴尼达尔罕(显然是苏巴海之抄误),(3)乌班贝穆多克新(乌班再次出现在海西希本第 145 页上写作苏班),(4)索宁(sonin)岱青,(5)舒哈克卓哩克图鸿台吉。这些名字唯一见于表上的是第 264 人苏不害(Subuqai-Subaqai 苏巴海)。"贝穆"(Buyimu)即是见于表上他处之 Buyima(毕麻、贝玛),Buyima 无疑为正确的拼写。关于这 5 个儿子的后裔,见注 153。

注 147:第 254 人失喇(šira)。 在《水晶念珠》(海西希本第 150 页)上,锡喇台吉被列为第二个儿子。他的儿子名为锡尔努固特,多半相当于表第 266 人车腊。

他的"营名"无疑为一氏族名,也出现在表六上,作为俺答汗的一个侄儿之名:"哈不慎台吉",实际上意为"哈不慎人之台吉"。见注 89。

锡喇台吉也被新《黄金史》(卷 2 第 189 页)所叙及,那上面把他和他的兄弟阿楚(阿珠、纳珠)叙述为白塔塔儿的王公。

注 148:第 255 人那出(Naču)。 那出与(表八第 35 人)那竹为同一个名字,相当于《水晶念珠》和《黄金史》上的阿珠。见注 114。

《水晶念珠》(海西希本第 150 页)列出了他的一个名叫伯克尔肯

(Bekerken)的儿子。

关于“哈不慎”及其封土见注147。

注149:第256人不克(Böke)。 不克之名的正确写法见于《水晶念珠》(海西希本第50页)上:Böke。该处列出了他的3个儿子:卓哩克图巴图尔(当然就是表第269人)、炳图伊勒登和布延图台吉。后两个名字与表上的他的3个幼子之名不相符。

威武慎或Uyighurčin氏族被叙及于表四第91,124,84人项下。

注150:第257人莫蓝(Molan)。 莫蓝无疑应读作Molan(>Molon)。他的名字在《水晶念珠》上写作Molon台吉(海西希本第150页),萨刚彻辰讲到过两个同名的人(施密特书第170~171、172~173、248~249页)。《源流笺证》卷5第23叶b写作摩伦。《水晶念珠》没有列出他的儿子。

“营名”打剌明安,与许多其他情况下一样,一定是个氏族名,并且不能不是Dala(n)-mingghan即七十明安。不过,尽我们所知,这个氏族名称在任何地方也找不到证明。

注151:第260人五班(Uban)。 见注143。

注152:第261人哑叭太(Abatai?)。 《蒙古源流笺证》的注释者在卷6第15叶a上引用《秦边纪略》,列出了格呼散札的7个儿子之名。《蒙古世系谱》第26叶a、b上也列出了这些名字。《水晶念珠》记载了这7个儿子和他们的许多后裔的另一个名单,但有几个名字的写法是不可靠的。这部蒙古编年史(见海西希本第151页)告诉我们说从所谓阿拉克(?;同书第109页作阿噶拉克Aghalagh)的十二喀尔喀营(Alagh-un arban-qoyar küriye kemkeü Qalqa)分出来的格呼散札统治七喀尔喀,其余五群则归其兄阿勒楚博罗特统治。

按照《水晶念珠》,格哷散札[1]之长子为阿锡雅海达尔罕鸿台吉;《源流笺证》作阿什海达尔汗浑台吉,其后裔为外蒙古札萨克图汗部的统治者(参看《蒙古游牧记》卷10第231页起)。阿锡雅海(或阿锡海)有二子:图们达喇和岱青呼都固尔。霍渥尔斯《蒙古史》卷1第457页称他们为布延达喇和图们达喇。关于他们的后裔的历史,见沙斯金娜:《十七世纪西蒙古的阿勒坦汗》(载《苏联东方学》卷6(1949年)第383~395页)。《水晶念珠》(海西希本第151~153页)上列出了阿锡海的更后的后裔。

格哷散札第二子为诺雅岱哈达巴图尔(海西希本第153页;第151页上写法稍有些不同:诺延岱哈敦巴图尔)。《源流笺证》作诺颜泰哈坦巴图尔。《水晶念珠》(海西希本第153页)列出了他的两个儿子:伯苏特之浑果尔彻辰吉囊与额勒济金之巴特玛哈丹巴图尔。同一页上列出了他的更后的后裔。

格哷散札第三子为乌努呼卫彰[卫征](《水晶念珠》海西希本第151、154页)(《源流笺证》作诺诺和,符拉基米尔佐夫《科学院通报》1927年第216页作努努呼)。他有6个儿子:(1)阿布岱或阿布台,本表列为格哷散札之子;他实际上为其孙。阿布岱成了土谢图汗部的统治者(《蒙古游牧记》卷7第143页起)。(2)阿卜呼墨尔根(海西希本第154页;第155页上作阿布呼)。(3)奇塔特伊勒登,没有留下后裔。(4)图们肯昆德勒(Tümenken- küdele)赛音诺延,他当了赛音诺颜部的统治者(《蒙古游牧记》卷8第173页起)。(5)巴尔努(伯尔尼?)呼锡固齐。(6)布达萨图鄂特罕诺延。海西希本第154~155页上列出了他们的后裔。

按照《水晶念珠》,格哷散札的第四子为阿明都喇勒(海西希本第151、159页)(《源流笺证》同处把他列为第五子,写作阿敏都喇勒)。

---

[1]胡特:《察汗板升碑铭》,第55~56页。在施密特的《蒙古各族》(Die Volkstämmeder Mongolen)(1894年)第424~477页之后,列出格哷散札诸子如下:(1)阿锡海(Asiqai)达尔罕鸿台吉,(2)诺延台哈坦巴图尔,(3)乌努果伟藏(Uungho- Waijang)诺延,(4)达勒当(Daldang)昆都楞,(5)阿明都喇勒,(6)鄂特罕诺延。波兹德涅耶夫:《珍宝念珠》第82~118页列出他们的名字如下:(1)阿锡海,(2)诺延台,(3)努努呼,(4)阿明,(5)塔尔尼,(6)达勒丹,(7)萨穆贝玛。

他有两个儿子:多尔济阿海穆乌噜彻辰汗和珠尔察海哈喇札奇雅勒(?)。哥哥的后裔后来成为车臣汗部统治者(《蒙古游牧记》卷9第205页起),这些后裔被列在海西希本(第159~160页)上。弟弟没有留下后裔。

格哷散札的第五子(《源流笺证》同处作第六子,并说其名不详)为塔尔尼台吉。《蒙古世系谱》第26叶a作赉达。他没有后裔。

格哷散札的第六子名叫德勒登(Deleden)昆德勒(海西希本第150、160页上的写法不太清楚;我根据《源流笺证》同处列为第四子之汉文写法德勒登(坤都伦)读作Deleden;《蒙古世系谱》正确地列为第六子)。霍渥尔斯书称他为达勒丹昆都楞,把他当做第四子(胡特前引书第152页a同)。

格哷散札之第七子名为萨穆贝玛鄂特罕诺延(海西希本第151、160页)。《蒙古世系谱》作塞摩贝妈。《源流笺证》同处作鄂特欢诺颜。他的儿子为:浑垒珠尔甘(Qongrui - jurghan)、卓克苏(joghsu)达尔罕、布拜和硕齐(Bübei - qosighuči)、察噶丹赛音默沁、德本德吉楚克图、哈喇楚库尔、呼兰卫彰(=卫征)。上述诸子及其后裔们成为西北蒙古乌梁罕王公。

从这份名单上看来,随着清朝的崛起,喀尔喀诸部于1691年投降了新王朝后,只有格哷散札的3个儿子被封为喀尔喀土谢图汗部、赛音诺颜汗部、车臣汗部和札萨克图汗部的统治者,喀尔喀被分为87个旗。

格哷散札之孙阿卜呼墨尔根的后裔成为乌兰察布盟喀尔喀旗的王公。阿卜呼墨尔根有二子:昂奈墨尔根和阿尔固礼察罕达赖(海西希本第155页)。在《蒙古游牧记》卷5第112页上,后者写作喇瑚里。按照《水晶念珠》同处,阿尔固礼察罕达赖有3子:奔达尔楚克图、沙津达赖岱青(《蒙古游牧记》卷5第113页作巴什希札木素)和额琳沁(《蒙古游牧记》同处又说阿尔固礼察罕有5子,而非3子)。1653年,奔达尔与其喀尔喀亲戚发生争吵;他脱离了土谢图汗部投降了清朝,清朝把他的属民组成为今绥远省北部乌兰察布盟的一个单独的旗。

注153:第264人苏不害(Subuqai)打儿汗。 苏不害或速把亥,在

《武功录》卷12第75～113页上有其长传。按照这一史料,速把亥也为虎喇哈赤第二子,但其兄乌巴锡(见注139)未被叙及。

1546年,苏不害迁至辽阳北面的"沙埚"间。他成了所谓"兀良哈三卫"之一泰宁卫的首领。《嘉靖实录》第530卷第9叶a、b(1564年)叙及了他,把他写作速不亥,但《明史》第238卷第1叶b写作速把亥。他死于1582年同中国军队的一次遭遇中(《武功录》卷12第110页;《明史》第238卷)。

通过《武功泉》我们也获知了苏不害的一个弟弟名叫炒花,两个侄儿名叫老撒(La'usa)和卜儿艾(Bur'ai)。炒花在《武功录》卷2第143～153页上有传。他的名字有各种写法。他可能就是《水晶念珠》上的舒哈克卓哩克图鸿台吉(见注146)。按照《明史》第238卷第5叶a,炒花有一个儿子名叫卜言兔,但他有可能为苏不害之子。

《武功录》卷12第160～163页上有老撒、卜儿艾的短传。他们的父亲名叫答补〔Dabu(n)〕。我不知道他是苏不害的哪一个兄弟。

按照《武功录》,苏不害有4子:一为卜言兔,又名柏彦务(=?),第二子名为卜言(Buyan)把都儿。《武功录》上有卜言兔(卷12第115～117页)和卜言把都儿(卷12第118～142页)的传。第三子名为卜谷(=Bökö? Bughu?),第四子为勺里兔(Jorightu)。4人中哪一个是öbödei(见注139),却无法认定。《明史》第238卷第6叶a(1585年)也叙及了速把亥的一个儿子名叫把兔儿,无疑就是他的第二子卜言把都儿。

《水晶念珠》上列出了第253人呼尔哈齐的几个后裔之名如下。他的长子乌巴锡卫征继承了札噜特部。乌巴锡有6个儿子,他们的名字写得太拙劣了,因此难以释译。(1)巴延达喇伊勒登,(2)鸿尼(?)一多克新,无后裔,(3)托第都喇噶勒,(4)布奈〔Bünei(?)〕彻辰,(5)鲁乌萨(Luusa,可能是《武功录》上的老撒),(6)和硕齐(Qosghiuči)。

巴延达喇有8个儿子。他们和他们的后裔统治札噜特部。

速把亥继承了巴林部。按照《水晶念珠》(海西希本第119页),他仅有一个儿子:巴噶巴图尔。巴噶巴图尔有5个儿子。

呼尔哈齐的第三个儿子(海西希本第145页)苏班贝玛多克新继承了鸿吉喇特部。他有两个儿子:巴噶达尔罕诺延和卓哩克图诺延。呼尔哈齐的第四个儿子(同书第148页)索宁岱青诺延继承了Bayūd部,第五个儿子舒哈克卓哩克图鸿巴图尔继承了乌齐呼特部。

在《水晶念珠》(海西希本第109~149页)上非常详细地记载了呼尔哈齐诸子更后的后裔们,但要把这些名字都记下来是太多了。

注154:第265人补根儿。 这个名字看来比较像中国名字而不像蒙古名字。

注155:第270人小薛(Se'öse)。 这无疑为汉文"小厮"的另一种写法,它有时用作人名。

注156:第271人满克在。 《武功录》卷8第136页1571年任副千户的名单中有满克在之兄阿不害。这个阿不害又名抽吃(čöči, jöči?)把都儿。当然无法说明哪一个阿不害即抽吃把都儿为满克在之兄。

注157:第272人察哈伦(čaqar-un)。 如果"察哈伦"的译音是正确的话,这是表上部落或氏族名前缀使用所有格的唯一例子。在表中其他所有情况下,氏族放在名词之前不带任何后缀。在《三云筹俎考》卷2第22叶a、b上我们找到了另一种写法的两个例子,即氏族名和人名用"下"字连在一起:多罗土蛮下招力兔,委兀儿慎下卜吉素倘不浪。

注158:第273人宿的盖即哈喇慎著力兔把都儿。 《武功录》卷9第54页上简述了哈喇慎著力兔把都儿。1571年他任指挥同知(《武功录》卷8第135页)。他的集市在张家口,不会驻得离该城过远。的确,正如我们在别处所看到的,哈喇慎部驻在张家口以北地区。著力兔把都儿的属民中间一定有相当多的哈喇慎人,因此他才冠以哈喇慎之名。他又被称为打剌明安(Dala(n) - mingghan,《武功录》卷8第135页),正如我们已见到的,这是他父亲统治的一个氏族,无疑为他所继承。他很早就去世了,他死于1576年,他的职位由其长子第285人马五素继承(《三云筹俎考》卷2第36叶b)。

注 159:第 275 人把都儿台吉即五奴骨(ünügü)把都儿台吉。 他也被列于《武功录》卷 8 第 136 页上。ünügüči 只不过是一个试用的写法。ünügü 一词意为"小山羊"。这个名字为别处所证实:萨刚彻辰(施密特书第 220~221 页)记载了一个 Unügün(《源流笺证》卷 6 第 27 叶 b 作谔努昆)。《武功录》卷 8 第 138 页叙及了另一个 Ünügün。"小山羊"汉文作"山羊羔",看来 Unügü(n)作为人名也被意译为汉文,而不用音译。例如,《武功录》卷 9 第 37 页上,我们找到了一个译名叫"山羊羔儿"。见注释 29。

同一词加上后缀 - či: ünügüči 意为看管羊羔者,也被用作人名。例如,我们在新《黄金史》卷 2 第 169 页上找到了这个名字:Ünügüči。这个名字又见于《正德实录》第 43 卷第 5 叶 a 上(1508 年)。那上面谈到了一个出生于蒙古的中国战俘之子兀弩骨赤。Ünügüči 可与见于元明史料上的另一名字 Qoniči(牧羊人)相对照。

注 160:第 276 人银定(Süke)。 银定或苏克巴图尔或伊勒登巴图尔不能不是《武功录》卷 9 第 54~55 页上有传的银定把都儿台吉(被记载于其兄哈喇慎著力兔把都儿之后)。1571 年他担任千户。他在张家口有一处集市,与这位蒙古首领相关而叙及的几处清楚地说明了他驻在这个地区。

按照《武功录》卷 8 第 136 页,他只是个副千户,但按照本表及《武功录》卷九第 54 页,他已完全是一个正千户了。

注 161:第 283 人也麦盖[Emege(n)]。 参看萨刚彻辰(施密特书第 220~221 页)上的名字 Emegeldei, emege(n)妇女十 - ldei。见注 21 末尾。后缀 - dai/ - dei, - ldai/ - ldei 常用于人名的构成上。见田清波:《哈佛亚洲学报》卷 14,第 353 页;伯希和:《金帐汗国札记》,第 63~64 页。

注 162:第 284 人把秃失力(Batu - šili)。 对照《洪武实录》(羽田亨《明代满蒙史料·明实录抄·蒙古篇》第 1 册第 171 页)上的名字失剌八秃(šiila - batu)和失剌八秃儿(sila - batur)(同上,第 183 页)。也可对照田清波《鄂尔多斯词典》第 615 页 b 上的名字 šiila - badiri < 维吾尔

语 šiilabadri。

注 163:第 285 人马五素(Ma'us?)。 马五素多半是满五素(=Mangghus?)之音讹。从 1576 年起,他被封为指挥同知(《三云筹俎考》卷 2 第 36 叶 b)。

注 164:第 293 人常汗我不贯(čaghan-öbügen)。 大概就是《三云筹俎考》卷 2 第 37 叶 a(《万历实录》第 103 卷第 4 叶 a,1580 年 9 月 30 日)上的百户当汉我不艮。(čaghan-öbügen)。

(据《中亚研究》丛书第三种,海牙 1958 年版译出。)

38 喀尔喀法典

〔前苏联〕扎姆察拉诺 译

38.1 序[1]

我们将已故博士扎姆察拉诺的著作——著名的蒙古习惯法文献《喀尔喀法典》的译文列为蒙古学（STUDIA MONCOLICA）丛书的第一种。

扎姆察拉诺博士与阿·图鲁诺夫用国立伊尔库茨克大学社会科学系1923年出版的该大学教授和教师们的著作汇编中所收的论文《论喀尔喀法典》论述了这部文献。

在这篇文章的论述中，作者们指出，雅门的《喀尔喀法典》的法规"仿佛是一种稀世之珍。按照古老的蒙古习惯，法典的唯一抄本保藏在桑德卓特宾的雅门（在伊宾果勒河上，离恰克图不远的阿穆尔巴扬·斯呼兰图地方），普通人严格禁止复制和取出抄本"。

可能，这一禁规是个老传统，《蒙古秘史》和拉施特所提到过的《阿勒坛·迭卜帖儿（金册）》就按照这个传统以不被广泛利用的抄本保存了下来。

例如，在鄂尔多斯的成吉思汗庙里，在有他的宝贵的遗物的箱子里藏着一份无名的手抄本，关于它的内容，这些宝贵遗物的看守者达尔罕们自身一无所知——古代的传统就有这么强！

《喀尔喀法典》（以扎姆察拉诺博士所获的抄本流传至今）的俄语译文于1933年在列宁格勒应我的请求完成，以便附以附录和学术译注由科学委员会出版发表。

〔1〕为方面读者阅读，由编者加了章、节等各级序号，特此说明。

可惜,这些注释并未完成。仅在译文的正文中有一些※号小注谈到:扎姆察拉诺博士打算提供充分的学术材料,然而这些材料并未完成。

但尽管如此,这一最罕见的蒙古法文献的俄语译文仍具有重大的学术意义,它将不懂原文的研究者们所不能利用的罕见而重要的原文介绍给了学术界。

我仅修正了俄译正文中的个别笔误,并在某些处改了改,使性、数、格取得一致。

《喀尔喀法典》的语言特别简练而含蓄,这就不仅要求译者具有传达原文修辞特点的巨大才能,而且要求对许多术语与概念进行解释,但我们在本版俄译本中还未能完成这些术语、概念的解释。这将是未来的蒙古学研究者的事,看来,根据发表的译文对这一文献进行研究的研究者,为了揭示它们的全部细微差别,必须一再回到《喀尔喀法典》蒙文原文上来。

最后,让我向苏联科学院东方学研究所列宁格勒分所及该所所长奥尔别里院士致谢;该所保藏了这篇译文,并将微缩胶卷提供给我们的语言文学研究所,我们就是根据这份微缩胶卷印出了这里出版的俄译本的。

林钦教授博士

乌兰巴托,1958年

38.2　喀尔喀法典

向救苦救难、集十方众佛于一身、优姿千端、散播教义种子于众生、口吐妙音、似佛般慈悲为怀之至圣喇嘛膜拜!

祝众生之冕——至圣喇嘛之生存坚似钻石!祝宗教传播!祝众施主延年益寿!祝国家、宗教昌盛!毋令恶事入耳,心神安宁!愿纯深之善行多似无尽之涌泉!

奏告汗妃后,既蒙旨可:以斡齐赍·土谢图汗为首之众诺颜及其赛特商卓特巴额尔德尼必力克图,扎萨克和硕亲王额驸惇多布多尔济,扎萨克图鲁诺颜丹宗多尔济,扎萨克特力衮哲尔格台吉巴音珠尔多尔济,诺颜托音多尔济旺楚克,即诸诺颜贡布多尔济,沙拉布额尔赫尼尔巴,多尼尔巴勒丹卫津,多尔济策旺额尔赫班第,济鲁海齐绰音珀勒,多尼尔济木巴,王公之策列木珀勒,策木伯勒多尔济,即诸诺颜旗长顾实卫斋桑,养子、即诺颜旺济勒额尔赫都拉勒,养子诺尔布旺楚格,亲属诺颜察布松额尔赫台吉,台吉奔佐格,萨木辟勒,济格默德多尔济,博尔济锦台吉巴贝卫津台吉,巴德咱尔达尔汉台吉及策旺额林沁台吉,诸图什墨尔——策凌卫津额尔赫,额尔德尼宰桑桑宰扎布,默伊列努彰格布尼实哩,乌勒哲伊图塔布囊,伏第实哩齐呼拉塔布囊,格旺岱青达鲁嘎——土牛年五月二十八吉日于布林罕山南麓伊宾果勒河谷议定(约定)本三旗大法。

38.3　三旗大法条例(土牛年即1709年颁布)

38.3.1　关于呼图克图格根之使者

第一条。呼图克图格根所往,应如七旗前定,无限供给大车("乌拉嘎")、饩羊("实古苏")。

拒绝给大车、饩羊者,即将全部财产收归格根官库,犯人及其生命交诺颜处置。

第二条。诺颜本人拒给大车、饩羊者,从其私人畜群中罚牲畜300。

若诺颜穷乏,其牲畜不足百头,则从其属民处补足百头,其中马50、牛50,均须为4岁者。

台吉、塔布囊拒给,即没收其全部私人牲畜。其穷乏、牲畜不足50头者,由其子补足,其中马25匹、牛25头,均须为4岁者。

拒给大车、饩羊,并矢口否认此事者,若为诺颜,即须由一诺颜宣誓,若为哈剌抽(平民),则令其选一赛特宣誓。

第三条。使者所往,可取10车、四"实古苏"(即羊两只)。应尊崇格根所说之:"不杀生,但不得饿夜;不得借口供食使者屠宰牲畜,但毋使使者饿夜。"

拒给大车、饩羊者,罚三九牲畜。

使者运送格根官库(畜群),可为自己及行李按需使用官库牲口。除此之外使用官库牲口者,罚三九牲畜。每九畜中——博多(牛)4头、绵羊5头。最大之博多应为"希咱兰"(即4岁者)。

急使可取用大车两辆。夜间房主应斟酌己之所有给予食物。不给予者,罚3岁羊四分之一只。

拒给大车、饩羊者,罚一五牲畜,此五畜为:3岁马或3岁牛两头,3岁羊3只。

拒给上两种使者以大车、饩羊,并矢口否认其事者,即须由一"鄂托克"达鲁嘎宣誓。

第四条。从马群驱走使者(额勒齐)之马者,无论人数多寡,皆应将其所骑之马连鞍悉数扣留。此外,若犯者为诺颜,罚五畜,若为平民("哈剌抽")——罚鞭打50下。

若所骑之马并非所驱走者,则以宣誓之法确定其真相,仅扣留犯人所驱走之马。

第五条。凡听到使者将至、驱走自己畜群规避者,罚以3岁马一匹。

所得罚款——阿勒丹吉,收归该使者之诺颜官库。

至于对公使之酬劳("伊德实")、受辱使者之赔偿由其主人掌握。

若达尔罕以应提供大车者之畜群冒充自己牲畜,包庇该人,该达尔罕应罚以四岁马一匹;将自己畜群躲于达尔罕畜群中之人照规避使者例处罚。

第六条。冒充格根使者(额勒齐)享用大车("乌拉嘎")与饩羊("实古苏")者,及伪传(格根)法旨者,照(格根)亲临时拒给大车、饩羊例治罪。

38.3.2 关于汗及其他人之使者

第七条。大汗或汗后御驾所至,应无限供给大车、饩羊。

(其)使者可支取8车、饩羊两只。

大汗亲行,拒给大车、饩羊者,没收其牲畜之半。

拒给者若系诺颜，罚安租(赎金)150头，其中半数为马，另半为牛，均须为4岁者("希咱兰")。若拒给者矢口否认其事，若系诺颜须令其选同旗之另一诺颜宣誓，若系平民"哈剌抽"，则选旗中一赛特宣誓。

拒给汗后及大汗之使者以饩羊者——罚二九牲畜。

第八条。王或贝勒外出，可取用9车及饩羊3只。拒给饩羊之任何诺颜或哈剌抽，罚三九牲畜。其使者可取4车及饩羊两只。拒给使者以大车、饩羊者罚一九与一五牲畜。

扎萨克亲临，可取6车、两实古苏饩羊。拒给大车、饩羊之诺颜或哈剌抽，罚三九牲畜。其使者可取2车、一实古苏饩羊。拒给饩羊、大车者，罚一九牲畜。

第九条。使者无权享用格根牲畜所套之大车，有意使用者，罚三九牲畜。

除供格根及三事——古尔班·卫埒之需外，不从诺颜私有畜群中支取大车及饩羊。

以所属贡民——阿勒巴图之牲畜列入自己畜群内，不提供大车、饩羊者，罚托尔噶古里如以他人畜群充作己有之达尔罕所须罚之数。

第十条。急使当其车夫——乌拉嘎齐未来，得将其大车留在任何人处。

急使可告大车主人后，取用大车。若主人不在，可通知其邻人后，取用大车。若邻人不给大车，得给出自己之一马。若既不给车又不给马，(使者可从他)取羊1只。非急使而不等候自己车夫——乌拉嘎齐者，罚羊1只。非急使所享用大车[之马]为小于4岁——希扎兰者。若仅有成年马，则应由主人亲手付给。使者擅取大于4岁之马者，罚3岁羊1只。车夫不通知马主人而擅取者，罚3岁羊1只。若使者从某人畜群旁经过，偏袒此人不使用其畜群之马套车，罚3岁牛1头。

车夫盗窃其所赶之大车，即将所窃大车扣留，并罚取5岁马——索要兰1头。

车夫于使者不在时，为换用马而偷取他人之马，[罚]取3岁马1匹。

非急使不得以偷取方式或从主人未在的畜群使用车马，使用者，按偏袒例处罚。

不得仅凭非急使之鞍与笼头取用大车。

第十条之二。使者从外旗诺颜处来者，车夫不应从自己诺颜和达尔罕畜群中取马套车。取用者罚取3岁牛1头。

第十条之三。泰噶木得与使者额勒齐同等对待。

泰噶木出于偏袒不赶走外人者，照使者——额勒齐偏袒例罚畜。

若使者乘坐其大车四出探亲，大车之马倒毙，必须赔偿倒毙之马。若未倒毙，则从使者罚取上等羊1只。

若使者在家留宿（日未落时），翌日必须骑其私人之马动身。

第十一条。使者窃取其所征集之牲畜，即处以大法（大扎撒?）。

若使者与某人私约后不从应征收者征收，而从其他人处征收，两人各罚"安租"（赎金）之半。

若使者在应征收之人处，索求免征之代价，即罚以安租，使者罚安租之大半，行贿者罚小半。

第十二条。偷换征集之牲畜者，处以大法。

以劣畜换回已缴税之牲畜——"塔塔哩"者，罚三九牲畜，出首之证人可得罚金——"阿勒丹吉"之半。

第十三条。此项"阿勒丹吉"（罚金）在7头以下者，使者可从每笔罚金取得四分之一头牲畜，在7头以上者，可取得1头。

"阿勒丹吉"在5头以上者，图什墨尔可抽取其1头。

凡"阿勒丹吉"达9头者，即抽取1头为"噶尔噶衮"（审判费）。

第十四条。急使不应骑用怀驹母马或刚下驹母马，骑用者罚3岁羊1只。

非急使无故妄用超额之车马，照规避使者例处罚。

使者于途中任意殴人者，罚四分之1头牲畜。

第十五条。三大事（"古尔班·卫埒"）——即敌人、贵官有病及使者额勒齐——为互相敌对之两诺颜之调解者。

第十六条。拒给有权取得大车之诺颜使者以大车、饩羊者，罚一九牲畜。

拒给恩赐以有权享用大车之平民"哈剌抽"以大车、饩羊者，罚一九牲畜。

第十七条。凡使者前来探问有权使用大车之诺颜病情者，即可使用诺颜所应享用之大车，拒给大车者，即被视为拒绝一般（使者，而非诺颜）。

使者来自无权享用大车之诺颜处时，可使用诺颜以东道主之谊供给之大车。

第十八条。在"三大事"上拒给使者以一二匹马，即被视为绝对拒绝。

在"三大事"上拒绝使者之任何诺颜，罚牛、羊各50。若拒绝者为当权赛特"图鲁·巴哩克桑·赛特"或台吉，或塔布囊，或达尔罕，罚牛50。若系普通平民，即没收其全部动产与不动产，仅留其活命于同伙中。

第十九条。凡使者因遭拒绝而擅取马或骆驼者，应于归还主人时加给额外之物（"和勒博噶"）。

第二十条。凡得知使者将至，移牧驱走牲畜，致使者只得从未避开之其余人处取用大车、饩羊者，其饩羊应由该人偿还。

第二十一条。无提供大车、饩羊义务之达尔罕和苏默沁，除大汗亲临及使者办"三大事"外，不需提供大车、饩羊。此种达尔罕只需任用自己人一名，即可百事不问。

第二十二条。使者醉酒犯罪，不能执行其任务者，罚3岁马1匹，并须给证人3岁牛1头。

予使者以酒者，罚3岁羊1只。若证人隐瞒其事，应罚以3岁牛1头，付给另一诚实证人。

38.3.3 关于侮辱

第二十三条。以锐利或带刺武器触及格根使者者，罚九九牲畜加五。

以石头或木头触及者，罚二九牲畜加五。

以棒或拳触及者，罚一九牲畜加二。

以言词辱骂者，罚一五牲畜加二。

触及使者仆从“库图齐”者，罚相当数额之“安租”（赎金），加1头牲畜。

第二十四条。以锐利或带刺之武器触及汗后或汗之使者者，罚四九牲畜加三。

以石头或木头触及者，罚九五牲畜加三。

以棒或拳者，罚一九牲畜加一。

以言词辱骂者，罚一五牲畜加一。

无论以任何方式侮辱使者之仆从，罚相当数颜之“安租”加一。

第二十五条。以锐利或带刺之武器触及普通使者者，罚三九牲畜加三。

以石头或木头触及者，罚一九牲畜加三。

以棒或拳者，罚一五牲畜加三。

以言词辱骂者，罚一五牲畜。

无论以任何方式触犯其仆从，罚相当数额之“安租”加绵羊1头。

1709年法规止于此

38.4 1722年条例

虎年八月，在塔米尔河上作“玛尼”时召开的大会上，由汗、王以下全体议决下列事例：

第一条。格根使者及其他一切使者于使用大车时应出示盖章及规定大车数量与种类之证明书。若无印章，即不给大车。拒给使者以大车者，照旧例处罚。

第二条。除军国大事外，我七旗使者不得以私事使用贡民——沙比纳尔之大车。若加使用，使者按基本法典处罚。

第三条。有权使用大车之扎萨克派遣其使者办事取用大车，须持有盖扎萨克印章之证件。

凡有权使用大车者:喇嘛、哈剌抽及带有公文、证件("济古呼")之人于自己去祭祀时不得使用大车。但若途程遥远感到必须使用大车、饩羊——"库讷苏"时,方可使用大车、饩羊。

外出办事,需用大车时,必须有本部长官、贵官("爱马克翁·耶克斯")之印章。若无印章,务须持有本人委任状始能利用大车。若既无印章,又无本人委任状,则不应付给大车与饩羊。

38.5　1722年条例:康熙六十一年(1722年)九月初三条例

关于打有烙印之骆驼

除"三大事"外,不得将打有烙印之骆驼与马给予任何人。若使者与车夫有意取用,即按古法处置。

38.6　1709年法规之续文

38.6.1　关于偷窃格根牲畜

第一条。偷窃格根官库之白马群("察罕·苏鲁格")者,没收其全部财产,但留其活命于同伙(卓恩)中。鞭打80下,并令其(在库伦的周围)罚走300周、跪拜3000次。

若住在他人处侍候人并有私产的单身汉行窃,即没收其全部私产,处罚同上。若[此人]无私产,则应令其赔偿被窃之诺颜,并付给额勒齐与图什墨尔酬劳。处罚同上。若此单身汉(无论有无私产)与其诺颜同享伙食,即从其诺颜处取5岁马两匹为"巴"。若此人住在另一和屯,有自己帐幕,即从和屯长处取5岁马一匹为"巴",而不从其主人处取"巴"。在一年内强迫此贼受劳役(客实克——轮班),其食粮应由诺颜承担。

台吉或塔布囊行窃者,也将其私人牲畜全部没收,处罚同上,不得赎免("佐里克"——赎)。

凡从指定为(格根宫廷)挤奶之乳牛群偷窃乳牛或偷窃指定为(格

根）套大车之骆驼者，照盗窃格根畜群（"苏鲁格"）例治罪，并应付给被窃主人赔偿费（"鄂啰"）。

38.6.2　关于在格根库伦寺留下脚印

在库伦寺（格根之宫廷、寺）留下自己脚印之贼人，除规定罚金（"雅拉"）外，另罚三九牲畜。此项罚金归该寺官库。发现贼人之证人，从每九畜中赏给上等牲畜1头。

又一条。偷窃库内石炭或石灰者，罚三九牲畜。

践踏干草，明知故犯者，罚三九牲畜；出于不知者，罚牲畜四分之一头。

若牲畜踏坏庄稼，即从10头牲畜罚好牲畜（"玛勒"）1头，从5头牲畜取劣等牲畜1头。若牲畜在5~10头间，则取中常牲畜1头。若在5头以下，取同数之绵羊若干头。

从单身汉处罚取下列诸物之一：火镰、刀、头巾（"阿勒楚尔"）、缰绳及诸如此类之物。

偷窃谷物者，所取罚金（"雅拉"）与偷窃石灰、煤者同。

禁区定为二"哈喇察冈"之距（即可以区别黑白之两倍视距）。

又一条。偷窃属于寺庙或佛像上之饰物、物件或寺庙牲畜者，所取罚金与偷窃格根官库和畜群者同。若其人矢口否认，可令其选一旗中赛特发誓。

38.6.3　关于窃贼

又一条。从郡主、玛玛什、汗或贝勒之官库畜群行窃者同于从格根畜群或官库行窃者。

38.6.4　关于普通窃贼

偷窃牛1头者，罚20"博多"（即20头牛），其中10头为4岁，另10头为3岁。

窃贼一经判罪，额勒齐——司法执行者即应抓住窃贼在审判之诺颜与赛特前鞭打80下，然后令其（围库伦寺）走100周、跪拜1000次。此时其诺颜应派人监督，令其于10天内完成之。

若庶务官（执行处罚之额勒齐）偏私，即丧失其酬劳（"伊德实"）。

再次行窃者，强令其走 200 周、跪拜 3000 次，并须在 20 天内完成之。

三次犯窃者，强令其走 1000 周、跪拜万次，并在 3 月内完成之。此项处罚不得赎免（“佐里克”）或求免（“古由勒噶”）。

又：宣誓时暴露之窃贼，鞭打 80 下（库伦抄本作 20 下），若此贼不愿受鞭打，则罚以 3 博多，并强令其走 100 周、跪拜 1000 次，应在 10 天内完成之。

又一条。凡行劫（公开盗取）者，无论人数多寡，一律鞭打 80 下，双手带上铁铐监禁；一年后提交牲畜主人之诺颜验看后释放。再次犯盗者（“再犯”），以同样方式上铐；监禁两年后以同样手续交诺颜验看后释放。3 次犯盗者，终身上铐不释放。双手上铐后，交其章京看管。

凡丢失或放走交章京看管之盗贼者，其扎萨克得向该人罚取“巴”——小骆驼和小马各一。此马给付指出丢失或放走盗贼之证人。

被告发之贼人不铐手，而鞭打 80 下。若该贼之财产——帐幕、牲畜、锅、锅炉三脚架及破烂东西偿不清罚金，则应由其诺颜或达鲁嘎偿清。若不偿清，即须将贼人交出（“抓住交出”）。若不愿交出自己的人，应付给赎免物佐里克如下：

男人（每名）……………………………………牛马 5 头(5 博多)

女人（每名）……………………………………牛马 3 头

孩童（每名）……………………………………牛马 1 头

赎取之牲畜均为 3 岁，牛马杂取。

又一条。若贼人为数众多，主犯罚 20 博多，从犯无论多少，每名罚九博多：其中 4 博多应为 4 岁，5 博多为 3 岁。所有诸贼惩罚相同。但在宣誓时暴露之贼，鞭打全数，“雅拉”取半。

又一条 杀死牲畜主人之盗贼，应付给偿命之“安租”（赎金），其余牲畜应没收归其扎萨克，本人则送去做旗中奴隶之奴隶（“奇塔德”）。若其牲畜不够偿付“安租”，即应将他本人连同全家交当局处理。

若牲畜主人受伤未死，或仅伤及其马，则罚取三九牲畜，每支未射中的箭均罚一九牲畜。

盗贼以石头或木棍等殴击牲畜主人，并有明显破伤者，罚一九牲畜。

又一条。在20博多的"雅拉"（罚金）中拨出5头作为审判费（"噶尔噶衮"），至于同旗之图什墨尔与额勒齐，图什墨尔应得酬劳4岁马1匹，额勒齐——3岁马1匹。若系分属诸旗，每旗中诸人所得也同。证人应得3岁博多1头。除"雅拉"（罚金）外尚应赔偿被窃者，并付给"哈勒"（非礼之举的赔偿费）好博多1头（即1头好牛）。

又一条。盗贼从犯不拘多少名，审判费均为每9头取1博多。剩下8头应按不同博多作为酬劳在图什墨尔与额勒齐间分配，掌其事之额勒齐应得图什墨尔的1份。

又一条。凡抄没全部财产或"安租"，为数庞大，图什墨尔与额勒齐应得酬劳总额一九取一，然后照定例互相分配。

又一条。凡盗贼分属数旗，"雅拉"应按盗贼数分开，付给各旗，若牲畜主人分属数旗，各旗应得的"雅拉"按牲畜主人数分开。牲畜主人无论有多少名，共应得3份"哈勒"，然后自相分配。其所取"哈勒"不得超过3份。

又一条。凡最终被揭发的盗贼声称清白无罪者，即令其持斧（"苏克·阿德哈呼"）宣誓。

又 凡法典中对"雅拉"或"安租"之九畜未作确切规定者，则九畜应为4博多与5羊，且均为3岁。若为若干九畜，则部分5羊改为博多。若"雅拉"为五畜，则在五畜中——博多2、羊3。若为三畜，在三畜中——博多1、羊1。

又一条。若经查明，确无指定为"安租"与"雅拉"之牲畜，则可（按下列方式估价处理）：

一头成年好骆驼等于两匹5岁马

一头中常骆驼等于两匹4岁马

一头"泰拉克"（3岁公骆驼）等于两匹3岁马

一头"托罗木"（两岁骆驼）等于1匹4岁马

一头"搏托果"（骆驼崽）等于1头马驹

一匹5岁马等于5只羊

一匹4岁马等于4只羊

一匹3岁马等于3只羊

一头“达噶”(两岁马驹)等于两只羊

一头“乌纳噶”(1岁马驹)等于1只羊

在五羊中包括山羊1只、羊羔1只,在三羊中包括山羊1只,在二羊中其一为山羊。

绵羊、山羊应为3~4岁(“租萨克”、“实鲁古”、“色依讷克”)。

铠甲(“乌布齐·库雅克”)、好枪值五岁马1匹

甲胄(“德格埒伊·库雅克”)值四岁马1匹

出门穿的好皮袄(上衣)值骆驼1头

四格框的帐幕(“哈纳”)值五岁马1匹

又一条。主人可供给受审判之私属以饮食,不受任何指摘。

又。盗贼索回其没收之皮条(绳索)以捆缚牲畜、三脚架、马笼头、兽皮、口袋以及装肉之容器或制作套某种牲畜之圈套,不予处罚。

又一条。夺回被盗贼赶走的牲畜者,若畜数超出10头,可从每九畜中取得好畜1头,作为酬劳。若牲畜在5~10头间,可取中常牲畜1头。若少于5头,可取劣等牲畜1头。若为两头骆驼,可取好马1匹;若为1头骆驼,可取3岁马1匹。若为两匹马,可取五岁牛1头;若为1匹马,可取好羊1只。若为两头牛,可取好羊1只带羊羔1只;若为1头牛,可取羊1只。若为两只羊,可获羊半只;若为1只羊,可获羊4分之1只。

又一条。若处理偷盗案时,曾由赛特宣誓被控告人清白无罪,其后此被宣布清白无罪之贼人被确定为坏人(即其罪行被证实),即应由诸赛特中之长者宣誓。若此赛特宣誓声称,上述赛特未与贼人商量,他确不认识贼人,则以前宣誓之赛特即可免罪。若后一赛特拒绝宣誓,则以前宣誓之赛特罚3岁马4匹、3岁牛5头,此项牲畜收归所属当局(“扎萨克”)。

若赛特将无罪之人按坏人处罚,其后此“贼人”确系清白无辜,也

应由诸赛特中之长者宣誓。处罚（“托尔古里”）同前。若诸颜在因宣誓而受拘留之赛特面前表明：他准备为贡民宣誓，以明辨其清白无辜，纵令为宣誓而受拘留之赛特拒绝宣誓，也不（因此而）受罚。一般而言，赛特不应为贡民面对拥有汗所封官衔之人。

搜查前，应先将搜查人交证人验看，将此人先行彻底搜查。

凡搜查人身上带有肉或他物，藉以诋毁（诬告）清白无罪者，即应受其所欲诋毁之人所应受之处罚。

凡搜查诺颜住所而一无所获，即应向诺颜献以“哈达”和白马。

凡宣誓时碰及（支锅之）铁支架，（“奇里”——炉灶），可置之不问，但若碰翻铁支架，即须赔偿，但并无罚金（“雅拉”）。

又一条。盗窃薄片胄甲（“伊勒塔松·库雅克”）、环甲（“库鄂”）、铠袍（“鄂勒博克”）、枪、衬帽（“托比”）、盔、矛、铠甲围裙、胸间所戴之环（“托里”）、护肩（“扎布顿格”）、皮甲胄（“阿喇松·库雅克”）、甲胄（“伯克特尔·库雅克”）者，罚七九牲畜。

盗窃箭筒与弓、5 支以上之箭、马刀与矛、双锋剑（“玛达噶”）、火药，以及子弹逾 10 发者——罚三九牲畜。

盗窃刀、锉、5 支以下之箭、10 发以下之火药及子弹者——罚一九牲畜。

盗窃铠甲及其他武器者应付给赔偿费。

盗窃不带佛像与诺木之香囊、经套、金银、貂皮、猞猁、一块以上之毛织物、剪下之妇女头发、锅、铁支架、里外两面毛皮之皮袄、皮袄以及各种新皮帽、黑狐皮帽、棕黑狐皮帽、貂皮帽、银鼠皮帽以及胸前所垂之项链（“和罗补齐”）等物者——罚三九牲畜。

又一条。用割破血管方法抽光马血，剪马尾，割马耳朵，阉割马、完好之兀鹰（即有双翼之鹰）、驴，剪去妇女帽上之小撮毛，盗窃笼头、鞍、镫、三脚架、长耳风帽、耳环、大叉、小铁棒、锹、锤、钳、宽腰带、里外两面土拨鼠皮、皮袄、库尔玛、长袍、雨衣、衣服、羊皮袄、麂皮袄、背心、熟皮（“不里阿耳皮”）、地毯、刀匣（“乌客克”）、箱（“阿补达喇”）、箭盒（“和补托”或“和补多”）、经风吹雨打之羊毛、铜或黄铜或铁质之茶壶、铁桶、用铁加工过之罐或桶、铜器、黄铜器或锡器、绸衬衫、丝绸床垫、带有复面之绸枕头、整张油布(用棉布制成之中国油布——“察尔达玛勒”)、呢袍、门、兽皮等物——罚一九牲畜。

盗窃帐幕之毡顶和毡墙、大毡块、通气孔之盖、帐幕、毡门、帐篷、帐幕骨架、通气孔之木圈等——罚二九牲畜。

窃取带酵菌之酸马奶(即盛在器皿中发酵者)、容器中之酒(阿拉奇)、绸哈达、黄油(炼过的油)、记数念珠、茶叶、烟、完全制好之草原鹰翎毛、髭兀鹰、半只兀鹰、鹰、排骨肉、弓弦、枪皮套、装箭头之袋毡外套、毡鞍垫、盖牲畜所用之盖布、剪刀、制钉器、刀具、刨、土拨鼠皮围裙、覆盖用棉布(粗平布)、棉布制库尔玛、棉布衬衫等——罚一五牲畜。

又一条。凡窃取干牛粪、王公之劳役租制柴火、獾(皮)、土拨鼠皮,挤他人牲畜之奶,窃取冬绵羊皮、羊羔皮、麂皮(“伊勒奇”)、缰绳、木桶(大挤奶桶)、马笼头、鞭(“塔舒尔”——短鞭、鞭、长鞭)、皮袋、勺、碗、獠牙(“索要噶”)、解绳结用粗针(用角、骨、獠牙做成)、写书信用木板、钩、锥、针、扣、指环、套在大拇指上之抵针、马肚带、后鞦带、鬃毛绳、在洞里被熏死之野兽、可燃性硫磺、箭、骆驼毛、洗衣盆、针盒、墨水瓶、垂饰的环(“噶哩哈”)、火钳、小于小刀之铁片、念珠上之装饰物、烟管、小钳、匙、水槽、不用铁的木桶、高水罐、开水壶、放碗之托盘、放碗之盒、破旧衣服、装碗之小口袋、夹住装碗小口袋袋口之环、鞋、裤子、长袜、谷物、猎狗、沙莱戈尔种及唐古特种短毛大猛犬、煤、干草——罚马1匹。

窃取书写纸、装干牛粪与树枝之篮、贝壳(“塞浦路斯钱”)、顶针、寺庙喇嘛干牛粪与柴火、居民私人院内之干牛粪与柴火、乌克·由克、帐幕撑柱、幕顶大杆(“乌宁”)、帐幕格框、弹毛棍、门侧框、擦汗之手帕、“劣质油”、与盐、不少于五捧之茶叶、干酪、乳制品、梳与栊子、少于五件之哈达、不足一块之布(粗平布)、整束丝线、糨糊、磨刀石、狗崽、普通狗、冰、鱼叉杆、矛杆、装针小筒(“和博勒”)——罚羊1只。

凡窃取上列一应诸物均应给付赔偿费。

又一条。若有人见贼,即应向附近四方所见之人喊叫。不喊叫者,罚牲畜四分之一头。打断喊叫声,致该贼窃走某物者,罚一五牲畜。见强盗(抢劫犯)而不喊叫者,罚一九牲畜。打断喊叫,致强盗抢走牲畜或杀死人者,罚三九牲畜。凡于盗贼行窃、抢劫时表现优异者,其诺颜应予奖赏。

又。捕获之贼人不杀。若其被杀,即停止究治论罚。

又。不追携带所抢财物之盗贼者,罚一九牲畜。留下好马不骑,骑劣马去追者,罚牲畜四分之一头。报告诺颜后,诺颜不派遣人者,罚一九牲畜。若仅派无能之人骑劣马,而非快马去追者,罚一五牲畜。

又。凡有足迹及帽、细带等物均系属于某人,而此人并未逃走,即应由一达鲁嘎宣誓。若足迹被导致其移牧之日停驻处所,也以同一方式解决之。

凡诺颜、塔布囊或享有特权者拒绝搜查,须付给失物(被窃之物)之"安租"(赎金)。其拒绝提供证人(纵令确有证人可提供)者,罚牲畜四分之一头。

若提出平民充当证人时遭到拒绝,罚牲畜四分之一头。

凡诺颜不提供追踪足迹及进行搜查之向导人,罚取马一匹。若平民对提供向导之要求置之不理,即没收其所骑之马("取其足"——夺取坐骑)。

凡不提供搜查人者,无论何人各罚牲畜四分之一头。

又。若在生肉所属上发生争执(若涉及"你我之红肉"),即须持斧宣誓。

若有人声称,其物为某人所窃,即应举行搜查,若搜查时又发现第三者之物,则搜查人可从贼人取得被窃物之价值,并可取得证人应获之酬劳("伊德实")

若某人与居民一起于搜查时揭露贼人,即可从贼人处取得当天和当夜被窃物之价值。

又一条。"乌尔噶齐"与"乌塔齐"两词,词义相近;"乌尔噶齐"意为使用套马竿者、用套马竿套马者、真贼。此词源于"乌尔噶"(套马竿)一词。"乌塔齐"意为窝藏与出售贼物者、贼之窝主、窝藏者。此词源于"乌塔"(皮口袋)一词。

诺颜窝藏贼者,罚三九牲畜。

台吉、塔布囊、赛特或达鲁嘎窝藏贼者,罚一九牲畜加五。

平民窝藏贼,罚一九牲畜。

执政王公("扎萨克温·诺颜")本人窝藏贼,罚五九牲畜,分给未藏贼之诸扎萨克(执政王公)。

证人取得半数,其余入官。在原野(草原)上物证被捕之贼,其全部工具(装备——"托诺格")及坐骑("足")均入官。

又。凡有关足迹及各种宣誓之事,诺颜得由诺颜宣誓,台吉、塔布囊得由台吉、塔布囊宣誓,台吉、塔布囊之子得由无女儿("阿贝"——郡主、公主)之台吉、塔布囊之子宣誓。

(格根之)沙比纳尔得由总达鲁嘎宣誓;一般寺庙之沙比纳尔:西部由西部(右翼)达鲁嘎宣誓,东部由东部(左翼)达鲁嘎宣誓。

又一条。在有关贼人多少、有无牲畜、是否小孩以及视(被窃)财物定出若干九畜"阿勒丹吉"发生争执时,得由达鲁嘎宣誓。当争执涉及牲畜主人之牲畜多少时,由牲畜主人之达鲁嘎宣誓。

被窃走之牲畜数无论多寡,应从每 10 头中取 1 头好(牲畜)作为酬劳;少于 5 头——取 1 头中常牲畜;两头——取 1 头劣等牲畜;1 头——取其后半部("图实")。

与(牲畜)主人协力夺回(牲畜)者,应得酬劳("伊德实")之半。

又一条。若额勒齐(似是民事执行吏)取走所骑马回家,并声称以此马充作其酬劳,该额勒齐即失其酬劳。

又。若贼人将足迹导致清白无罪者处,而此贼于另一场合下暴露,则将贼人的财产归受诬者所有。

凡诺颜揭发其子或贡民,达鲁嘎揭发其鄂托克之民,父亲揭发其子者,应付给赔偿费与"哈勒",而无罚款与处分。揭发者应获得罚款之半。

又。诺颜迫使平民("哈剌抽")行窃者,即与窃贼等同。

又。凡举行审判之诸赛特意见不一,即应在佛像前(占卜),据此作出判决。

又。凡诺颜或赛特举行审判(审理争讼)时徇私,即罚以5博多,其中1头为骆驼。

有人对法庭判决提出上诉,侮辱诺颜与赛特徇私,若对其上诉仍按前一赛特所判作出判决时,上诉者罚九博多及1头骆驼。此九畜均为4岁,其中5匹为马,4头为牛。

又一条。若酒醉之赛特醉酒错判讼案,其执政王公("扎萨克·诺颜")即应从彼罚取5岁马1匹。

又一条。若某人有讼事,即由其诺颜指定到庭期限,派他来庭。若到期未来,即应派出额勒齐将此人带来("捉住他的马,一定将他本人带来")。若仍不来,即判处罪人,而等候无罪者5天。若5天内不来,即停止此案。

在指定日期时,应由三方取得一致,日期应由三方赛特根据地点远近协商确定;应由双方取得一致时——则经双方赛特协商。凡于指定日期迟到者——罚羊3只。

对争讼者一作出判决(判罚),额勒齐即应出发。此额勒齐应于判决之日起10天内将(罚畜)捉来,移交(应获罚畜之人)。若于此期限内未捉来移交,该额勒齐即丧失其酬劳。额勒齐之此份酬劳应交归牲畜主人,并从额勒齐取5岁博多1头,收归其诺颜官库。

又一条。法庭已判决之案件,审理案件之官吏("图什墨尔")与执行者额勒齐二者应按计算共取得伙食费如下:应按照法典将犯人本身,即男、女、小孩换算成相应博多数,计算实有博多及羊数,从牲畜总数中每20头可取1头好畜,15头以上可取1头中常牲畜,7头以上可取1头劣等(牲畜),6头以下取四分之1头。从博多取博多,从羊取羊。

又。罚款不由贼人亲自交来,而由额勒齐到其诺颜处收取。若牲畜主人不从自己诺颜处带额勒齐,而本人自愿去取付给他的罚款,则从这笔罚款中应付给诺颜合法费用("噶尔古")、付给图什墨尔和额勒齐酬劳,罚款的其余部分给贼人之诺颜。若牲畜主人从自己诺颜处带额勒齐去,在取回付给他的罚款时并无对方诺颜的额勒齐,则应将此罚款没收,移交犯人之诺颜。

又一条。凡夺取他人之妻、女,躲藏于至圣(即格根)处,为不使两颗火热的心分离,应缴付八匹马、七头牛与四十只羊作聘礼。若无牲畜,则由其妻招赘其夫。但若诺颜不愿给出其属民,即应付给这些牲畜。上列牲畜均为三岁。

[俄译者按:]也许,1722 年法规仅限于第一条关于打有烙印的骆驼,以下所有条文则都是 1709 中三旗法规的续文。在库伦抄本上有另外的条文。

38.7 1728 年条例

祝集一切救世者于一身之至圣喇嘛坚定不移!不断为圣教及众生造福!祝与圣教联系之高位者延年益寿!祝他们全都通过执政与正义事业取得幸福!

祝他们日日夜夜行善!

祝他们应份的一切愿望都如愿以偿!

愿永远听不到坏事!

愿由于人们的纯洁与应份的美德终生受到赐福!

被称作"喀里喀"(手抄本作"喀拉雅")的土猴年八月吉祥之日——斡齐赍·巴图·土谢图汗,喀尔喀左翼军副将军王及其他诸扎萨克(执政王公)按照最高旨意来到鄂尔浑河与土拉河的狭长沙滩上制定了本大法。

若有人犯盗(抢劫),无论盗贼多寡,一律掘一深、宽为 4 阿勒丹("阿勒丹"——两手向左右平伸的长度)之牢,监禁 1 年。

主犯之妻、子、帐幕和牲畜全部没收,交给牲畜的主人。

从犯每人罚三九博多。盗贼出牢后,每人鞭打 1000,并拣柴 3 年。(参照后文关于盗贼伙食的规定)

在全部没收("塔拉呼"——使破产)与罚款时从贼人财产中给他留下一份。

在九畜中,两头为马,两头为牛,两头乳牛,两头 3 岁(牛),1 头 1

岁牛犊("比喇古",西伯利亚人读作"布龙")。

从全部没收之盗贼处,取1头好(牲畜)和4匹4岁马为审判费。

分给图什墨尔和额勒齐4岁马和5岁马各1匹。

从次犯(从犯)所应付给的三九中拨归审判费为:马1匹、牛1头、乳牛1头、3岁牲畜两头、布龙1头,其中确实拨为审判费的为马1匹、乳牛1头、3岁牲畜1头;而牛1头、3岁牲畜1头和布龙1头由诸额勒齐作为伙食费自相分配。

不管有多少三九,每个三九都按此规则办理。不管罚金("雅拉")多寡,罪人所属旗的额勒齐所取得之畜应超过一头3岁牲畜。

若某人(财产)不足(缴付)罚款.则应将其妻子、子女计算入,补缴罚款。若贼人之诺颜与亲人愿赎出她们,其价格按旧法典计算。

38.8 1746年大法

乾隆十一年夏六月二十九从济桑(德儒尔会议)收到如下[公文]:

乾隆十一年五月十二在扎萨克图汗、车臣汗、岱青扎布亲王部代表、额琳沁多尔济亲王、副将军实咱、亲王副将军、贝勒副将军、公副将军等人参加下的库伦诸部联合代表大会上决议:

任何进行抢劫的人,均照至圣(格根)旧法处死,其帐幕、牲畜、妻子、子女全部给牲畜的主人。

从犯取三九牲畜给牲畜的主人,并鞭打100。此外,若(牲畜)不够给罚款,即应将帐幕、家具、碗、三脚铁架等缴付罚款,抵作一九。若此人有子女,一个小孩抵作一九,两个小孩抵作二九。但超出两个小孩即不交出。若没有子女,只有夫妇[两人],则将妻子交出。若为单身汉,则将他本人交出。若将牲畜、妻子、子女交出后,还是不够判罚的牲畜数,则按照至尊法规(国君之法典)每头牲畜("玛勒")责鞭打25下,但不得超过100下。

如此一来,道德败坏之盗贼即不敢再[犯罪]了。商定与议决上,并予特别指出。此外,还商定了为所有四部在同样范围内所遵循的其他所有事情。

[俄译者按:]这一法规是康熙皇帝所颁布的适用于蒙古人的法典被承认的一个重要证件。在本书,即《喀尔喀法典》中,从日期可以看出,材料末按年代顺序排列,我们不难看出满清博格多汗为外蒙所颁发的法规的逐渐贯彻。试将康熙法典条文与喀尔喀法典[其他]条文进行比较,以及与乾隆法典进行比较,就可看出各系列前进与后退的运动。

38.9 1736年法规

关于偷窃寺庙财产及僧侣之财产与牲畜

向师尊——达喇纳特膜拜!

在呼图克图·格根(或呼图克图至圣)面前满怀虔敬之情之威严斡齐赉·土谢图汗、达赖车臣汗及其他大小诺颜于火龙年九月二十五在土拉河湾——察罕·布隆彼此讨论了关于寺庙之法规(并批准如下):

偷窃寺庙牲畜者,应予释放,但将其可以藏起与露出的("哈赉呼——巴赉呼")全部财产取走(没收)。偷窃煤、石灰、烧砖之柴、堆放之干草以及诸如此类家庭日用所需之物者——罚五九牲畜。

偷窃寺内僧侣("呼瓦喇克")或寺庙看守人、工人之牲畜者,罚十二九公畜和十四九母畜。

若盗窃者矢口否认,得举行宣誓,此时,应令他选两名赛特宣誓,此两名赛特均系拥有100户以上贡民之诺颜;并让拥有100户以下不同地位之诺颜赛特一齐宣誓。

宣誓时贼人暴露,应缴罚款之半。赛特明知其事而宣誓,即应从大赛特处罚取骆驼1匹、5岁马两匹,从小赛特处罚取骆驼1匹。从贼人处交出精壮的人1口。否则,应代以1头骆驼与5头5岁博多。其妻返回同伙("卓恩")中。若罚款不够,应由贼人之女或其他人中选1人交出。若不交出1人,应以3头4岁博多代替之。

揭发贼人之其他旗证人应得三九牲畜。普通证人应得二九牲畜。

捕获贼人者应得其全部坐骑。

夺回被贼人赶走牲畜者应得牲畜之数如下：夺回1头应得羊1只，夺回两头得牲畜(牛)1头；夺回了3~10头得其中之1头；10头以上每10头得1头。概由贼人偿付["(夺回牲畜人)所得应从贼人处罚取"]。

寺庙辖区(教区)中人偷窃普通人时，罚以十九公畜和十二母畜。若在此场合下需举行宣誓，则应选两名赛特宣誓。若暴露出贼人，即应付给罚款之半。赛特明知其事而宣誓者，从大赛特处罚取骆驼1匹，从小赛特处罚好马1匹。从贼人处交出精壮的人1口。若交不出，则交出另1人或1头骆驼。其妻应返回同伙("卓恩")中。在罚款不够时，从贼人及其子女中交出精壮1口。若不交出，则代以3岁博多两头。揭发贼人之本旗证人应得九二牲畜。普通证人应得一九牲畜。擒获贼人者应得贼人之坐骑，并按照前述获得所夺回牲畜之一部分。所得一切都应由贼人偿付。

放牧被贼人赶走之马群者，若马群由3~10头组成应得马1匹，1头得羊1只，3头得牛1头。

若他们之中有人逃走，或赶走、抢走、任意偷走马群，而其时证人在场，有马，于发现此事后，报告附近之诺颜，诺颜应组织追赶，将被赶走之马夺回，交还主人。若未能夺回、交还主人，即从诺颜处罚取骆驼两匹、马20匹，还须通知附近众人。若已通知，而有人拒绝追赶者，应罚取"巴"：塔布囊罚骆驼1匹、马5匹；博尔济锦台吉罚骆驼1匹、马1匹；达尔罕与图什墨尔罚骆驼1匹；平民罚马3匹。所罚"巴"(自愿罚款)之牲畜均须为4岁者。

若逃者从他地驱来所窃牲畜，在宣布追赶时，僧侣之沙比纳尔或寺庙看守人不去追赶，即应罚取"巴"数如下：达尔罕罚4岁马两匹，平民罚4岁马两匹。若上述诺颜或追赶者追及此贼，确有被窃牲畜，而贼及其诺颜拒绝交出，即应通知附近诺颜，派出一名额勒齐前去。若仍不交出，即报告两汗。两汗使者应动身到拒绝交出之诺颜处去索取应交出之牲畜，该诺颜应罚"巴"骆驼3匹和马30匹，均须需为4岁者。

从罚取"巴"所得之马和骆驼中，应取骆驼1匹和马10匹给予上述下令追缉之诺颜。从“雅拉”(真正罚款)中,他应得二九牲畜之酬劳。若追赶系据塔布囊、台吉以及平民(“恩格·哈剌抽·库蒙”——有平民称号者)的通知(宣布)而起,即应从此项酬劳中给他们相当数额。

若诺颜并未参加追赶,而有平民称号者组织人进行追赶,夺下被窃之牲畜,交还(主人),应取得同样酬劳(“伊德实”)。

条文。若戴有汗号者(“汗·库蒙”)胆敢侵犯(“伸手触及”)寺庙,即将其本人驱逐,夺去其全部人民。若有平民称号者(“哈剌抽·库蒙”)侵犯寺庙,即将其本人杀死,没收其动产与不动产。

若戴有汗号者(即执政封建主)与他(他们)联合,庇护他,即应从他罚取50户(“格尔”)人,100名披甲兵,100匹骆驼,1000匹马。若有平民称号者为他辩护即应没收其动产及不动产,但留其活命。

寺庙之武装看守者除“三大事”外不提供大车于任何人。若有额勒齐取走大车,即应罚取一九牲畜。

条文。大牧马人(格根畜群之牧人)、僧侣之贡民(即“沙比纳尔”)及寺庙之武装看守者不得接纳“哈补齐古尔”(流浪者、逃亡者),而应驱走之。收留者,从其达鲁嘎罚五博多。出首之证人可从此三项“巴”中取两博多。若哈补齐古尔诺颜说,他为人所欺,牲畜为所劫,以此谎言遂其迫害目的,则应留其活命,而没收其动产及不动产。若欺骗平民(哈剌抽),则应取三九牲畜归受骗者(“伊德实”)。

若扣留哈补齐古尔套大车之马时,哈补齐古尔撒谎说“此马系他人所有”,不交出马,即应罚以一九牲畜。若哈补齐古尔所推诿之人偏袒他说:“马确实是我的”,则应罚一九牲畜。

若有人将其牲畜私下放牧在上述人物之畜群中,则应取两博多给发现此事之证人,其余牲畜不归还主人,而归其诺颜所有。

凡提取酬劳(“伊德实”)给证人与额勒齐后,此项“巴”之“阿勒丹吉”夺归寺庙所有。

公家之沙比纳尔(即格根之贡民)及寺庙之武装看守人除诺颜驻地及禁区外可到处任意游牧。

若有人逃跑或驱走牲畜时(即进行追缉时),有人因公死亡,即应为他偿付5岁博多5头。若有马倒毙,应偿付5匹马。

若为僧侣之沙比纳尔、寺庙之武装看守者和工人举行宣誓,应由最好或最差的赛特或塔布囊宣誓。

(祝吉祥如意)

[俄译者按:]这一有关寺庙与僧侣之特权可能制定于60年前,即1676年第一个格根呼图克图·翁都尔·格根在世时。这一假设是十分可能的。

38.10　1709年法规(1728年?)

38.10.1　婚姻、侦查

又一条。诺颜将郡主("阿贝")嫁给娶有郡主之塔布囊者,应罚取"巴"骆驼10匹、马100匹入官。

又。当权之诺颜本人于本旗内将其郡主嫁给娶有郡主之塔布囊者,应罚取"巴"骆驼15匹、马150匹。此项"巴"交给参与制订此三旗法典之诸扎萨克(执政王公)。塔布囊罚五九牲畜。罚取之牲畜归上述郡主。该郡主应收回其所带陪嫁("引者"),返回其双亲处。

又一条。郡主自愿嫁给娶有郡主之塔布囊者,应让此第二个郡主离去,罚塔布囊五九牲畜入官。若其扎萨克明知其事而予隐瞒,即将此项牲畜归三旗执政王公彼此分取。

塔布囊抛弃郡主者,只能手执一短鞭走开;郡主应取其陪嫁,在本旗内自行安排。从塔布囊处没收其全部财产,分为两半,一半收归当局,另一半交给郡主。

又。若某人已娶有郡主,又娶平民(哈剌抽)之女为妻,应将此女离去,并让此女之父——平民破产(全部没收其一切东西),塔布囊鞭打80下,不得赎免。若为婚姻受屈之郡主与塔布囊离婚,则后娶之妻也得离去,其余处罚("雅拉")如上。郡主取走自己的陪嫁、畜群、帐幕后,在本旗内自行安排。

又。诸诺颜互娶已许嫁之女者,罚以三家"额鲁克"人与300头牲畜之安租。在此3家中一家选取,惟不得为官吏之家,其余两家由诺颜任给。并让所娶之女离走。

又一条。诺颜在三旗境内娶平民(哈剌抽)之已许嫁之女者,应给未婚夫骆驼一匹,并由他从本旗内挑选一未许嫁之少女为妻。

又一条。若诺颜至王公之妻处(通奸),即与破坏婚约(即诺颜互相夺取未婚妻)等同。若安租不足,即将其本人押走。

诺颜与平民之妻通奸者,罚以150头牲畜安租。

平民(哈剌抽)与王公之妻(哈屯)通奸者,没收其全部所有之物,将其本人罚充旗内奴隶。与郡主(阿贝)通奸者也同。

又。与平民之妻私通之平民,罚300头牲畜安租及30件珍品("伯阿尔克")。若(安租)不足,一"博多"罚打25鞭,以100鞭为限。带走他人之妻女者与私通他人之妻等同。扯被边者,罚三九牲畜。若妇女偷至男方,罚三九牲畜。

又。诺颜为其女举行"呼林"(订婚酒宴)后,又将她嫁给另一塔布囊者,罚50头牲畜安租及五件珍物。若未举行"呼林"应将以前所取之牲畜送还。

又。若诺颜将已举行"呼林"之平民之妻嫁给另一人,应事先通知此已举行过"忽林"之诺颜。若未通知,即应(将她)归还举行过"忽林"之人。若不归还,应付给100头牲畜安租。

若有人娶已许婚予他人之少女,诓骗诺颜说:他并未许婚,则应(让他)离去,还给已订婚之未婚夫。并将撒谎者财产与牲畜之半充公。

又一条。平民欲娶公主,即戴有汗号者之女,须有下列聘礼,婚约始被实际上承认:带有银鼻塞(蒙哀·布伊拉台)之白骆驼1匹,颈下悬有黑貂皮饰物(垂饰——"蒙楚克")之白马1匹,盛满酒("阿喇奇")之银杯1只,无孔隙之珍珠("苏巴德·额尔德尼",珍珠之贵重者)1颗。

又。诺颜娶塔布囊之女者,需授以银杯、珍珠及酒,婚约始被认为有效。若无以上诸物,即不被承认。

又。平民互相结亲者,需送去酒、羊内脏、角、蹄全份,婚约始视为有效。并需有证人,让证人知道此点,婚约始认定为有效。若无证人或证人不知,则不被承认。

一般而言:交配过的牲畜之怀胎期为:骆驼——夏六月,母马——冬十二月,母牛——秋九月,母羊——秋八月。在以上诸月被认为怀胎(即确定母畜怀胎)。

凡姻亲取得牲畜(彩礼)者,在其女未嫁出之数年内,若由于女方造成婚约废除,在订婚约1年内,应将所有牲畜全部还出;在订约之两年后,应将所得之牲畜连同增殖仔畜之半还出;3年或3年以上,应将全部牲畜连同仔畜还出。

若由于男方而废除婚约,他应只取回牲畜。1年按12个月计算。

又一条。若已订婚之未婚妻或未婚夫于成亲前死亡,即将所给之牲畜取回。

又一条。若某人未给牲畜而娶某女为妻,被招到岳父母家当女婿劳作,后来负义逃出,即应给(岳父母及妻)10头博多和30只羊。若本人愿去妻家,而其诺颜将他强行索出,则应给八头博多和20只羊,子女无须赎取即归男方。若本人负义,则儿子应归其父,每个女儿应给两头博多赎取。

又一条。若诺颜将亡人之妻(寡妇)嫁出,此妇人应将其牲畜不拘多少按人数均分给儿子及后夫,使其诸子成家立业(即分支为独立的纳税单位)。未经诺颜准可而嫁出者,只能拿一根鞭子离开。

又。大小"济格"在亲"纳噶楚"面前无罪(即大小外孙在外公面前无罪:不罚)。若外公已去世,在其大小儿子面前(即在大小舅父面前)也无罪。

又。当"纳伊济"(大叔,家庭保护人,袒护人,调停人,年轻夫妇的义父,夫妻双方之间的第三方;保护幼儿免灾的巫婆或喇嘛)前来享用羊和酒(即来赴庆宴),做客时所给的礼物,不应索要回礼(不需偿还,因此不是债务)。

又一条。凡诺颜将遗产(所有物)"乌木齐"传予其子女者,应将此事奏告格根与汗,并在其执政王公处登记盖印。若未进行此种登记而产生讼争,却并无显然可靠之证据,其子女所说或断言"就是这样"而无人见过证件,不得作为证据。但由于诸子女间并无差别,故应由所有子女均分遗产,唯有人所共知有权之子与人所共知无权之子[之间分遗产时]为例外。若参与讼争之所有子女生母在世,即由她来做主(让她知道)。

又。凡戴有汗号者亲临任何平民(哈剌抽)处,平民无论献给戴有汗号者任何物品,均不需偿还。"从弃妇、农奴或奴隶处取物"者应科以罚金(雅拉台·比)。

38.10.2 关于逃亡者

又一条。凡见逃亡者前往至尊(呼图克图)处去者,应不加阻拦送他前去。若该逃亡者应归公(即留作格根贡民),即无酬劳(伊德实);若逃亡者不应留下,即应交给其原来之诺颜,并取得法定之酬劳。明知其事而不阻拦逃亡者之人,应罚取1匹3岁马之"巴"归公,即收归格根公库。

捉住有快马之逃亡者,可取得此快马。若无快马,应获得贼人坐骑之后部(图实)。捕获逃亡者及牲畜达10头者,应从10头中取二头;若在10头以下,应取1头。捕获步行之逃亡者,应取得酬劳——羊。

诺颜不拘捕逃往外地(境外)之逃亡者,罚骆驼1匹及4岁马8匹。赛特知悉其事而不拘捕者,罚5岁马1匹、4岁马6匹。一般官吏不拘捕者,罚5岁马1匹、3岁马4匹。贡民(阿勒巴图)不拘捕者,罚3岁马3匹。

旧贡民携带其妻子、帐幕及牲畜从外旗前往其诺颜处者,不得阻拦。阻拦者取"巴"1马(罚马1匹)。侵袭并取其财产、牲畜或殴打者,按有关侵袭及殴打之法规("扎撒")处置。

携带妻子、子女,但未带绵羊、山羊("博格·玛勒"),有意骑马与其同伴(或无同伴)前往其诺颜处者,应送至其诺颜处。诺颜应自行斟酌以3岁以上之马奖赏之。步行前往其诺颜处者,也应送至之。诺颜应自行斟酌奖此人以1只羊以上(诺颜应奖赏者为送逃亡者之人抑或为返回其诺颜处之逃亡者本人,此处语焉不明)。

又。若逃亡者众多,知悉者无力拘捕,即应通告附近之人。对通告置之不理者,17 至 70 岁之男子每人罚一腿(库勒)。通告者不罚。通告者所奖之物,由其诺颜自行决定。

逃亡者于其出逃之 3 天内杀人者,从其牲畜中取偿命之安租(赎金)。若其牲畜不足,得交出其妻、其子。单身汉出逃时杀人者,从其诺颜处取偿命之"赎金"骆驼一匹("鄂罗 · 博斯和呼"——以骆驼偿命),并罚 75 头牲畜安租。若诺颜无力缴安租,得以宣誓为其涤罪,并从其牲畜中缴半数(归死者之家庭)。

逃亡者伤人者,应从牲畜取实鲁(汤、饮食)给予伤者以迄病愈,伤者为官吏,并应给 1 马、1 骆驼,为平民,给 1 马。若逃亡者无牲畜,应由其诺颜给三"实鲁",并给官吏 1 骆驼、1 马,给平民 1 马。逃亡者有牲畜者,罚以射(伤)或剁(伤)之安租。

若逃亡者出逃后 3 天内未犯罪,即与其诺颜无涉。

出逃后 3 天内拘捕逃亡者之人,应将逃者所有之物全部夺取后将他交付其本主(额毡)。逃者身边之物属于他人者,应交付本主,拘捕者可取得(酬劳之)半。此他人之物应由逃者赔偿。若逃者一无所有,即将逃者入官。若逃者之主人不愿将其交出,(应缴付佐里克——赎金:)男子——5 博多,妇女——3 博多,孩童——1 博多,均需为 3 岁者,牛马杂取。

又。拐走幼女远去者,与逃亡者(杀)人同罪。

(由抄本 l96 叶可知为 1728 年法规之续文)

揭发窃贼之证人付给"雅金"之半,并择取主犯家属(妻、子女)之一付给之。

台吉行窃者,按国君(陛下)之法典处置,初犯剥夺其台吉称号,不全部没收其帐幕、牲畜,罚以三九博多;有属民者,将其属民分给其近亲("阿哈 · 德古 · 讷尔")。再犯者,按平民("哈剌抽 · 库蒙")处罚之。

僧人("呼瓦喇克 · 库蒙")行窃者,罚三九牲畜,但得免于上铐、关入地牢;因其违犯誓愿,可将其交付鄂托克或苏木,令其还俗("哈刺"一黑民一俗人);不准重新立誓、忏悔(即重新为僧)。犯窃之僧人有俗人之贡民("哈剌·沙比")及家奴(奴仆)者,将其贡民("沙比纳尔")返归鄂托克及苏木。

凡台吉及僧人所窃之物价值不及一羊者,按法处罚,不剥夺其台吉之号,不夺取其属民;僧人若出于自愿,得忏悔、重新立誓;若不愿者,即令其还俗,返回其鄂托克及苏木。僧人为宣誓所暴露者,按半数处罚。犯罪之僧人("呼瓦喇克")令其(为诸僧)煮茶、忏悔。

38.10.3 窝藏窃贼

王以下诸人窝藏窃贼者,当权诺颜罚五九,普通诺颜罚三九牲畜,台吉、塔布囊、赛特或达鲁嘎罚一九牲畜加五,平民罚一九牲畜。罚畜("托尔噶古里")之半归作证者,另一半入官。扎萨克诸颜所罚之五九牲畜归其余诸扎萨克分有。

一俟窃贼判定,扎萨克或诺颜或赛特即于当日在可靠之人监视下送此窃贼入牢。

为宣誓所揭露之窃贼,应按基本法典罚取牲畜,而其所受之惩罚为:枷号半年,但不坐牢。行窃时杀死人之窃贼,终身监禁牢内。

直接伤人之窃贼,一俟其出牢即折断其一手;受毕应受之惩处,手痊愈后,令其拣干牛粪。若未对伤人之直接祸首("凶器之主")[之惩处]有所规定,即按同法惩处此主犯。

窃贼以弓射击未中者,监禁一年零六月。

释放窃贼出牢或释放羁押、枷号之窃贼者[处罚如下:]

若犯者为扎萨克诺颜或寺庙住持,罚七九牲畜;为图萨拉克齐或一般格隆,罚六九牲畜;为普通诺颜、台吉及呼瓦拉奇,罚五九牲畜;为扎奇喇克齐以下、昆都及拨什库以上之官吏,革职,处罚如下:扎奇喇克齐管旗章京罚三九牲畜;梅伦章京(管旗副章京)罚二九牲畜;扎兰章京(参领)罚一九牲畜加五;所辖台吉及塔布囊、鄂托克达鲁嘎及苏木章京罚一九牲畜加三;昆都、拨什库及收楞额罚一九牲畜加一;"额尔克丹"及"达尔哈丹"(有特权者、自由者、免赋税者)罚一九牲畜加二;祖先有功而获达尔罕之号(即承袭达尔罕之号)之犯者,夺其达尔罕之号及颁赐之特权状转授其亲族之一；本人有功而获达尔罕之号、享有大功状者，夺其人功状，改授以小功状；达尔罕有小功状者，夺其达尔罕之号。若犯者为平民，罚一九牲畜并惩处如下：若释放窃贼出牢，即以未满之期监禁之，出牢时鞭打50；若释放枷号之窃贼，即以未满之期枷号之，期满鞭打25。

为释放窃贼作证者，奖以两份罚畜，其余入官。丢失窃贼者，罚释放窃贼所罚之数之半。

偷窃价值在50块茶以下之物者，按旧法典罚畜，并惩处如下：按旧法典上铐，一俟上铐即送入牢内监禁。

凡没收与罚取窃贼财物应分予为窃贼上铐并监禁之哈尔齐（此条据抄本第196叶复原）。

又。凡哈补齐古尔携带来时所带之物，而祖护者索回所予之物时，（在收留他的祖护者处居留）期间繁殖之牲畜应按每人牧畜最初数量分配之。若哈补齐古尔声称索要他所获得者（如说：这是我获得的），即令祖护者之达鲁嘎宣誓；如他宣誓说：确是如此，即交付哈补齐古尔；如拒绝作此宣誓，则分配如上。

又。凡三旗哈补齐古尔犯罪于某地者，应答复盘问。若他为孤身赤贫者，应答复拘留他之人。从外旗来之哈补齐古尔犯罪者，应答复拘留他之人，此人即应护送哈补齐古尔至其亲诺颜（法定诺颜、本诺颜、原诺颜“乌克图·诺颜”）处，使受处罚。若哈补齐古尔为孤身赤贫之人，收留者可禀告其诺颜、赛特后，分予财物。否则即驱走之。若不分予财物又不驱走，即拘留并盘问之。

38.11　1746年沙比衙门与和托果伊特旗图萨喇克齐协理台吉乌巴什·磋克托·阿海条约

乾隆十年三月十七，与和托果伊特（旗）图萨喇克齐乌巴什·磋克托·阿海协议如下：

在两领地（沙比及和托果伊特）间约定：今后若有无意杀人（误杀）者，取（偿命）赎金——一九牲畜，另罚三九牲畜。

（库伦抄本无此条约）

（1709年法规。在库伦抄本中下列诸条收在1709年法规，即三旗法规中。）

任何人皆应如实禀告格根。谎告诋毁者为诺颜，罚七九牲畜及骆驼一头。其中五九牲畜入（格根）官库，二九牲畜归受诋毁者。若为台吉或塔布囊，罚五九牲畜及骆驼一头，其中三九牲畜加四入官，一九牲畜加五归受诋毁者。若为平民（“哈剌抽”），罚三九牲畜及骆驼1头；其中二九牲畜入官，一九牲畜归受诋毁者。

平民诋毁诺颜者，罚七九牲畜及骆驼一头；其中五九牲畜入官，二九牲畜归诺颜。

诺颜违犯格根法旨者，罚五九牲畜。台吉、塔布囊或享特权者（“额尔克丹”）违犯者，罚三九牲畜。平民违犯者，罚三九牲畜。每九畜中骆驼1头，马8匹，均须为3岁者。若违犯者一无所有，平民罚劳役（“克实克·巴哩古拉雅”）3年，诺颜、台吉、塔布囊及额尔克丹罚10天内走百周、跪拜1000次。

又。安帐幕于库伦及两大帐（格根帐幕）择定之地者，明知故犯罚三九牲畜，不知者没收其马，令其迁移。不迁移者罚三九牲畜，迁移者还其马。

按上述法旨不得举行宣誓之地为汗乌拉、库色格尔、托隆果、科格讷二图库木、沙巴尔图、翁果努·伯尔克·和舒、二沙哈图（沙噶国）、格根·托比、翁衮、温珠埒、巴颜乌兰、卓尔果勒、苏蒙乌兰、阿达噶察格、哈哩、乌兰淖尔、乌贵——以上各地按历来规定不得举行宣誓。违犯者，即举行宣誓者，罚取族（爱马）长3岁骆驼1匹及族（爱马）内居民四岁马1匹。族长宣誓所罚“巴”数有争议时，由台吉、塔布囊亲自宣誓。作证者授予十分之一罚金。处分应由三部（寺庙辖区?）之额勒齐执行。额勒齐应得之酬劳为十马取一。若仅有一部单方面宣誓，三部之额勒齐同样应来罚取（“巴”）。三部之额勒齐应得之酬劳为十马取一。他们一来到罚“巴”者处，仅能从他们处取大车，而不应从不罚“巴”者取大车。

又。凡建有寺庙之地,库伦界限以内不得砍伐活树或枯死之树,库伦外一箭之距内不得砍活树。砍树者没收其全部工具,归见其砍伐者所有。若此见者侵占没收之物,不去法庭,即失去获奖之权,(工具)应归揭发他之人(证人)。若此人拒交(工具),应从三方(即三部之代表)处罚,砍树枝者,所砍为活树枝按活树处置,所砍为枯枝按枯死树处置。

三方之额勒齐(林木巡查员)应前往视察。此三方巡查员应通知诺颜及从各方面前来之客。不得因砍伐之树向他们取奖物("默尔格"),若收取奖物,也仅能取刀类等物,但不得索取;索取时,可以不予。砍伐枯树及砍伤活树按伤及树表(剥树皮)之条例罚取斧。巡查者可从砍伐者之工具中取有斧子。即便三方额勒齐全在场时也可取用,唯仅限于取一斧(为酬劳)。

从库伦所在之地起,北边依次从色楞格河远及阿噜托勒比、纳木达巴、纳林鄂尔浑及青达噶塔音达巴、实巴噶塔音奇喇、桑衮达巴、粗勒和尔诸墓——以上各地附近之兽不得捕杀。捕杀者按旧法典处置。库伦界外两"哈剌·察冈"(可以区分黑白之视距;1 俄里左右)之距内不得砍活树,砍伐者没收工具("托讷格")。

又一条。每月之初八、十五、十八、二十五、三十概不得宰杀牲畜。若有违犯宰杀者,见者即可夺取其宰杀之畜收归己有,并至法庭作证。

又。不得杀死健康(无病、未残废、无残疾)之马、埃及鹅、蛇、蛙、海番鸭(婆罗门鸭)、野山羊羔、百灵鸟及狗。若有杀死者,见者可夺取其1马。

38.12　1746 年(教、俗两界相互关系条例)

向"吉祥如意"两界昌盛之无上佛,

向涵括传说及两界真理所皆有之智慧之无上教义,

向永有两界荣耀之神圣教会及无上三身佛顶礼膜拜!

为庆祝宗教,为两界免堕谬误深渊,定下僧俗双方相互关系正义举止之规则如下:

凡弃家立志为僧者,应按照教义征得其主人("额毡")、双亲之许可。剃度之喇嘛也应先询问其主人、双亲,然后剃度之。其主人、双亲在远方,显属无法通知者,应通知本部之扎萨克,若经准可,即可剃度。

剃度后,既已成遵守教规之人,僧徒("托音")对世俗诺颜即无须缴任何赋税("塔塔勒噶"),而可按自己意愿做主。但若未经主人或双亲同意而为僧者,则不能自行做主。诚心诚意出家之人,其主人不应阻拦。

经常住在寺庙或诸部之达禅内之僧徒("呼瓦喇奇")应遵守本部之规章,住在本部之寺庙、达禅内。若有契约关系,不应擅自离去。但不属于寺庙或达禅内之僧徒,可携带其无可置疑、不征税("塔塔勒噶")之私产随意去四方。

所有僧徒及其私有所辖贡民("沙比纳尔")除"三大事"外一概不提供车马、饩羊("实古苏")。但若拥有与俗人(即有赋役义务者)共有之财产,则应提供车马、饩羊。

为作祈祷("古哩木"——赎罪之仪式及念咒)献给僧徒之物,及为医生看病所献之物不造成债务(意即即便祈祷及治疗无效,也不必偿还)。

在俗界一切日常契约中,僧徒应遵从他所住旗内之法规。若僧徒去他处违犯其誓愿,即由其历来之诺颜查寻并拘走之。

僧徒从他处来至寺庙、库伦或达禅者,应遵从该部之规章直至离去。离去时可带走所挣得之物,不纳赋税("塔塔勒噶")。若他愿以契约关系住下,实际上即可长期住下。

来自西藏、中国等其他国者,不得剃度为僧,但若他们过有德行之生活,实际上为医生、相士,则按僧规可自行做主;离去时可携带挣得之物,不纳赋税("塔塔勒噶")。此类说外族语言之人除三大事外不提供车马、饩羊。

又。关于西来(即从西藏来)喇嘛。

至于经博格多·格根准可邀请来之喇嘛、医生,由于遵守至尊法旨对邀请者、被邀请者同样重要,(兹定下如下条文:)

根据自己力量尽东道之谊之本地僧，今后应给予[来客]方便，若[来客]态度不佳及犯有其他过错，因其不遵喇嘛遗训，即为不义者。若东道主不敬重[来客]，态度恶劣或有其他过失，即为不奉法旨之不义(有罪)者。由于此事真相难明，故应从可以作证人之最亲近之显贵(大)喇嘛及诺颜处查证属实。若必须别离时，罪在喇嘛，准其住至法旨及至尊文书所规定之期限；罪在东道主，则可让喇嘛及其心腹随意住下。

又。东道主与来自西藏或其他国土之僧徒初次会面时，即可约定：何者该做，何者不该做，也可不作任何约定，无论如何，僧徒离去时可带走自己挣得之财物，不纳赋税。

由于僧人之公库——人、畜等全部为集团产业，今后定下应不加区分完全等同。——火虎年(1746)十月十三祭日于吉祥、珍宝所聚之南麓蒙克·济尔噶兰图·伯勒齐尔地方写下本法典作为永久圣奉之条约。祝吉祥!

又一条。自外地来者犯有重大罪行及过错，即应遣返他所来之地。诺颜阻留者，罚一九牲畜阿勒丹吉(罚金)；平民阻留者，罚1马。

又一条。概论僧徒。

献身为僧者，离其家，免交赋税("塔塔勒噶")于俗世主人及诺颜，并得自行做主。僧人得独立支配贵族或平民阶层出于虔敬赏赐或献予全部财产、牲畜及本人所获之物，不纳赋税；他们得免除赋役("阿勒巴")及通常之车马、饩羊("实古苏")。

不完全交出但需课税或有契约条件之财产，应从牲畜、人等纳赋役("阿勒巴")、车马及饩羊。若违反规定("约松")，即没收逃避赋役之财产，因逃避赋役即没有对这些财产的充分权利，因此必须遵守规定。

订立各种契约等必须遵守订契约处诺颜之法规("扎撒")。

分散在诸部之寺庙团体、诸部之僧人应服从本部及寺庙之规章。喇嘛或寺庙呼瓦喇奇及诸如此类来自外地求知或行善事或谋生之僧人，若无契约关系，可自己随意做主。

来自西藏和其他国土之僧人，有契约关系与无者，均需使自己之行为符合团体规章。但来自其他国土者若非僧人，而为有德行之人，如念咒者（“桑噶斯瓦”）、医生、星相家等，由于彼等之事业有益于他人，且彼等为外国人，应与上述人物等同即可自己随意做主。

又。若俗人（“哈剌”）赶走僧人或以严重语词诽谤僧人，僧人宣誓为自己辩护（持斧），即应从此人罚安租 300 牲畜，其中 150 博多，150 只羊。若安租数不足，即将此人（诽谤者）连同牲畜交付该僧。若僧人为自己辩护时未达到举行宣誓之地步，则从此人罚安租一百五，其中半为博多，半为羊。若确信此人无牲畜，则举行宣誓：纳税民应由达鲁嘎宣誓，台吉、塔布囊应由无女儿或“实格青”、“库尔衮”之台吉宣誓。若其（罪人之）诺颜愿〔赎〕取，可缴纳罚金（“雅拉”）［赎］取之。若无力缴纳，即应将他连同全部牲畜交给僧人。

又。若有人以诽谤及取得“安租”之目的杀死牲畜，应罚取应份之“安租”。

38.13　1709 年（或 1728 年?）法规之续文

又一条。诺颜任意（或蓄意、有意、出于侮辱地）杀死其贡民者，处罚与违犯格根法旨同。死者之牲畜、妻子及子女献给至尊。诺颜杀死其有过错之贡民，而不报官（扎萨克——长官）者，处罚与违犯法旨同，应取其“阿勒丹吉”归（格根）官库。（非贡民所属之）诺颜杀死贡民者，罚取为杀人所定下之安租，并给一相当之人代替（死者）。若诺颜无所属之人，应以好骆驼与好马赔偿之。若人畜俱无，应由一同级之诺颜宣誓。

任意以某物殴击遵奉大法典者，应罚以平民殴击平民之“安租”。

诺颜以“哈剌抽”有过错而刺伤（击伤）之，经判决后，应罚取犯过失之“阿勒丹吉”之半数。

（1709 或 1728 年法规，也许起源于更古的时期。）

又一条。复仇杀人或任意杀人者，若死者为官吏，罚“伯尔克”（难得之物）30，“安租”三百牲畜及人 1、骆驼 1；若死者非官吏，仅需赔偿 1

人。若无人，可以幼骆驼1头、5岁马1匹赔偿之。并惩罚如下：鞭打100，杀人者充作旗中之奴隶。若牲畜不足“安租”之数，即将杀人者交给死者之妻子、子女。

击毁人之目，与杀人等同。击毁一目者，应罚“安租”150牲畜，鞭打同上（100下）。打落牙者，每牙罚一九牲畜，并赔偿上等大牲畜（“博多”）。若牙动摇，应给予赔偿费，而不予处罚。双目刺瞎，与以白刃（锐利、带刺之武器）伤人未致命等同。毁伤人手足而未致残废者，罚三九牲畜；伤者残废，罚与毁目同数之安租。大拇指与食指残废，罚三九牲畜，未残废罚一九牲畜。其余诸指残废未能复元者罚一九牲畜，复元者罚一五。

无意使诺颜之部分体部手足等受重伤误伤者，没收其财产之半；无意使其手指等残废者，罚七九牲畜。

误杀某人者，罚“安租”之半，不予惩罚。被杀者未死，若为官吏，罚骆驼一、马一；若为平民，取一马由其使用至病愈，并予以“实鲁”（汤、饮食），病愈后将此马交给其诺颜。

又。杀死“哈剌抽”之寄养少年者，罚安租之半，无意杀死者，也罚安租之半。（库伦抄本作“与妻同宿者”。然后，不十分清楚地解释了“寄养少年”——“默德勒·库伯古德”一语；又，稍前有“默德勒·博果勒”——依附奴隶一语。“默德勒”可有独立意义，例如，有“家仆、家奴”等意义。）

又。任意取走某物者，与偷窃同类之物等同。任意使用他人牲畜驮物、骑行者，罚牲畜之一腿。用以驮物、骑行之牲畜倒毙者，罚同上之数，并应予赔偿。

又。在牲畜上作记号者（即误以他人之牲畜为已有者），罚牲畜之一腿。

又。捉住变野之母骆驼并养好骆驼崽之人，给予上等羊只。（此处系指母骆驼产育前夜的常见情况，母骆驼于产育前夜常逃到山里或难于接近的隐蔽处所，冀将自己的骆驼崽隐蔽起来，有时家母牛也有同样情况）。

若有人烟熏土拨鼠后丢下不管,不挖也不捕取,即从他罚3岁公牛("乌克尔")1头。

又一条。平民谎告汗,以威胁生命之严重言词诽谤他人者,若受诽谤者为诺颜,罚以用言词侮辱诺颜所定之罚金("阿勒丹吉");受诽谤者为台吉、塔布囊,处罚与以武器刺及台吉、塔布囊者同。平民以严重言词诽谤官吏("雅木巴丹")者,即等于以武器刺及官吏。

某等级之人诽谤同级之人,应受之罚("阿勒丹吉")等于以武器攻击同级之人。以不严重言词诽谤他人者,鞭打30下,若为诺颜,罚5岁马1匹。

以严重言词对当权诺颜诽谤他人者,应罚取以严重言词对汗进谤言之罚金("阿勒丹吉")之半。以不严重言词诽谤者,罚取以不严重言词对汗进谤言之罚金之半。受诽谤者为普通诺颜,罚一九。凡官吏之妻受谤与其夫受谤同。

两平民("哈剌抽")之一骂另一平民,受骂者忍受未答,且显有证人者,即应罚骂人者4岁马1匹。额勒齐执行者可从获马者收取酬劳之羊,证人可从被罚者取羊。

38.13.1 关于侮辱

以言词嘲笑侮辱汗后或汗者,没收其全部财产输入(汗)官库;并将其本人(连同全家)罚充贡民之奴仆。

又。凡以言词侮辱或以手侵犯(诺颜)者,科罚同上,并将其本人罚为受侮辱诺颜之贡民中之恶人。无意侮辱且情况确实者,罚半。若否认其事,侮辱者为诺颜应由诺颜宣誓,为平民("哈剌抽")应选一旗内之赛特宣誓。

[又]一条。诸诺颜间动刀者,罚五九及骆驼1匹;动刀者罚以此数。若双方皆动刀,即作罢休。若本人放下所动用之刀,应科罚上述之数。若他人夺去其刀,应从动刀之诺颜罚取骆驼1匹及马4匹入官。并从所取之"巴"中给予夺刀之人马二匹,从罚畜中给予9博多。双方动刀、事作罢休时,仍应从双方各取"巴"骆驼1匹、马4匹入官。五九牲畜中羊、牛("博多")杂取。

诸诺颜因争吵而厮打者，年长者罚一九牲畜及马一匹加五，年轻者罚三九牲畜；互相喊骂者，年长者罚一五牲畜，年轻者罚一九牲畜。若年长者先行动手厮打，年轻者未能忍受，事即作罢。若年轻者先行动手，年长者未能忍受，事作罢后，将[两者应罚]“阿勒丹吉”之差额交给年长者。

又台吉、塔布囊因争吵而彼此动刀或以棍棒、石块等互殴或互骂，即等于两平民（“哈剌抽”）吵骂。伤及或侮辱郡主者，等于侮辱诺颜。

台吉、塔布囊殴打平民或动刀者，与平民科罚相同。无任何理由骂人者，罚四岁马一匹。

凡殴打或辱骂僧侣王公（“诺颜一托音”）者，按以言词、动作侮辱戴有汗号者处罚之。

凡汗或哈剌抽不拘何人以武器伤及格隆者，罚九九牲畜；以其他方式伤及者，罚七九牲畜；辱骂格隆者，罚三九牲畜。以武器伤及格粗勒者，罚六九牲畜；以其他方式伤及者，罚四九牲畜，辱骂格粗勒者，罚一九牲畜加五。以武器伤及班第者，罚五九牲畜；以其他方式伤及者，罚三九牲畜；辱骂班第者，罚一九牲畜。以武器伤及乌巴实雅（“乌帕萨喀”）一者，罚三九牲畜；以其他方式伤及者，罚一九牲畜加五；辱骂者罚一五牲畜。拔刀指向某人，即等于用手殴打。若剃度者让出家为僧侣起誓时对他无理（以盛气凌人的口气）辱骂，即应据侮辱僧徒条文科以罚金（“阿勒丹吉”）。

又。执政之赛特因事殴打某人或吵骂、殴打，不予处罚（“雅拉”）。但若无故（出于侮辱）殴打[他人]，折断[他人]骨头或[使他人]皮肉青紫，应按一般习惯法（即按一般理由）处罚之。

又。以武器伤及执政赛特、大官（“托噜”）、台吉或塔布囊者，罚五九牲畜；以其他方式伤及者，罚三九牲畜；辱骂者，罚一九牲畜及骆驼一匹。

以武器伤及小官“实格青”者，罚三九牲畜加五；以其他方式伤及者，罚一九牲畜加三；辱骂着，罚牲畜五头。

又。伤及自己父母、师长者，罚九九牲畜；辱骂父母、师长者，罚五九牲畜；动手打父母、师长者，鞭打80，并令其拣干牛粪1年（强迫劳役1年）；若辱骂者[与其父母]共有财产，罚鞭打40下并令其拣干牛粪1年。

又。庇护吵架者，即应夺取其马（库勒，坐骑，足）。

又。凡酒醉走近高官者，即由其诺颜取其3岁马1匹。凡因吵架而被抓伤，需于当日经有官衔及有爵位之赛特指出，始被确认。若无有官衔之赛特（在场），可由有权当证人之非亲族之人指出。过夜后即不被承认。

又。拉断念珠者，罚马1匹；念珠串中丢失几粒，即罚羊几只；丢失念珠串中之珊瑚珠者，需赔偿此珠。吵架时扯断"章吉雅"（颈上所佩带之祝福细带）者，罚一九牲畜，此项"阿勒丹吉"（罚金）送交部内达禅。

38.13.2 关于走失的牲畜，关于留下自己的同伴于途中，关于传染他人，关于狗咬，等等

又一条。凡途中来往之人捉住走失之牲畜者，不得携带走，而应很好嘱咐、记下拘留之月日，通知最近之居民，交代保存。若不留下保存，而带走此牲畜，即被视为窃贼（或被视为偷窃）。在拘留牲畜地点应用畜毛留下标记。

又一条。若有人见迷途（走失、闲逛）之牲畜捉住，应通知人后拘留。若于无人地方看见，应于拘留地点埋上畜毛。3天内不得骑用[所捉住（拘留）之牲畜]，3天后报告诺颜与赛特以后始可骑用。错报所捉住牲畜之毛色者，罚牛一（罚取"巴"一牛）。除马而外，一切失群之牲畜均于报诺颜、赛特后，按此方式拘留。若3天内主人未来领取拘留之牲畜，因其迟来认领，可从他取一图实（"布克色"）（为酬劳）。若此畜丢失或倒毙，即需报赛特；不报者即等于侵占失群之牲畜。侵占失群之牲畜，应付给赔偿费，并（罚）一九牲畜。揭发侵占之证人可从九畜中取一上等牲畜。若拘留之失群牲畜为母畜，拘留后产下之仔畜应全部归拘留者，但吃奶之幼畜应归牲畜之主人。

又。来（至国内之外侨，返回之逃亡者"鄂罗果青"、"鄂罗噶青"）

在远途中于无人之地将患病之同伴抛弃，不予帮助，以致其同伴死去者，赔偿骆驼一匹、罚取（“巴”）9博多，若其同伴病愈，罚4岁及5岁马各一。罚取之畜付给死者与病者，均分给诸同伴。

若他们之中有额勒齐（信差、出差伴送者），即从此额勒齐罚“巴”5岁马1匹归其诺颜。其余诸人各取一三岁马归其诺颜。若他们之中有人与病人一齐留下，治疗病人，则从此项“巴”中按留下人数各给3岁马1匹。

又。侵占人者，罚五九牲畜；隐藏者，罚三九牲畜。

又。患传染病而应隔离者隐瞒自己之病而传染他人致死者，应罚杀人之“安租”。若病者痊愈，则应罚传染者三九牲畜。隐瞒疾病者，罚一九牲畜。

又。因狗吠或狗咬而死人者，罚赔一人或一骆驼。

又。疯狗咬死人者，即从狗主人罚取偿命费，并罚三九牲畜。若狗主人不知狗疯，并确证此点，则应付给偿命费。若主人明知疯狗，不予注意，而让狗咬了牲畜，几头牲畜被咬，即须赔偿几头，传染之牲畜也须赔偿。传染期被认为十天。若主人不知，则只赔偿被咬之畜。若疯狗于其从主人处逃出3天后咬了牲畜，即与其主人无涉。

又。疯人杀死人者，罚“安租”之半。并将疯者拘捕，送其回家，取骆驼及带鞍之马各一。杀死疯人者，罚九九牲畜。若疯者死于袭击（冲突、争吵）之时，（事）即罢休。疯人伤人，与误伤等同。

疯者之主人或诺颜明知其疯，不予看管而放出者，罚9博多，其中骆驼1匹、马4、牛4。疯人杀死牲畜或损坏物件，皆应赔偿。

又一条。因置于无人之地之陷阱及弩弓受伤死去者，应赔偿骆驼4匹或人4口，并付给安租100。伤者皆应给予“实鲁”（汤），供其享用。若伤者为官吏，病愈未死，应付给赔偿费（“布格鲁格”）3岁公骆驼（“台拉格”）1匹，若为非官吏，应付给4岁马1匹。

有意（故意）置弩弓于驻牧之牧场，射死牲畜者，应赔偿射死之牲畜。受伤之牲畜不拘多少，皆须给予治疗；并应给予驮用、骑用、挤奶牲畜，直至受伤之驮用、骑用、挤奶牲畜病愈。对故意置（弩弓）者，应罚阿勒丹吉——3 岁马 1 匹。

不得将复杂之弩弓置于大路上。若因隐蔽之弩弓死人,即等于误杀。若射杀牲畜,即须赔偿,另加饶头(“和勒博噶台”——带绳、加份,即除赔偿死畜之牲畜外,再加一牲畜,其品质未规定,须视所缴之罚畜而定;此系就每头牲畜而言)。

于距弩弓 500 阿勒丹以内拣取死兽者,罚 3 岁马 1 匹。

射死野兽者应获得奖物(“默尔格”——射中猎物之奖物)——前、后腿。跑在最前面的猎人(即最先追及者)应获赶得筋疲力尽之狐狸。但若狐狸在阿寅勒帐幕被杀,或被碰上之牧人或拣干牛粪者所杀,恰在此时头一名追赶者赶到,此狐应归原主。

又。关于捕兽器之法规(“扎撒”)与有关隐蔽之弓(弩弓)之法规同。

38.14 赛马条例(1729 年)

又一条。关于赛马条例(“扎撒”)。

凡举行赛跑,除主持者(“咱萨古勒”)外,设有四赛特为证人。这些证人赛特应取得证章,去到起跑地点,一俟显示自己之证章,即放马起跑。若未到达那里从半途起跑,即罚取主持者——诺颜 1 马,台吉、塔布囊 1 牛,普通主持者 1 羊。

若骑马之孩童先跑,即没收赛之跑马,鞭打骑马之孩童 10 下。不得将马带错、引走,带错、引走者,没收其马。从半途上参加赛跑者,没收其马,并罚九畜;骑马者为孩童鞭打 10 下。带领从途中起跑者之人,没收其马。除主持者及比赛者外,未经上面(“咱尔里克”)准许迎着(赛马者)跑来者,没收其所骑之马。

若带来之奖品(“贝”)不足,即从草原之富人补充之,此外,取“巴”一马。向未来之诺颜所取之奖品加以额外之物(“和勒博格”)。若赛跑之主人离去检验走马之牙齿(岁数),即不给奖。以整个躯体超出第二匹马者,始认为跑第一;若仅超出部分身体,则不算跑第一。若两马同时跑到,越出最终之标记,都应认为(跑到)。若未互相超出,可再赛一次。若参加夺奖之马跌倒、小孩跑步至终点,即应认为(跑到)。主持者及比赛者概不得鞭打小孩。鞭打者罚羊1只。不得打奔跑之马。至于争吵小孩之大小,应按每个主人(之意愿)酌定。不得减小岁数大的马(之岁数)与岁数小的马一起跑;但若让岁数小的马与岁数大的马一起跑,并无过错。一般而言,赛跑之马岁数应为具有4颗带牙套之边牙者,或岁数更小者。若诺颜欲取得5岁以上跑第一之马,可赏赐(马主人)骆驼1匹、马8匹,取得此马;为取得跑第一之四岁马,应赐予骆驼1匹、马6匹;为取得跑第一之3岁马应予骆驼1匹、马4匹;为取得跑第一之两岁马应予骆驼1匹、马两匹。(赛马条例止于此)

38.15　1728年或1729年
斡齐赍·土谢图汗第五法典

[俄译者按:]在本抄本中,此法规紧接赛马条例之后。我们认为,两法于不同时间、不同场合下由不同立法者各自编制而成。在库伦抄本中,从我们过去所发表的论述喀尔喀法典的论文可知,此两法排列位置不同于此本。

又。凡必须将重犯逐出本三旗境外者,可委派可靠之人将其逐出国(兀鲁思)境外。若未委派人,而此人犯罪,即由其本主负责。守留此被逐之人者:戴有汗号者罚九畜,台吉、塔布囊、官吏、赛特罚3岁及4岁马各一,平民罚4岁马1匹。

又。破坏盗掘贵人(大官、显贵)墓者,罚九畜;掘开小官吏墓者,罚五畜;掘开平民墓者,罚牲畜之一腿。

凡在伟人陵墓禁地外两"哈剌察冈"以内放牧,践踏墓地者,即没收放牧牲畜主人(所骑)之马。

又一条。凡拯救为狼所追赶或碰上恶劣天气(雨、暴风雨)之羊者,应得(酬劳,报酬酬金——"伊德""伊德实")如下:百头取上等羊1头或中等羊两头,30头取中等羊1头,10头取次羊1头。若羊超出百头,也遵循此例取给。

又一条。取图舒或狼咬死之牲畜遗骸者,罚牲畜之一腿。

又一条。汗或平民（"哈剌抽"）赶走某人（拒绝某人宿夜），此人被赶走后丧命者，应由拒绝者赔偿一人或一骆驼，并罚"安租"三九牲畜。若有牲畜倒毙应取相当之赔偿费。若此人手足冻掉，罚九畜；若仅冻坏，而未冻掉，罚3岁牛、马各一。一般之拒绝宿夜，罚"阿勒丹吉"3岁马一匹。被赶走者可宿在帐幕近旁，以帐幕顶覆盖物（"额噜克"——出烟口之盖子）铺在自己身上。若宿夜人丢失骑用牲畜，即应由户主赔偿。

又一条。捡到失物者，应报告诺颜，通知赛特，向众人宣布。获悉失主，即交归失主。不宣布（拣到失物），予以隐匿，而被揭露者．罚牲畜之一腿。不相干者自称失主，取走失物者，按偷窃例（处置）；但不予惩罚（不予体罚）。拣到之失物，不拘何物，[拣到者]均可得三分之一（"伊德呼"）。拣到佛像、书、护身符等物者，也应宣布后归还失主。

又。某人掘一新井或清理[旧井]，而另一人抢水者，罚3岁马1匹。但若此人让自己牲畜饮毕水后，不给[别人用]水，也罚一马。不给饮水者乘骑之马，罚3岁羊1只。谎说除自己乘骑之马饮水外，尚有别的马饮水者，也罚一羊。明知故犯，弄脏水者，罚3岁牛、马各一，牛交归证人。

又。凡驻帐[于某地]时，若有他人不答允，此乌图格[驻地]即为已被占用者。若两人同时前去察看乌图格，发生争吵，此乌图格应归先到者占有。若两人同时到达，应归先放箭射及或用鞭击及驻地者占有。

又一条。向来到这里之俄国人或汉人赊买货物者，应事先禀告诺颜领主（额毡诺颜、本主诺颜、主君诺颜）交验。归还赊购物时，也应交验后归还。不交验者，罚"巴"5岁马1匹，未偿清之债务应令其尽快全部偿还。

又一条。无意纵火（草原火灾）者，不拘人数，各罚马一库勒（腿，乘骑之马，坐骑；牲畜之一腿）；并令其赔偿烧掉之一切，罚纵火者（"阿勒丹吉"）五畜。若纵火者自己将火扑灭，即不罚库勒及阿勒丹吉。证人应从阿勒丹吉中获（牲畜）1头为酬劳，其余4头由灭火者彼此分有。

若居民区失火，附近之全体居民不问宣告（失火）与否均应前来灭火。宣告失火后，不来［救火］者，诺颜王罚马一，官吏赛特、达鲁嘎罚牛一，平民罚羊一。阻止宣告［失火］者，罚“巴”同上。烧死之人，以“安租”之半为偿命费，尤须付给赔偿费。烧伤病愈之官吏，付给骆驼及马各一。烧伤之平民，付给马1匹。病愈以前，给予实鲁（汤、饮食），病愈后交其诺颜验看后放走。若火灾起自已离开驻地（努图格、牧场、驻牧地），在迁移之日3天内得追究之，超过3天即不予追究（即不罚）。不拘何人，应到其离开之牧场灭火。不去灭火者，罚3岁马1匹。

又一条。每苏木每年应购甲胄10副。若有欠缺，从章京处如数罚马。所购甲胄超过定数者，由其诺颜奖以4岁以上马1匹。甲胄可为软甲胄或薄片甲胄。凡诺颜、台吉有可能购置甲胄者，应于3年内购置之。未购置者，即罚“巴”4岁以上马1匹入官，将此马卖掉购置甲胄，赏予无力购甲胄之好人。并令受罚“巴”者重新购置甲胄。

又。凡外出旅行在一天以上者，应事先告知与其非亲族之好人，然后起程。送走来访之亲戚，也需事先告知好人。旅行毕回家，需于回家前事先通知好人，并与他见面。

又。凡白天以掠夺方式索债者，债务即告废除。夜间以掠夺方式索取者，视同盗窃。

又。孕妇遭殴打致胎儿流产者，罚若干九牲畜如胎儿之月数。

又。凡亲戚及亲戚之亲戚不得充当证人；去办某事之途中之同伴，使者与车夫（额勒齐与乌拉齐），牧场之邻居，宿夜者与接纳他之户主，众所周知之挚友也皆不得充当证人。

又。凡有意从喇嘛、官吏、赛特及达尔罕处取走马去办私事者，应罚牲畜之一腿。

凡以欺骗手段出售自已被使者骑得筋疲力尽之马者，即按盗窃条例处置。

又一条。一人而有数份恩赐状（“济古呼”，特权状）者，应授予其诸子之一。凡为父者有子在世，即不得［授予他人］。凡过去曾在三旗境内受封为诺颜者，今后仍得享有诺颜地位。

法规之最后部分

祝天地二界诸方众生之寄托——佛教四播！

祝佛教之主持者——至圣喇嘛之足掌坚似金刚石！

愿以坚志（与喇嘛）相关之一切苦难消失！

愿极乐及一切善行之果实日益增多！

祝福往日行善之至尊三身佛！

愿常获真教法力无比护身佛之佑护！

愿获一切法力无比之神—腾格里及诸大汗之智慧与尊严之恩宠！愿以上诸神佑护宗教与国家万世昌盛！

祝吉祥如意！

蛇年十月初一，商卓特巴汗、贝勒及其他全体赛特商定有关武器、打有烙印之骆驼与马、服兵役之（男子）之法规（“扎撒”）如下：

隐藏服兵役者，罚马八匹、骆驼1匹。揭发隐藏之人者，予以马3匹、骆驼一匹。揭发隐藏行为者，予以马3匹、骆驼1匹。[服兵役者应备之]弓欠缺者，罚3岁马1匹；[应备之]矛欠缺者，罚两岁牛（“必喇乌”）1头；隐藏、出售或转交他人者，罚上等马1匹；欠缺20支箭或10支箭或5支箭者，罚3岁羊1只；短少马刀或装枪之火药或子弹30发及药线三阿勒丹（两手左右平伸之长度）者，罚3岁羊1只；短少矛杆及长三阿勒丹又一“德里木”之木杆者，罚3岁羊1只。

10人应有一达鲁嘎（10人置一达鲁嘎）。从此10人队离去，而路程在20天以上者，需报告商卓特巴（需经商卓特巴准可），未报告[而擅离者]，即按违抗命令处置。路程在20天以下者，应经达鲁嘎、收楞额、得木齐及本10人队队长同意，始可离去；未报告而擅离者，罚3岁马1匹。

凡60岁以下之人除特殊情况，如：扎萨克以上之显贵之赏赐、举行婚宴或庆祝最初挤下的马奶外，一律不得饮酒。若有人饮酒，见者即可从他夺取骑乘的马（备鞍的马）一匹。

若本法规所定的条例未被充分施行，责任在达鲁嘎者，罚5岁马1匹，在收楞额者，罚4岁马1匹，在得木齐者，罚3岁马1匹，在十户长者，罚3岁羊1只。为烙印所定之条例如下：有骆驼3～4头者，烙印一，有许多骆驼者，每5头烙印一；每10匹马烙印一。打有烙印之骆驼及马，除三大事外，不予任何额勒齐使用。额勒齐与乌拉齐（使者与车夫）明知故取，使用（打烙印之牲畜）者，应按旧法典处置。惟于移牧时，无驮用及骑用牲畜者可骑用[打烙印之牲畜]或[以打烙印之牲畜]驮物。使用[打烙印之牲畜]驮物或骑乘外出者，按旧法典处置。

又。任何人皆不得租予汉人或俄人骆驼。租予者，应没收其租款。

每一士兵应于鼠年（1720年）白月以前备有软甲胄（"鄂勒博克"）。无马刀之士兵，应于此期限内备有马刀。

38.16 1724年法规

木龙年三月初七所制定之法规。

凡索取债务，债主与负债人在大库伦寺近区者，未经汗、商卓特巴及王准可而借出之债，不得起诉，受理之诉讼，需为[经汗等]准可[之债务]。在乡区者，若为同一苏木及鄂托克之人，不论鄂托克所辖之贵族或纳税民未经其苏木台吉及兀鲁思章京或（鄂托克）达鲁嘎批准[之债务]，不得起诉。不同苏木及鄂托克之人，未经双方管旗章京批准[之债务]，不得起诉。若[债务]仅经一方批准，即仅原告之达鲁嘎或章京知其事，而被告之达鲁嘎或章京不知，也不得起诉。

38.17 1724年（1784年？）法规

祝吉祥！

所谓"克罗德希"之木龙年七月十七，哈木博诺们汗、罗博木巴墨尔根楚尔济、满珠什哩呼图克图、额尔德尼商卓特巴及全体格斯贵、喇嘛赛特，为了防止小僧（班第）醉酒，不准今后有类似之非法放荡行为、违反喇嘛（至圣）法戒及教规，为预先警告，兹制定本法规[“扎撒”]如下：

格隆饮酒者，罚5岁马9匹；格楚勒饮酒者，罚5岁马5匹；班第饮酒者，罚5岁马3匹。所罚之马归证人（指出者）所有。予他们以酒者，罚5岁马5匹；见醉僧隐瞒者，按予酒者处置。予酒者及隐瞒者所罚之马，输入圣库。

格隆、格楚勒、班第饮酒者，应于全体祈祷时［为众僧］煮茶、分钱［“德额德”——铜钱，分给寺内众僧之钱］，并念忏悔经：格隆念21遍，格楚勒念14遍，班第念7遍，并令其在［众僧］集会时跪拜。僧人［“呼瓦喇克”］饮酒者，不煮茶、分钱，而令其以规定之小木桶运送煮茶之水，每日6桶，为期3月。期满按规定方式忏悔。未改过复饮者，按教规处罚，应按窃贼处置，上铐［入牢］1年。刑满按上述规定忏悔。

祝吉祥！

［俄译者按：］以上法规系由教会颁布，并无世俗政权参与。以下片断则大概在僧俗政权参与下于不同时间、场合下制定。

又。按旧法：凡予僧人以酒者，不论汗或哈剌抽，均罚5岁马4匹，其中两匹入官，其余两匹归证人所有。并由其住持喇嘛按法典予［僧人］以惩罚。

38.18　1726年法规

又一条。凡僧人买卖酒者，按违法处罚。俗人买卖者，罚8马、一骆驼，鞭打40下。揭发之证人，奖罚畜之半。保藏买卖者之酒者，按窝藏赃物者［“乌塔齐”］处罚。

［雍正］四年五月十二订立。

又。僧俗诸人，不拘前往何处，不得在汉人城市中宿夜。宿夜者没收其全部携带之物，及其坐骑，并罚［畜］5头。告发之证人予以没收物及罚畜（“雅拉”）之半。

又一条。自今以后禁止任何人外出贩卖牲畜或其他物品。违禁从事投机者，将投机之物不拘何物全部没收，并鞭打50。揭发之证人，予以没收物之半。

38.19　1726 年地方当局行政命令

雍正四年五月初八斡齐赍巴图土谢图汗、额尔德尼车臣商卓特巴、二王及理藩院司官喇实扬议定(颁定)如下条例,务令一切商人周知:

库伦(寺)为佛所在之地(圣地),一切商人应于白天在此进行贸易。若不进行贸易而去看望放荡之人,半夜前去留宿彼处,被旁人拘留者,即按窃贼科罚。留该人过夜之户主也罚以同样罚金。

又一条。商人应从部领取为期一年之票证,赴库伦进行贸易。并于一年内返回,交换票证。若有意以运来之物赊贷取利,返回时收不到债务者,即与当局无干。此后,若欲赊贷蒙古人以某物,务须禀告当局。赖债者即由当局科罚。否则无知之人即可以诈骗借债,使商人受屈。商人应对此三思!

又一条。不守法之浪人若复运酒私卖,为我哨兵捕获,即将犯人送部罚九畜:骆驼 1 匹及 5 岁马 8 匹。鞭打 40。发现贩酒之证人,赏马五匹。

[又]一条。有卖淫窟之贩酒之地,前往做买卖之蒙古人不得携带熟人或生人宿夜。若偕同他人一起宿夜,即科罚户主 5 岁马 3 匹。若有蒙古人擅往者,务须报告当局。彼等若不报告,即没收其全部坐骑,并罚 5 岁马 1 匹。告发之证人予以没收物之半。

[又]一条。准予住于(库伦)八部内之人,务求于己有利。而今部内盗贼横行,致有劫夺邻人而无人过问者。此殆由部内失和,居住分散所致。今后一部内之居民彼此不得分散居住。若有盗贼劫夺某人,邻人不予救助之情,该部全体居民一律处罚。

祝吉祥!

38.20　1754 年关于酒的法规

乾隆十九年七月廿六经格根旨可,额尔德尼车臣商卓特巴、格斯贵、赛特等商定关于酒的法规如下：

格隆饮酒者，罚马3匹；格楚勒饮酒者，罚马两匹；班第饮酒者，罚马1匹；侍卫喇嘛及看门人饮酒者，罚马两匹。犯者概令还俗，遣返其鄂托克。为祈祷事前来之俗人饮酒者，罚马1匹。所罚之马付结告发之证人。隐藏醉汉者，罚马1匹。予以上诸人以酒者，罚马1匹。所罚之马没入（格根）官库。

规定如上。

［俄译者按：］此法规可与上述1724年法规对照。

喇嘛达木乔伊夺取他人之妻案之判决状，今后类似案件之判例。1770年判决

又一条。乾隆卅五年，铁虎年，五月廿二，讯问土谢图汗将军旗名甘楚克之人控告策凌岱青达鲁嘎之鄂托克内名达木乔伊之僧夺取其妻一案；达木乔伊供认："我确曾携走甘楚克之妻。"因此土谢图汗将军，副盟长赫贝公、额尔德尼公，额尔德尼商卓特巴及诸喇嘛等议决如下：

按蒙古法：平民私通平民之妻者，罚30件珍物及"安租"300头［畜］；其僧人达木乔伊应于罚取"安租"、雅拉后革其僧号，逐出寺庙，令其还俗，永为俗民。

此判决状作为法典条例明载于此。今后有如达木乔伊糟蹋教戒者，按同法处罚。

［俄译者按：］参照前述1709年法典之有关条文。我们在1696年康熙所颁布之蒙古法中，未遇平民间私通之处罚［条文］。乾隆法典及蒙古卫拉特法典中也无。所谓蒙古法显即1709年三旗法。

38.21　1770年有关病畜传染他人之畜之规定，蒙古法典之发展

又一条。同年闰五月规定如下：

关于萨木彼勒阿勒达尔达鲁嘎鄂托克有一名策旺之人被控其病畜混入贡班第达哈木博诺们汗喇嘛之畜群，致传染畜群、牛数减耗一

案，阐释如下：按蒙古法典对有畜者迁近他人、传染他人之畜、致牲畜死亡，应用何种处罚办法，未作规定。今既查明该策旺隐瞒己畜（牛）之传染病，传染哈木博诺们汗畜群之无病之畜，判处已毕，上谢图汗将军、副盟长赫贝公、额尔德尼商卓特巴及诸喇嘛议决如下：凡有传染病牲畜者迁近他人，传染其牲畜以致死亡者，应如数赔偿病死之畜。此决议作为法典条文明载于此，今后若有类似情况，即按此例处罚。

祝吉祥！

（据乌兰巴托1958年出版的《蒙古学》丛书第1种《喀尔喀法典》扎姆察拉诺俄译本转译。）

附录:古今地名对照表
(以汉语拼音为序)

(修订者按:《古今地名对照表》是针对《北方民族史与蒙古史译文集》之《新版修订后记》所作的一个补充。制表原因已在《后记》中言明,不再赘述,现着重说明本表中地名的具体收录范围。大致而论,分为两部分:一是作者对正文中出现的古地名所作注释与现今通行看法不一致或是被学界公认是错误的注释,经修订后列入本表,至于原文中作者所注与现今说法一致或差别不大的,以及在文章中已就近补入说明的,则不再列入;二是酌情收入与蒙古人西征有关的外国地名)

古　地	今　地
阿儿兰	阿塞拜疆西部,位于库拉河、阿拉斯河之间地区
阿勒颇	叙利亚北部
阿里吉河	乌克兰日丹诺夫北卡里奇克河
阿模里	伊朗北部马赞德兰省阿模勒
阿思塔剌巴忒	伊朗北部马赞德兰省戈尔甘
巴耳赤邘	锡尔河下游,速格纳黑西北
拔汗那	吉尔吉斯斯坦费尔干纳盆地
八剌撒衮	遗址在今吉尔吉斯斯坦楚河流域的托克马克附近
巴里黑	阿富汗北部巴尔赫省首府马扎里沙里夫
跋那山	内蒙古乌喇特前旗东南
拜剌干	阿塞拜疆西南部贝拉甘
白道川	呼和浩特西北
白阜	今杭爱山脉鄂特岗腾格里山
白龙堆	新疆罗布泊与甘肃敦煌古玉门关之间
白漠	内蒙古察哈尔右翼后旗北部地区

古 地	今 地
北地	甘肃庆阳西南
北假	内蒙古河套以北、阴山以南夹山带河地区
别纳客忒	又名费纳客忒,废墟在锡尔河北岸吉日根河流域,位于塔什干南
駮髯水	内蒙古集宁西北
不儿罕山	蒙古肯特山
不花剌	乌兹别克布哈拉
不里阿耳	伏尔加河与卡玛河汇流点南,喀山南115公里,废址在不里阿耳—乌斯平斯科依村旁
参合陂	内蒙古凉城县东北岱海
豺山	内蒙古武川、集宁一带
朝那	宁夏固原东南
长川	内蒙古兴和县西北
车师前国	新疆吐鲁番西北雅尔湖村附近
错子山	在内蒙古杭锦后旗鸟加河北三百里鹛鹕泉北
大斗拔谷	甘肃民乐县东南甘、青二省交界处扁都口隘路
打耳班	伊朗达尔班德
答木罕	伊朗北部塞姆南省答姆干
大石城	新疆乌什县
迪牙别克儿	土耳其东部
兜衔山	蒙古色棱格省东北部
多逻斯水	新疆北部喀喇鄂尔齐斯河
讹答剌	哈萨克斯坦锡尔河右岸阿雷斯河口附近
讹迹邗	锡尔河下游,速格纳和与毡的之间
遏索山	乌鲁木齐西南
法儿思	伊朗法尔斯
肤施	陕西榆林东南
浮图川	新疆吉木萨尔县东南
冈札	阿塞拜疆西北部占贾,即基洛瓦巴德
高奴	陕西榆林东

古　地	今　地
高平	宁夏固原
高阙	内蒙古临河县西北石兰计山口
哥疾宁	阿富汗西南部加兹尼
姑且水	源出蒙古巴彦洪戈尔省巴彦洪戈尔城北,南流至西巴彦乌兰城附近汇为湖沼
姑衍山	当位于蒙古乌兰巴托东北
哈马丹	伊朗西部
河中	阿母河与锡尔河之间地区
黑漠	内蒙古兴和县北部一带
黑沙	内蒙古呼和浩特西北
呼罗珊	伊朗北部霍腊散地区
虎猛	内蒙古伊金霍洛旗西南红庆河古城
忽炭	新疆和田
呼延谷	内蒙古包头西北
忽毡	塔吉克斯坦苦盏(列宁纳巴德),位于锡尔河南岸
黄瓜堆	山西山阴县东北
回中宫	陕西陇县西北
鸡鹿塞	内蒙古磴口西北哈隆格乃峡谷口
碣石	乌兹别克斯坦萨赫里萨布兹
金河	呼和浩特以南黑河
金牙山	天山分支,新疆吐鲁番以北之金岭
九原郡	内蒙古包头西北
浚稽山	蒙古南戈壁省北部阿尔泰山脉东南段,一说蒙古巴彦洪戈尔省推河、塔楚河南之古尔班博克多山
俱轮水(泊)	内蒙古呼伦贝尔盟呼伦湖
居延	内蒙古额济纳旗东南
可疾云	伊朗德黑兰西加兹温

古　地	今　地
狼居胥山	蒙古乌兰巴托以东
廉县	宁夏银川北
列夷	伊朗德黑兰南面
鹿浑谷	蒙古后杭爱省沃伯吉特东南部鄂尔浑河东
鹿浑海	新疆布伦托海
庐朐	阿尔泰山南某地,在受降城东北
栗水	蒙古国西南翁金河
马八儿	印度半岛东南岸一带
马鬣山	内蒙古额济纳河西
马鲁	土库曼斯坦马雷东
祃拶答而	伊朗马赞德兰省
马邑川	山西朔县一带
毛夕里	伊拉克摩苏尔
木末山	内蒙古五原东北
那河	吉林、黑龙江境内嫩江与第一松花江
那黑沙不	乌兹别克斯坦卡尔希
讷儿	乌兹别乐斯坦撒马尔罕州努拉塔城
你沙不儿	伊朗东北部尼沙普尔
宁城	北京怀柔西北
女水	蒙古西南部
牛川	内蒙古乌兰察布盟境内塔布河
彭原	甘肃宁县南
平凉	宁夏固原
蒲津关	陕西大荔县朝邑镇东境黄河西岸
蒲奴水	源出蒙古前杭爱省阿尔拜赫雷西北,东南流至中戈壁省赛尔阿博东南入沙漠
起儿漫	伊朗东南部克尔曼
七介山	山西朔州平鲁区西北 65 里井家山

古地	今地
千泉	乌兹别克斯坦塔什干之北
牵屯山	亦名鸡头山,宁夏德隆县东
日勒	甘肃永昌县西
弱洛水	内蒙古西拉木伦河
萨莱	俄罗斯伏尔加河下游城市阿斯特拉罕附近
撒麻耳干	乌兹别克撒马尔罕
善无	山西右玉县东南
上谷郡	治北京怀柔东南
上郡	治陕西榆林东南
上林	陕西蓝田以南、周至以东终南山北麓一带,秦汉帝王游乐射猎之所
设里汪	阿塞拜疆东部,里海西岸库拉河以北
石门	宁夏固原
石水	色楞格河上源哈努依河
受降城	内蒙古呼和浩特市西
双河	新疆博乐县西之博罗塔拉河
巳尼陂	贝加尔湖
速答黑	克里木半岛南部
速格纳黑	哈萨克契伊利东南
贪漫山	叶尼塞河上游萨彦岭
忒耳迷	乌兹别克斯坦铁尔梅兹,位于喷赤河北岸
帖必力思	伊朗东阿塞拜疆省首府大不里士
徒思	伊朗东北部马什哈德西北
吐颓山	山西朔州平鲁区西北约90里
兔园水	蒙古国巴彦洪戈尔省图音河
望建河	中俄交界处黑龙江上游额尔古纳河
武州塞	山西左云县至大同西一带
萧关	宁夏固原东南

古　地	今　地
邪罗斯川	伊犁河西
匈河水	源出蒙古巴彦洪戈尔城北,南流至西巴彦乌兰城南聚为泽
牙失纳黑	哈萨克斯坦孜勒奥尔达南面,锡尔河南岸
雁门郡	治山西右玉县南
养吉干	哈萨克斯坦卡札林斯克南面
也里	阿富汗赫拉特
也列赞	今俄罗斯城市梁赞附近
曳咥水	伊犁河东
伊思法杭	伊朗伊斯法罕
伊思法来因	伊朗东北部内沙布尔西北
意辛山	内蒙古二连浩特西南
鹰娑川	新疆库车西北裕勒都斯河
右北平	治辽宁凌源西南
于都斤山	鄂尔浑河上游杭爱山之北山
榆林	内蒙古托克托西
玉龙杰赤	土库曼库尼亚乌尔根奇
余吾水	蒙古境内土拉河
渔阳	北京密云附近
嗢昆河	鄂尔浑河
云阳	陕西淳化县西北
云中	内蒙古托克托东北
毡的	遗址在哈萨克斯坦克孜勒奥达尔附近,锡尔河北岸
造阳	河北怀来县东南
张掖水	弱水,甘肃西部黑河及其上源甘州河
志费因	伊朗霍腊散省札哈台
郅居水	蒙古境内色楞格河
紫河	内蒙古乌兰察布盟南境黄河支流浑河
涿邪山	蒙古南戈壁省古尔班赛汗山;一说即尼赤金山

参考文献

传统古籍:

(元)邓文宽.巴西集.《北京图书馆古籍珍本丛刊》本.北京:书目文献出版社,1991—1998.

(唐)李百药.北齐书.北京:中华书局,1972.

(唐)李延寿.北史.北京:中华书局,1974.

(元)李志常.长春真人西游记.党宝海,译注.石家庄:河北人民出版社,2001.

(元)程钜夫.程雪楼集.中国书店影洪武本.

(唐)慧立、彦悰撰.大唐大慈恩寺三藏法师传.北京:中华书局,1983.

大元马政记//国学文库:第49编.文殿阁书庄,1937.

大元圣政国朝典章.北京:中国广播电视出版社,1998.

(元)虞集.道园学古录.《四部丛刊初编》本.

(元)杨维祯.东维子文集.《四部丛刊初编》本.

(元)欧阳玄.圭斋文集.《四部丛刊初编》本.

(元)苏天爵.国朝文类.《四部丛刊初编》本.

(东汉)班固.汉书.北京:中华书局,1962.

(南宋)范晔.后汉书.北京:中华书局,1973.

皇明北虏考//国学文库:第45编.文殿阁书庄,1937.

(元)揭傒斯.揭文安公全集.《四部丛刊初编》本.

(元)黄溍.金华黄先生文集.《四部丛刊初编》本.

(元)脱脱等.金史.北京:中华书局,1975.

(元)刘因.静修先生文集.《四部丛刊初编》本.

(元)阎复.静轩集.缪荃孙辑.《藕香零拾》本.

(后晋)刘昫等.旧唐书.北京:中华书局,1975.

(元)孛术鲁翀.菊潭集.缪荃孙辑.《藕香零拾》本.

(元)念常.历代佛祖通载.南京:江苏广陵古籍刻印社,1993.

(唐)姚思廉.梁书.北京:中华书局,1973.

(元)脱脱等.辽史.北京:中华书局,1974.

(元)柳贯.柳待制文集.《四部丛刊初编》本.

蒙鞑备录笺证.黑鞑事略笺证.《王国维遗书》本.

余大钧译注.蒙古秘史.石家庄:河北人民出版社,2001.

(清)博明.蒙古世系谱.影博西斋旧抄本.1939.

(清)张穆.蒙古游牧记.张正明、宋举成点校.太原:山西人民出版社,1991.

沈乙盦先生海日楼遗书·蒙古源流笺证.孱守斋校补本.

(清)屠寄.蒙兀儿史记.北京:中国书店,1984.

(元)王士点、商企翁.秘书监志.高荣盛点校.杭州:浙江古籍出版社,1992.

(清)张廷玉等.明史.北京:中华书局,1974.

(元)姚燧.牧庵集.《四部丛刊初编》本.

(元)陶宗仪.南村辍耕录.北京:中华书局,1959.

(梁)萧子显.南齐书.北京:中华书局,1973.

陆文圭.墙东类稿.《文津阁四库全书》本.北京:商务印书馆,2005.

(元)郑元祐.侨吴集.《北京图书馆古籍珍本丛刊》本.北京:书目文献出版社,1991—1998.

(元)萧㪺斗.勤斋集.《文津阁四库全书》本.北京:商务印书馆,2005.

(元)元明善.清河集.缪荃孙辑.《藕香零拾》本.

(元)袁桷.清容居士集.《四部丛刊初编》本.

(民国)赵尔巽等.清史稿.北京:中华书局,1977.

(元)魏初.青崖集.《文津阁四库全书》本.北京:商务印书

馆,2005.

(元)王恽.秋涧先生大全集.《四部丛刊初编》本.

(晋)陈寿.三国志.北京:中华书局,1982.

(元)杨瑀.山居新语.余大钧点校.北京:中华书局,2007.

(元)刘岳申.申斋刘先生文集//北师大古籍所编.全元文.南京:凤凰出版社,2005.

(西汉)司马迁.史记.北京:中华书局,1959.

(梁)沈约.宋书.北京:中华书局,1974.

(元)赵孟頫.松雪斋文集.《四部丛刊初编》本.

(唐)魏征等.隋书.北京:中华书局,1973.

(唐)杜佑.通典.北京:中华书局,1984.

黄时鉴点校.通制条格.杭州:浙江古籍出版社,1986.

万历武功录//国学文库:第24编.文殿阁书庄,1935.

(元)贡师泰.玩斋集.《文津阁四库全书》本.北京:商务印书馆,2005.

(北齐)魏收.魏书.北京:中华书局,1974.

(元)吴澄.吴文正公文集//北师大古籍所编.全元文.南京:凤凰出版社,2005.

(元)王逢.梧溪集.《北京图书馆古籍珍本丛刊》本.北京:书目文献出版社,1991—1998.

(元)蒲道源.闲居丛稿.《文津阁四库全书》.北京:商务印书馆,2005.

(明)焦竑.献征录.上海:上海书店,1987.

(北宋)欧阳修宋祁.新唐书.北京:中华书局,1975.

(民国)柯绍忞.新元史.长春:吉林人民出版社,1995.

(元)陈基.夷白斋稿.《文津阁四库全书》本.北京:商务印书馆,2005.

(金)元好问.遗山先生文集.《四部丛刊初编》本.

(元)李庭.寓庵集.缪荃孙辑,《藕香零拾》本.

(明)宋濂等.元史.北京:中华书局,1975.

(清)阮元辑.至顺镇江志.《宋元方志丛刊》本.北京:中华书局,1990.

(元)许有壬.至正集.《北京图书馆古籍珍本丛刊》本.北京:书目文献出版社,1991—1998.

(元)刘敏中.中庵集.《北京图书馆古籍珍本丛刊》本.北京:书目文献出版社,1991—1998.

(明)刘昌辑.中州名贤文表.汉阳叶氏藏书本.北京:北京市图书出版业同业公会.

(唐)令狐德棻.周书.北京:中华书局,1971.

(元)胡紫遹.紫山大全集.《文津阁四库全书》本.北京:商务印书馆,2005.

(元)苏天爵.滋溪文稿.北京:中华书局,1997.

(北宋)司马光.资治通鉴.北京,古籍出版社,1956.

今人著作:

岑仲勉.突厥集史.北京:中华书局,1958.

段连勤.丁零高车与铁勒.上海:上海人民出版社,1988.

韩儒林主编.元朝史.北京:人民出版社,1986.

马长寿.北狄与匈奴.北京:三联书店,1962.

马长寿.突厥与突厥汗国.上海:上海人民出版社,1957.

马长寿.乌桓与鲜卑.上海:上海人民出版社,1962.

林幹.突厥史.呼和浩特:内蒙古人民出版社,1988.

林幹.匈奴历史年表.北京:中华书局,1984.

林幹.匈奴通史.呼和浩特:内蒙古人民出版社,1986.

魏嵩山.中国历史地名大辞典.广州:广东教育出版社,1995.

余大钧.一代天骄成吉思汗——传记与研究.呼和浩特:内蒙古人民出版社,2002.

周伟洲.敕勒与柔然.上海:上海人民出版社,1983.

外文汉译：

耿昇、何高济译.柏朗嘉宾蒙古行纪.鲁布鲁克东行纪.北京：中华书局，1985.

〔前苏联〕马夫罗金.俄罗斯统一国家的形成.余大钧译.北京：商务印书馆，1991.

〔日本〕松田寿男.古代天山历史地理学研究.陈俊谋译.北京：中央民族学院出版社，1987.

〔前苏联〕雅库博夫斯基.金帐汗国兴衰史.余大钧译.北京：商务印书馆，1985.

冯承钧译；党宝海新注.马可波罗游记.石家庄：河北人民出版社，1999.

〔前苏联〕符拉基米尔佐夫.蒙古社会制度史.刘荣焌译.北京：中国社会科学出版社，1980.

〔前苏联〕帕舒托等.蒙古统治时期的俄国史略.黄巨兴，译.北京：科学出版社，1959.

〔波斯〕拉施特.史集.余大钧、周建奇译.北京：商务印书馆，1985.

〔波斯〕志费尼.世界征服者史.何高济译.呼和浩特：内蒙古人民出版社，1980.

〔美国〕麦高文.中亚古国史.章巽译.北京：中华书局，1958.

〔前苏联〕巴托尔德.中亚突厥史十二讲.罗致平译.北京：中国社会科学出版社，1984.

新版修订后记

2003年云南人民出版社将余大钧先生登载在内蒙古大学蒙古史研究室(后改为蒙古史研究所)的内部学术刊物《蒙古史研究参考资料》上的有关日本、欧美史学界关于蒙古史、元史及北方民族史、欧亚内陆民族历史研究方面的译文近40篇结集出版,即《北方民族史与蒙古史译文集》,为广大研究者带来了极大便利。但因种种原因,该书仍有一些讹误,此次再版重加修订,将尽可能减少这一缺憾。

总体看来,书中错误(或缺陷)大致可以分为两类,一类是原作者所造成的讹误(如对汉文史籍理解、识记有误,受时代、地域的限制而造成的学术信息交流不畅所产生的错误等),另一类是在翻译、印刷过程中所造成的疏漏(包括笔误、排印错误等)。鉴于年代久远,本书所译自的外文原稿已不便见到,因此本书的再版修订主要针对中文译稿中所呈现的错误,故修订工作遵循以下原则:

一、文字(含标点)方面的错误,按照翻译中的错误对待,直接在原文上修订,具体而言,包括以下方面:

1. 错字、衍字、漏字,包括人名、地名中的错字,征引书目文献时卷数、页码、历史年代等方面的错误,以及标点的脱漏、断错位置等。直接予以修改。另外史籍标点方面,尽管有的可能是原作者本身理解所造成的,但因未对其论文观点造成直接影响,故而直接改正。

另外,在修订中所用史籍卷数不一致的情况,也有可能涉及版本问题,对此将在后文叙述。不过,这种涉及数字的错误,究竟是粗心还是版本的不同而造成的,恐怕二者兼有,若一一辩明,则又增加读者不便,因此,按文字错误,直接进行修正。

2. 本书在对史籍核对时,一般正史以中华书局的校订本为准,其他中国史籍或今人著作,作者注明版本及出版年代的,则按作者所采用的进行核对;未曾说明的则采用为学界所公认的版本比较好的或是利用方便的进行核对，并进行必要的注明。

由于作者所处时代大都距今渐远，或是因受地域限制，或是中西方语言的障碍，因此所用史籍，虽注明版次、年代，但由于版本或是陈旧，不便利用，或是本身讹误过多，不利使用，在本次修订中予以置换。这次修订中，因版本的改换使得一些书目卷次、页码也相应改变，为使读者更好地了解此次修订中所利用到的文献、书目，本书将在附录中的“参考文献”中列出此次修订所依据的参考文献。

3. 原书引用史料虽注明出处，但只是列出书名，过于宽泛，特别是如果该书尚未被点校或是部头过大不利于后来者核查，此次修订已予以注明所在卷数、页数等。

二、经判断属于原书作者的问题，其中不少属于作者的学术观点，因此原则上不作直接改动，确有错误者，以从旁加按语的方式予以说明。

1. 原书正文及注释中出现的对古代地名的注解，有原作者自己的历史时代特征，其中不少同今天的行政区划已大相径庭，而且中西方对同一地名称呼也存在差异；加之不少地点，尚未成定论，如若改动势必造成混乱，因此不予改动，只在《附录》中的《古今地名对照表》中列出与原文作者所注有明显不同的地名，至于相同或差异不大的则不再列出。

2. 对作者在正文或是注释中，因对史料的理解、记忆而造成的错误，从旁予以纠正。如《汉书匈奴传笺注》中将汉武帝时期最大的一次巫蛊事件的发起者江充误记作“宰相”，实际他并未当过宰相；《新唐书回鹘传笺注》误将“突董”认作官号，但结合后文有“突董果怒”和“突董，可汗诸父”等语，知其应为人名；再如《柔然阿哇尔同族论考》引用了《旧唐书·突厥传》的一段史料，提到了室点密任莫贺咄叶护，但实际上在这段史料中叙述任此职者实际是室点密五世孙阿史那弥射；还有普兰·迦儿宾原著的《蒙古人的历史》中有不少关于成吉思汗子孙在生卒年、人物关系等方面的讹误，以上这些，都从旁以简短字句加以辩明。

3. 本书修订中，对正史的核对，无论文字还是标点均依据中华书局点校本，因此标点不当也在改动之列，但由于断句位置在某些时候也反映作者对某一问题的观点，故而要结合具体情况。如《隋书铁勒传笺注》一文标点，自“康国以北”以下许多地方断句均与中华书局本不符，考虑到所涉及的有关古代少数民族、部族的问题较为复杂，学界也在研究当中，因此这部分未予变动。有关铁勒族的研究，国内学者岑仲勉、马长寿、段连勤、林幹等均有论述，可自行查阅其相关著作。

三、除以上两点外，在修订中大致还有以下几点需予以说明：

1. 在同一篇文章中，对历史时期相同的人名、地名、书名等，采用一致的译法。对同一人名、地名或族名，出现在不同文章或是不同历史时期，这其中或是不同时期的称呼上的差异，或是译法的不同，则不强做统一要求。如“戛黠斯”与“吉尔吉斯”、“乞儿吉思”，“撒麻耳干”与“撒马尔罕”，“斡罗思”与“俄罗斯”等。

2. 对见于中国史籍的人名、地名，遵循其所出自的史籍或是文集的记录，不强求统一。如《关于元朝怯薛出身者的家世》一文中提到了贾昔剌的孙子忽林赤(见《道园学古录》卷17《宣徽使贾公神道碑》)，而在《元史》本传中则记作“虎林赤”，虽系同一人，但因见于不同史料记载，故也予以保留，不作变动。

3. “特勤”为我国古代北方少数民族突厥、回纥等贵族子弟官职，担任者多为可汗子弟，这已成为学界共识，但唐宋以来不少史籍误作“特勒”，《新唐书》便是如此，中华书局本于此也未做改动，本次修订中，凡属于此，均统一作“特勤”。

4. 由于某些改动是在原文上直接处理，虽于作者论文观点并无妨碍，但细微处为免出现纰漏，仍注明是予以改动过的。对待正史北狄传笺注，便有不少地方采用这种方式，扼要注明类似“原文本作某某，今改作某某”等文字。

5. 将书中个别语句不通或是与现在习惯用法不同的，也予以修订。如《成吉思汗及其遗产》多次提到诸如“国王佩拉第四”、“瓦西里第二”等表述，今均改作“佩拉四世”、“瓦西里二世”等。

6. 本译文集收入正史北狄传笺注14篇，出自日本史学家内田吟风、护雅夫、佐口透之手，反映了日本史学界至20世纪70年代末为止对正史北狄传的研究成就和注释水平，特别是文中大量对古地名的注解，具有极高的研究参考价值。但或因作者撰文时距今年代渐远，行政区划已发生很大变化，早先注释地名已不再为今日读者熟知，或是受时代、地域之所限而造成的某些注释上的错误，诸如此类，不一而足。针对此种情况，为避免与原注解相混淆，别制《古今地名对照表》附于书后。13世纪的蒙古西征，历来是研究成吉思汗、蒙元史、中西交通史、欧亚史不可避开的话题，针对蒙古西征中所遇到的一些外国地名，也酌情有选择地注出了今天所在，一并列入这个表中，以便查阅。这类外国地名，主要依据韩儒林编《元朝史》、余大钧著《一代天骄成吉思汗传记与研究》及党宝海新注《马可波罗游记》等书。

有关修订情况大致如上所列，详细情形可在阅读本书时进一步了解，这次修订得到历史研究所余太山、北大历史系张帆、党宝海诸先生的多次指点，使本次修订得以如期完成。

余静

2012年1月

索　引

B

C

D

E

J

·欧·亚·历·史·文·化·文·库·

M

N

P

Q

R

S

欧亚历史文化文库

已经出版

林悟殊著:《中古夷教华化丛考》 定价:66.00 元
赵俪生著:《弇兹集》 定价:69.00 元
华喆著:《阴山鸣镝——匈奴在北方草原上的兴衰》 定价:48.00 元
杨军编著:《走向陌生的地方——内陆欧亚移民史话》 定价:38.00 元
贺菊莲著:《天山家宴——西域饮食文化纵横谈》 定价:64.00 元
陈鹏著:《路途漫漫丝貂情——明清东北亚丝绸之路研究》 定价:62.00 元
王颋著:《内陆亚洲史地求索》 定价:83.00 元
〔日〕堀敏一著,韩昇、刘建英编译:《隋唐帝国与东亚》 定价:38.00 元
〔印度〕艾哈默得·辛哈著,周翔翼译,徐百永校:《入藏四年》 定价:35.00 元
〔意〕伯戴克著,张云译:《中部西藏与蒙古人——元代西藏历史》(增订本) 定价:38.00 元
陈高华著:《元朝史事新证》 定价:74.00 元
王永兴著:《唐代经营西北研究》 定价:94.00 元
王炳华著:《西域考古文存》 定价:108.00 元
李健才著:《东北亚史地论集》 定价:73.00 元
孟凡人著:《新疆考古论集》 定价:98.00 元
周伟洲著:《藏史论考》 定价:55.00 元
刘文锁著:《丝绸之路——内陆欧亚考古与历史》 定价:88.00 元
张博泉著:《甫白文存》 定价:62.00 元
孙玉良著:《史林遗痕》 定价:85.00 元
马健著:《匈奴葬仪的考古学探索》 定价:76.00 元
〔俄〕柯兹洛夫著,王希隆、丁淑琴译:《蒙古、安多和死城哈喇浩特》(完整版) 定价:82.00 元
乌云高娃著:《元朝与高丽关系研究》 定价:67.00 元
杨军著:《夫余史研究》 定价:40.00 元

梁俊艳著:《英国与中国西藏(1774—1904)》 定价:88.00元

〔乌兹别克斯坦〕艾哈迈多夫著,陈远光译:

《16—18世纪中亚历史地理文献》(修订版) 定价:85.00元

成一农著:《空间与形态——三至七世纪中国历史城市地理研究》

定价:76.00元

杨铭著:《唐代吐蕃与西北民族关系史研究》 定价:86.00元

殷小平著:《元代也里可温考述》 定价:50.00元

耿世民著:《西域文史论稿》 定价:100.00元

殷晴著:《丝绸之路经济史研究》 定价:135.00元(上、下册)

余大钧译:《北方民族史与蒙古史译文集》 定价:160.00元(上、下册)

韩儒林著:《蒙元史与内陆欧亚史研究》 定价:58.00元

〔美〕查尔斯·林霍尔姆著,杨军译:《伊斯兰中东——传统与变迁》

定价:75.00元

〔美〕马珍妮(J.G.马勒)著,王欣译:《唐代塑像中的西域人》

定价:58.00元

敬请期待

周伟洲著:《西域史地论集》

杨铭编著:《国外敦煌学、藏学研究——翻译与评述》

顾世宝著:《蒙元时代的蒙古族文学家》

〔俄〕Т.Б.巴尔采娃著,张良仁、李明华译:

《斯基泰时期的有色金属加工业——第聂伯河左岸森林草原带》

李鸣飞著:《玄风庆会——蒙古国早期的宗教变迁》

马小鹤著:《光明的史者》

许全胜著:《黑鞑事略汇校集注》

张文德著:《朝贡与入附——明代西域人来华研究》

尚永琪著:《胡僧东来——汉唐时期的佛经翻译家和传播人》

筱原典生著:《西天伽蓝记》

桂宝丽著:《可萨突厥》

张小贵著:《祆教史丛考》

贾丛江著:《汉代西域汉人和汉文化》

王冀青著:《斯坦因的中亚考察》
王冀青著:《斯坦因研究论集》
王永兴著:《敦煌吐鲁番出土唐代军事文书考释》
薛宗正著:《汉唐西域史汇考》
李映洲著:《敦煌艺术论》
牛汝极著:《新疆文化的现代化转向》
蓝琪著:《16—19 世纪中亚各国与俄国关系论述》
许序雅著:《唐朝与中亚九姓胡关系史研究》
叶德荣著:《汉晋胡汉佛教论集》
〔俄〕波塔宁著,〔俄〕奥布鲁切夫编,吴吉康译:《蒙古纪行》
王颋著:《内陆亚洲史地求索》(续)
〔德〕施林洛甫著,刘震译校:《叙事和图画
——欧洲和印度艺术中的情节展现》
王冀青著:《斯坦因档案研究指南》
刘雪飞著:《上古欧洲斯基泰文化巡礼》
汪受宽著:《骊靬梦断——古罗马军团东归伪史辨识》
〔前苏联〕巴托尔德著,张丽译:《中亚历史》
徐文堪编:《梅维恒内陆欧亚研究文选》
〔前苏联〕K. A. 阿奇舍夫、Γ. A. 库沙耶夫著,孙危译:
《伊犁河流域塞人和乌孙的古代文明》
徐文堪著:《古代内陆欧亚的语言和有关研究》
刘迎胜著:《小儿锦文字释读与研究》
李锦绣编:《20 世纪内陆欧亚历史文化研究论文选粹》
周晶著:《纷扰的雪山》
李锦绣、余太山编:《古代内陆欧亚史纲》
郑炳林著:《敦煌占卜文献叙录》
陈明著:《出土文献与早期佛经词汇研究》
李锦绣著:《裴矩〈西域图记〉辑考》
王冀青著:《犍陀罗佛教艺术》
王冀青著:《敦煌西域研究论集》
李艳玲著:《公元前 2 世纪至公元 7 世纪前期西域绿洲农业研究》
许全胜、刘震编:《内陆欧亚历史语言论集——徐文堪先生古稀纪念》

张小贵编:《三夷教论集——林悟殊先生古稀纪念》
李鸣飞著:《横跨欧亚——马可波罗的足迹》
杨林坤著:《西风万里交河道——明代西域丝路上的使者与商旅》
杜斗诚著:《杜撰集》
林悟殊著:《华化摩尼教补说》
王媛媛著:《摩尼教艺术及其华化考述》
〔日〕渡边哲信著,尹红丹、王冀青译:《西域旅行日记》
李花子著:《长白山踏查记》
王冀青著:《佛光西照——欧美佛教研究史》
王冀青著:《霍恩勒与鲍威尔写本》
王冀青著:《清朝政府与斯坦因第二次中国考古》
芮传明著:《摩尼教东方文书校注与译释》
马小鹤著:《摩尼教东方文书研究》
段海蓉著:《萨都剌传》
〔德〕梅塔著,刘震译:《从弃绝到解脱》
郭物著:《欧亚游牧社会的重器——鍑》
王邦维著:《玄奘》
冯天亮著:《词从外来——唐代外来语研究》
芮传明著:《内陆欧亚中古风云录》
王冀青著:《伯希和敦煌考古档案研究》
王冀青著:《伯希和中亚考察研究》
李锦绣著:《北阿富汗的巴克特里亚文献》
〔日〕荒川正晴著,冯培红译:《欧亚的交通贸易与唐帝国》
孙昊著:《辽代女真社会研究》
赵现海著:《明长城的兴起
——“长城社会史”视野下明中期榆林长城修筑研究》
华喆著:《帝国的背影——公元 14 世纪以后的蒙古》
〔前苏联〕伊·亚·兹拉特金著,马曼丽译:《准葛尔汗国史》(修订版)
杨建新著:《民族边疆论集》
〔美〕白卖克著,马娟译:《大蒙古国的畏吾儿人》
余太山著:《内陆欧亚史研究自选论集》